面向智能传播的电视媒体及其转型升级

柴巧霞　刘学峰　著

中国社会科学出版社

图书在版编目（CIP）数据

面向智能传播的电视媒体及其转型升级／柴巧霞，刘学峰著 . —北京：
中国社会科学出版社，2024.5
ISBN 978 – 7 – 5227 – 3194 – 0

Ⅰ.①面…　Ⅱ.①柴…②刘…　Ⅲ.①电视—传播媒介—发展—研究—中国
Ⅳ.①G229.2

中国国家版本馆 CIP 数据核字（2024）第 049133 号

出 版 人	赵剑英
责任编辑	赵　丽
责任校对	王　晗
责任印制	王　超

出　　　版	中国社会科学出版社
社　　　址	北京鼓楼西大街甲 158 号
邮　　　编	100720
网　　　址	http://www.csspw.cn
发 行 部	010 – 84083685
门 市 部	010 – 84029450
经　　　销	新华书店及其他书店

印　　　刷	北京明恒达印务有限公司
装　　　订	廊坊市广阳区广增装订厂
版　　　次	2024 年 5 月第 1 版
印　　　次	2024 年 5 月第 1 次印刷

开　　　本	710×1000　1/16
印　　　张	23.5
插　　　页	2
字　　　数	372 千字
定　　　价	118.00 元

目　　录

绪 论

传播技术的飞速发展催生了各类新媒体和智能技术新应用，智能传播时代已然到来。这极大地改变了传播生态的格局，也给电视媒体带来了生存压力。无论是在中国，还是从全球范围来看，电视媒体的影响力日渐衰减已经成为残酷的现实，而互联网的规模却在不断扩大，传播技术的发展与更迭更是日新月异，越来越多的软件和应用正在蚕食电视受众的注意力。据 CNNIC 数据显示，截至 2020 年 6 月，中国网民规模达 9.40 亿，其中网络视频用户规模为 8.88 亿，短视频用户规模为 8.18 亿，网络直播用户规模达 5.62 亿，电商直播用户规模为 3.09 亿。[①] 2018 年中国网络视听行业的市场规模已经超过了广播电视广告收入。[②] 而据皮尤研究中心 2019 年 6 月的一份最新报告显示，近年来，美国电视网新闻受众人数也在悄悄下降，其中 2018 年 ABC、CBS 和 NBC 三大广播网晚间新闻的平均收视人数为 530 万人，2017 年为 520 万人，2016 年则为 560 万人[③]；而 2018 年 CNN、FOX 和 MSNBC 三大有线新闻网晚间新闻的平均收视人数为 125 万人，2017 年为 115 万人，2016 年则为 131 万人[④]。事实上，电视媒体不仅面临着观众的持续流失，而且还面临着主导权逐渐减

---

① CNNIC：《第 46 次〈中国互联网络发展状况统计报告〉》，2020 年 9 月 29 日，中华人民共和国国家互联网信息办公室（http：//www. cac. gov. cn/2020 – 09/29/c_1602939918747816. htm）。

② 崔保国等：《传媒蓝皮书：中国传媒产业发展报告（2019）》，社会科学文献出版社 2019 年版，第 10 页。

③ Pew Research Center, Journalism & Media, *Network News Fact Sheet*, 2019 – 6 – 25, Pew Research Center (https：//www. pewresearch. org/) .

④ Pew Research Center, Journalism & Media, *Cable News Fact Sheet*, 2019 – 6 – 26, Pew Research Center (https：//www. pewresearch. org/) .

弱的问题。在传播渠道和内容生产方面，电视媒体的主导权正在被互联网逐渐分流，而在制造话题和引起舆论关注方面，电视媒体又受制于媒体特性和政策的双重限制，从而引发后期互动运营能力不足的问题，这都极大限制了电视媒体的发展。在新形势下，电视媒体必须完成新一轮的转型，重塑其核心竞争力。

第一节　选题缘由与研究意义

一　选题缘由与研究背景

互联网作为一个基础性结构，已经深度嵌入人们的日常生活。作为曾经第一媒体的电视风光不再，开机率的持续降低和广告收入的减少，严重打击着电视人的信心，诸如"电视将死"的论调甚嚣尘上。而互联网平台的过滤作用越来越凸显，受众的注意力极大地被分散，媒体格局面临着新的洗牌。面对这一情形，电视媒体必须思考并寻找自身的出路。

（一）电视媒体转型事关意识形态安全

党的二十大报告指出，要"建设具有强大凝聚力和引领力的社会主义意识形态。牢牢掌握党对意识形态工作领导，全面落实意识形态工作责任制，巩固壮大奋进新时代的主流思想舆论"。要"加强全媒体传播体系建设，塑造主流舆论新格局"。[①] 电视媒体是国家宣传舆论工作的重要基地，经过几十年的发展，中国已经打通了宣传工作的"最后一公里"，电视媒体成功抵达千家万户，人口覆盖率超过98%。然而，在新媒体的猛烈冲击下，电视媒体不仅面临着受众严重流失的问题，社会影响力也在逐渐减弱，如果发展衰退的现象不加控制，长此以往这块宣传舆论阵地将会丢失。

推动电视媒体转型发展是一项国家战略。早在2014年，中共中央就出台了《推动传统媒体和新兴媒体融合发展的指导意见》部署媒体融合发展战略。人民日报、新华社、光明日报、上海广播电视台、东方网、浙江日报、河南日报、烟台日报、山东广播电视台、湖北广播电视台等

[①] 二十大报告：《高举中国特色社会主义伟大旗帜　为全面建设社会主义现代化国家而团结奋斗》，人民出版社2022年版，第43页、第44页。

各级各类媒体机构纷纷成立融媒体新闻中心，试行融合发展。2016 年 2 月 19 日，在党的新闻舆论工作座谈会上，习近平总书记指出，要尽快从相"加"阶段迈向相"融"阶段，着力打造一批新型主流媒体。事实上，自党的十八大以来，传统媒体和新兴媒体融合发展问题便引起了党中央的高度重视，习近平总书记不仅多次发表加快媒体融合发展的讲话，更是多次前往新闻单位进行调研。2018 年 8 月 21 日，习近平总书记在全国宣传思想工作会议上提出"要扎实抓好县级融媒体中心建设，更好引导群众、服务群众"的要求。11 月 14 日，中央全面深化改革委员会审议通过了《关于加强县级融媒体中心建设的意见》，县级融媒体中心建设开始在全国各地展开，旨在解决县级媒体组织中存在的结构问题，打通宣传的最后一公里。2019 年 1 月 25 日，中共中央政治局围绕全媒体时代和媒体融合发展进行第十二次集体学习，习近平总书记进一步对新型主流媒体建设做出重要指示。① 2020 年 9 月，中共中央办公厅、国务院办公厅联合发布《关于加快推进媒体深度融合发展的意见》。② 因此，各级电视媒体必须积极探索并推动转型发展，否则势必会影响到党和国家宣传舆论工作的重要布局。

（二）电视媒体转型事关电视媒体生死存亡

从自身的发展来看，近三十年来，电视媒体经历了一个急速扩张的时期，四级办台的战略布局让电视媒体的数量远远超过了市场的容纳量。在诸多的媒体应用、音乐、游戏不断分散用户有限注意力的时代，那些数量众多但内容高度同质化的电视频道，已经不能产生较大的吸引力了，尤其是部分城市电视台，发展更是举步维艰。即使是对于上星卫视而言，想要维护昔日的辉煌也是天方夜谭。

转型发展事关电视媒体的生死存亡。2017 年，央视推出移动新闻网，与 37 家地方广电机构签约，共同打造广电系统融合平台。2018 年 3 月，中央电视台、中央人民广播电台、中国国际广播电台三台合并共同组建

① 央视新闻客户端：《习近平绘就媒体融合发展路线图》，2019 年 1 月 28 日，中国青年网（https：//news. youth. cn/sz/201901/t20190128_11856484. htm）。

② 新华社：《中共中央办公厅 国务院办公厅印发〈关于加快推进媒体深度融合发展的意见〉》，2020 年 9 月 26 日，中华人民共和国中央人民政府官网（https：//www. gov. cn/zhengce/2020－09/26/content_5547310. htm？eqid＝85748f22001bb142000000046465be3c）。

了中央广播电视总台，其中包括 3 个新媒体中心，即融媒体发展中心、新闻新媒体中心和视听新媒体中心，这也是中央级广播电视媒体推动媒体融合发展的重要举措。2019 年 5 月 30 日，央视频融媒体发展有限公司注册成立，注册资本为 10 亿元，主要为央视频提供市场化的运营与技术服务，这是中央广播电视总台在融媒体发展方面的又一重大举措。而其他地方电视台也在积极探索融合发展的转型道路，如湖北广播电视台构建了长江云平台，云南广播电视台建设了七彩云，广东广播电视台、深圳广播电视台、宜昌三峡广播电视台等组建了融媒体发展中心。在新兴媒体崛起的时代，电视媒体必须积极顺应时代的发展，牢牢把握"互联网 +"的发展趋势，通过重新审视自身的发展方式，适当调整体制机制和运营管理方式，完成战略转型，才能避免被市场淘汰的局面。

（三）电视媒体转型是传媒生态变化的必然要求

当前，传统媒体发展遇挫，各类新媒体平台势不可挡，腾讯、爱奇艺、优酷、今日头条、快手、抖音、微视、小红书……各类新媒体应用你方唱罢我登场，急速改变了中国的传媒生态。面对这种情形，传统媒体相继走上了转型发展的道路，纷纷建立起了新媒体中心、中央厨房、融媒体平台、智慧媒体实验室……无论是中央级媒体人民日报、新华社，还是其他地方级媒体，都在积极探索适合自己的转型道路。2019 年 9 月 19 日，人民日报智慧媒体研究院成立，而体现算法的人民日报客户端 7.0 版、短视频客户端"人民日报 +"、人工智能媒体实验室、全媒体智慧云和融媒体创新产品研发与孵化项目正式亮相，人民日报实现了从一张报纸发展成为拥有报网端微等 10 多种载体，覆盖海量用户的"人民媒体方阵"，形成全媒体传播格局，这也为电视媒体的转型升级提供了一些参考。

在过去，由于技术操作复杂、专业机器设备昂贵，视频内容的编辑与制作技术曾经牢牢地掌握在专业电视媒体手中。但是，随着数字采编技术的普及，摄录机器的小型化、智能化，采编系统的简单化、高效化，视频内容生产的门槛大大降低，尤其是随着各类短视频内容制作技术的推广，视频内容生产实现普及化，电视媒体对视频内容生产的技术垄断被彻底打破。在媒体融合的背景下，一大批纸媒转型生产视频内容，一大波商业网络平台转型推出网络综艺、短视频、中视频、长视频等内容，电视媒体的处境更加艰难。

在媒体转型方面，纸媒也曾面临关停转改的生死存亡时刻，不少媒体选择了拥抱互联网、拥抱视频的转型道路，反而取得了"柳暗花明又一村"的成就。例如人民日报的"两微一端"平台就推出了不少吸睛的"爆款"产品，如《军装照》H5 产品、《中国很赞》手势舞、《中国一分钟》系列微视频等，互动性和参与性极强。而新京报推出的《我们视频》栏目，在第一时间发布热点新闻的短视频，发展势头迅猛，旗下的《局面》栏目更是凭借其对热点新闻事件相关当事人的专访，如对"鸿茅药酒"事件当事人谭秦东的专访，对"程序员自杀事件"当事人苏享茂家属的专访，对"江歌案"当事人刘鑫的采访，对周立波的采访等，吸引了众多用户的关注。这些成功的案例也给了电视媒体一个启示，在转型发展中我们不能仅仅把互联网视为一个对手，而应当把它看作是一个可接入的平台，只有利用好互联网技术，把握住"互联网＋电视"的发展方向，才有可能突破眼前困境，取得新的发展局面。

（四）电视媒体转型是受众需求多元化的要求

各类新媒体和新应用的快速发展，促使受众逐渐成长为用户。新媒体平台不仅为用户提供了更加多样化的内容选择，也方便用户得到可定制化的服务。此外，用户还能够分享自己所拍摄和制作的视听作品，他们的多元化需求逐步得到满足。相比之下，传统电视媒体单一的内容输出方式，缺乏参与感、互动性的视听内容，对于在新媒体平台下成长起来的用户而言，缺乏足够的吸引力。电视媒体的对手不仅仅是网络视频，还有各种应用和游戏，能否吸引用户的眼球，有赖于用户的多元化需求能在多大程度上得到满足。曾经有媒体人感慨，就连支付宝上的喂鸡小游戏，它的用户数量都比一个省级卫视的观众数量多，这不得不引起电视人的深思。面对这种情形，电视媒体必须重新审视自己与受众之间的关系，需要建立起用户思维，了解用户需求，积极探索转型发展的道路。

二　研究意义

进入智能传播时代，传播内容越来越聚焦于视听语言，视频也越来越成为最重要的传播方式。这不仅极大地改变了电视媒体的生态格局，也深刻地影响了受众对象和舆论生态，因此，研究智能传播时代电视媒体的转型正当其时。具体而言，本书的理论价值和应用价值主要表现在以下几个方面：

（一）理论价值

1. 进入智能传播时代，以互联网、移动终端、数字图像设备、大数据、虚拟现实、人工智能等为代表的智能技术，对电视媒体的内容生产方式、媒体内容的设计及使用、媒体终端形态及传播渠道、产业链的拓展及延伸等诸多领域都产生了重要影响。本书立足于电视媒体的转型发展，注重分析智能技术如何重塑电视的媒体形态和生产逻辑，有助于丰富电视的媒介形态、内容生产、渠道终端、产业链发展等相关理论研究。

2. 在传统媒体时代，电视媒体的传播关系主要是供给型的，即由大众传媒直接提供给受众和用户，是一种典型的 PGC 模式。而在智能传播时代，UGC、PGC、PUGC、MGC（Machine Generated Content，机器生产内容）AIGC 等多种内容生产模式共存，传播关系也随之发生了迁移。电视媒体和用户之间的关系发生变化，传播中的共享随处可见，共享型关系随之建立。本书对电视内涵与外延的演进与拓展、共享型传播关系的基础、层次与内核等问题进行了阐释，这有助于丰富传播关系的相关理论。

3. 媒体融合包括技术融合、内容融合、文化融合、组织融合等多个维度，本书对"互联网＋电视"的应用创新、以用户为主导的内容生产体系和分发体系建设、电视媒体主业的开发与产业链延伸、体制与管理创新等内容进行了分析，这有助于丰富媒体融合的相关理论。

4. 新的传播技术带来的不仅是传播形态与方式的转变，也引发了新的伦理与责任问题，本书对电视转型中的伦理与责任问题进行了分析，这有助于丰富媒体伦理相关理论。

（二）应用价值

1. 本书致力于分析智能传播时代电视媒体的转型问题，这一问题事关电视媒体的生存与发展，事关意识形态安全，也关系到国家的宣传舆论工作的整体布局。相关研究能够为电视媒体的转型提供思路，能够提升电视媒体组织的运作效率，也能够拓展电视产业的发展空间，具有一定的应用价值。

2. 本书对 10 多家媒体机构进行了实地调查，对 50 多位访谈对象进行了长期的观察与访谈，并搜集了大量国内外媒体转型发展的相关资料。在此基础之上，对电视媒体的生产流程改革、分发体系改革、组织机构改革、产业链发展策略等重要问题进行了分析，这能够为电视媒体相关管理部门实施改革、制定有效的管理政策提供智力支持。

第二节　概念界定及文献综述

有关媒体融合和电视媒体转型发展等方面的文献资料是本书的基础。

一　相关概念界定

美国学者伊契尔·索勒·普尔率先使用"媒体融合"一词来指代"各种媒体呈现出多功能一体化的发展趋势"①。此后，相关研究逐渐增多，虽然关注重点不同，但在概念界定上大同小异。如詹姆斯·沃森和安妮·希尔在他们编撰的《媒体和传播研究词典》中将之界定为"传播设备和流程的融合，这是 20 世纪 90 年代以来媒体技术发展的主要特征"。并指出，在《媒体与人》一书中，埃弗雷特·丹尼斯将融合这个术语界定为"一种基于电子的计算机驱动的单一模式，这种模式被描述为用来检索、处理、存储文本、数据、声音、图像的通用的集成系统；简而言之就是多媒体。"② 而克劳斯·布鲁恩·延森则从历史的角度将"媒体融合"解释为"一种交流与传播实践跨越不同的物质技术和社会机构的开放式迁移"。③ 英国学者格雷厄姆·迈克和谢尔曼·杨将之定义为"原本各自独立的媒体逐渐聚合在一起"。不过与其他学者或强调政治经济学视角之下的当代媒体产业，或关注特殊的粉丝群体，或为数字媒体建构一个研究框架等研究旨趣不同，他们更强调的是网络数字媒体的日常使用问题，包括脸书、苹果商城、谷歌、维基百科和英国广播公司的播放器应用等。他们使用"融合媒体"来指代数字化的和网络化的媒体

---

① Pool Ithiel de Sola, *Technologies of Freedom*, Cambridge, MA: Belknap Press, Harvard University Press, 1983, p. 23.

② James Watson, Anne Hill, *Dictionary of Media and Communication Studies* (9th edition), New York, London, Oxford, New Delhi, Sydney: Bloomsbury Academic An Imprint of Bloomsbury Publishing Inc, 2015, p. 61.

③ ［丹麦］克劳斯·布鲁恩·延森：《媒介融合：网络传播、大众传播和人际传播的三重维度》，刘君译，复旦大学出版社 2012 年版，第 17 页。

内容、产业、技术和实践。①

综合学者们的观点，本书认为媒体融合是各类媒体的一种聚合趋势，它涉及媒体技术、内容、产业、文化、管理、伦理等诸多维度，不仅影响了大众传播，也影响了人际传播。

二 关于媒体融合的文献

现如今，国内外关于媒体融合的研究已经成为一门显学，它吸引了众多学者的目光，并逐步发展成一个涵盖多个研究领域的议题，中国提出的"互联网＋"战略也是媒体融合的延伸。

（一）媒体融合的理论问题

在媒体融合的类型与层面方面，安德鲁·纳齐森、李奇·高登等人提出所有权融合、策略性融合、结构性融合、信息采集融合、新闻叙事和表达融合五个层次。② 蔡雯等率先将这一概念引入国内，并从微观、中观、宏观和大传媒业四个层次进行了研究。③

1. 媒体融合研究的四种代表性理论

综合来看，国内外学者主要形成了四种比较有代表性的理论：一是形态融合论，持这种观点的学者大抵拥有技术研究背景，认为媒体融合主要体现在媒介形态演变方面，如约翰·帕夫利克④，道尔⑤，许颖⑥等

---

① Graham Meikle, Sherman Young, *Media Convergence*: *Networked Digital Media in Everyday Life*, UK: Palgrave Macmillan, 2012, pp. 2 - 3.

② Gordon R., "The Meanings and Implication of Convergence", Kawomoto K. (Eds.), *Digital Journalism*: *Emerging Media and the Changing Horizons of Journalism*, New York: Rowman & Littlefield, 2003, pp. 57 - 73.

③ 蔡雯：《新闻传播的变化融合了什么？——从美国新闻传播的变化谈起》，《中国记者》2005 年第 9 期；蔡雯：《媒介融合前景下的新闻传播变革——试论"融合新闻"及其挑战》，《国际新闻界》2006 年第 5 期；蔡雯、王学文：《角度·视野·轨迹——试析有关"媒介融合"的研究》，《国际新闻界》2009 年第 11 期。

④ Pavlik J. V. & Mclntosh S., *Converging Media*: *An Introduction to Mass Communication*, Boston: Allyn and Bacon, 2004; Pavlik J. V., Morgan G., & Henderson B., "Information Technology: Implications for the Future of Journalism and Mass Communication Education", *Journalism and Mass Communication Education*: *2001 and Beyond*, Columbia, SC: AMJMC, 2001.

⑤ Doyle G., *Media Ownership*: *The Economics and Politics of Convergence and Concentration in The UK and European Media*, London: SAGE Publications, 2002.

⑥ 许颖：《媒介融合的轨迹》，中国人民大学出版社 2011 年版，第 9—14 页。

人；二是组织融合论，持这种观点的学者大多从传媒业整体出发，从媒体机构的业务操作、组织机构的管理以及权利关系等维度来研究媒体融合，如罗杰·菲德勒①，安德鲁·纳齐森②，章于炎、乔治·肯尼迪和弗里兹·克罗普③等人；三是规制融合论，持这种观点的学者强调媒体融合所引发的社会监管和规则的变革，如刘颖悟和汪丽④，傅玉辉⑤等人；四是大媒体论或全媒体论，持这种观点的学者跳出传媒业的单一框架，认为媒体融合涉及所有与之相关的产业，如凯文·曼尼⑥，雪莉·贝尔吉⑦，彭兰⑧，王菲⑨，石长顺⑩，高红波⑪等人。

2. 媒体融合带来的关系转型

除了上述理论维度之外，媒体融合所带来的传播关系转型也是重要的研究维度。研究者普遍认为，关系重构是推动媒体融合走向深入的重要动力。如克劳斯·布鲁恩·延森从网络传播、大众传播和人际传播三个维度分析了媒体融合时代传播具有的渐次性特征，以及对于社会行动所产生的可能影响。⑫ 陈昌凤提出，媒体融合带来了深层次的改变，主要

---

① ［美］罗杰·菲德勒：《媒介形态变化：认识新媒介》，明安香译，华夏出版社 2000 年版，第 238 页。

② Nachison A., *Good Business or Good Journalism? Lessons from the Bleeding Edge*, A Presentation to the World Editors' Forum, Hong Kong, June 5, 2001.

③ 章于炎、乔治·肯尼迪、弗里兹·克罗普：《媒介融合：从优质新闻业务、规模经济到竞争优势的发展轨迹》，《中国传媒报告》2006 年第 3 期。

④ 刘颖悟、汪丽：《媒介融合的概念界定与内涵解析》，《传媒》2012 年第 1 期。

⑤ 傅玉辉：《大媒体产业：从媒介融合到产业融合——中美电信业和传媒关系研究》，中国广播电视出版社 2008 年版，第 30—34 页。

⑥ ［美］凯文·曼尼：《大媒体潮》，苏采禾、李巧云译，时报文化出版企业股份有限公司 1996 年版，第 1—3 页。

⑦ ［美］雪莉·贝尔吉：《媒介与冲击：大众媒介概论》（第四版），赵敬松主译，东北财经大学出版社 2000 年版，第 448 页。

⑧ 彭兰：《媒介融合时代的合与分》，《中国记者》2007 年第 2 期。

⑨ 王菲：《媒介大融合：数字新媒体时代下的媒介融合论》，南方日报出版社 2007 年版，第 20 页。

⑩ 石长顺：《融合新闻学导论》，北京大学出版社 2013 年版，第 12、21—23 页。

⑪ 高红波：《略论大电视产业的增量空间、市场结构与发展前景》，《现代视听》2015 年第 12 期。

⑫ ［丹麦］克劳斯·布鲁恩·延森：《媒介融合：网络传播、大众传播和人际传播的三重维度》，刘君译，复旦大学出版社 2012 年版，第 2 页。

包括生产者和消费者的关系，生产者和内容的关系，内容和用户的关系等，传统媒体要有能力打破共享型传播中时间和空间的限制，将信息和服务结合起来，实现传播关系的转型。① 彭兰认为，媒体融合带来信息生产模式的改变，用户成为信息的共同生产者，组织化的信息生产方式被社会化的信息生产方式所取代，用户的参与行为让媒介信息生产者与消费者之间产生文化融合关系，形成了新的传播关系。② 郭全中认为，用户连接的重建以及入口价值的重塑是实现媒体融合的核心。③ 高钢认为，媒体融合的本质是培植与满足用户的个性化信息需求，优化媒体功能的动态系统。④ 胡言会、石长顺认为，媒体关系理论推动了新兴媒体电视化现象的研究。⑤ 李明海、董小玉认为，要从网络社会的角度来认识媒体融合所带来的社会关系和社会形态的结构性变化，相融相生和关系重构是媒体发展的现实进路与理想捷径。⑥ 张春华、温卢认为，媒体融合背景下要运用互联网思维来重构用户与产品、媒体、其他用户，以及虚拟空间与现实空间等多重关系。⑦ 李彪提出，未来媒体需要算法思维、智能思维、动态思维和情感思维，主流传播方式也将转变为分工传播、关系传播、沉浸传播和场景传播。⑧ 此外，喻国明⑨，夏德元、程栋林和邓香莲⑩，

---

① 陈昌凤：《大行动 大成果 大声势——新华报业以再造思维探索媒体融合之路》，《传媒观察》2018 年第 2 期。

② 彭兰：《"连接"的演进——互联网进化的基本逻辑》，《国际新闻界》2013 年第 12 期。

③ 郭全中：《媒体融合：现状、问题及策略》，《新闻记者》2015 年第 3 期。

④ 高钢：《媒体融合：传播变革与社会进步的交叠演进》，《对外传播》2016 年第 6 期。

⑤ 胡言会、石长顺：《新兴媒体的电视化现象及其对媒体融合的启示》，《中州学刊》2015 年第 7 期。

⑥ 李明海、董小玉：《相融相生与关系重构：论媒体融合的进路与近路》，《现代传播》（中国传媒大学学报）2017 年第 1 期。

⑦ 张春华、温卢：《重构关系：媒介融合背景下传播力提升的核心路径》，《新闻战线》2018 年第 13 期。

⑧ 李彪：《未来媒体视域下媒体融合空间转向与产业重构》，《编辑之友》2018 年第 3 期。

⑨ 喻国明：《构筑"新木桶"：媒体融合转型之路的关键》，《电视研究》2015 年第 2 期。

⑩ 夏德元、程栋林、邓香莲：《"四全媒体"：媒体融合发展新指向》，《传媒评论》2019 年第 3 期。

胡正荣和李荃①，陈刚②等人也对媒体融合所带来的思维转型和关系转型问题进行了研究，这有助于推动媒体融合理论研究走向深化。

（二）技术维度的媒体融合研究

技术赋能是媒介融合的重要引擎，目前国内外对于技术维度的媒体融合研究主要集中在传媒业务领域，包括创新平台的建设、中央厨房的搭建、融媒体中心的建设以及 H5、VR、Vlog、5G、人工智能、元宇宙等各类新技术的应用等。

1. 国外的研究侧重技术的赋能作用及反思

国外关于技术与传播的关系的研究可以追溯到媒介环境学派的英尼斯和麦克卢汉，大多数学者对于技术对传媒具有推动作用的观点是认可的，尤其是在媒介融合的背景下。作为北美媒介环境学派的第三代旗手，保罗·莱文森也是技术哲学的坚实拥护者，他提出了著名的"补救性媒体"和"人性化趋势"的观点。③

其他研究者也围绕技术赋能的问题对媒介形态的演变进行了一系列研究。如 1996 年托马斯·F. 鲍德温，D. 史蒂文斯·麦克沃伊和查尔斯·斯坦菲尔德等人就指出，在宽带通信技术的支持下，音频、视频和数据的储存将整合起来，电话、有线电视、广播、电脑工业等这些过去独立的业务也将在宽带系统之中融合起来。④ 亨利·詹金斯和杰森·班布里奇也认为，媒介融合是曾经各自独立的媒介文本和工业的聚合过程，它既是一个正在持续地进程，也是媒介系统的一系列互动。由于数字技术和社交媒体的支持，媒介融合成了一个不断加速的历史性进程。班布里奇还指出，媒体融合不仅是媒介系统内各方面相互交叉发展的产物，而且在可以预见的，由数字技术和社交媒体所支持的未来媒体环境中，

---

① 胡正荣、李荃：《走向智慧全媒体生态：媒体融合的历史沿革和未来展望》，《新闻与写作》2019 年第 5 期。

② 陈刚：《数字逻辑与媒体融合》，《新闻大学》2016 年第 2 期。

③ ［美］保罗·莱文森：《数字麦克卢汉——信息化新纪元指南》，何道宽译，社会科学文献出版社 2001 年版，第 7 页。

④ Thomas F. Baldwin, D. Stevens McVoy, Charles Steinfield, *Convergence Integrating Media, Information & Communication*, Thousand Oaks, London, New Delhi: SAGE Publications, Inc., 1996, p. 1.

媒体融合也是对新技术的发展和创新观念的不断变化的一种回应。① 罗德尼·海斯特伯格（Rodney Hesterberg）等人分析了一些新技术，如云计算、移动终端等，对媒体融合产生的影响。② 伊恩·麦克唐纳在系统分析1990—2011 年间 BBC 图像设计发生的变化时提出，技术的变化是电视图像设计变革的推动力之一，而第二个推动力是社会和政治因素，即现代经验。③ 迈克尔·A. 艾因霍恩④，赫兹曼桃格、J. 弗卢等人也认为，技术是改变传媒的重要推动力，它使得生产过程变得更快、更容易。⑤

面对技术的发展，也有部分研究者始终保持警惕态度。尼尔·波斯曼就在《技术垄断——文化向技术投降》一书中警示人们，人类技术发展经历了工具使用、技术统治和技术垄断三个阶段。而在第三个阶段，技术逐渐向文化发起攻击，不仅造成信息泛滥，还导致人们的隐私被强大的机构所盗取，从而造成人们更容易被追踪、被控制、被审查。技术冲击了传统世界观，其本质是一种集权主义。⑥ 艾伦·赛特也持一种典型的技术批判态度。她指出，那些认为新技术是对消费者需求的简单回应，或者是改善图像和声音质量的直接匹配的观点，都是错误的。新技术不会在科学家和工程师发明了它们之后就能应用。一些科技在很大程度上是"科技幻觉"，它们根本不会被发展，因为它们没有市场潜力。新科技是否被应用的决定因素在于是否能增加广告容量、开拓市场、解决预计的障碍，价格优势往往是最优先被考虑的。⑦ 这些观点对于媒体转型过程

---

① Jason Bainbridge, Nicola Goc & Liz Tynan, *Media and Journalism: New Approaches to Theory and Practice* (3rd *Edition*), Australia: Oxford University Press, 2015, p. 440, 456.

② ［美］罗德尼·海斯特伯格等:《互联网 + 技术融合风暴: 构建平台协同战略与商业敏捷性》, 钟灵毓秀、徐凤銮译, 中国人民大学出版社 2015 年版, 第 109—110 页。

③ Iain Macdonald, "Cultural Change in the Creative Industries: A Case Study of BBC Graphic Design from 1990 – 2011", *Visual Communication*, Vol. 13, No. 1, January 2014.

④ ［美］迈克尔·A. 艾因霍恩:《媒体技术和版权: 经济与法律的融合》, 赵启杉译, 北京大学出版社 2012 年版, 第 1—5 页。

⑤ Hesmondhalgh D., *The Culture Industries* (2nd Edition), London: Sage, 2007; Flew J., "Creative Economy", Hartley J. (Eds.), *Creative Industries*, Oxford: Blackwell, 2005, pp. 334 – 361.

⑥ ［美］尼尔·波斯曼:《技术垄断: 文化向技术投降》, 何道宽译, 北京大学出版社 2007 年版, 第 5—7 页。

⑦ Ellen Seiter, "New Technologies", Toby Miller (Eds.), *Television Studies*, London: British Film Institute, 2002, pp. 34 – 36.

中盲目追求新技术起到了警醒和反思作用。

　　2. 国内的研究偏重技术的潜力及发展路径

　　与国外研究者关注技术的控制与垄断影响不同，国内的研究者更偏重对具体技术的媒介赋能潜力进行挖掘，如 VR、AR、AI、网络直播、5G 等，他们在这方面进行了丰富的研究和探讨。学者们普遍认为移动化、可视化、社交化、平台化、智能化是媒体转型的技术路径，如彭兰[①]、黄楚新和彭韵佳[②]、宋建武[③]、石长顺和柴巧霞[④]、沈浩和袁璐[⑤]、张明新和常明芝[⑥]等人。有研究者指出，媒体融合是一种交流与传播实践跨越不同物质技术与社会机构的开放式迁移过程[⑦]，以大数据为基础，以算法为驱动，应用场景指向个人化精准传播是媒体智能化的特征，而主流媒体的智能化发展需要与移动化、平台化及智能化的协同，需要建立起以强大技术能力为支撑的移动端口和网络平台。[⑧] 移动传播由终端、应用和平台三部分构成，它释放了大数据的生产力，而人工智能则是精准传播的技术核心。[⑨] 也有研究者主张建设平台型媒体，实现媒体深度融合发展，如强月新和刘亚[⑩]、谭天等人[⑪]。此外，宫承波和孙宇发现，小程序的轻量化、连接性及社交化为媒体融合提供了一种新的实践路径。[⑫] 而王晓红则

---

　　① 彭兰：《移动化、社交化、智能化：传统媒体转型的三大路径》，《新闻界》2018 年第 1 期。

　　② 黄楚新、彭韵佳：《2017 年中国媒体融合发展报告》，《现代传播》（中国传媒大学学报）2018 年第 4 期。

　　③ 宋建武：《媒体深度融合：平台化、移动化、智能化》，《视听界》（广播电视技术）2018 年第 8 期。

　　④ 石长顺、柴巧霞：《人性化智能化：电视媒介的进化方向》，《视听界》2013 年第 3 期。

　　⑤ 沈浩、袁璐：《人工智能：重塑媒体融合新生态》，《现代传播》（中国传媒大学学报）2018 年第 7 期。

　　⑥ 张明新、常明芝：《5G 应用背景下媒体融合发展的前景》，《新闻爱好者》2019 年第 8 期。

　　⑦ 肖珺、张春雨：《全面移动化：构建面向 5G 的全媒体传播生态》，《新闻与写作》2019 年第 8 期。

　　⑧ 宋建武、黄淼：《媒体智能化应用：现状、趋势及路径构建》，《新闻与写作》2018 年第 4 期。

　　⑨ 宋建武、黄淼：《移动化：主流媒体深度融合的数据引擎》，《传媒》2018 年第 3 期。

　　⑩ 强月新、刘亚：《从"学习强国"看媒体融合时代政治传播的新路径》，《现代传播》（中国传媒大学学报）2019 年第 6 期。

　　⑪ 谭天、林籽舟、张甜甜：《"一体两翼"：电视媒体与新兴媒体融合策略选择》，《中国广播电视学刊》2015 年第 2 期。

　　⑫ 宫承波、孙宇：《依托小程序的媒体融合路径探索》，《当代传播》2019 年第 2 期。

提出，短视频从视频文本化、表达口语化、价值共创三方面助力媒体融合的机制形成。①

除了技术路径之外，一些学者也对技术应用中存在的问题进行了调研和分析。如鞠靖发现，一些媒体在未看清某些技术的本质时便急于将它们推向编辑部和受众，对传统传播渠道失灵的问题探讨不多，专业媒体以两微一端为终极目标，忽略了建设与运营自己的平台，技术与需求之间出现割裂等。② 王昕发现，中国媒体在融合发展中具有"技术追随"特征，但产品导向不应当是这种模式的技术平台理念和架构，而应该建立以全媒体用户的使用习惯和新闻生产流程为主的基础技术理念。"中央厨房"的目的也不是提供媒体内容标准化和统一管制，而是倡导进行内容产品多样化的呈现与开发。③

（三）体制与管理维度的媒体融合研究

体制与管理维度的媒体融合研究也是研究者们关注的一个热点议题。

1. 国外研究关注媒介组织内部的变化和媒体融合的民主潜力

国外研究者对于宏观的媒介体制及管理制度研究热情不高，他们更关注的是媒体融合背景下媒介组织内部的结构性变迁和人际关系变化，作为生产者的"人"的因素也是他们研究的重点之一。托马斯·F. 鲍德温，D. 史蒂文斯·麦克沃伊和查尔斯·斯坦菲尔德的《融合：媒体、信息和传播的聚合》是较早全面分析媒体融合问题的专著。在这本书中，他们全面分析了推动媒体和传播工业融合发展的各种条件，解析了相应的传播政策和规制措施，探讨了融合对交互式信息和娱乐服务及其管理、市场营销、经济和公共政策的影响，并将这些影响与人们在文化和日常生活中所经历的变化联系在一起，认为融合是未来传播的中心符号。④ 虽然现如今传播技术的发展已经远远超过了作者的预期，但书中的一些观

---

① 王晓红：《短视频助力深度融合的关键机制——以融合出版为视角》，《现代出版》2020年第 1 期。

② 鞠靖：《技术视角下的媒体融合》，《新闻记者》2019 年第 3 期。

③ 王昕：《媒体深度融合中的"中央厨房"模式探析》，《现代传播》（中国传媒大学学报）2017 年第 9 期。

④ Thomas F. Baldwin, D. Stevens McVoy, Charles Steinfield, *Convergence Integrating Media, Information & Communication*, Thousand Oaks, London, New Delhi: SAGE Publications, Inc., 1996, pp. 379 – 403.

点仍然具有一定的启示意义。其他研究者也比较关注媒体组织内部的变化，如 G. 史密斯，Y. D. 哈安，L. 布伊斯等人发现，传统新闻编辑室必须在新闻生产中整合新闻专业主义与视觉化思维。①M. 迪克通过对英国新闻机构新媒体编辑部门的调研发现，视觉内容的生产模式已经转向类似商品生产的模式，成为一种组织化范式。例如在交互式新闻图表的生产过程中，视觉化编辑团队的组织构成特点、视觉编辑的个人角色身份等因素起着重要的作用，而新闻媒体的管理者则偏向于采取相对保险的风险规避策略来让用户满意，这会限制新闻可视化的大胆创新。② K. 塔梅林，M. 布罗斯玛，B. 克里奇，L. A. 门德尔森等人聚焦媒介组织中的传统编辑部和新媒体编辑部之间的矛盾问题，出现"去融合"现象。他认为，造成"去融合"现象的原因在于媒介组织内部的诸多矛盾，如商业模式缺乏稳固性，来自不同媒体的记者之间的文化对抗性，记者、信源、受众界限的模糊，以及即使那些具备了多媒体技能的复合型记者也不能完成理想新闻产品的生产工作任务的现实等。③

　　媒体融合所带来的民主潜力也是西方学者比较感兴趣的话题。如蒂姆·德威尔在民主的框架下思考了媒体和传播行业的基础设施、政策框架、平台和所有权问题，认为媒体融合是一种新的媒介意识形态，是一种促进新自由主义全球市场运作的思维方式。作为一种主流意识形态，"媒体融合"对人们思考不断发展的媒体和传播行业的方式具有实际的意识形态影响，媒体融合促进了全球市场的新自由主义重组，这一过程对民主的未来产生了严重影响。④

---

　　① Smit G., Haan Y. D. & Buijs L., "Visualizing News", *Digital Journalism*, Vol. 2, No. 3, March 2014.

　　② Dick M., "Interactive Infographics and News Values", *Digital Journalism*, Vol. 2, No. 4, April 2014.

　　③ Tameling K. & Broersma M., "De‑converging the Newsroom: Strategies for Newsroom Change and Their Influence on Journalism Practice", *International Communication Gazette*, Vol. 75, No. 1, February 2013; Creech B. & Mendelson L. A., "Imagining the Journalist of the Future: Technological Visions of Journalism Education and Newswork", *The Communication Review*, Vol. 18, No. 2, May 2015.

　　④ Dwyer T., *Media Convergence*, Maidenhead: Open University Press, McGraw‑Hill Education, McGraw‑Hill House, 2010, pp. 2–3.

2. 国内研究侧重建立与媒体融合相适应的体制机制

在国内，学者们对建立与媒体融合发展相适应的体制与机制议题更为关注，相关研究大致从宏观、中观和微观三个层次展开。

在宏观方面，研究者们从媒体融合的内在逻辑和演化路径出发，认为建立与媒体融合相适应的体制机制，实现组织创新是当务之急，具体包括实现运营机制再造，实现管理制度化，建立多元监管模式等战略，如支庭荣①、耿磊②、李岚③、谢家谊和杨楠④、谭天⑤、于正凯⑥、赵瑜⑦等人。此外，媒体规制问题也吸引了部分研究者，如周庆山和刘济群认为，媒体融合时代对内容的规制成为各国媒体规制政策的主体。⑧ 来小鹏和高淼关注到媒体融合中的版权冲突问题，提出要完善著作权法，加强司法保护，优化资源共享系统，规范传播行为，完善多元化纠纷解决机制等对策。⑨ 霍婕和陈昌凤注意到智能化技术带来的媒介伦理问题，如新闻生产黑箱化、智能算法偏向、信息茧房等。⑩

在中观方面，研究者们认为实现思维方式的转变，并在组织内部进行管理创新是实现媒体融合的关键，具体策略包括搭建融合评价体系、强化行业规范、加强跨界合作、拓宽业务渠道、在创新技术推动下打造

---

① 支庭荣：《我国媒体融合发展的内在逻辑与焦点问题》，《人民论坛·学术前沿》2019 年第 3 期。

② 耿磊：《媒介融合时代我国电视媒体的困境与出路研究》，《湖北民族学院学报》（哲学社会科学版）2015 年第 3 期。

③ 李岚：《电视节目创新的原动力：体制机制创新》，《电视研究》2013 年第 9 期。

④ 谢家谊、杨楠：《当电视遇到新媒体——浅析广播电视的转型发展之路》，《电视技术》2013 年第 20 期。

⑤ 谭天：《从渠道争夺到终端制胜，从受众场景到用户场景——传统媒体融合转型的关键》，《新闻记者》2015 年第 4 期。

⑥ 于正凯：《技术、资本、市场、政策——理解中国媒体融合发展的进路》，《新闻大学》2015 年第 5 期。

⑦ 赵瑜：《媒介市场化、市场化媒体与国家规制——从净化荧屏、反三俗和限娱令谈起》，《新闻大学》2015 年第 1 期。

⑧ 周庆山、刘济群：《媒体规制理论的演进：从传统离散规制到数字媒体融合规制》，《现代情报》2016 年第 1 期。

⑨ 来小鹏、高淼：《媒体融合中的版权冲突及解决对策》，《中国出版》2019 年第 15 期。

⑩ 霍婕、陈昌凤：《人工智能与媒体融合：技术驱动新闻创新》，《中国记者》2018 年第 7 期。

前沿产品等，如黄楚新和彭韵佳①、尹明华等②人。

微观层面的研究更注重媒体实践，这一维度的研究多从对具体媒体组织的调研和分析展开。例如，谢新洲和黄杨通过对 14 家媒体机构的调研发现，当前媒体融合主要存在平台融合难以维持内容的影响力、经营模式融合难以应对市场环境、机构融合难以撼动传统组织形态等问题，究其原因在于没有完全建立以用户需求为主导的思维方式以及单向传播思维的延续。建议要精准接入用户需求，开展多元化经营，建设自主内容平台。③ 向安玲、沈阳和罗茜对国内 110 家主流媒体的两微一端融合策略进行调查，发现超过一半的媒体虽然布局了两微一端，但存在平台差异性、运营动力、创新、激励机制等多方面不足的问题，建议在管理上协调好第三方平台制约，建立联席会议制度，统一指导规范和考核标准等对策。④ 杨奇光对新闻机构内部视觉编辑与传统编辑及媒体领导层的关系进行深度访谈，发现视觉编辑的首要考量指标是"好看"与"合适"，但在团队内部，视觉编辑与传统编辑，以及与媒体决策者之间缺乏共同语言，新闻性理念和视觉性理念在观念与方法上存在冲突，组织内部沟通成本上升，视觉表现的生产范式发生了转变，从"新闻范式"转换为"厂商范式"。⑤ 与关注传统媒体向新媒体学习的研究指向不同，周逵另辟蹊径聚焦"反向融合"现象，即新媒体向传统媒体借鉴内容话语、人力资源流动、资本结构改革等。⑥

（四）内容维度的媒体融合研究

媒体融合从何种程度上改变了媒介组织的内容生产方式，这一议题

---

① 黄楚新、彭韵佳：《2017 年中国媒体融合发展报告》，《现代传播》（中国传媒大学学报）2018 年第 4 期。

② 尹明华、张林贺：《传统报业的全媒体融合：创新传播形式，更要创建影响力——对话复旦大学新闻学院教授尹明华》，《中国记者》2018 年第 10 期。

③ 谢新洲、黄杨：《当理想照进现实——媒介融合的问题、原因及路径研究》，《出版发行研究》2018 年第 4 期。

④ 向安玲、沈阳、罗茜：《媒体两微一端融合策略研究——基于国内 110 家主流媒体的调查分析》，《现代传播》（中国传媒大学学报）2016 年第 4 期。

⑤ 杨奇光：《媒体融合时代的新闻室矛盾：基于新闻可视化生产实践的考察》，《新闻大学》2018 年第 1 期。

⑥ 周逵：《反向融合：中国大陆媒体融合逻辑的另一种诠释》，《新闻记者》2019 年第 3 期。

成为内容维度媒体融合研究的重点。

1. 国外研究关注媒介组织内容生产方式的变化

在国外，鲍德温、詹金斯、詹森等人认为，媒体融合极大地影响了观众消费媒体内容的方式。① 瑞娜·比文斯对加拿大和英国 8 家传媒公司的 100 多位新闻记者进行调查，得出了类似的结果。她认为，在数字时代电视新闻的叙事生产受制于技术自主约束模式（Technology - Autonomy - Constraint，TAC），这种模式使电视媒体内部某些由受众、内部权力动态所带来文化转变变得可见。进入数字时代，媒介组织的信息录入、选择、分配、新闻搜集、故事写作、传播都发生了改变，而在线采编为电视新闻报道中长期存在的缺乏历史和背景的问题也提供了一种解决方案。② 但安迪·福克斯和比安斯·米图则持不同的观点，他们比较了 BBC 在网络、电视和广播三个不同终端或平台的新闻内容输出，结果发现虽然三个终端或平台在新闻内容的编辑方面存在一定的差异，但是通过数字融合媒体格局建立的新闻议程并未实现，实际上上述三个终端或平台无论是在新闻内容制作中，还是在评论写作中，都并未考虑媒体融合。③

2. 国内研究注重内容生产流程与供给的变化

在国内，内容生产流程的变化、内容供给的状况等是研究的热点。彭兰提出媒体内容转型为产品的三条线索，即产品结构、产品层次和产品核心要素，认为要挖掘与释放各个层次的内容产品的价值，从而实现内容向产品的转化。④ 嵇美云、支庭荣认为，随着社会生活智能化的到来，内容供给的生态进一步被改变，供给主体多元化、竞争白热化，平台和社群成为向用户提供信息服务的新中介，这给媒体行业带来了严峻

① Baldwin T., McVoy, D. S. & Steinfield C., *Convergence: Intergrating Media, Information & Communication*, USA: Sage, 1996; Jenkins H., *Convergence Culture: Where Old and New Media Collide*, USA: New York University Press, 2006; Jensen K. B., *Media Convergence - the Three Degrees of Network, Mass, and Interpersonal Communication*, UK: Routledge, 2010.

② Rena Bivens, *Digital Currents: How Technology and Public Are Shaping TV News*, Toronto, Buffalo, London: University of Toronto Press, 2014, pp. 33 - 35.

③ Andy Fox, Biance Mitu, "BBC News - Creating Audience in the Digital Era", *International Journal of Digital Television*, Vol. 7, No. 1, January 2016.

④ 彭兰:《"内容"转型为"产品"的三条线索》,《编辑之友》2015 年第 4 期。

的挑战。① 张志安认为，专业、技术、视觉是内容生产"前台"的创新路径，而生产机制、运营策略和组织文化则是内容生产"后台"创新的符码。② 他还提出，新闻生态系统正在发生重要变化，如中心和边缘的流动，平台和媒体的渗透，技术和人文的平衡等，在公共传播时代需要强化融合生产、社会连接和公共服务三种能力。③ 曾祥敏等人发现，技术手段野蛮介入内容生产的势头得以遏制，生产方式逐渐回归理性，融媒体产品的内容深度和技术呈现逐渐融合。④ 严三九对媒体内容融合的现状进行调研，发现"互联网＋内容形态"为不同媒体内容带来了发展空间，市场对优质内容仍有较大的缺口。内容融合生产的驱动要素包括技术革新、受众习惯、市场压力、领导意志、政策调整、组织形态等，市场对内容特性提出了多元化的要求，包括权威性、趣味性、话题性、个性化、年轻化、移动化等，但驱动要素与内容特性之间的关系问题却难以厘清。⑤ 童清艳指出，当前中国媒体融合的思路局限在了新闻内容方面，且局限于新闻表达融合的阶段，影视剧、综艺节目等娱乐内容的媒体融合尚未深入，没有实现"融合连续统一体"。⑥ 此外，王长潇等⑦、李岭涛和李冬梅⑧、蒋昀洁等⑨、钟新和崔灿⑩、吴克宇和张凌微⑪、付晓光⑫、

① 嵇美云、支庭荣：《互联网环境下媒体融合的瓶颈及策略选择》，《现代传播》（中国传媒大学学报）2016 年第 11 期。

② 张志安：《媒体融合创新的标杆、路径和符码》，《新闻战线》2018 年第 11 期。

③ 张志安：《新新闻生态系统中的应用新闻传播创新》，《新闻战线》2019 年第 17 期。

④ 曾祥敏、刘思琦、唐雯：《2019 全国两会媒体融合产品创新研究》，《新闻与写作》2019 年第 5 期。

⑤ 严三九：《中国传统媒体与新兴媒体内容融合发展研究》，《新闻与传播研究》2017 年第 3 期。

⑥ 童清艳：《智媒时代我国媒体融合创新发展研究》，《人民论坛·学术前沿》2019 年第 3 期。

⑦ 王长潇、曾辉、刘瑞一：《媒介融合背景下电视内容资源的整合与重构》，《现代视听》2013 年第 8 期。

⑧ 李岭涛、李冬梅：《电视节目的新媒体融合力分析》，《电视研究》2014 年第 1 期。

⑨ 蒋昀洁、王文姬、姜东旭：《媒介融合时代电视节目社会化媒体营销策略初探》，《现代传播》（中国传媒大学学报）2014 年第 6 期。

⑩ 钟新、崔灿：《公信力视野下媒体融合的守正创新——第二十九届中国新闻奖融合创新奖项初评入围作品分析》，《新闻战线》2019 年第 13 期。

⑪ 吴克宇、张凌微：《媒体融合背景下中央电视台节目创新特点与趋势》，《现代传播》（中国传媒大学学报）2017 年第 12 期。

⑫ 付晓光：《媒体融合视域下的网络自制节目反向输出》，《当代传播》2017 年第 1 期。

郑自立①等人也在这一领域进行了研究。

（五）媒体运营与产业链维度的媒体融合研究

国外关于这一维度的媒体融合研究主要聚焦于经济和管理方面，有研究者认为应当建立可行的业务模型，然后才能实现融合投资者的财务期望，如 E. E. 丹尼斯等人②。更多的研究者则对以谷歌、亚马逊、脸书、苹果等为代表的各种平台公司，迅速发展智能技术可能带来的各种问题和挑战更感兴趣，如数字主导、数据的集中与滥用、数据控制、平台支配、反托拉斯法等。例如帕特里克·巴外思和里奥·沃特金斯③、黛安·科伊尔④、英格·格雷夫⑤、丽娜·M. 可汗⑥、思南·阿拉尔、克里斯坦索斯·德拉罗卡斯和大卫·戈德斯⑦等人。国外学者对于数字垄断和控制问题的反思，对于我们冷静思考当下的技术热现象也有一定的启示意义。

在国内，研究者们都认为传媒业要调整自身定位，完成转型。有研究者指出传媒业要转型为内容提供商、综合营销服务商、产业运营平台、信息平台、智能信息服务平台、文化产业的资本整合者⑧；也有研究者提出要重视关系传播和情感传播，新闻生产格局要转变为 UGC + PGC，OGC（Occupationally - generated Content，即职业生产内容）等多元化模式共

---

①　郑自立：《中国媒体深度融合的动力逻辑与推进路径》，《现代传播》（中国传媒大学学报）2017 年第 6 期。

②　Dennis E. E. , "Prospects for A Big Idea – Is There A Future for Convergence?", *International Journal on Media Management*, Vol. 5, No. 1, January 2003.

③　Patrick Barwise, Leo Watkins, "The Evolution of Digital Dominance: How and Why We Got to GAFA", Martin Moore & Damian Tambini (Eds.), *Digital Dominance: The Power of Google, Amazon, Facebook and Apple*, New York: Oxford University Press, 2018, pp. 21 –49.

④　Diane Coyle, "Platform Dominance: The Shortcomings of Antitrust Policy", Martin Moore & Damian Tambini (Eds.), *Digital Dominance: The Power of Google, Amazon, Facebook and Apple*, New York: Oxford University Press, 2018, pp. 50 – 70.

⑤　Inge Graef, "When Data Evolves into Market Power – Data Concentration and Data Abuse Under Competition Law", Martin Moore & Damian Tambini (Eds.), *Digital Dominance: The Power of Google, Amazon, Facebook and Apple*, New York: Oxford University Press, 2018, pp. 71 –97.

⑥　Lina M. Khan, "Amazon – An Infrastructure Service and Its Challenge to Current Antitrust Law", Martin Moore & Damian Tambini (Eds.), *Digital Dominance: The Power of Google, Amazon, Facebook and Apple*, New York: Oxford University Press, 2018, pp. 98 – 132.

⑦　Sinan Aral, Chrysanthos Dellarocas, David Godes, "Social Media and Business Transformation: A Framework for Research", *Information Systems Research*, Vol. 24, No. 1, January 2013.

⑧　郭全中：《传媒大转型》，中山大学出版社 2013 年版，第 2—23 页。

存，商业模式要转变为传媒生态圈的全面布局，并从范围经济、分享经济和集成经济等多方面来获得发展①，还需注意媒体融合实践中出现的逆火效应和缺少盈利模式等问题②；还有研究者认为，媒体融合的诉求不是"大而全"而是"专而精"，传媒产业呈现核心产业横向集成、关联产业纵向集成、外围产业混合集成等集成经济模式③；对于盈利模式、平台化建设、集约化生产等问题的探索也吸引了研究者的目光，如黄楚新和彭韵佳④、黄河和翁之颢⑤、石磊⑥等人。此外，学者们也对国内外典型的媒体融合个案进行了分析与总结，如宋黎和葛岩⑦、王岚岚和钟新⑧、王月和王莹⑨、宋建武⑩⑪、谢新洲、朱垚颖和宋琢⑫等，这些研究也丰富了媒体融合转型发展的经验。

三　关于电视媒体转型的文献

电视媒体的转型问题与媒体融合有着千丝万缕的联系，相关研究存在相互交叉与覆盖的部分，除了上文所提及的相关研究外，国内外学者还从以下方面对电视媒体的转型问题进行了研究：

（一）历史维度的电视媒体转型研究

转型本身就是一个流动性的概念，需要有一定的参照系，只有进行

---

① 李彪：《传统媒体融合创新竞争力再造路径研究》，《新闻战线》2016 年第 21 期。

② 李彪：《未来媒体视域下媒体融合空间转向与产业重构》，《编辑之友》2018 年第 3 期。

③ 喻国明、赵睿：《从"下半场"到"集成经济模式"：中国传媒产业的新趋势——2017 我国媒体融合最新发展之年终盘点》，《新闻与写作》2017 年第 12 期。

④ 黄楚新、彭韵佳：《2017 年中国媒体融合发展报告》，《现代传播》（中国传媒大学学报）2018 年第 4 期。

⑤ 黄河、翁之颢：《建设新型主流媒体理念下融合的新路径》，《青年记者》2019 年第 18 期。

⑥ 石磊：《马克思主义新闻观与媒体融合发展》，《新闻与传播研究》2018 年第 25 卷第 S1 期。

⑦ 宋黎、葛岩：《从"报网互动"到 Instant Articles——"新媒体与新媒体合作"取代"传统媒体与新媒体融合"》，《西南民族大学学报》（人文社科版）2018 年第 6 期。

⑧ 王岚岚、钟新：《媒体融合背景下的澳大利亚广播业新格局》，《中国记者》2018 年第 2 期。

⑨ 王月、王莹：《澎湃新闻媒体融合发展实践探索》，《中国报业》2018 年第 23 期。

⑩ 宋建武：《全面视频化：5G 时代封面新闻媒体融合转型的新路径》，《传媒》2019 年第 8 期。

⑪ 宋建武、陈璐颖：《浙报集团媒体融合的探索之路》，《传媒》2017 年第 10 期。

⑫ 谢新洲、朱垚颖、宋琢：《县级媒体融合的现状、路径与问题研究——基于全国问卷调查和四县融媒体中心实地调研》，《新闻记者》2019 年第 3 期。

纵向和横向的对比，才能发现其中的规律。

1. 国外的研究关注电视与社会文化之间的关系

国外学者在研究电视媒体的转型问题时更关注历史维度，他们认为回溯历史有助于厘清电视的内涵，从而更好地认清电视媒体的转型方向。例如，罗伯·特诺克的《电视和消费者文化》一书就把媒体系统的重要变化与更广泛的社会和文化变迁联系在一起。他们认为，电视作为一种社会机构和文化实践形式是由 20 世纪 50—60 年代更广泛的社会和文化变革所塑造的，电视反过来也促进了消费社会的形成，并反映了社会分化。20 世纪 80 年代以后，电视转向对生活方式、文化多样性和社会差异的关注。[1] P. 奥德海德、K. C 凯勒布鲁、J. 尼、B. 格林瓦尔德和 A. 西夫等人对电视媒体的融合进程进行梳理，发现融合作为一种商业策略在 20 世纪 90 年代便开始流行。通过跨媒体内容共享、在多个"平台"上出售广告、"协同作用"（即让一位记者为多个媒体报道一个故事），媒体所有者逐渐意识到了节约成本的潜力。[2] 詹姆斯·本内特分析了英国的互动电视业务的历史渊源和对家庭关系的影响，并希望借助对移动性话题的关注，促进人们对电视技术和文化形式的理解。他认为，作为一种新的媒体技术，互动电视其实并不是一种纯粹的新知识，而是有着深厚的历史渊源。[3] 此外，迈克尔·米尔恩[4]、本·戈德史密斯[5]等人也进行了相关研究。

① Rob Turnock, *Television and Consumer Culture: Britain and the Transformation of Modernity*, London: I. B. Tauris, 2007, pp. 1 – 13.

② Aufderheide P. , *Communication Policy and the Public Interest*, New York: Guilford Publications, 1999; Killebrew K. C. , *Managing Media Convergence: Pathways to Journalistic Cooperation*, Ames (IA), Oxford, Carlton Victoria: Blackwell, 2005 ; Knee J. , Greenwald B. & Seave A. , *The Curse of the Mogul: What's Wrong with the World's Leading Media Companies*, New York: Portfolio, 2009.

③ James Bennett, " 'Your Window – on – the – World' : The Emergence of Red – Button Interactive Television in the UK", *Convergence: The International Journal of Research into New Media, Technologies*, Vol. 14, No. 2, February 2008.

④ Michael Milne, *Moving the Goalposts: The Transformation of Television Sport in the UK* (1992 – 2014), A Thesis Submitted in Partial Fulfilment of the Requirements of the University of Westminster for the Degree of Doctor of Philosophy, 2014, pp. 2 – 3.

⑤ Ben Goldsmith, "Sport and the Transformation of Australian Television", *Media International Australia Incorporating Culture and Poliey*, Vol. 155, No. 1, May 2015.

2. 国内的研究聚焦电视媒体内容生产方式和话语模式的变革

国内这一维度的研究更多地聚焦于电视媒体内容生产方式和话语模式的变革以及转型的政策背景等方面。如常江梳理了 1958—2008 年中国电视的发展历程,他发现纪实、审美与规训是主导中国电视业变迁与演进的三套话语,它们分别塑造和界定着电视与社会现实、日常生活及主流价值之间的关系。[①] 姚洪磊、石长顺认为,在新媒体环境下,电视媒体经历了由信息传播环节扩展到技术、文化、制度等整体层面的变革过程。[②] 李洁梳理了广播电视向新媒体转型的政策背景。[③] 程前发现民主化是灾害报道话语变迁的一个趋势。[④] 此外,孙宝国[⑤]、谭天、夏厦和张子俊[⑥]等人也在这一领域进行了研究。这对我们了解和掌握电视媒体转型发展的历史进程有较大的借鉴意义。

(二) 广播电视与新媒体的融合发展研究

广播电视与新兴媒体的融合发展是伴随媒体融合而产生的一个新研究领域,除了前面提及的技术赋能媒体融合之外,这一领域的研究大多聚焦在新兴视听媒体所带来的交流与生产的改变方面。

1. 国外学者偏重新媒体给电视带来的文化和经济影响

在国外,雷蒙德·威廉斯早就预测了电视与其他技术之间的融合趋势,并告诫大家,适应新技术的形式已经在许多情况下导致了重大变化和某些真正的质量差异。[⑦] 而约翰·杜海姆·彼得斯则从哲学的角度重新思考了媒介的意义,并提出了元素型媒介的观念以及媒介非表意,媒介

---

① 常江:《中国电视史:1958—2008》,北京大学出版社 2018 年版,第 464 页。

② 姚洪磊、石长顺:《新媒体语境下广播电视的战略转型》,《国际新闻界》2013 年第 2 期。

③ 李洁:《传统广播电视应及时向新媒体转型》,《产业与科技论坛》2012 年第 5 期。

④ 程前:《我国电视媒体灾害报道的话语转型——以中央电视台 20 世纪 80 年代以来的三次重大灾害事件报道为例》,《电视研究》2011 年第 1 期。

⑤ 孙宝国:《两台合并 台网联动 制播分离——2014 年中国广电的体制机制创新》,《新闻战线》2015 年第 3 期。

⑥ 谭天、夏厦、张子俊:《网台融合形成电视新生态——2015 年电视转型与融合创新综述》,《新闻与写作》2016 年第 2 期。

⑦ Williams R., *Television: Technology and Cultural Form*, New York: Routledge, 2003, p. 39, 144, 151.

即存有的思想。①

其他研究者也探讨了新媒体技术对电视带来的影响。如克里斯托弗·M.考克斯分析了电视媒体和数字媒体平台在节目流方面的融合发展，以及"远程可见"和"不可见"的逻辑流程问题。他认为随着技术和文化的发展，电视越来越脱离电视机和其他识别和理解"电视"的集中模式，而转变成一种技术和文化形式，融合使得电视可以轻松适应节目和数字媒体平台的计算能力之间不断变化的复杂情况。② 阿曼达·D.洛兹提出，数字技术让电视本体发生演化，手机、平板电脑、笔记本电脑等新设备和智能电视改变了人们的电视观看体验，使得专业内容随时可获，也改变了电视的故事讲述方式，垂直整合是网络电视的一个重要策略。③ 列昂妮·拉瑟福德和亚当·布朗追踪调查了澳大利亚广播公司在广播、电视和在线平台的基础架构布局调整情况。他们发现，在数字电视背景下该公司的调整提高了观众的参与性，具有教育和社会发展的意义，更超越了市场失灵的模型。④

2. 国内研究聚焦视听新媒体所带来的一系列深度变革

国内学者的研究聚焦于视听新媒体所带来的一系列深度变革、"互联网＋电视"的发展趋势、大数据及其他新技术等的运用方面。由于移动性特征为电视带来了显著变化，彭兰⑤从时空、场景角度对之进行解析，喻国明和刘旸分析了"互联网＋"模式下的传播新景观，以及电视节目的跨平台传播效能转化率和盈利模式问题⑥，谭天提出了"互联网＋电

---

① ［美］约翰·杜海姆·彼得斯：《奇云：媒介即存有》，邓建国译，复旦大学出版社 2020 年版，第 7—17 页。

② Christopher M. Cox, "Programming – Flow in the Convergence of Digital Media Platforms and Television", *Critical Studies in Television*：*The International Journal of Television Studies*, Vol. 13, No. 4, December 2018.

③ Amanda D. Lotz, "Evolution or Revolution? Television in Transformation", *Critical Studies in Television*：*The International Journal of Television Studies*, Vol. 13, No. 4, December 2018.

④ Leonie Rutherford & Adam Brown, "The Australian Broadcasting Corporation's Multiplatform Projects：Industrial Logics of Children's Content Provision in the Digital Television Era", *Convergence*：*The International Journal of Research into New Media Technologies*, Vol. 19, No. 2, May 2013.

⑤ 彭兰：《场景：移动时代媒体的新要素》，《新闻记者》2015 年第 3 期。

⑥ 喻国明、刘旸：《"互联网＋"模式下媒介的融合迭代与效能转换》，《新闻大学》2015 年第 4 期。

视"的场景构建①，他指出"互联网＋"的本质是供需重构。② 王晓红聚焦短视频、网络直播等新型视听传播现象，提出视频文本化、视听新媒体的交流机制③，新型视听传播的形态演进逻辑，即还原人体感觉和追求互动的深化④，以短视频为代表的视听传播形态改变了人类的情感交流和活动行为⑤，超越了"观看"⑥ 等观点。这些对于深入分析与探讨技术对电视媒体形态的演变和生产方式的变化提供了指引。

　　"互联网＋"技术条件下电视媒体的转型路径及能力打造，也是国内学者关注较多的一个议题。赵曙光认为传统电视的人机交互体验差，转型的道路在于垂直拓展电视媒体的上下游产业链，强化电视媒体的内容资源优势，基于集体使用与强关系的双重特征来设计具有交互性的应用界面，超越遥控器和电视使用的地点限制优化电视的用户体验等。⑦ 赵树清认为互联网生态媒体系统的建设是广电媒体与新兴媒体融合发展的目标，要建设融合格局下广电媒体的行业生态、产业生态、传播生态、价值生态四个子生态系统，构建广电传媒的大集团、公共广播电视、专业联盟三大生态圈。⑧ 刘骏晟和杜亚乘认为，广电媒体在融合发展中要把握内容赋本、场景赋活、关系赋权、技术赋能、平台赋势等几个因素。⑨ 黄楚新⑩、

---

　　① 谭天：《从渠道争夺到终端制胜，从受众场景到用户场景——传统媒体融合转型的关键》，《新闻记者》2015 年第 4 期。

　　② 谭天：《对"加快广播电视媒体与新兴媒体融合发展意见"的解读》，《中国广播》2016年第 9 期。

　　③ 王晓红：《短视频助力深度融合的关键机制——以融合出版为视角》，《现代出版》2020年第 1 期。

　　④ 王晓红：《新型视听传播的技术逻辑与发展路向》，《新闻与写作》2018 年第 5 期。

　　⑤ 王晓红：《短视频引领日常生活的新表达》，《光明日报》2017 年 5 月 26 日第 5 版。

　　⑥ 王晓红：《网络视频：超越"观看"的新形态》，《青年记者》2018 年第 7 期。

　　⑦ 赵曙光：《传统电视的社会化媒体转型：内容、社交与过程》，《清华大学学报》（哲学社会科学版）2016 年第 1 期。

　　⑧ 赵树清：《深度融合与生态重构——广电媒体转型升级之道与未来趋势》，《新闻与写作》2016 年第 10 期。

　　⑨ 刘骏晟、杜亚乘：《从媒体融合谈传统广电媒体的发展路径》，《中国广播电视学刊》2019 年第 8 期。

　　⑩ 黄楚新：《"互联网＋媒体"——融合时代的传媒发展路径》，《新闻与传播研究》2015年第 9 期。

李宇和李扬①、封翔②、杨勇等③、郝雨和李灿④、王晓⑤、周行⑥、乔保平、邹细林和冼致远⑦、王志强和张朝阳⑧等人也有类似的观点。

对具体案例的经验总结也是研究的热点之一。如虞国芳总结了 CNN 和 BBC 的全媒体转型策略,报考打造移动新闻和进行大数据挖掘的数字优先策略,跨平台的渗透式传播,用户参与打造对话新闻,新闻定制化打造适应性新闻。⑨ 杨继红⑩、周庆安⑪和任学安⑫分别对央视移动网、电视评论和广告经营方面的转型进行分析。蔡骐⑬、陈瑞和曾国欢⑭、周建亮⑮,

① 李宇、李扬:《浅析电视业融合策略的三个层面》,《中国广播电视学刊》2015 年第 2 期。

② 封翔:《媒体融合进程中的电视力量——2015 年中国电视收视市场分析》,《现代传播》(中国传媒大学学报)2016 年第 4 期。

③ 杨勇、董紫薇、周长城:《大数据引领媒体融合未来——2017 年第六届中国传媒经济年会综述》,《现代传播》(中国传媒大学学报)2017 年第 12 期。

④ 郝雨、李灿:《全媒重构格局中电视与新媒体融合路径深层探寻》,《现代传播》(中国传媒大学学报)2016 年第 4 期。

⑤ 王晓:《"互联网+"时代传统电视媒体的融合转型》,《中国广播电视学刊》2015 年第 6 期。

⑥ 周行:《全媒体时代背景下地方电视媒体转型策略研究》,《当代电视》2014 年第 12 期。

⑦ 乔保平、邹细林、冼致远:《媒介融合:广播电视舆论引导的转型与突破》,《郑州大学学报》(哲学社会科学版)2014 年第 3 期。

⑧ 王志强、张朝阳:《变革中的"互联网思维"——媒介融合和文化体改双重背景下的电视媒体转型思考》,《当代电视》2014 年第 12 期。

⑨ 虞国芳:《谈西方电视的互联网思维——基于 CNN 和 BBC 全媒体转型的观察思考》,《电视研究》2014 年第 12 期。

⑩ 杨继红:《移动时代电视媒体的转型突围——央视新闻移动网的创新思考》,《传媒》2017 年第 5 期。

⑪ 周庆安:《多元与选择:从 2010—2011 年央视特约评论员机制看新媒体环境下电视评论的发展转型》,《国际新闻界》2012 年第 12 期。

⑫ 任学安:《媒体融合背景下电视广告经营创新策略——以中央电视台广告经营转型为例》,《电视研究》2017 年第 10 期。

⑬ 蔡骐:《媒介融合时代的电视媒体转型之路——以湖南广电的新媒体转型为例》,《现代传播》(中国传媒大学学报)2015 年第 11 期。

⑭ 陈瑞、曾国欢:《互联网+时代传媒影响力的多元开发——以广东广播电视台 T2O 模式创新探索为例》,《新闻传播》2016 年第 4 期。

⑮ 周建亮:《广东电视融媒体发展研究》,博士学位论文,武汉大学,2013 年,第 10—11 页。

王建军①、武仲元②、周湘艳③、刘孟达④、严斌⑤等人解读了各地方广播电视媒体的转型策略。这一维度的研究对于中国电视媒体的转型研究而言有较多的经验价值和启示意义。

综合来看，国内外学者在电视与新兴媒体的融合发展问题上仍然遵循的是技术哲学的传统路径，大多数学者对于新型视听媒体技术为电视媒体所带来的新的可能性表示乐观。

（三）组织文化与媒介管理维度的电视媒体转型研究

媒体融合给电视媒体组织的内部格局、组织文化及管理方式等方面造成的影响，是国外电视媒体转型研究的重点关注领域，大致形成了三种不同的观点：第一种，认为媒体融合带来了更多的发展机会。如吉莲·道尔发现，执行良好的"360度"试播和分发的方式将增加内容的使用价值，这不仅是因为该内容的使用机会延长，而且还因为在多平台环境中受众的参与度提高，改善了受众的体验，并更好地将受众偏好传达给供应商⑥；第二种，认为媒体融合给新闻编辑室带来了冲突和挑战。如彼得·韦尔维认为，融合的过程对新闻工作者的工作习惯和社会角色产生了影响，融合使记者从"独狼"转变为多媒体团队合作者，增强了记者和编辑在新闻制作中的决策权限⑦。劳拉·K.史密斯，安德里亚·H.坦纳和索尼娅·福尔特·杜黑分析了媒介融合背景下美国地方电视台新闻编辑室内部的观念冲突问题。他们发现，大多数调查对象认为媒体融

---

①　王建军：《过去未去，未来已来——关于广播电视媒体融合转型发展的思考》，《电视研究》2017 年第 1 期。

②　武仲元：《浅析电视新闻媒体融合转型的路径特征》，《新闻传播》2017 年第 3 期。

③　周湘艳：《跨媒体整合：传统媒体转型之路——重庆广播电视集团实践跨媒体深度整合》，《广告大观》（综合版）2009 年第 4 期。

④　刘孟达：《"互联网＋"语境下广电媒体融合转型的应对策略——以绍兴广播电视为例》，《中国广播电视学刊》2016 年第 5 期。

⑤　严斌：《试论媒体融合语境下广播电视的转型》，《中国新闻出版广电报》2017 年 10 月 9 日第 4 版。

⑥　Gillian Doyle, "From Television to Multi-Platform: Less from More or More for Less?", Convergence: The International Journal of Research into New Media Technologies, Vol. 16, No. 4, April 2010.

⑦　Peter Verweij, "Making Convergence Work in the Newsroom: A Case Study of Convergence of Print, Radio, Television and Online Newsrooms at the African Media Matrix in South Africa During the National Arts Festival", Convergence: The International Journal of Research into New Media Technologies, Vol. 15, No. 1, January 2009.

合对电视新闻产生了负面影响，许多新闻工作者认为新闻编辑室内的价值冲突给他们的日常工作带来了持续的挑战。[①] 埃德加·黄、凯伦·戴维森、斯蒂芬妮·史瑞夫、特维拉·戴维斯、伊丽莎白·贝滕多夫和安妮塔·奈尔等人也进行了类似的调查，他们发现编辑、记者和新闻总监在面对媒体融合带来的诸多变化时有不同的态度[②]。凯里·希金斯·多布尼和杰拉尔德·萨斯曼发现，实行媒体融合之后，新闻工作人员被迫为多个平台提供新闻产品，这严重削弱了调查报道及其他新闻的制作质量，影响了社区新闻的公共服务功能[③]；第三种，认为媒体融合是失败的。如马克·埃奇就认为 2000 年以来加拿大媒体无节制的融合带来了一系列问题，包括导致电视台关闭、发生政治恐慌、产生劳资纠纷以及声称有财务困难的媒体公司为减轻监管压力而进行了公共运动等[④]。

国内也有部分学者关注了电视媒体组织内部的管理和文化冲突问题，但相关研究并不太多，如高红波[⑤]、姬德强[⑥]、杨勇等[⑦]、董超[⑧]、丁阳[⑨]、唐铮[⑩]等。这一维度的研究有助于我们全面认知与把握电视媒体的转型升级问题。

---

① Laura K. Smith, Andrea H. Tanner & Sonya Forte Duhé, "Convergence Concerns in Local Television: Conflicting Views from the Newsroom", *Journal of Broadcasting & Electronic Media*, Vol. 51, No. 4, December 2007.

② Edgar Huang, Karen Davison, Stephanie Shreve, Twila Davis, Elizabeth Bettendorf & Anita Nair, "Facing the Challenges of Convergence: Media Professionals' Concerns of Working Across Media Platforms", *Convergence: The International Journal of Research into New Media Technologies*, Vol. 12, No. 1, January 2006.

③ Carey L. Higgins – Dobney, Gerald Sussman, "The Growth of TV News, The Demise of the Journalism Profession", *Media, Culture & Society*, Vol. 35, No. 7, July 2013.

④ Marc Edge, "Convergence after the Collapse: The 'Catastrophic' Case of Canada", *Media, Culture & Society*, Vol. 33, No. 8, August 2011.

⑤ 高红波：《嬗变的视频：大电视产业竞争格局新解》，《声屏世界》2013 年第 7 期；高红波：《略论大电视产业的增量空间、市场结构与发展前景》，《现代视听》2015 年第 12 期。

⑥ 姬德强：《从"模式"到"实践"：国家、资本与社会关系中的中国有线电视数字化转换》，《新闻大学》2015 年第 1 期。

⑦ 杨勇、董紫薇、周长城：《大数据引领媒体融合未来——2017 年第六届中国传媒经济年会综述》，《现代传播》（中国传媒大学学报）2017 年第 12 期。

⑧ 董超：《全媒体时代广播电视主持人的转型发展》，《新媒体研究》2017 年第 11 期。

⑨ 丁阳：《广播与视听新媒体融合发展模式探讨》，《中国广播》2019 年第 3 期。

⑩ 唐铮：《广电媒体融合转型的路径选择》，《新闻与写作》2018 年第 5 期。

（四）媒体伦理和责任维度的电视媒体转型研究

转型中的媒体伦理与责任也是不可或缺的部分，在这方面美国媒介伦理研究者克利福德·G. 克利斯琴斯进行了许多研究。他在自己的最新著作《数字时代的媒介伦理和全球正义》中分析了媒介伦理和正义议题在数字时代的变化①。马克·拉博伊·克劳迪娅·帕多瓦尼认为，技术融合推动传播模式的融合，并带来了一系列变化，而全球媒体政策（GMP）映射项目旨在解决因传播环境转变而产生的媒体内部以及传播政策制定者和倡导者所面临的诸多新问题。② 约翰·诺顿也分析了注意力经济之下媒体平台的权力和责任问题。③ 安东尼·C. 阿多纳托也有一些新的发现，如新媒体环境下地方电视记者承担的许多新职责是自我强加的，而不是管理岗下达的；社交媒体不仅提供了新的新闻采集途径，也是核查新闻来源的重要方式；多平台的内容发送让记者不得不更加谨慎，而与受众之间的双向虚拟关系也增强了记者的责任意识等④。这些观点也开阔了我们的视野。

国内关于媒体伦理和责任维度的电视媒体转型研究数量不多，主要集中在假新闻的防范和节目内容的主旋律、正能量的价值观赋能方面。如许颖提出媒体融合时代新闻真实性和媒体公信力的问题，并指出新闻事实核查的重要性⑤。马正华认为媒体融合打破了传统媒介伦理的结构与形态，改变了自由与责任之间的关系，也带来了一些新的伦理困境，亟须建立基于融合理念的伦理规范⑥等。这些观点对于本研究来说也有一定的启示作用。

---

① Clifford G. Christians, *Media Ethics and Global Justice in the Digital Age*, Cambridge University Press, 2019.

② Marc Raboy Claudia Padovani, "Mapping Global Media Policy: Concepts, Frameworks, Methods", *Communication, Culture and Critique*, Vol. 3, No. 2, June 2010.

③ John Naughton, "Platform Power and Responsibility in the Attention Economy", Martin Moore & Damian Tambini (Eds.), *Digital Dominance: The Power of Google, Amazon, Facebook and Apple*, New York: Oxford University Press, 2018, pp. 371 – 395.

④ Anthony C. Adornato, "A Digital Juggling Act: New Media's Impact on the Responsibilities of Local Television Reporters", *Electronic News*, Vol. 8, No. 1, March 2014.

⑤ 许颖：《媒体融合时代的新闻核实与核查——以 2016 年部分假新闻为例》，《新闻与写作》2017 年第 2 期。

⑥ 马正华：《媒体融合及其伦理挑战》，《视听界》2015 年第 1 期。

四 简要综述

总体而言，国内外关于媒体融合和电视媒体转型的研究涉及面广、研究成果数量繁多，呈现出系统化、规模化、操作化、针对性等特点，这些研究或从历史的角度来探寻电视媒体的内涵和演进趋势，或从具体的实践案例总结媒体融合的经验，或从电视与新媒体融合的可操作性出发探索电视媒体转型的道路，或从媒体融合的制约因素思考体制、管理和媒体责任问题，表现出较强的问题导向意识，为本书提供了丰富的材料和有益的观点。然而，这些研究也存在着明显的不足，主要体现为：

第一，经验描述多，理论探讨少，尤其是国内的相关研究。上述研究无论是对智能传播时代电视媒体转型发展的现状以及媒体融合发展的经验分析，还是对媒体融合的未来发展预测的探讨；无论是从历史角度对电视节目形态演变的思索，还是对媒体融合背景下媒体责任和新闻事实核查的反思，大部分研究还停留在经验性描述的层面，真正触及相关理论的比较少。虽然国外学者也在电视的内涵问题上进行了一些思考，但相关研究的数量也不多，而国内的相关研究则更加缺乏。

第二，现象描述多，深层思考少。目前国内外关于媒体融合的研究大多数以现象描述为主，在研究方法上多以案例分析和调研为主，比较注重对一家或多家媒体机构和组织的转型的经验总结和梳理。这些研究聚焦于媒体融合的外显性特征，缺乏对媒介组织内部新闻从业者的个体因素、组织内部的文化因素，以及组织中不同从业者之间的关系的关注与观照，缺乏对新闻生产过程中人作为主体性因素的深层思考，并且呈现出典型的"功能—效果"研究特征。

第三，"回响式"研究多，研究深度、广度有限，尤其是国内的相关研究。国外关于媒体融合的研究经历一个集中暴发后目前逐渐回归理性，甚至出现了一些对媒体融合失败经验的反思。但相比而言，国内的媒体融合相关研究却带有非常明显的"运动式""回响式"特征，尤其是当政府做出相关重大决策之后，业界和学术界就会迅速做出反应，政策解读和对策式研究就会集中出现。虽然这体现出研究者强烈的问题导向意识，但是却容易导致研究的高度重复性，并且带来研究深度、广度有限的问题。

第四，缺乏对某些核心问题的关注。虽然相关研究的数量较多，但是在媒体融合和电视媒体转型的某些核心问题上仍然比较欠缺，如过分迷恋技术的力量，忽略了媒体融合的其他影响因素；认为媒体融合和传统媒体的存在具有天然的合法性，对媒体融合必须以互联网为基础缺乏足够的认识，也缺少对互联网根本特征的思考，更缺少对相关问题及概念的批判性反思；历史性研究和对比性研究较少，缺少从历史的角度对电视本质问题的思考，更缺少对媒体融合所带来的伦理和责任问题的关注；对媒体融合以及智能传播所形成的价值重构缺少足够的重视；没有认识到国内外媒体融合的动力机制不同，国外经验不一定适合中国实际，并未领会媒体融合发展的复杂性，也没能找到决定电视媒体融合发展成败的关键所在；把某些阶段性现象放大为媒体融合的整体现象，缺少对互联网以及电视媒体阶段性发展和渐进式发展的认识等等。

总之，相关研究仍然有待拓展与深化，但这也为本书留下了一定的空间。

第三节　研究思路与研究方法

一　研究思路

本书为应用型、对策型研究，以"智能传播、电视媒体、用户"作为三个基本观测点，立足于分析互联网、大数据、人工智能、虚拟现实、元宇宙等数字技术和智能技术是如何改变了电视的媒体形态，又塑造了怎样的媒体景观，同时带来了哪些伦理和责任问题，在新的媒介生态格局之下电视媒体应当怎样调整思维，并利用相应的技术，从内容生产、内容分发、产业链延伸等诸环节来重新整合自身的优势资源，提升电视媒体的影响力。具体思路如下：

本书围绕这个命题展开：智能传播极大地改变了电视媒体的生态格局，而受众也对电视媒体提出了新的要求，只有积极推进内容生产、分发体系、产业链、管理体系等诸体系的模式重构与体制创新，重塑自身核心竞争力，才能适应这一变局。具体研究框架如下：

第一部分，媒介可供性的变化及电视媒体转型的背景。智能技术的

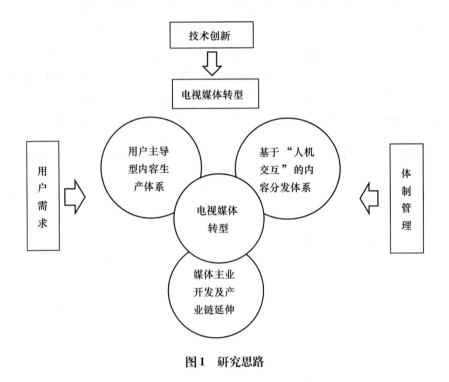

图1　研究思路

兴起触发了媒介可供性的跃迁，而社会不确定性和风险的增加、新舆论场的形成以及宣传思想工作的建设任务也成为影响媒介可供性的结构性因素。电视媒体的转型不仅是一个结构化的过程，也是一个行动者网络动态协调的过程。在转型过程中，作为人类行动者的媒体内容生产者和非人类行动者的技术、媒体等共同构成了行动者网络，并通过转译实现行动者网络的联结。这种转译以智能技术为支撑，以新型关系的营造为基础，以媒介生产范式的变革为核心。而对于电视媒体而言，转型的核心问题集中在确立用户思维和产品意识，并通过对优质产品和服务的供给来获取社会价值和经济价值。

第二部分，智能传播时代共享型传播关系的重塑。这一部分主要从电视形态的演变与内涵的丰富，智能传播时代传播关系的变化，共享型传播关系的基础、层次与内核等问题出发，建构智能传播时代电视媒体转型的相关理论。提出在新的时代背景下，电视媒体只有深刻理解共享式传播关系背后的逻辑，将内容产品生产与用户的需求、情感、体验、消费场景等精准关联起来，才能增强用户与产品以及用户与平台之间的黏性。

第三部分，用户主导型电视内容生产体系建构。这一部分主要从用户需求与满意度出发，尝试建立新型内容生产体系，这个体系主要包括对用户的信息及需求的收集与分析，不同类型的电视节目内容生产体系建构等。这一部分还提出，在媒体深度融合阶段，传统电视媒体应当发挥自身的优势，并将这些资源和优势与智能传播时代互动语态的生产结合起来，而视听新媒体也应该学习传统电视媒体的专业内容生产技巧和节目编辑方式，以提高内容生产中的专业化水平。

第四部分，基于"人机交互"的电视内容分发体系建构。传统电视的"人机交互"主要体现在使用遥控器来控制，在"智能＋电视"的模式下"人机交互"的功能更加多元化。这一部分主要从用户分析系统的建立、全媒体矩阵与多终端覆盖与到达、OTT 服务与交互功能的开发、"智能＋电视"场景模式建构等方面，尝试建立新型的电视内容分发体系。

第五部分，智能传播时代电视媒体的主业开发及产业链延伸。这一部分主要从纵横两条线索来分析电视媒体的运营问题。其中，纵向线索表现为电视媒体主业的深度开发，包括电视媒体主业内容的创新性生产与开发，电视产业链上中下游的打通，高质量主业产品的提供与付费墙业务的开展等；而横向线索主要表现为产业链的延伸，包括线上＋线下活动的开展，中介型媒介平台的搭建，MCN 业务的拓展等，试图建立一个覆盖传统电视营销渠道、互联网电视、社交电视、O2O 及 T2O 等新型营销渠道的垂直产业链，并结合社会资源的水平合作，创造新的经济增长点。

第六部分，智能传播时代电视媒体的体制和管理创新。体制和管理是当前电视发展的最大障碍，这一部分主要从高阶维度智能传播时代电视媒体管理思想的变革，中阶维度电视媒体组织机构的建设与改革，低阶维度人力资源与薪酬管理制度的建立，以及管理方式方法的调整与创新等维度展开，分析如何打破阻碍电视媒体发展的不良体制，建立适合新形势的内容生产及运营管理的体制，推动电视媒体组织内部的关系协调与沟通问题等。

第七部分，智能传播时代电视媒体转型中的伦理和责任问题。这一部分主要探讨了伴随电视媒体转型而来的一系列新的伦理与责任问题，比如数字时代的版权问题、深度造假与事实核查问题、大数据的挖掘与用户隐私权保护、人工智能等技术的运用带来的伦理与责任问题等。这一部分提出，智能技术的使用虽然能够极大地提升传播效果，但是在运用技术的同时，也应该明确技术只是手段，技术最终服务的对象应该是人。在运用技术的时候，只有将技术适当地放进笼子里，强化对技术使用的规范性，加强对技术的监管，才有可能重现人文之光。

二 研究方法

本书综合运用了文献法、个案研究法、深度访谈法、问卷调查法等多种研究方法。

（一）文献法

本书系统搜集了国内外关于媒体融合、电视媒体转型及智能传播相关的著作、论文、政策文件、媒体案例、数据等文献资料，归纳并分析了智能传播时代电视媒体核心竞争力的构成要素及培育策略，同时也搜集了相关社会调查机构关于受众对电视媒体的使用状况的数据，并通过对相关数据的分析来了解受众的需求。

（二）个案研究法

本书以国内外多家电视媒体的转型发展和业务拓展为案例，分析这些媒体利用智能技术实现融合发展的现实进路，尤其是关注他们在技术革新、内容生产、渠道建设、应用创新、产业链延伸、管理机制等诸多环节的创新策略，从中总结经验，丰富相关理论。

（三）深度访谈法

本书通过对 10 多家媒体单位 50 多位视听媒体从业者、技术工作者、管理层人士的访谈（访谈对象基本情况参见第六章），深描实行媒体融合转型之后媒体组织内部的景观，尤其是关注电视媒体人的工作状况，分析他们对媒体融合的适应程度，以及面对媒体转型的心路历程等，归纳总结电视媒体的转型策略和人才战略。

（四）问卷调查法

本书通过发放问卷的形式来获取受众对电视媒体的使用现状和满意程

度，共计发放问卷 1000 份，为电视媒体的转型发展提供了一定的数据支持。

第四节　研究难点与创新点

一　研究的重点与难点

（一）研究重点

本书的重点主要集中在以下几个方面：

1. 共享型传播关系的重塑

共享型传播关系是电视媒体转型的重要理论基石，回溯什么是电视以及新技术条件下电视内涵的演变，梳理传者和受众之间的关系，建立起共享型的传播关系，这是本书的重要内容之一。

2. 内容生产体系建构及分发体系建构

用户主导型的内容生产体系建构以及基于"人机交互"的新型内容分发体系的建构也是本书的重点。在智能传播时代，电视媒体的内容生产已经脱离了单纯的 PGC 模式，用户在传播过程中的参与程度显著增加，以用户为中心，通过"人机交互"的形式实现内容的生产与分发，这也是电视媒体转型的重点。

3. "智能＋电视"的体制和管理创新

体制和管理是电视媒体转型的保障，本书着重从高阶、中阶、低阶三个维度深入分析当前电视媒体转型过程中存在的体制和管理障碍，建立适应新形势的管理体制和模式。

（二）研究难点

本书的难点主要存在于以下几个方面：

1. 目前智能媒体及智能传播属于新生事物，缺少成功的样本，找到合适的个案及访谈对象是操作过程中的一个难题。

2. 智能技术日新月异，媒体转型发展的速度也逐年提升，用户的喜好和接受习惯更是经常变化，这给本书增加了难度。一方面，媒体实践日新月异，每当我们收集整理出一些成功的样本、案例和经验时，媒体实践又发生了新的变化，这延长了本书的时间进度；另一方面，国内外媒体应用的成功带有偶然性，想要正确地把握发展趋势，并为电视媒体转型设计出一套完整的方案难度较大。

二　创新之处

本书的创新之处主要表现在：

（1）本书提出，在智能传播时代，电视媒体的形态、内涵及媒介格局都发生了重要变化，必须建立共享型传播关系，形成以用户为主导的竞争模式，才能应对变局。

（2）本书提出，在智能传播时代，电视媒体需要突破体制和机制的局限，建立用户主导型的内容生产体系，基于人机交互功能构建内容分发体系，深化发展媒体主业、延伸"智能＋电视"的产业链，才能完成转型。

（3）本书分析了电视媒体转型过程中，媒体组织内部的文化建设、组织内部的沟通、激励与试错机制的建立，新形势下的电视媒体所面临的伦理与责任等问题。一方面重视对技术的应用，另一方面又尝试跳出技术的禁限，提出在运用技术的时候，只有将技术适当地放进笼子里，强化使用的规范性、适度监管，才有可能重现人文之光。

第 一 章

媒介可供性的变化及电视
媒体转型的背景

吉登斯的结构化理论提示我们，结构具有二重性。作为规则与资源的结构既是行动者能动性的先决条件，也是行动者行动的主观目的，它制约着行动者的行动；而行动者的行动既维系着结构，又改变着结构。社会系统的结构性特征并不外在于行动，而是不断地卷入行动的生产与再生产之中。① 作为社会结构的重要构成，媒体与其他结构性要素一起形塑了社会的面貌，规定了人们的行动，同时人们的一系列行动也产生和再生了新的社会结构。当前，媒介技术越来越成为一种不可忽视的结构性要素，在推动社会向智能化进化的同时，也影响并改变了人们的生活。而人们行动的变化又生成了新的传播结构，并指引了媒介技术的演进方向。

作为一种风靡 20 世纪中后期的媒介形式，电子技术及电视媒体曾经深刻地改变了人类的传播结构。然而，随着物联网和智能技术对第四轮科技革命和产业革命的推动，工业 4.0 时代逐渐到来，智能技术深度嵌入社会生活，人们的传播惯习也发生了变化。在这种情境下，电视媒体面临着结构性变迁的压力，那些忽略转型、丧失活力的传统电视媒体正在被受众和广告商共同抛弃。

技术所带来的并非只有乌托邦式的利好，由之所触发的结构性变迁也带来了更深层次的问题，尼尔·波斯曼所担忧的技术垄断对文化的冲

---

① ［英］安东尼·吉登斯：《社会的构成》，李康、李猛译，生活·读书·新知三联书店1998 年版，第 89—92 页。

击也在成为现实。① 对各种智能媒体终端的使用不仅占据了人们大部分的工作和休闲时光，也带来了人们交流方式和交流习惯的改变。沉浸式、互动式、定制式正在成为新的传播实践，碎片化、娱乐化、流量化已然成为衡量传播价值的重要标准，而情绪、流量、利益也在持续规训着传播者的行动，这些都构成了电视媒体转型的重要背景。

第一节　智能技术的兴起与媒介可供性的跃迁

社会和文化持续改造着媒介，反过来媒介也在不断影响着社会和文化。当前，智能手机、智能汽车、智慧家庭等多种智能设备正在全面介入人类的生活，一个由人工智能、交互技术、网络及运算技术、万物互联等诸多技术共同构成的智能传播技术网络正在成为最重要的传播介质，智能传播的时代正在到来。智能技术的兴起触发了媒介可供性的跃迁，也从多个维度改变了电视媒体所面临的生态格局。

一　媒介可供性的理论溯源

可供性的概念来源于 1979 年詹姆斯·吉布森的《视知觉生态论》一书。吉布森从物质（substances）、介质（medium）、界面（surfaces）三个层面解释了动物（包括人）与环境之间的视知觉关系。他认为，动物（包括人）的本能知觉基于外在物及环境为动物（包括人）所提供的各种信息。② 他还认为，人造环境不是一种新的环境，将自然环境与文化环境相分离的思考方式是错误的。③ 2003 年，学者韦尔曼等人将这个概念引入传播学，并将之视作技术或者是物影响人们日常生活的"可能性"，这也将可供性的研究视野从行动者层面转向功能层面，并为研究互联网与人之间的关系打下了基础。2017 年，潘忠党教授将信息技术对具有

---

① ［美］尼尔·波斯曼：《技术垄断：文化向技术投降》，何道宽译，北京大学出版社 2007 年版，第 5—7 页。

② Gibson J. J. , *The Ecological Approach to Visual Perception*, Boston：Houchton Mifflin Company, 1979, pp. 127 – 143.

③ Gibson J. J. , *The Ecological Approach to Visual Perception*, Boston：Houchton Mifflin Company, 1979, p. 130.

特定感知和技能的行动者而言所具备的行动之可能界定为可供性，并将可供性划分为信息生产、社会交往和移动三个部分，各类媒介平台或应用形式都能根据这三种可供性维度予以区分。① 这个观点对国内的媒介可供性研究产生了较大的影响。一些研究者循着这个角度对媒介可供性的理论问题进行了一些探索，如景义新和沈静②，吕婷、俞逆思和陈昌凤③等人。

　　媒介可供性理论的出现拓展了新闻传播学的理论视野，传统的新闻传播学研究更多地集中在新闻传播学科和领域内部，具有一种媒介内在偏向，而媒介可供性理论则将理论视野抽离新闻传播学领域之内，更强调从更高维度来审视媒介的发展。胡翼青教授就认为，与媒介内在的偏向不同，可供性这一名词强调了社会和文化施加于媒介的持续不断的改造和影响，为媒介"可用性"（usability）提供了具体操作的可能性。可供性内在于环境，以环境属性作为物质基础，但又必须在动物的感知、实践和行动中才能显现，因而充满了矛盾和张力，这也提供了看待事物的不同视角。传播学领域存在的相关功能主义的理解完全解构了这个概念对传播学的意义。在可供性理论中，物质、介质和界面等概念非常重要，应当反思当下存在的诸多将"介质"变成"物质"的现象。值得肯定的是，在社会决定论和技术决定论正在合流的条件下，可供性理论提供了另一种行动者视角。④ 这种观点认为可供性打破了传统的技术决定与社会决定之间的二元对立，弥合了技术与社会文化作用于媒介过程中的张力，为媒介研究提供了一种全新的视角。

二　智能传播时代媒介可供性的跃迁

　　从世界范围来看，随着第四轮科技革命的展开，新一轮的社会转型

---

　　① 潘忠党、刘于思：《以何为"新"？"新媒体"话语中的权力陷阱与研究者的理论自省——潘忠党教授访谈录》，《新闻与传播评论》2017 年春夏卷。

　　② 景义新、沈静：《新媒体可供性概念的引入与拓展》，《当代传播》2019 年第 1 期。

　　③ 吕婷、俞逆思、陈昌凤：《可供性视角下新型主流媒体技术融合的生态发展路径转向》，《中国出版》2022 年第 13 期。

　　④ 胡翼青：《媒介可供性理论与传播学本土化研究》，第六届传播与国家治理论坛讲座，复旦发展研究院传播与国家治理研究中心 2020 年 11 月 21 日。

正在加速。而在中国，传媒实践已经迈入了深度融合的时代，技术赋能与制度赋能成为持续推动媒体转型的双重引擎。在技术与社会的双重推动下，媒介的可供性发生了巨大的变化。一方面各类传播技术迅速推广，极大地降低了传播的准入门槛，物质层面的媒介可供性提高；另一方面，社会文化的视听化、共情化趋势日益明显，各类媒体平台"你方唱罢我登场"，带动了一波又一波媒介使用热潮，而人人都热衷于通过媒体平台，尤其是短视频平台，进行自我表达以及观看他人表达的社会现实，又进一步推动了媒介可供性的跃迁。

1. 物质之维的可供性升级

对于生物而言，物质之维的可供性源于自然界内物理或化学层面的基本组成，土壤、砂石、空气等基本物质构成了生物生存的物质基础。对于媒介而言，物质之维的可供性源于与媒介相关的各种外在物，尤其是各类媒介技术。从纸张、书本等纸质媒介，到电报、电话、广播、电视等电子媒介，再到互联网、物联网、元宇宙等网络媒介，媒介技术的每一次升级都带来了媒介可供性的剧变。

约翰·杜翰姆·彼得斯的对话"交流"观认为，传播具有多义性，它既包含知识、分享、使之共同的意思，也有连接（connection）或链接（linkage）的意思，还包括迁移、传输或发射，其另一层涵义是"交换"，即一个涉及两次迁移的过程，同时还可以用来指各种各样的符号互动（symbolic interaction），与心理学的"逻各斯"有着类似的广泛意义。交流既是桥梁又是沟壑，具有二元属性，这种二元性来自新技术的出现及招魂术（spiritualism）对新技术的接受。后者源自人们总是幻想人与人之间能实现"不在场的精神接触"。新技术的出现更新了"交流"的词义，其原义是"所有形式的物质迁移或传输"，现在则指"跨越时空的准物质连接"。① 物质之于传播和交流具有支撑性作用，它既是传播的基础和桥梁，同时由于对物质的占有和分配的不均衡性，也导致了传播与交流的不畅通性与差异性。

传播与交流作为人与人之间的一种精神接触活动由来已久，尤其是

---

① ［美］约翰·杜翰姆·彼得斯：《对空言说：传播的观念史》，邓建国译，上海译文出版社2017年版，第8—15页。

20 世纪以来，传播、交流与媒介技术的关系越来越密切。电子技术的出现让交流变得超越时空、无处不在，互联网则让交流实现了去中心化、无往不利。但交流中的不通畅感和无奈之感仍然不时影响着人们，于是致力于实现拟人交流的智能技术逐渐出现在人们的视野当中。

第四轮科技革命的核心动力在于智能技术，作为一种结构性要素技术的作用越来越突出，逐渐成为人类社会的支持性、基础性因素。与其他机器或技术一样，智能技术的出现与使用减轻了人类的艰辛，使自然越来越顺乎人类的愿望。智能技术构成的生态体系强调对用户的体验感、沉浸感和交互感的全方位满足，改变了过去"以传者为中心"的传播模式，强调媒体与用户之间的连接，尊重用户在传播中的主体性。在智能技术的支持下，人与人之间的交流，人与机器之间的交流都更加接近真实的人际交流，媒介的可供性也渐趋智能化、类人化，如虚拟现实、人工智能、数字人类、物联网等的实现。

2. 介质之维的可供性颠覆

介质之维的可供性指的是外在物或环境用来支撑动物（包括人）生存与发展的中介性力量，如空气能支持生命体呼吸，水能支持生命体完成能量交换。对于媒介而言，社会交往是传播得以产生的重要介质，而连接则是这一维度可供性的核心。这与雷吉斯·德布雷（Régis Debray）所说的"媒介域"有异曲同工之处。雷蒙德·威廉斯认为，传播是观念、信息和态度借以传输和接受的制度与形式。[1] 这种观点更关注传播过程的心理层面和介质维度。

马克·波斯特认为，时空对交流的限制程度支配着社会可能发展成怎样的形态，其力度之大非常显著。[2] 信息的传播必须借助于介质，在口头传播与书面传播时代，介质之维的媒介可供性比较简单，那时的社会交往主要以人际交流和书面沟通为主要形式。在此阶段，人与人之间的时空距离，人力和物力的运输能力，社会交往的通畅程度等，都限制了

---

① Williams R. , *Communications*, Harmondsworth：Penuin, 1962, p. 9.

② ［美］马克·波斯特：《信息方式：后结构主义与社会语境》，范静哗译，商务印书馆2014 年版，第 13 页。

传播的速度和信息扩散的范围。进入电子传播时代以后，社会交往的形式发生了重要的变化，媒介可供性也发生了质变。无线电波、数字讯号、电缆、光纤、以太网等诸多形式的介质相继拓展了传播的介质，信息传输可以光速来进行传播，传输的范围和距离也极大地拓展，麦克卢汉的"地球村"设想得以实现，社会交往的范围和程度产生了巨变。而智能技术的出现进一步加剧了这个过程。如果说电子技术通过无线电波这种介质实现了传输的跨越时空，社会交往实现了时空跨越的话，那么智能技术则通过传感器和映射等形式衍生出了一个全新的宇宙，介质维度的媒介可供性进一步升级，跨维度的信息传播和社会交往成为可能。正如彼得斯所言，在"交流"中，人的身体是否在场已经日益变得无关紧要。"交流"也许是一个终极的跨界观念，它能跨越人与其他物种及其甚至神祇之间的疆界。①

技术的进步不仅带来了物质维度的可供性变化，也让介质维度的媒介可供性不断实现裂变与颠覆。对于技术之于媒介的意义，马克·波斯特有深刻的判断。他认为，电子媒介交流改变了人与人之间的符号交换，使互联性达到了一个新高度，对主体具有去中心的效应，也加重了社会网络的脆弱性，并迫使社会语境变成使理论去中心化的基础，从而颠覆了后结构主义观点的权威效应。② 自人类进入信息社会以来，信息的数量就呈海量扩张。而智能技术的出现更加速了信息产生的速度，图片、照片、音频、视频……现如今每个人每天生产的信息量都远远大于过去的人们一生所能生产的信息数量的总和，这些信息借助于互联网、物联网等介质得以在各类终端上传播。而虚拟仿真、数字孪生与元宇宙等技术的结合，更让现实世界中的人物、事物、景物得以以数字形式映射于虚拟空间，并与虚拟空间中的数字人物、事物、景物实现智能协同、共生共存，实现了虚拟宇宙的创建，使跨越维度的传播与交流得以实现，这一过程可以说是颠覆性的。

---

① ［美］约翰·杜翰姆·彼得斯：《对空言说：传播的观念史》，邓建国译，上海译文出版社 2017 年版，第 329 页。

② ［美］马克·波斯特：《信息方式：后结构主义与社会语境》，范静哗译，商务印书馆 2014 年版，第 5，26 页。

3. 界面之维的可供性转型

界面之维的可供性源于周围环境对动物（包括人）所提供的全部信息和支撑，以及由之而产生的动物（包括人）的视知觉行为模式，它关注的是环境与生命体之间的交互关系。对于媒介可供性而言，界面维度的可供性更强调媒介系统与社会以及文化之间的互动关联性。

媒介系统与社会及文化之间的关系十分紧密，具有相互形塑的作用。社会与文化不仅影响了媒介系统的运作方式和流程，而且也是媒介系统传输的重要内容；反过来媒介系统又通过对受众接受惯习的不断影响，从而形成了新的文化习俗及社会关系。约翰·杜翰姆·彼得斯认为，"交流"观念兴起的思想史揭示，人类做出了漫长的努力和挣扎以适应一个"人体已外化为媒介"的世界。现代媒介已经永远改变了人之形态（anthropomorphism）的意义。媒介的意义与其说体现在那些经典的社会议题上，不如说体现在媒介如何对我们的身体存在进行重新安排上，这种重新安排同时发生在个体和政治身体层面。交流使我们与各种各样的可怕对象亲密接触，当然也包括与我们自己接触。①

电子媒体的出现让大众文化迅速走进人们的视野，也将人们聚集到客厅，增加了家庭内部的交流机会，也改变了家庭内部的权力关系。互联网及智能技术的出现进一步加剧了界面维度媒介可供性的变化。天南海北的人们通过网络被连接在一起，中心的地位进一步被消解，而基于兴趣爱好形成的社会连接越来越多，人与人之间的社会关系发生了变化。在新的媒介可供性影响下，人与人之间基于血缘和地缘而形成的社会关系逐渐淡化，基于资源、兴趣等形成的社群越来越多，圈子文化逐渐盛行起来。随着一大批专注于社会交往功能的新媒体平台的诞生，人们更热衷于通过文字、图片、音视频等多模态形式来全方位自我展示，以期获得与"志同道合"的陌生人产生连接的机会，传播中的情绪价值越来越突出。

除了人与人之间关系的变化外，在技术的加持下，人与机器之间的连接也越发紧密。正如肖莎娜·朱波夫所言，由于新的技术安排抹去了

---

① ［美］约翰·杜翰姆·彼得斯：《对空言说：传播的观念史》，邓建国译，上海译文出版社 2017 年版，第 329 页。

行动语境，因此人们就更少有机会求助于以行动为中心的技能，以此作为直接知识的源泉。这就意味着，人们想要找回肯定感、能力感及控制感，就会越来越依赖于智力技能的特质，也越来越依赖于那些为了紧密符号与现实的联系而发明的创造性方法。[①] 这一点也在大数据与算法推荐技术对于媒体平台发展的贡献上可见一斑。作为智能技术的一种，大数据与算法推荐技术通过对用户数据的精准搜集和分析，将特定的信息内容推荐给用户，从而获得用户的满意和持续的关注。依靠这种技术以抖音为代表的视频分享平台迅速崛起，人与机器之间的联系更加紧密。随着智能技术的深度介入，人机交流越来越频繁、越来越方便，也越来越"人性化"，甚至出现了专门为聊天而生的机器人。

总之，技术作为影响电视媒体转型的重要结构性因素，它对媒介可供性产生了深刻影响。在智能技术的不断加持下，媒介可供性的物质、介质和界面维度均发生了持续的变化。在电视媒体转型的过程中，作为行动者的电视媒体，只有适应了这种变化趋势，并从中找到属于自己的契机才能获得一席之地。

第二节　社会转型的发生与媒介可供性的变革

技术是推动媒介可供性发生变化的重要因素，社会转型也是媒介可供性发生变化的重要推手。在社会转型的背景下，作为行动者的媒介，其内容生产、运营、发展及变革等都受到了外界结构性因素带来的压力。当前，中国社会正处于"百年未有之大变局"的关键时期，经济发展、社会治理、制度安全、国际传播等各方面都面临着巨大的压力，这必然会对媒介可供性产生影响。

一　社会不确定性的增加与传播环境的变化

不确定性与风险密切相关，当不确定性开始影响到人的主体性时，

---

① ［美］马克·波斯特：《信息方式：后结构主义与社会语境》，范静哗译，商务印书馆2014年版，第183—184页。

风险就会发生。乌尔里希·贝克[①]、安东尼·吉登斯等人都曾警告我们，随着人类活动的加剧，现代社会的各项决策及人们的行动对于自然及人类社会本身的影响都大为增强，而来自人为的风险和制度化的风险相比于传统社会而言也更多。[②] 在吉登斯看来，技术的进步、社会的发展除了带来现代性之外，也伴随着风险的产生，这是由现代性所引起的可见。[③] 不确定性的增加也从界面之维重塑了媒介可供性。

1. 自然风险的加剧

吉登斯认为，自然风险是在一定条件下某种自然现象、生理现象或社会现象是否发生、对人类社会财富和生命安全是否造成损失和损失程度的客观不确定性，是以时间序列为依据来估算的风险。[④] 当前，全球各国都面临着来自自然风险加剧而产生的各种不确定性。尤其是近年来陆续暴发的病毒感染，让世界各国都受到了巨大的影响，不仅众多人感染病毒、身心健康受到影响，而且持续的疫情也造成了经济衰退，一些国家的防疫政策也屡受攻击。除了持续的疫情之外，近年来各地频繁发生的极端天气、地震、火山爆发、地质灾害等自然风险也加剧了不确定性的发生。混沌感、无序性的加剧，信任感、安全性的缺失，成为人类社会面临的共同困局，对抗不确定性则成为全球共识。

2. 局部战争及冲突的爆发

除了自然风险之外，局部战争与冲突的爆发也成为影响国际政治经济的重要原因。2022 年 2 月 24 日爆发的俄乌战争深刻影响了全球格局，欧美国家对俄罗斯的制裁从金融、经济涵盖到军事、政治，给俄罗斯的经济和社会带来了巨大的负面影响。乌克兰大量的基础设施因战争被摧毁，无数人因此丧生，乌克兰从政治层面进一步倒向欧洲。同时，大量的战争难民涌入欧洲，又为当地带来了新的社会问题。除了俄乌战争之外，其他地方也爆发了一些局部冲突，全球地缘政治进一步加剧，世界

---

① ［德］乌尔里希·贝克：《风险社会》，何博闻译，译林出版社 2004 年版，第 7 页。

② ［英］安东尼·吉登斯：《失控的世界》，周红云译，江西人民出版社 2001 年版，第 17—27 页。

③ 蒯正明：《吉登斯全球风险社会理论解读与评述》，《江西师范大学学报》（哲学社会科学版）2012 年第 1 期。

④ ［英］安东尼·吉登斯：《现代性的后果》，田禾译，译林出版社 2000 年版，第 110 页。

格局发生新的变化。

3. 美国等发达国家政治危机事件频发

受经济下滑等因素的影响，美国等发达国家屡屡发生政治危机事件，引发了大规模的民间抗争运动和冲突，这不仅造成了社会的"撕裂"，而且进一步加剧了人们对于西式民主和资本主义制度的质疑。如2021年1月6日，美国华盛顿特区发生了总统特朗普的支持者暴力冲击国会大厦的事件，引发全世界关注，有媒体评论"暴力、混乱和破坏动摇了美国民主的核心"。[①] 2022年6月24日，美国最高法院推翻了"罗诉韦德案"裁决，撕裂民意引发了轩然大波，有人认为这使美国民主倒退了50年。

在高度现代化的当今世界，社会不确定性的增加让人们感知到了风险的压力，也为媒介可供性带来了结构性的压力。在这种情境下，作为社会监测者的媒介，不仅要监测与反映各种社会不确定性，更要通过信息传播来减少人们认知的不确定性。

二　技术与资本的结合产生了新的舆论场

随着移动互联技术的发展，人们越来越习惯运用手机、平板电脑等移动设备，这也催生了一批致力于吸引用户注意力的娱乐型、社交型平台，如微博、微信公众号、视频号、B站、抖音、快手、微视短视频平台等等。这些商业类平台以其低门槛、娱乐化、平民化的方式受到了广大用户的欢迎，通过简短而又特色的内容，制造了一场场草根的狂欢盛宴，打造了一个个风格各异的网络红人。

1. 新的舆论场的形成

这些新型平台的诞生让更多的网民有机会通过平台来自我展示和发表意见，触网群体从过去的精英化群体扩展到如今的平民化群体。过去信息的生产与发布掌握在少数媒体手中，现如今几乎只要拥有一部智能手机，人人都可以成为新平台的意见表达者。李子柒、"蜀中桃子姐"

---

① 李志勇：《种族歧视加剧 贫富分化加大 党派对抗加重：撕裂的美国社会》，2021年1月12日，中央纪委国家监委网站（https://www.ccdi.gov.cn/toutiaon/202101/t20210112_98707.html）。

"张同学""二舅"等一系列平民英雄活跃在平台上，激励并温暖了万千网友的心。在这些新型平台上，人们围绕自己感兴趣的议题发表自己的观点、记录自己的生活。

围绕着网民关注的话题，这些新型平台俨然形成了新的舆论场，主导并影响了公众议程。一些过去被人们忽视的社会现象和问题得以进入公众议程之中，成为被广泛讨论的议题，部分事件甚至进入政治议程中，引发政府相关部门的关注与跟进。如2022年"人教版教科书插画事件""唐山打人事件""周劼朋友圈炫耀事件"等，就因网友的曝光与发布而一度成为被社会广泛讨论的重要议题。

2. 隐形的操控力量

在引发网友关注和讨论的同时，这些平台上的流行内容也促成了新的信息方式。德里达曾在20世纪70年代就提醒人们需要注意，媒体正虎视眈眈地以对话语的控制、操纵、颠覆或同化来瓦解评价的批判能力。[1]平台的这种话语控制和同化能力在当前表现得更明显。以短视频平台为例，并非所有的网民都能得到相同的注意力，只有那些掌握了流量密码的作者和作品，才有可能获得广泛的关注。

而算法推荐技术则进一步强化了这种话语控制能力。大数据技术为这些平台实现相对精准的内容分发提供了技术支持，将相关信息推送给特定范围的用户，进一步增强特定信息在特定群体中的扩散程度和影响力。资本又赋予了这种信息方式以经济的优势，推动这种信息方式成为主流。戴安娜·科伊尔、马丁·摩尔、达米安·坦比尼等人将这种现象描述为平台主导或数据主导。[2]

从表层来看，新型平台所带来的网民话语权的增长是普通民众在信息传播中权利的增长，但从深层来看，实际掌握信息话语权增长和分配的是一些隐形的力量，这些力量与过去显在的精英和大众媒体不一样，它通过一些更隐蔽的手段在影响舆论场的格局。周勇教授指出，草根狂

---

① ［美］马克·波斯特：《信息方式：后结构主义与社会语境》，范静晔译，商务印书馆2014年版，第141页。

② Diane Coyle, "Platform Dominance：The Shortcomings of Antitrust Policy", Martin Moore & Damian Tambini（Eds.）, *Digital Dominance：The power of Google, Amazon, Facebook and Apple*, New York：Oxford University Press, 2018, pp. 50 - 70.

欢的背后也隐含着深层次的权力垄断，技术和资本的结合构成了新的舆论场的权力结构方式。即大的平台将数据、流量控制在手里，通过资本和技术实现对传播权力的隐形垄断。从微观讲包括信息的曝光度、内容的影响力、用户之间的连接，再往宏观推进就是资本的运作、技术垄断、经济利益等等，一只看不见的手对整个舆论场形成了一种隐形的影响。①

在技术与资本的双重推动下兴起的各类互联网平台俨然成为新的舆论场，它们在推动媒介可供性的改变的同时，也构成了电视媒体转型的背景。

三　马克思主义传播的政治使命

除了信息传递之外，媒体还承担着意识形态传播的重要作用，尤其是对于中国媒体而言，还承担着传播马克思主义的重要政治使命。当前，人们获取信息的途径非常多元，信息传播的速度也非常快，无论是突然暴发的自然风险，还是国与国间的摩擦或冲突，甚至是一些小型的社会矛盾和纷争，都很容易引起人们的广泛关注和讨论，甚至引发舆情事件。在面对这种"百年未有之大变局"的时代下，作为党的喉舌的新闻媒体更需要在马克思主义思想的指导下，提高自身"四力"，做好新闻宣传和舆论引导工作。

自党的十八大以来，以习近平同志为核心的党中央高度重视党的新闻舆论工作。2016 年习近平总书记"2·19 讲话"强调，党的新闻舆论工作是党的一项重要工作，是治国理政、定国安邦的大事，要适应国内外形势发展，从党的工作全局出发把握定位，坚持党的领导，坚持正确政治方向，坚持以人民为中心的工作导向，尊重新闻传播规律，创新方法手段，切实提高党的新闻舆论传播力、引导力、影响力、公信力。②2017 年 11 月 8 日，习近平总书记提出了新的要求，即坚定"四个自信"，

---

① 周勇：《落实意识形态责任制，做好舆情引导工作》，2022 年 7 月 12 日，2022 高校基层党支部书记网络培训示范班讲座，国家教育行政学院大学生网络党校（https://www.uucps.edu.cn）。

② 新闻联播：《习近平在党的新闻舆论工作座谈会上强调 坚持正确方向创新方法手段 提高新闻舆论传播力引导力》，2016 年 2 月 19 日，央视网（https://tv.cctv.com/2016/02/19/VIDEvTv4Too4tzsiVfntaMdq160219.shtml）。

保持人民情怀，记录伟大时代，讲好中国故事，传播中国声音，唱响奋进凯歌，凝聚民族力量，为实现"两个一百年"奋斗目标、实现中华民族伟大复兴的中国梦不断作出新的更大的贡献。① 2018 年 8 月 21 日至 22 日，习近平总书记又进一步指出，宣传思想干部要不断掌握新知识、熟悉新领域、开拓新视野，增强本领能力，加强调查研究，不断增强脚力、眼力、脑力、笔力，努力打造一支政治过硬、本领高强、求实创新、能打胜仗的宣传思想工作队伍。② 这些重要会议及讲话精神都强化了媒体的宣传思想工作建设任务，突出了马克思主义传播的重要意义。

　　总之，对于中国媒体而言，社会不确定性和风险的增加、新舆论场的形成以及宣传思想工作建设的任务都成为影响媒介可供性的结构性因素。在媒介可供性发生巨大变化的情形下，媒体只有转型升级才能适应变化，不少纸媒已经成功实现了转型升级，对于电视媒体而言也只能顺应趋势。

第三节　电视媒体转型中的行动者网络及路径选择

　　如果将电视媒体视为媒体转型升级中的行动因素的话，那么作为规则与资源的技术、制度、传播环境等都是影响电视媒体转型的结构性因素。对于电视媒体转型而言，拉图尔等人的行动者网络理论拓展了电视媒体转型的思路。

一　行动者网络理论溯源

　　行动者网络理论由巴黎学派的米歇尔·卡龙、布鲁诺·拉图尔和约翰·劳提出，行动者（actor）、网络（network）、转译（translation）是该理论的三个核心。该理论强调人类和非人类都可以成为社会行为的行动

---

　　① 董大正、李方舟：《关于新闻舆论工作，总书记这样说》，2021 年 12 月 16 日，光明网（https：//politics. gmw. cn/2021 – 12/16/content_35386118. html）。

　　② 董大正、李方舟：《关于新闻舆论工作，总书记这样说》，2021 年 12 月 16 日，光明网（https：//politics. gmw. cn/2021 – 12/16/content_35386118. html）。

者，每一个行动者都是一个结点（knot 或 node），行动者之间相互认同、相互协调、相互依存，人类和非人类的其他实体经通路形成某种"组合关系"，进而构成行动者网络。在该网络中，没有中心，也没有主客体之间的对立，非人类的行动者通过有资格的"代理人"来获得主体地位。[①] 作为结点的异质性行动者通过不断的协调、定义及重新定义进而塑造了社会。[②] 而转译是其中的关键。转译是行动者将其他行动者感兴趣的问题转换为自己语言的过程，通过这一过程不同的行动者方能被联结。卡龙认为，转译的过程包括问题化（problematization，即创造行动的必经之点）、利益关系化（interessement，即将锁定其他参与者的角色）、招募（enrolment，即将各方行动者纳入行动者网络之中）、动员（mobilization，即成为其他行动者的转译代言人）四个阶段，而这些阶段是交织在一起的，每当行动者实现了其中一个阶段就完成了一次协商。[③] 杨欣悦、袁勤俭认为，行动者网络就是在不断转译的过程中动态联结而成的。[④]

行动者网络理论摒弃了传统的社会学理论中的主客体、行动与结构之间的二元对立，将非人行动者纳入网络之中，并赋予了其平等地位。这对于我们研究电视媒体转型过程中各类非人行动者的身份、行动及与其他行动者之间的相互协调过程有着重要的启示意义。

二 电视媒体转型中的行动者网络

电视媒体转型不仅是一个结构化的过程，也是一个行动者网络动态协调的过程。在电视媒体转型过程中，作为人类行动者的媒体内容生产者和非人类行动者的技术、媒体、市场等共同构成了行动者网络，通过转译实现行动者网络的联结。

① ［法］布鲁诺·拉图尔：《科学在行动：怎样在社会中跟随科学家和工程师》，刘文旋、郑开译，东方出版社 2005 年版，第 59 页。

② Latour B., *Reassembling the Social: An Introduction to Actor - Network - Theory*, New York: Oxford University Press, 2007, p. 63.

③ Callon M., The Sociology of An Actor - Network: The Case of the Electric Vehicle, In M. Callon, J. Law, & A. Rip (Eds.), *Mapping the Dynamics of Science and Technology: Sociology of Science in the Real World*, London: Macmillan Press. 1986, pp. 19 - 34.

④ 杨欣悦、袁勤俭：《行动者网络理论及其在信息系统研究中的应用与展望》，《现代情报》2020 年第 10 期。

（一）作为行动者的技术

技术不仅是推动媒介转型的结构性力量，也是媒介转型过程中重要的非人行动者。法国学者雷吉斯·德布雷洞察了技术的文化效应，在他看来，技术不仅是客观化的，也是组织化的，正是制度化的社会体系赋予了技术系统以政治含义。而媒介的进化与革新是生成逻辑，也是固有趋势。[①] 新的媒介技术在增强了先前文化之后又传递了新知识。[②] 他还创造了媒介域的概念，认为其既客观又主观，既是设备又是部署，既是行为又是作品，既是思想化的机器又是机械化的思想。[③] 无论是对于媒介进化而言，还是对于媒介转型而言，技术都不再单纯地是物质化的驱动力，而是组织化了的社会系统中的积极行动者。技术通过对传播活动的介入生产出了新的媒介内容，同时又通过传播渠道扩散到用户当中，通过累积效应生成了新的社会文化。技术通过对文化的传承与改造勾连起其他行动者，并以自身的逻辑和价值取向积极参与到媒介的实践过程中，吸引了一些"追随行动者"。例如，智能技术就要求传播内容更具交互性和体验性，要求传播过程更具包容性和开放性。技术作为一种符号系统和观念体系参与到媒介转型中，也为媒介转型提供了一种新的社会情境和社会关系。在技术的推动和参与下，不仅媒体的内容生产方式、传播渠道和终端，甚至是管理方式都发生了改变，而且技术也成为重要的媒体内容，被传播给受众，从而持续不断地影响着整个传播过程。

（二）作为行动者的电视媒体

电视媒体及其他视听内容生产机构是当前媒介转型中最重要的行动者之一。在媒介可供性发生变化的社会情境下，电视媒体以及其他视听内容生产机构从传播内容到传播方式，从传播渠道到接收终端，从前端生产流程到后台管理体系等都会发生调整甚至是出现变革。媒介转型的目的就是找出一个最适合当下传播情境的生产范式，而本书的第三章到

---

① 唐海江、曾君洁：《作为方法论的"媒介"——比较视野中麦克卢汉和德布雷的媒介研究》，《现代传播》（中国传媒大学学报）2019 年第 1 期。

② ［法］雷吉斯·德布雷：《普通媒介学教程》，陈卫星、王杨译，清华大学出版社 2014 年版，第 231—232 页。

③ ［法］雷吉斯·德布雷：《媒介学宣言》，黄春柳译，南京大学出版社 2016 年版，第 27 页。

第五章就详细解读了作为行动者的电视媒体在传播体系中的一系列变化。

（三）作为行动者的生产者

在媒介可供性发生变化的条件下，作为行动者的媒介内容生产者，在身份、地位、行动等方面都相应地发生了变化。除了传统的专业内容生产者之外，还有许多非专业的人士也加入其中。在生产环节，专业生产者会根据媒介机构的价值取向和生产逻辑进行内容生产，编辑室内部也会围绕共同的目标进行一系列的沟通与交流；而非专业生产者则会根据自己的理解和价值逻辑来生产相应的作品，他们不仅自行传播自己的作品，有的时候也会参与到专业媒介机构的内容生产过程当中。尤其是在社交媒体越来越流行的当下，专业媒介机构在内容生产中也会有意识地引进非专业生产者生产的内容，以丰富自己的产品形式，从而适应受众的多元需求。

专业生产者与非专业生产者之间在审美情趣、价值判断、创作偏好等方面存在巨大差异，这影响了他们的内容生产方式，这种差异背后反映出的是，作为集体行动者的专业媒介机构与商业平台之间在价值判断与行为逻辑上的差别。在媒介转型的背景下，作为专业内容生产者的行动者必须面对及应对来自非专业生产者的竞争与挑战。

三　电视媒体转型升级的范式转换

托马斯·库恩认为，范式是一种被人们普遍接受的理论体系和框架，包括理论、法则、定律等。①在技术和制度的双重推动下，媒介可供性发生了巨大的变革。而行动者网络理论带来的另一个重大启示在于，重新思考在媒介实践中如何更好地吸纳技术，思考技术为内容生产所带来的变化，并实现媒介逻辑的再造。在媒体实践的行动者网络之中，各种类型的媒体、生产者、技术、市场等诸方行动者都在进行持续的转译。而电视媒体正在发生的转译是一场以智能技术为支撑，以新型关系的营造为基础，以媒介生产范式的变革为核心的媒介逻辑再造。

---

① ［美］托马斯·库恩：《科学革命的结构》（第四版），金吾伦、胡新和译，北京大学出版社 2012 年版，第 1，40 页。

（一）新型关系的营造

传播不仅是信息的传递，也是一种关系的营造。在智能传播时代媒介可供性发生了变化，传播中的一系列关系也发生了改变。无论是技术与人的关系，还是媒介生产者与消费者之间的关系，甚至是人与人之间的关系都被重塑了，共享和共情成为新型传播关系中重要的价值要素。在技术与人的关系方面，智能传播时代人机互动越来越频繁、越来越人性化，技术以更加积极的姿态参与到文化与社会的建构当中。一方面，人对于技术的依赖性增加，另一方面被滥用的智能技术也在威胁着人们的安全。在媒介生产者与消费者的关系层面，传播中行动者的主体性和能动性进一步提升，"以传者为中心"的传播关系进一步被打破，而用户在传播的行动者网络中的结点意义增强，成为勾连其他行动者的重要因素。满足用户需求、提升用户体验效果、激发用户情感共鸣、增强用户黏性也成为新的生产逻辑。在人与人的关系方面，各种媒介平台上的人际交流增加，社交活动呈现出一种典型的圈层化特征，而实际生活中的人际交流却相对减少。

对于电视媒体而言，在转型过程中通过对生产流程的再造与调整，建立起适应智能传播时代的新型传播关系是十分必要的。在此过程中，不仅需要合理认识智能技术的功能与局限，利用智能技术升级改造生产流程，而且还需要重视对用户数据的精准获取与分析，并在传播中肯定用户的传播价值，满足用户的信息需求与情感需求。此外，还需要对内容生产方式进行调整，考虑增加对用户情感的唤醒，达到增进媒体与用户之间情感连接的作用。最后，需要考虑发掘传播的公共价值，通过对用户情感共鸣甚至共情的实现来打破社会圈层禁限，凝聚社会共识，形成新的社会连接。

在建立新的关系的过程中，电视媒体需要充分理解技术与人的关系，深刻理解智能技术背后蕴含的对用户的尊重和对用户需求的满足，而不是一味地迎合技术创造的各种新的形式。智能技术的出现拓展了传播的内容和形态，但更重要的是形成了尊重用户的思维。在电视媒体转型过程中需要以用户为中心来重塑内容生产体系，并根据媒体的定位探索出适合自身的优质内容，而非徒有其表。

（二）中国电视媒体转型的挑战与路径选择

在媒介可供性发生变化的条件下，中国电视媒体只有深化媒体改革、实现媒体转型，才有可能获得新的发展。

1. 中国电视媒体转型的困境与挑战

当前中国电视媒体正面临着一系列的困境与挑战，主要表现为开机率下降、观众流失、广告减少、电视媒体的话题制造与引起舆论关注的能力双重下降等方面。而造成这些困境的原因，一方面来自以智能技术驱动的新媒体平台吸引了用户的注意力，争夺了大量的用户和广告市场；另一方面来自电视媒体的思维方式、管理模式与智能传播时代不相适应，以致不能满足受众对于视听节目收视的新需求。在媒介可供性发生改变，电视的内涵及外延都发生变化的当下，更需要建立起"互联网＋"思维而非简单"＋互联网"，从管理方式开始到整个内容生产与分发流程，都需要用新的思维来加以改造。

2. 中国电视媒体转型的核心问题与发展路径

对于中国电视媒体而言，在当前的媒介可供性前提下，转型的核心问题主要集中在如何确立用户思维和产品意识，并通过对优质产品和服务的提供来获取社会价值和经济价值。电视媒体要逐渐形成从互联网的角度出发来思考问题的习惯，并在明确自身定位的基础上来确立发展战略，制定不同的内容生产和营销策略。互联网思维的核心在于去中心化和共享型，这就要求电视媒体在整个生产流程中要扬弃过去高高在上的、教化式的生产风格，真正从用户的角度来思考内容产品和服务，建立用户思维。而建立用户思维的基础在于了解用户需求，这就需要进行用户调研以获取用户信息。过去的电视受众调研技术所获取的用户信息覆盖面较小、信息集中度不够，但是算法技术和大数据技术却可以很好地解决这个问题，电视媒体在转型中可以考虑引入这些智能技术。

制度和市场是中国电视媒体转型的双重驱动力，根据目标用户的不同，目前电视媒体在转型中也逐渐出现了两种不同的发展路径：第一种路径就是确立"媒体＋政务＋服务"的转型方向，即媒体转型为宣传型媒体平台，成为意识形态建构的重要阵地，协助政府做好信息传达和社区治理的任务。这个路径的形成与中国媒体马克思主义的传播任务是相适应的;第二种路径是"媒体＋商业＋服务"的市场化道路,这就需要媒体完全尊重市场并熟知市场逻辑,要了解用户需求,并能根据用户需求及时推出优质的、有创意的产品和服务。

　　总之,在智能传播时代,电视媒体虽然遇到了激烈的竞争与挑战,但是只要抓住了第四轮科技革命的时机,充分利用好智能技术带来的红利,同时尊重用户,尊重传播规律,找到适合自己的转型道路,就能突出重围实现"逆袭"。

第 二 章

智能传播时代共享型传播关系的重塑

刘海龙教授认为，观念的流动方式与媒介的物质性密切相关。媒体不仅需要传递信息，对于社会组织而言，它也是一项重要的基础设施。媒体不仅影响着人际间的交往，也是社会关系网络形成的重要基石。[①] 以往人们只注重媒介的功能性，而忽视了媒介的物质性，而在传播技术的推动之下，人类社会迈入了网络社会时代，媒介的物质性也越来越突出。曼纽尔·卡斯特认为，网络社会是一种其社会结构由微电子为基础的信息和传播技术所赋权的社会。[②] 网络数字媒体带来了新的可见性，新的机会和新需求，可以用来进行监视和被监控，表演和展示，以及让我们新认识的人和认识我们的人得以联系。[③] 在网络社会，作为社会环境载体的媒介本身也发生了诸多变化，以互联网为基础的数字新媒体不断形塑媒介形态，更多不可见的事物和现象在网络和数字媒体的介入之下变得可见。而随着媒介终端的多样化，人们的媒体使用习惯发生转变，人与人之间的关系也发生了重大变化，网络越来越成为整个社会的基础性设施。为了应对以互联网为基础的数字新媒体带来的巨大压力，传统媒体走向了媒体融合发展的道路。而为了推进媒体融合发展的进程，我们不得不重新思考媒介的物质性以及随之而来的传播关系的变化。

---

① 刘海龙：《中国传播学 70 年：知识、技术与学术网络》，《广州大学学报》（社会科学版）2019 年第 5 期。

② Manuel Castells（Eds.），*The Network Society：A Cross – cultural Perspective*，Cheltenham and Northampton，MA：Edward Elgar Pub.，2004，p. 3.

③ Graham Meikle，Sherman Young，*Media Convergence：Networked Digital Media in Everyday Life*，Palgrave Macmillan，2012，pp. 146 – 147.

第一节 电视内涵及外延的演进与拓展

人们通常将电视视为一种用导线来传递声音和图像电信号的媒体形式。例如牛津词典就将电视界定为一块带有屏幕的电子设备，通过它人们可以观看配有移动画面和声音的节目。① 谭天也将电视界定为利用电子技术和相关设备来传输动态图像和音频信号的视听媒体形态。② 但罗伯·特诺克却认为，电视作为一种复杂的社会及文化实践和关系，它的内涵是由节目工业和专业实践活动所界定的。③ 克里斯托弗·M. 考克斯也认为，随着技术和文化的发展，电视越来越脱离电视机和其他识别和理解"电视"的集中模式，而转变成一种技术和文化形式。④ 事实上，技术的进步不仅使电视逐渐摆脱了对导线和模拟信号传输的限制，而且也突破了电视机这种唯一的物质形态以及单纯的家用电器的限制，电视从形态到内容到收看方式都在发生剧烈变化，现在的电视可以只是一个网络盒子，也可以是一块虚拟屏幕。正如访谈对象 J48 指出的那样，电视机已经越来越沦为屏幕和声画的载体。⑤ 在智能传播时代，电视已经不再是那个电视，它的内涵和外延都发生了巨大的变化。克劳斯·布鲁恩·延森从传播的物质条件，作为传输的物质手段的媒介与作为表达的话语形式的媒介之间的关系，媒介作为一种特殊类型的机构三个维度⑥来理解媒介的思考方式，为我们更清晰地认识电视媒体提供了一个良好的分析视角。

---

① *Definition of Television* Noun from the Oxford Advanced Learner's Dictionary，2019/11/21，Oxford Advanced Learner's Dictionary（http：//www.oxfordlernersdictionaries.com）.

② 谭天：《"后电视"的转向与转型》，《编辑之友》2020 年第 1 期。

③ Turnock R.，*Television and Consumer Culture*：*Britain and the Transformation of Modernity*，London：I. B. Tauris，2007，p. 3.

④ Cox C. M.，"Programming – Flow in the Convergence of Digital Media Platforms and Television"，*Critical Studies in Television*：*The International Journal of Television Studies*，Vol. 13，No. 4，December 2018.

⑤ 参见笔者 2018 年 1 月 16 日对舒某某的访谈。

⑥ ［丹麦］克劳斯·布鲁恩·延森：《媒介融合：网络传播、大众传播和人际传播的三重维度》，刘君译，复旦大学出版社 2012 年版，第 17—19 页。

一 技术视角下电视形态的演进

麦克卢汉关于媒介即讯息的观点已广为人知。作为一种媒介形态，电视深刻影响了人们的生活。电视是 20 世纪上半叶传播媒介中最伟大的发明之一，它的出现使得图像和声音的同步传播成为现实，并推动人类传播进入视听时代。回溯电视技术的发展演进史，自 1924 年英国发明家贝尔德发明第一台以机械扫描来摄取图像的电视机以来，电视就在技术的推动下不断转变着形态。从模拟电视、黑白电视、无线电视到数字电视、彩色电视、有线电视，再到网络电视、高清电视、互动电视，甚至是智慧电视，电视早已摆脱了原来"小盒子"的单一形态，大屏、小屏甚至无屏，电视的形态可谓"千变万化"，认清这一现实有助于我们能够清晰地认识电视内涵及外延的演进。

（一）从模拟电视到数字电视

罗伯·特诺克指出，电视作为一种技术的、文化的形式和实践，发端于 20 世纪 30 年代。[①] 在美国，1933 年，弗拉基米尔·佐利金（Vladimir Zworykin，也译作兹沃雷金）发明了显像管和摄像管，为现代电视系统的形成奠定了基础。1934 年 8 月 25 日，法恩斯沃斯向全世界展示了他设计的一套可以提供直播、动态、黑白图像的全电子电视系统。在英国，1936 年 11 月 2 日，位于伦敦北部的亚历山大宫开通了由英国广播公司许可的清晰电视服务。在德国，1936 年，人们使用 4 台摄像机拍摄柏林奥林匹克运动会，每天通过电缆向观众播出约 8 小时的奥运会实况。后来由于二战的影响，导致全球电视研发工作停滞不前，战后才得以恢复。

20 世纪 80 年代以前是模拟电视的天下。在这种模式下，电视的图像信号采用时间轴每帧在垂直方向取样，将 1 帧图像又分成奇、偶两场扫描，以幅度调制方式传送电视图像信号，而在图像的处理与复原过程中采用模拟技术完成。模拟电视的弱势较为突出，不仅易受干扰、画面清晰度不够，而且还容易导致色度畸变和串行，在这种情形下观众很难产

---

① Turnock R., *Television and Consumer Culture: Britain and the Transformation of Modernity*, London: I. B. Tauris, 2007, p. 1.

生沉浸感。

20 世纪 80 年代以后出现的数字电视，是电视形态演变中的关键环节。数字电视仅采用 1 和 0 的二进制编码形式，将图像和声音信号编制成数字代码进行传递，这极大地减少了信息的损耗，同时由于附加了交互功能和通信功能，数字电视不仅信号稳定、还原度较高，而且功能更加强大。数字电视让电视机的外壳变薄，让电视屏幕可大可小，它的出现使电视机的形态演变有了更多的可能。

（二）从无线电视到有线电视

无线电视也叫地面电视，是一种经过地面电波塔以无线电波的方式播出电视节目的传输方式。早期的电视都需要借助天线来接收信号，传输的速度、画质都受到了一定程度的影响。有线电视是使用同轴电缆作为介质直接传送电视、调频广播节目到用户的一种系统。它具有频带宽、画质较清晰等特点。

20 世纪 40 年代在美国出现了一些共享天线的公寓大厦，一些住户共同安装一部主天线，然后由共享天线电视放大器将接收到的信号放大，再经铺往各住户房间的有线电缆进行传输。后来随着大功率宽频放大器技术的发展，共享天线电视系统的传输范围可以覆盖到一个城市。在中国，1964 年有线电视业务开始研发。1974—1983 年，共用天线开始出现在一些居民楼或平房顶上，但是由于在传输方面实行的是全频道隔频的方式，共有天线的传输内容非常少。1983 年以后，有线电视跨出共用天线阶段，电缆传输开始出现，传输内容从原来的 5、6 套增加到 10 套。1990 年 11 月，"有线电视管理暂行办法"的出台进一步推动了中国有线电视的规范化发展。

从无线电视到有线电视，这是电视形态发展中的重要环节，它使得电视摆脱了对天线的依赖，传输画质得到提高。加上卫星技术的发展，有线电视的画质、频道数量都有显著提升，而各地方电视台也借助于卫星技术和有线电视，节目传输突破了地域限制。

（三）从传统电视到网络电视

2005 年以后出现的网络电视是电视形态演变中的另一次飞跃。它不仅为用户带来了全新的观看方式，也使电视的形态愈发多元，更推动了电视与互联网的融合。网络电视基于宽带 IP 网络，通过机顶盒或计算机接入宽带网络，将各类网络视频资源传输出去，最终显示在包括电视机、电脑及各类手持设备等终端之上，它能够容纳数字电视、时移电视、互动电视等各类电视服务，实现了视频数字化、传输 IP 化和播放流媒体化，是"互联网 + 电视"的产物。

从传统电视到网络电视的升级，使得电视的观看方式超越了电视机的局限。目前，网络电视的观看方式主要有以下几种：第一，PC（个人计算机）平台，通过 PC 端来收看网络电视是网络电视最主要的收视方式，目前已经出现了许多商业化运营的系统和产品；第二，TV（机顶盒）平台，这是一种利用 TV（机顶盒）作为上网设备，通过机顶盒内置系统连接网络节目数据库，并通过作为显示终端的电视机来观看的形式。在中国，2012 年是电视盒子的酝酿期，2013 年电视盒子业务全面发展。目前不少设备制作公司和网络视频平台都在大力发展自己的网络电视业务，如小米、创维、华为、泰捷、腾讯、爱奇艺等都推出了自己的电视盒子业务。由于不用缴纳高昂的有线电视和数字电视使用费，只需购买机顶盒并缴纳正常上网费用就可以享受海量的电视服务，目前这种形式比较受欢迎。为了规范市场，广电总局出台政策规定必须与 7 家牌照商合作才能进行电视盒子业务；第三，手机平台（移动网络），这是通过各类手机电视 App 终端来提供电视服务的形式。它通过移动网络和无线网络来传输视频内容，实现了随时随地观看电视的可能。随着智能手机功能的增多和技术的升级，目前这种形式与传统网络电视之间的差距越来越小。

（四）智能电视的出现与"互联网 +"

智能电视也叫智慧电视（Smart TV），它是一种基于互联网和人工智能技术，搭载了开放式操作系统和应用平台，集影音、娱乐、数据运用等多种功能于一体，能够实现双向人机交互功能的新型电视产品。不同于普通电视，智能电视具有较强的硬件设备，它内置了高速处理器和一定的存储空间，可以进行应用程序的运行和数据存储。同时智能电视还具有较强的软件应用，它搭载了智能操作系统和全开放式平台，用户可以自行安装或卸载各类应用软件、游戏等，也能够持续对软件和应用进行升级，智能电视还可以连接互联网，并支持通过路由器支持其他设备上网。此外，智能电视还支持多种方式的交互应用，如新的人机交互方式、多屏互动、内容共享、视频通话、家庭 KTV、教育在线等。综合来看，智能电视为用户提供了新的使用方式，用户可以通过操作系统在欣赏普通电视内容的同时使用各种软件、应用或进行游戏，获得更加多样和个性的服务。

在智能传播时代，电视机正在成为继 PC 和手机之后的另一种信息访问终端和"娱乐中心"。智能电视为用户打造了可以加载无限内容及应用，无限升级软件，实现内容搜索、视频点播（VOD）、智能音箱、社交互动，能播放卫星电视、有线电视和网络视频的多功能平台。在 VR、AR、人工智能、4K、5G、物联网等技术的加持之下，智能电视可以变身为智慧管家，检测门窗是否关好、其他家电是否正常运行，还可以测体脂、体重，成为健康医疗配件，还支持听歌看剧、视频通话、远场语音交互等多种功能。智能电视甚至可以摆脱对屏幕的依赖，一台投影仪即可实现电视播放功能，给用户带来跨屏观看、4K 超高清 HDR 画质、AI 语音操控、文件包下载、虚拟逼真的游戏体验等多种新体验。智能电视的出现顺应了电视"高清化""网络化""智能化""交互化"的发展趋势。

近年来，智能电视的发展势头迅猛，各大家电巨头纷纷布局智能电视业务，不少电视盒子厂商也紧随其后，一些 IT 巨头和科技公司也在积极研发基于人工智能技术的智能电视。例如，天猫魔盒安装了优酷土豆的视频内容，荣耀盒子 Pro 中预装了环球影视，当贝超级盒子集合了爱奇艺、优酷、腾讯、芒果 TV 平台等多种资源，科大讯飞公司也在研发基于语音互动的智能电视，打造实现物联网连接的智慧家庭。在智能技术支持之下，电视将永不过时。

总之，在过去的 80 多年里，电视的发展经历了从黑白电视到彩色电视，从录播到直播，从有限时段播出到 24 小时不间断播出，从无线广播到有线电视和卫星广播，从模拟信号到高清数字信号，从平面电视到 3D 电视和虚拟现实技术，从普通电视到智慧电视等多种转变，电视的形态也不再仅仅局限于作为被观看的机器，它也可以被用来作为沟通和交流的工具，可以被使用。正如格雷厄姆·迈克和谢尔曼·杨所指出的，媒体不再仅仅是我们所看的、听的或阅读的，媒体现在是我们所用的，我们每天所花在媒体上的时间长达 8 小时 48 分钟。① 电视形态的演变推动人们对电视内涵及外延认识的深化，过去的电视是一种单纯的观看设备和单向的控制方式，但现在的电视更是一种双向的数据传输形态。一方面用户可以自主选择观看内容，另一方面他们的使用行为也会被搜集并回传给电视内容生产商和设备提供商。电视不再是一种单纯的观看设备，而是一种传播方式和生活方式，视听内容成为传播的主体，并通过各种终端深度嵌入人们的日常生活。尽管电视的媒体形态与 80 年前相比有了巨大的变化，但是各种科技的新鲜性总有一天会褪色，支撑电视的传播理念将会一直持续，视听内容在传播中的核心地位也无法被取代。

二　功能视角下电视节目内容与形式的多样化

从功能的角度来看，电视媒介不仅是一种物质资源，更是一种作为意义的话语的生产主体。一方面，电视通过丰富的节目内容与形式进行意义生产，并影响社会。尤其是在数字技术的影响下，文本和语境正在渗透进入社会活动网络之中。② 另一方面，随着电视形态的不断演进和功能的不断拓展，反过来又推动了节目内容及形式的多元化，丰富了意义的话语生产。新闻类节目、专题类节目、娱乐节目、体育节目、纪实类节目、社教类节目、真人秀等各类电视节目不断丰富着荧屏，高清、直播、航拍、短视频、Vlog、VR、4K 或 8K、AI、虚拟仿真等诸多技术不断被引入电视节目中，丰富了电视节目的内容和形式。电视的社会功能也由最初的传递信息和提供娱乐，拓展延伸出环境监测、社会实验、社会教化、公共服务、自我展示、社会交往等多种功能。

（一）电视诞生之初的信息传递和提供娱乐

早在 20 世纪 30 年代电视诞生之初，电视的主要功能便被确定为传递信息和提供娱乐。当法恩斯沃斯在费城向全世界展示他的新发明——电子电视系统的时候，电视就开始发挥信息传递的社会功能。当 BBC 在亚

---

① Graham Meikle, Sherman Young, *Media Convergence*：*Networked Digital Media in Everyday Life*, UK：Palgrave Macmillan, 2012, p. 2.

② ［丹麦］克劳斯·布鲁恩·延森：《媒介融合：网络传播、大众传播和人际传播的三重维度》，刘君译，复旦大学出版社 2012 年版，第 93 页。

历山大宫架设起电视线路之后，作为一种新的媒介形态电视开始正式进入社会生活之中，并开始发挥其信息传递的功能。而在德国通过电视转播柏林奥运会之后，作为一种新发明，电视又为人们带来了新的娱乐体验。

（二）二战后电视形态的丰富与社会功能的凸显

此后，电视制作人不断在实践中探索电视节目的形式、拓展电视的边界。在美国，1949—1951 年期间，随着电视机数量的迅速增加，电视节目也迅速普及开来，除了新闻资讯类节目外，动画片、歌舞节目、喜剧节目、简单的娱乐节目和好莱坞电影开始在电视中播出，节目形态渐趋多元，电视的信息传播与提供娱乐功能进一步凸显。

（三）作为社会实验的真实电视拓展了纪实功能

20 世纪 50 年代以后，电视制作人开始思考电视的内涵及外延问题。一些社会学者尝试利用电视节目来开展社会实验，他们通过隐藏式摄像机来记录实验对象的行为，并将之制作成为真实电视。如查尔斯·西普曼（Charles Siepmann）的《联合国的孩子》（Children of the U. N.），艾伦·芬特（Allen Funt）于 1954—1955 年制作的《综合巴士》（Omnibus）和 1959—1967 年制作的《偷拍摄像机》（Candid Camera）等。在这些节目中，电视制作人和社会学家期望通过电视节目来再现人生、记录社会，真实类电视节目随之出现。此后，那些在人们日常生活中原本并不可见的事物和活动，诸如政治选举、名人活动、竞技过程、自然或人文奇观等借助真实类电视节目变得可见。

（四）脱口秀节目对社会交往功能的丰富

脱口秀节目也是实现让不可见变得可见的一种节目形式。在脱口秀节目中，主持人和嘉宾、观众聚焦在一起共同讨论某个话题，让原本不可见的思想上的沟通和交流通过电视屏幕变得可见，在拓展电视的社会功能的同时，也让电视的外延得到了延伸。著名电视新闻节目主持人、记者爱德华·默罗曾经在 20 世纪 50 年代主持名人访谈节目《人与人之间》，其节目形式影响至今。1958 年他又探索新的节目形式，一档关于国际政坛人物的脱口秀《小世界》诞生，在此后的几十年内政治脱口秀成为周日晨间节目的主导。

脱口秀节目几乎是为主持人量身打造的，语言幽默、风趣、机智，节目风格随意成为这类节目的最大特色。根据播出时间的不同，脱口秀又演化为日间脱口秀和夜间脱口秀两种，除了播出时间之外，他们聚焦的主题也不同。《拉什·林堡秀》《今夜秀》《大卫深夜秀》《拉里金现场秀》《奥普拉·温芙瑞秀》《杰瑞·斯布林格秀》等都是风靡一时的脱口秀节目。在中国，香港无线电视的《志云饭局》，凤凰卫视的《锵锵三人行》《鲁豫有约》，亚洲卫视的《龙门阵》《今夜不设防》《亚视百人》，台湾中天综合台的《康熙来了》《小燕之夜》《沈春华 Life Show》，三立都会台的《国光帮帮忙》，湖南卫视的《天天向上》，安徽卫视的《非常静距离》，东方卫视的《今晚80后脱口秀》等节目也广受欢迎。

进入21世纪以来，脱口秀节目开始转战网络，如萨泰尔娱乐制作的由台湾主持人曾博恩主持的节目《博恩夜夜秀》，高晓松主持的《晓说》，罗振宇的《罗辑思维》等节目也在网络平台上迅速走红，进一步丰富了节目的形式。

（五）真人秀节目对娱乐功能的强化及其反思

20世纪90年代以后，真实电视与游戏元素结合并进一步演化成为真人秀节目，如《老大哥》和《幸存者》等。这类节目邀请普通人和嘉宾到一种人造的环境中，按照规定的要求完成一些特定任务，并通过摄像机镜头记录参与节目的普通人和嘉宾的反应。这类在规定的情境中发生的、无脚本的真人表演让电视节目充满了魅力，进一步拓展了节目的边界。自从《老大哥》获得成功以后，真人秀节目的类型不断拓展，生存秀、游戏秀、歌舞竞技秀、达人秀、厨艺秀、职场秀、亲子关系秀、军事题材秀、旅游题材秀、观察类真人秀……真人秀动用了几乎所有能用的元素，并将电视娱乐功能无限放大，也引发了过度娱乐化的问题。

在中国，四川电视台拍摄的《走进香格里拉》是较早的自制真人游戏秀节目，但影响力有限。直到2012年浙江卫视的《中国好声音》异军突起之后，真人秀节目才迎来真正的繁荣局面。2013年引进版权的真人秀节目在中国全面开花，2014年真人秀节目延续辉煌，2015年以后原创类真人秀节目开始崛起。

在新闻节目毫无创新，优秀电视剧乏善可陈的局面下，真人秀节目却开始称霸荧屏，创造了一个又一个的现象级收视"神话"，并成为具有普遍意义的社会文化现象。真人秀节目在为观众带来娱乐的同时，也带来了一些伦理问题，诸如过度渲染、窥探隐私、对嘉宾施虐、恶搞他人、以他人的悲伤为乐等。事实上，由于实行了模式化生产，那些由深谙观众欲望的电视节目制作商所设计的游戏规则和游戏环节，牢牢地吸引了观众的眼球，为了提高收视率，道德或社会意义根本不在他们的考虑范围之内，例如那些因为失败而被节目淘汰的选手，那些在节目中被曝光了隐私的名人，那些被随意安排的儿童。这些问题也迫使人们反思电视的社会责任和功能。

（六）媒体融合带来的电视内容与功能的多元化

21世纪以来，各类新的传播技术不断涌现，彻底改变了媒体的生态格局。面对新媒体带来的冲击，一些媒体开始推行集多种媒体形态于一体的媒体融合改革。克劳斯·布鲁恩·延森认为，从历史的角度来看，媒介融合可以被理解为一种交流与传播实践跨越不同的物质技术和社会机构的开放式迁移。[1] 媒体融合实现了媒体形态的跨物质性以及媒体机构的开放性，让多种功能汇集于一体。在中国，实行媒体融合发展还是一项政治性的战略决策，是党中央为优化媒体资源、提高媒体竞争力而进行的战略部署。在这种语境下，媒体融合改革先天就带有政治宣传的重要使命。由此可见，媒体融合带来的不仅仅是多种媒体形态的汇集，更是多种媒体功能的汇集。

融合的媒体环境改变了人们的可见性，视频正在成为一种语言渗透到人类生活的各种场景之中，视频内容生产也成为媒体融合的标配。现如今几乎所有的媒体都在积极发展视频业务，如新华社推出了"新华网络电视"，人民日报有"人民视频"，新京报有"我们视频"，微博、微信、QQ也推出了视频业务。访谈对象J4就认为，视频将成为传统机构媒体标配，产品形态从直播短视频、小视频到更多可能，新闻视频到底能多大程度商业化，任重道远。[2] 在视频生产标配化的背景下，电视的内容和形态进一步拓展。

媒体融合也为电视内容生产带来了新的机遇，中央厨房、高清直播、

---

[1]　［丹麦］克劳斯·布鲁恩·延森：《媒介融合：网络传播、大众传播和人际传播的三重维度》，刘君译，复旦大学出版社2012年版，第17页。

[2]　参见笔者2018年4月2日对刘某的访谈。

无人机航拍、VR 等技术在内容采编环节中的运用，增强了电视节目的情景化能力和现场感。例如 2016 年湖北广播电视台在迎战强降雨新闻直播节目中就启用了无人机航拍、演播室虚拟前置、VR、手机短视频、微直播等多种新技术，让观众对洪水灾情有了更直观、更震撼的了解。① 而 AI 虚拟主播在综艺节目中的出现也给人们带来了新的视听体验。此外，网络和智能媒体不仅改变了人们的生活方式，也使得审美对象发生了迁移。在短视频、微直播、Vlog 等元素流行的当下，网络内容生产逻辑和生产方式也影响到电视媒体的内容生产。比如在《极限挑战》《我们的师父》《快乐哆唻咪》《小姐姐的花店》《动旅游 Vlog》等综艺节目中，短视频、Vlog、慢直播成为一种重要的叙述方式，带来了一种全新的主观视角和在场体验，电视节目的边界再次被拓宽。

三 场景视角下电视观看方式的变化

随着电视形态的变化，人们的电视观看场景和观看方式也发生了巨大的改变，这进一步拓展了电视的内涵及外延。

（一）观看场景从公共化到私人化

在电视尚未普及的阶段，在中国大陆地区，大约是 20 世纪 70—80 年代，电视机是一种奢侈品，只有少数家庭才能拥有。这一时期的电视观看场景往往是，很多相熟的人聚集到有电视机的家庭里或者到公共场所一起共同观看电视。这一时期的电视观看场景带有浓厚公共性色彩，人们在观看电视的过程中也可以相互交流，电视观看成为一种公共社交行为。

20 世纪 90 年代以后，电视机开始普及，一家人坐在客厅里观看电视成为常态，而电视的观看场景也从最初具有公共性色彩的场所转变成为单个家庭的客厅。这一时期电视的观看场景仍然是公共化的，但是这种公共仅限于家庭内部，家人之间边看电视边交流成为常态，观看电视也成为家庭文化的重要构成部分。

进入互联网时代以后，电脑、手机以及其他移动终端都成为观看视

---

① 柴巧霞：《全媒体矩阵中电视赈灾新闻的创新突破与话语重构》，《南京邮电大学学报》（社会科学版）2018 年第 3 期。

频内容的重要载体。人们不再满足于待在客厅里面看电视，看电视的场所摆脱了客厅的局限，观看场景也随之转变为各种更私人化的场景。任何时间、任何地点，只要拥有互联网的终端就能观看电视，客厅文化逐渐走向私人文化。虽然此时人们很有可能处于某种公共空间之中，如公交、地铁、广场、咖啡厅、客厅等，但是他们在使用移动终端观看视频的时候还是具有强烈的沉浸性的，大多数情况下人们都沉浸在私人化的观看当中。

（二）从沙发后仰式到身体前倾式观看

在前互联网时代，人们观看电视的方式是坐在沙发上悠闲舒适的观看，这是一种沙发后仰式的观看。但进入网络时代以后，人们观看电视的方式发生了变化。由于电脑、手机等终端的屏幕小，大多数位于视线下方，观看时需要集中注意力，再加上观看过程中不可避免地需要使用手指对键盘、鼠标或其他输入设备进行搜索、点击播放或其他操作，观看电视的方式也转变为身体前倾式观看，而这种观看场景也更加私人化。

（三）从单向接收到多屏互动

在前互联网时代，人们观看电视时是单向的接收，面对电视台输出的节目内容，只有选择看或不看的权利，他们对电视节目的反馈意见也只能通过写信、打电话等方式来联系编辑部等相关部门。进入网络时代以后，人们不仅可以通过不同的终端和介质来观看电视节目，而且还可以通过网络留言、发送弹幕、点赞、评论、打赏等方式来反馈自己的意见，当然，传统反馈方式仍然存在。

此外，人们在观看电视内容时，还可以通过网络、手机、平板等其他终端与自己的朋友交流节目内容，或者将自己的意见反馈给电视台，或者参加其他终端及 App 应用的相关活动，这就实现了电视屏、电脑屏、手机屏及其他屏幕终端之间的多屏互动。例如微信"摇一摇"、支付宝"扫福"活动等，就实现了电视节目观看与其他平台终端的应用之间的互动。而在 Bilibili 与新华网联合举办的跨年晚会直播中，用户还可以通过发送实时弹幕，参加答题等方式来完成多屏互动。

四 "后电视"时代的来临

当前我们已经进入了阿曼达·洛茨所提出的"后电视网时代"，互联网成为信息社会的基础性设施，视频则成为媒体融合的标配。虽然电视媒体在传媒格局中的核心地位逐渐被网络媒体和社交媒体所取代，但是由于视频内容已经成为媒体融合的标配，电视获得了另一种形式的新生。正如阿曼达·洛茨所指出的，电视作为一种技术和文化叙事工具，在今天仍然像以往一样重要，但是随着技术创新，针对特定生态位受众的有线频道数量的激增，以及不断发展的广告形式，如作为产品展示位置和品牌娱乐的广告等，电视已经在根本上发生了变化。[①] 对于"后电视"的问题，王慧敏也有类似的观点，她认为"后电视"的概念一方面是从时间上来说的，因为互联网诞生在电视之后，另一方面，"后电视"也意味着电视的边界和载体都在向外拓展，当前的电视已经超越了作为物质载体的电视本身，各类视听平台、屏幕以及跨屏内容都被纳入到电视的范畴。[②] 谭天也认为，"后电视"是基于互联网的一种视听传播新形态，以及由此而产生的传媒业态和媒介生态。他还认为，从媒介形态来看，"后电视"指的是基于网络传输的视频，从传播形态来看，则涵盖了网络视频、网络直播、短视频、VR/AR、交互界面的视听内容等多种视听传播形态。"后电视"时代的内容生产、传受方式、消费行为等都与传统电视有着极大的差异，这也带来了电视媒介组织及其形态的变化。[③]

在媒体融合的背景下，电视的内涵和外延在时间、空间、价值等多重维度上均发生了迁移。

从时间维度来看，电视内容的播出时间不仅可以做到与自然时间同步，也可以突破时序性，让用户随时随地地观看或者选择特定内容进行回看，这就打破了线性传播的局限。

从空间维度来看，在媒体融合环境下，电视内容的生产方式日趋多元，传播空间也呈现出社交化倾向，电视文化从客厅文化转向社交文化。电视内容的供需结构重置，原先的"节目/产品—观众/用户"结构转变为"用户/粉丝—产品/服务""传者—受众"之间的单向传播关系转变为

① Amanda D. Lotz, *The Television Will Be Revolutionized* (*Second Edition*), New York and London: New York University Press, 2014, pp. 3 – 19.

② 王慧敏：《后电视时代的中国影视剧发展图景》，《北方传媒研究》2019 年第 3 期。

③ 谭天：《"后电视"的转向与转型》，《编辑之友》2020 年第 1 期。

信息随意流动的双向互动关系，信息的生产者和使用者之间的界限进一步模糊。"微内容"和"微传播"正在消解传统传播者的权威性，话题讨论、多屏互动、场景营销、平台创新等成为视听传播的消费新常态，普通大众正在以自己的方式来建构社会现实。

从价值维度来看，电视的价值也实现了重构，关系、连接、平台、流量等成为"后电视"的重要元素，用户价值也呈现出多元化趋势。在智能传播时代，电视媒体不仅要为用户提供内容产品，还要满足用户的个性化需求。此外，服务产品、关系产品的生产也进入电视媒体的业务范畴，用户不仅要看电视，更要用电视，并通过电视来进行社交活动，电视从一种媒体形态转变为一种媒体平台。

总之，智能传播时代电视媒体的形态多样化，节目内容、形态多元化，观看方式也变得更加积极主动、参与性更强，电视从一种传输动态图像和声音信号的载体形式，转变为一种集传输视频内容、提供个性化服务、实现社会交往等多种功能为一体的平台。

第二节　共享型传播关系的基础、层次与内核

关系是在传播中建立起来的，由于媒体融合环境下的传播流程、方式、内容均发生了显著的变化，传播关系也随之发生了变化。在媒体融合背景下，电视从单一的传播媒体转变为一种传播平台和关系平台，在这个平台上，不仅传统专业视频内容提供商可以传播视频内容和服务，而且普通的个人用户也可以传播相应的视频内容和信息，甚至进行社交活动。相应地，传播关系也从单向供给型传播关系转变为双向共享型传播关系。

一　共享的本质

马克·莎拉特和亚伯·乌索罗认为，共享是一个过程，是一方提供资源，另一方接收资源的动态过程。要进行共享，必须进行交流，资源必须在源和接收者之间传递。[①] 从本质上看，共享实际上是源与接收者之

---

① Sharratt M., Usoro A., "Understanding Knowledge‐Sharing in Online Communities of Practice", *Electronic Journal of Knowledge Management*, Vol. 1, No. 2, December 2003.

间的一种协作与交流。

贝尔克认为，共享再现了社会关系并巩固了文化习俗。[①] 这种观点是有道理的。从历史角度来看，共享并不是一个新鲜事物，事实上共享在人类历史上早已出现，作为一种文化习俗，共享在人类社会中并不罕见，它是社会成员之间互助协作的一种行为。早在原始社会时期，部落的成员之间就有食物共享的习惯，而在古代社会、近代社会，甚至是互联网出现之前的现代社会中，共享行为也得以延续，在信任的人之间经常会出现物品共享的现象，共享成为巩固人们社会关系的一种方式。对于人类而言，相互之间的共享不仅有助于解决下层阶级面临的资源缺乏问题，更有助于社会成员之间社会关系的形成与维护。卡罗尔·斯塔克（Carol Stack）的经典人种志也显示，在几十年前，为了生存，美国贫穷的黑人城市居民之间经常出现共享行为，共享不仅强化了这些居民间的相互关系，也体现出了他们的相互依存性。[②]

进入互联网时代以后，人类的共享行为发生了质的改变，共享不再仅限于熟悉和信任的人之间，陌生人之间也可以通过互联网络实现信息、数据、资源、房屋、汽车、商品，甚至是知识的共享，并继而推动了共享经济和协作消费的出现。新技术改变了人们对信任的认识，也让人类的社会交往行为突破了熟人圈子，尤其是社交媒体的出现，使得人们与陌生人之间的交往变得可能。在网络时代，人们的交流与共享的途径增多，而且交流与共享也超越了时空的局限，共享的对象也发生了拓展，各类资源、商品、服务、数据、人才、知识等都可以实现共享。尤其是当人们共享有关商品的信息时，对于企业、个人和社区而言，这些商品的价值也会增加，这又反过来促进了共享的发生。

在传播领域，随着传播技术的进步，传播内容生产突破了专业媒体的限制，过去被专业人士所垄断的内容生产格局被打破，普通人也可以生产并传播自己制作的内容，"PGC + UGC"成为内容生产的主导模式，共享成为常态。而社交媒体和短视频平台的兴起，让用户制作并上传内

---

① Belk R. , "Sharing", *Journal of Consumer Research*, Vol. 36, February 2010.

② Stack C. B. , *All Our Kin: Strategies for Survival in A Black Community*, New York: Harper and Row, 1974, p. 175.

容成为一种新的社会交往方式，平台上的内容共享更是随处可见。在人们的内容共享与交往活动中，传播关系也逐渐从过去的媒体单向供给转变为双向共享。

二　共享型传播关系的基础

从社会经济发展的角度来看，共享经济与协作消费的兴起与繁荣是共享型传播关系建立的社会语境，也是其形成的社会基础。而互联网技术则为共享型传播关系的形成提供了技术基础。

所谓的共享经济，又叫协作消费，是指能够共享商品、服务、数据和人才的经济和社会系统。这些系统采用多种形式，利用信息技术来赋予个人、公司、非营利组织和政府以信息的能力，从而能够分配、共享和再利用商品和服务中的过剩容量。

共享经济与协作消费的兴起与繁荣，是对资本主义消费现状的批判与反思，它侧重于使用权消费和闲置资源的分享，是人类共享行为的一次质的飞跃。早在 1978 年，费尔森和斯必思就在《美国行为科学家》杂志上发表了《社会结构与协作消费》一文，率先展开对协作消费问题的研究。而共享经济的倡导者雷切尔·博茨曼认为，当前的市场形势和人类的自然天性都呼吁人们"不再过度消费"，目前已经有不少人理性地意识到过度消费模式下的经济是一种庞氏骗局，它也是一个海市蜃楼。新技术为人们提供了另一种可能，它使陌生人之间也能建立起信任，人们可以建立一种人与人的新联系，而无需面对面，这种新联系却拥有更大的规模。网络的社交化与实时性使得"原始"协作重新成为可能，线上的物物交换以及各种分享吸引了越来越多的人，"我的东西即是你的"的观点也逐渐被更多的人所接受。人们不再是被动的消费者，而是转变为创造者，互联网也逐渐消解了中间人的作用，借助于网络的一对一协作随时都可能完成。① 随着新一代互联网和移动信息技术的发展，协作消费现象日益突出，Airbnb、Uber 等共享平台在全球广受欢迎，共享经济大热。

---

① Botsman R., Rogers R., *What's Mine Is Yours: The Rise of Collaborative Consumption*, New York, London: Harper–Collins, 2010, pp. 3–41.

共享经济领域的代表成果是雷切尔·博茨曼和罗奥·罗杰斯的著作《我的就是你的》。在这本书中他们区分了共享经济的三个特征，即产品服务系统、重新分配市场、协作的生活方式。他们认为，协作消费涉及个人通过社交媒体平台或者通过商业组织进行交换，重新分发、出租、共享和分配各类信息、商品和人才。这种协作生活方式将扰乱主流经济和消费主义，改善社会凝聚力，且有助于最大程度地减少资源使用。他们认为，共享经济的出现是对过度消费的商品经济的反叛，并将协作消费视作一种新的对等共享形式，他们在描述协作消费的过程时，基调是欢欣的、积极的。①

雷切尔·博茨曼和罗奥·罗杰斯认为，共享伴随着数字网络影响下的这代人，或称 Y 世代的人的成长过程，共享文件、视频、游戏、共享知识等等，这是 Y 世代人的第二天性。当前我们生活在一个相互联系的时代，人们可以凭借手中的小小装置——电脑、手机等在任何时间，甚至实时地找到任何人。网上在线分享行为已经成为人们的第二天性，并影响到人们的日常线下活动，人们的消费习惯和消费方式也从个人消费拥有转变为协作消费使用。他们还提出，一个超级强大的，拥有巨大商业价值和文化影响力的、人与人的交互形式正在如火如荼地进行。当前正处于转型时期，要从这种由无尽的空虚和奢华浪费的宿醉中清醒过来，做出飞跃式的转变，来创造一个更加可持续发展的系统，用来满足对社区和个体身份认同的内在需求。协作消费是一种革命，当社会面临巨大挑战时，消费系统将会有巨大的改变，即从个体所得消费系统转变为集体利益的重新分配系统。②

而科恩·弗伦肯和朱丽叶·舍尔则对共享经济持怀疑态度，他们认为，共享经济的参与者将共享经济描述为一种时尚的、技术成熟的、进步与创新的模式，这既是一种阶级短视，也是一种种族短视，同时还表现出历史学家所批评的"表现主义"倾向和对过去的盲目性。共享不是

---

① Botsman R., Rogers R., *What's Mine Is Yours: The Rise of Collaborative Consumption*, New York, London: Harper - Collins, 2010, pp. 3 - 41.

② Botsman R., Rogers R, "*What's Mine Is Yours: The Rise of Collaborative Consumption*", New York, London: Harper - Collins, 2010, pp. 67 - 96, 211 - 226.

前现代社会的遗物，所谓共享是新主张的看法，忽略了工人阶级、穷人和有色人种群体在历史上的持续实践，他们在面对市场增长的情况下仍然部分维持了共享行为。[1]

经济基础决定上层建筑，共享经济和协作消费改变了人们对资源分配、利用、搜索、评级等诸多方面的认知，也对传媒经济带来了巨大的影响。无数用户投身于信息内容生产过程，并在各类平台上分享与利用信息资源，共享型传播关系开始形成。而共享型传播关系也是传播关系的一次升级，它是共享经济和协作消费在传播领域的延续。

三　共享型传播关系的核心与驱动力

信任、平等以及新技术力量是共享以及共享型传播关系的核心与主要驱动力。其中，信任在人类互动中起着至关重要的作用，它是共享得以进行的关键，而平等是维系共享型传播关系的基石，新技术则为共享发生提供了技术支持和保障。

（一）信任与声誉

科恩·弗伦肯和朱丽叶·舍尔将共享经济定义为消费者互相授予临时使用闲置的有形资产（"闲置容量"）的权限，目的可能是为了赚钱。他们认为，当商品所有者并非一直消费该产品时，就存在消费品的过剩容量，这为商品所有者提供了将商品借出或出租给其他消费者的机会。因此，可以将大多数消费品理解为具有过剩容量的商品，包括房屋、汽车、船、衣物、书籍、玩具、电器、工具、家具、计算机等。[2] 闲置容量的出现是共享产生的前提，而信任则是共享得以进行的关键因素。在博茨曼看来，信任和声誉是共享经济平台的主要推动力，她将共享经济中的同伴描述为绕过传统机构直接与服务进行交易的人。同时她也指出，在交易之前，有时甚至在共享过程中，必须由平台来协调对等方之间的所谓直接交易及关系的形成，而网站应被视为社会参与者和可信赖的第

① Frenken K. , Schor J. , "Putting the Sharing Economy into Perspective", *Environmental Innovation and Societal Transitions*, Vol. 23, December 2017.

② Frenken K. , Schor J. , "Putting the Sharing Economy into Perspective", *Environmental Innovation and Societal Transitions*, Vol. 23, December 2017.

三方。① 前互联网社会的共享通常发生在熟悉和信任的人之间，这也说明了信任对于共享的重要作用。互联网的出现改变了人们的信任关系，平台的各种评分、评价、评级制度让陌生人之间也能产生信任。科恩·弗伦肯和朱丽叶·舍尔肯定了数字平台能够降低陌生人共享的风险，并认为数字平台更具有吸引力，因为它们可以通过使用评分和信誉来向用户提供信息。共享平台也可以促进彼此不认识，缺乏朋友或共同关系的人们之间进行共享。②

在互联网平台到来之前，人们就已经在向他人借出或出租商品，他们与家人和朋友共享，因为这是他们熟悉且值得信赖的社交联系人。而互联网平台的出现极大地降低了陌生人之间的交易成本，用户也可以将商品借给陌生人，并通过平台完成共享。在大多数数字共享平台上，提供用户的过去行为以及可信赖性的信息被视为交易的常规功能，这进一步降低了交易成本并降低了风险。在共享型传播关系中也是如此，互联网平台的出现改变了传统的供给式传播方式，用户不仅可以观看由专业媒体生产的内容，也可以通过平台分享自己生产的信息内容，还可以自行选择从不同渠道或平台获得相应的信息与服务，而平台的声誉和公信力则是用户选择时首要考虑的因素。

（二）平等的关系

共享过程中的平等关系是共享得以维系的基石。共享不是慈善，而是闲置容量的一种再利用和价值增量过程，共享行为的双方无论是在法律上，还是在人格上，都是一种平等的关系，这也是维系共享的一个基础。在共享型传播关系中，信息源与接收者之间的平等关系更为重要，无论是信息生产者和内容提供商，还是信息接收者和普通用户，他们都是平等的，都拥有自由选择的权利。借由这种平等的交往关系，用户之间的信息共享在互联网络中迅速展开，并逐渐成为一种新的流行趋势，而在这种情境下，互联网上的知识共享也成为可能。

---

① Botsman, R., *Where Does Loyalty Lie in the Collaborative Economy?* 2015/02/22（https://www.Collaborativeconsumption.com/2015/02/22/brand – loyalty – and – the – collaborative – ecnomy/ Accessed：20th February 2016）.

② Frenken K., Schor J., "Putting the Sharing Economy into Perspective", *Environmental Innovation and Societal Transitions*, Vol. 23, December 2017.

（三）信息技术的支持

不同于雷切尔·博茨曼将共享经济的主要动力归结于同行信任和声誉的观点，海因里希斯认为，共享经济的驱动力包括社交媒体和信息技术，他认为这些技术实现了在线互动。① 在线互动的增多促进了陌生人之间的交流和信任的产生，而信息和通信技术的颠覆性发展，不仅使得知识共享成为可能，而且还为普通用户提供了生产个性化的、创意内容的机会。文件共享、开源软件、分布式计算、众筹、社交媒体等为共享型传播关系的建立提供了技术保障，而知识共享则意味着源知识得以在一个特定的语境中被传递和接收，在这种情境之下，用户的信息"闲置容量"增多，用户与虚拟社区中其他成员共享信息与知识的意愿也逐渐增强。

大量的开源软件为普通用户制作内容、文件共享、视频发布、音乐创作等在线内容铺平了道路。例如维基百科、公民科学（由大量志愿者制作）等平台利用软件工程师的无偿工作来集体编写代码和解决问题，大量由志愿者和普通人士制作的内容和上传的文件使知识共享在互联网上变成可能。而可拍照智能手机、民用无人机、手持云平台、Vlog、4K、5G 等技术的发明与改进，降低了视听内容生产的门槛，而 Ps、Pr、Au、AE 等编辑软件的流行，更是让视听内容编辑走进平常百姓家。尤其是短视频相关拍摄与制作技术的成熟与普及，让短视频迅速成为可以嵌入所有媒介和渠道的新形态。短视频凭借其便捷、直观、有趣、生动等特点，成为全方位展示社会生活及其细节的全员、全程、全息、全效的"四全"媒体。短视频也成为人际交往，以及人与社会沟通与连接的新方式。

此外，社交媒体让陌生人之间的沟通与交流成为可能，许多有共同兴趣爱好的用户聚集在一起形成了一个亚文化社交圈，他们通过社交媒体平台共享各种信息、知识和服务，共享型传播关系由此而产生。例如用户通过小红书平台分享自己的旅游、购物、生活、美食、体育等多方面的经验，在互联网平台上结成了"共同体"。在虚拟社区中，人们社会资本的各个方面，诸如社会互动联系、信任、互惠规范、认同、共同的

---

① Heinrichs H. , "Sharing Economy: A Potential New Pathway to Sustainability", *GAIA*, Vol. 22, No. 4, December 2013.

愿景和共同的语言得到了满足，而结果期望则促进了虚拟社区中信息和知识的共享。

从表面上来看，信息与传播新技术带来的是传播渠道与传播方式等方面的变革，但从实质上讲，它们带来的是更深层的传播关系方面的革新。传统媒体时代的传播关系是一种"传者—受众"的单向供给式传播，而传播新技术所带来的是分享和共享，尤其是当平台被赋予社交属性之后，人类便进入了人人可以生产、共享、使用媒体的时代。例如中央电视台的"央视频"以"账号森林"为体系，构建起了一个汇聚多个优质自媒体账号和其他社会账号的平台，将各类社会资源广泛连接在一起，将主流声音"向基层拓展、向楼宇延伸、向群众靠近"。

四 共享型传播关系的层次

在传统媒体时代，围绕媒体的内容生产，传播阵营被划分为作为内容生产者的传者与作为内容消费者的受众两大阵营，传播关系也体现为传者—受众之间的点对面的供给型传播关系。在智能传播时代，专业性的媒体组织和机构对内容生产的绝对控制权力被消解，用户不再满足于仅仅只做媒介内容的消费者，而是积极参与媒介生产，并通过自我赋权来影响媒介的内容生产。传统的信息生产模式逐渐由专业机构的组织化生产，转变为专业组织和社会化生产并存的生产模式，信息传播也由过去的一对多、点对面的单向传播，转变为多对多、点对点的网络状传播，传播关系也转型为共享型传播关系。这种共享关系包含了多个层次，涉及多个方面。

（一）传者与受众之间的共享关系

智能传播时代传者与受众之间并非泾渭分明，受众参与传播的现象经常发生，传者和受众之间相互渗透。普通用户自我赋权并参与传播的情况可以分为以下几种：

1. 普通用户通过媒体平台发布自己的作品

普通用户通过自己生产的内容直接参与传播活动当中，这是传播技术普及化的产物。一方面，智能手机、无人机、手持云平台等多种摄录工具的普及，让普通人可以随时随地将自己的所见所闻所感记录下来。随着 Ps、Pr、Au、AE 等非线性编辑软件和特效软件进入门槛的降低，普通人也可以自由地编辑、处理照片以及音频和视频文件，从而进行视听创作。另一方面，媒体采编人员的精力有限，媒体组织的资源也有限，无法顾及每一个内容的生产。在媒体采编人员无法到达的现场，普通人利用自己的摄录工具和编辑软件采编制作的内容，可以有效弥补专业性媒体内容生产的不足。目前许多媒体，如 BBC、ITV 等都专门开辟了专门的平台，方便普通市民发布自己在现场采集到的新闻和信息。例如在 2019 年 11 月 30 日的英国伦敦桥恐怖袭击事件中，BBC 等机构就采用了目击者在案发现场拍摄到的不同角度的有关事件过程的相关视频。

2. 普通用户直接传播自己生产的内容

智能传播时代，普通用户通过视频播放平台或社交媒体平台所提供的账号来传播自己生产的视听内容，这种现象更为常见。摄录工具和编辑软件的平民化、普及化让普通人有了介入信息内容生产的机会，而互联网平台和社交媒体的开放性、可接入性又为普通人提供了信息传播的平台。在这种情况下，专业机构和组织垄断信息内容生产的格局被打破，人人成为内容生产者已经成为现实。当前微博、微信、优酷土豆、今日头条、抖音、快手、微视、AcFun 弹幕视频网站、Bilibili 视频播放网站、小红书等媒体平台，为网友提供了发布自己制作的信息内容的机会，用户生产的各类视频风靡网络。

3. 普通用户制作的内容被媒体吸纳

在一定条件下，普通用户所制作的内容也会被专业媒体吸纳并成为节目的一部分，通过这种方式，用户也实现了对节目生产的参与。一方面，当普通用户所制作的内容传播范围广，并且引起社会广泛关注的时候，该内容本身也会成为媒体机构报道的对象。通过这种形式，用户生产的内容被吸纳成为专业媒体所生产的内容的一部分；另一方面，当普通用户所生产的内容质量较高、社会关注度也较高时，该用户或者该内容都有可能被专业媒体机构所吸纳或收编，从而成为节目的一部分。例如，在小红书等网络平台上走红的主播李佳琦等人，因为影响力巨大，不仅吸引了一些影视界红人进入其直播间，而且他们也频繁在电视荧屏和视频平台上露面，李佳琦成为了综艺节目《吐槽大会4》首期的主要嘉宾，"斗鱼一姐"冯提莫也出现在江苏卫视跨年晚会当中，而湖南卫视的《天天向上》节目也经常邀请 Bilibili 视频播放网站的知名 UP 主担任节目嘉宾。

4. 普通用户模仿媒体生产进行传播

普通用户通过模仿专业媒体生产的特定内容或形式，经过自行演绎及再创作，并在自己的媒体平台账号上传播，这也成为用户参与专业媒体内容制作的一种形式。当媒体生产的某些内容成为现象级内容，并引起社会广泛关注的时候，部分用户也会模仿这些内容并进行再加工，从而生产出特征明显且趣味性强的作品，他们将这些内容上传至互联网平台或社交媒体，这也是媒体内容影响用户的一种新形式。例如纪录片《舌尖上的中国》播出之后，不仅受到观众的一致好评，而且还在互联网上引发了"跟风"热潮，不少网友模仿节目内容自行拍摄家乡美食，充满了趣味。

由此可见，在媒体融合环境下，传者与受众之间的关系不是一种单纯的传受关系，在传播中传受身份会不断转换，媒体和用户之间也转变为一种相互补充、相互配合，共同传播的互动关系，传播中的共享也在经常发生。

（二）媒体矩阵内部不同媒体之间的共享关系

智能传播时代，不少媒体机构建立媒体矩阵以提高多终端的到达，并实行媒体融合改革。此时的传播关系，不仅涉及传者与用户之间，同时也涉及组织内部不同媒体之间的沟通、互动及资源共享。实现媒体融合之后，内容生产不再是某一个媒体的任务，矩阵中的所有媒体都被卷入内容生产的流程当中，此时，矩阵内部的沟通问题就显得十分重要。矩阵内部不同媒体之间并不是相互竞争的关系，而是一种合作互助的关系。媒体之间不仅需要协调资源调配、报道时机、报道内容及形式，还需要沟通内容分发事宜，可以说媒体之间的沟通顺畅与否决定了内容生产的成功与否，而这一切都在"中央厨房"控制系统的总体控制与协调之下进行。

"中央厨房"采编系统是对传统新闻采编系统的升级和改造，它通过全媒体播控中心统一协调组织内部各单位的新闻采编发活动，并在融合了多媒体介质特征的信息处理平台上，实现新闻生产的一次性素材采集、多种媒体产品的分别生成和媒体产品的多元终端渠道分发。无论是在日常的新闻采编活动中，还是在重大新闻事件和专题性报道中，"中央厨房"逐渐成为媒体集团的"司令部"和"大脑",前方负责采集新闻的记者和后方负责信息处理的编辑,都在"中央厨房"和融媒体中心的指挥下统一进行,不同媒体平台根据自身特点来分发不同的媒体产品。2015 年,人民日报、新华社、中央电视台等中央级媒体就相继启用了"中央厨房"全媒体采编发系统。随后,"中央厨房"系统和融媒体新闻中心几乎成为全国媒体融合的"标配"。目前,不同级别的融媒体之间还在进行交流与合作,更大规模的媒体融合生态网络正在形成和构建当中。

在整个内容生产流程中,矩阵内部不同媒体、终端和平台都需要根据"司令部"的统一安排和调配来分配资源,哪个平台先发,哪个后发,哪个发布简讯,哪个发布详情,哪个发布文字报道,哪个发布视频内容,哪个采用直播,报道中以哪个平台为主……这一切都需要在"中央厨房"的统一调配下进行。例如在 2016 年湖北省抗洪赈灾报道中,500 名记者、17 个地市州台在湖北广播电视台"中央厨房"编辑体系的统一调度下参与报道,这些不同的媒体之间需要高度配合。在报道环节,各频道、频率、公众号首先需要在融媒体平台上申报选题并发布节目需求和直播连线需求,然后前线记者根据平台发布的需求来采集新闻信息,接下来各频道、频率、公众号实现采访、画面、成片等多种资源的共享,为了保障不同媒体和终端之间的沟通,该台还专门设置了连线组专员进行沟通对接。① 由此可见,融合媒体内部的沟通成为决定内容生产顺利与否的关键,也成为共享型传播关系的重要构成。

(三) 不同用户之间的共享关系

互联网不仅改变了用户的观看方式和观看习惯,也改变了用户之间的关系。它促使用户摆脱毫无联系的、原子式的、个体化的状态,数以万计的用户被无数个节点连接在一起,并基于一定的共性而组成了一个个虚拟的网络社群。社群中的用户不仅可以通过各种终端接入媒体平台,完成对媒体产品的消费,而且也可以通过媒体平台相互分享各自的信息以及自己所拥有的媒体内容资源,他们还可以相互讨论所消费的媒体内容,甚至可以直接参与到媒体内容生产之中,从而完成对媒体生产权力

---

① 柴巧霞:《全媒体矩阵中电视赈灾新闻的创新突破与话语重构》,《南京邮电大学学报》(社会科学版) 2018 年第 3 期。

的分享。

1. 知识与资源的分享

知识与资源的分享在互联网上十分常见，而用户更偏爱通过专业的网络社区来相互推荐和共享媒体资源。例如在豆瓣等网络社区中，用户经常将自己对于某部电影、电视剧、纪录片或者某个综艺节目的评分、意见和评论发表出来供其他用户阅读，而用户在选择观看内容时也会参考豆瓣评分和用户的评论。微信也是用户之间分享新闻、专业资讯、公众号内容、视听内容、媒体服务等媒体内容产品的一个常用渠道，用户经常会通过微信群、朋友圈、视频号等形式分享自己所发现的有用、重要或好玩的内容。

2. 弹幕的分享

弹幕不仅是用户参与视频类内容评论的一种形式，发弹幕也是用户之间进行观点、资源共享的一种方式。事实上，很多用户不仅通过弹幕的形式来表达自己对于视频内容的态度，也会通过发弹幕来互动，弹幕成为当代用户在观看视频时的一种社交方式。例如在热播剧《庆余年》中，当演员吴刚出场时，弹幕中出现一片"达康书记"，网友通过弹幕这种形式表达自己对这个角色的喜爱。而在 Bilibili 与新华网共同举办的2020 年跨年晚会中，无数用户通过发送"爷青回"等弹幕形式来分享自己对节目唤起了他们对青春的记忆的激动心情。

3. 短视频的分享

通过抖音、快手、微视等短视频平台来共享资源和产品，这也是用户之间实现互动和社会交往的新方式。这些短视频平台的媒介产品大多带有浓厚的戏谑、反讽、解构、游戏、娱乐等特征，而且短视频平台上的大多数内容产品都为用户自行生产的内容，其他用户在观看过程中不仅可以点赞、推荐、转发和评论，也可以模仿其中的某些形式并生产出自己的产品，这也是共享的一种形式。此外，不少视频博主还会在短视频或直播中相互"喊话"，从而形成一种新的互动或共享。

（四）用户与媒体产品之间的互动关系

接受理论（Reception Theory）认为，作品的价值存在于作者和受众之间，当作品被生产出来之后，受众在阅读过程中会赋予作品新的价值。格雷琴·巴巴特西认为，接受理论家们将注意力直接放在文本—读者或者媒体—受众关系是如何在互动中发生的。根据接受理论，文本并不是独立于阅读和反应过程而单独存在的，意义是在文本—读者的互动过程中被制造或建构出来的，这对于视觉传播来说非常重要。① 互联网及新的传播技术不仅改变了媒体的形态，更改变了媒体产品的呈现形式和受众的接受方式，从而也影响了媒体产品的价值以及受众与媒体产品之间的关系。正如阿曼达·D. 洛兹所指出的，数字技术让电视的本体发生演化，手机、平板电脑、笔记本电脑等新设备和智能电视改变了人们的电视观看体验，使得专业内容随时可获，也改变了电视的故事讲述方式。② 随着媒体作品互动性的增加以及用户参与内容生产的增多，媒体产品的价值也越来越呈现出动态性和增值性。

1. 专业性媒体内容中的互动关系

专业性的媒体在内容生产中越来越重视对用户即时数据的搜集和利用，这使得用户与媒体产品之间的关系更加密切。在一些广播和电视媒体中，制作者在节目中开辟专门的板块和环节，直接将用户的意见和评论呈现在作品中，用户的互动情景直接构成了节目的内容，这对于媒体作品而言本身就是一种价值增值。此外，不少媒体采用奈飞式的信息生产模式，实现作品内容和价值的增值。该模式先搜集用户的即时信息，随后将搜集到的这些来自大众视角的信息融入之后的产品生产中，并通过对产品的不断修改来获得用户的认可。在这种生产模式中，用户与产品之间的互动是持续进行中的，媒介产品的价值和意义也因为用户的使用与反馈而不断增加。

2. UGC 模式中的互动关系

在 UGC 模式中，传者和用户之间的界限进一步模糊，用户与作品之间的关系也更为密切。更多来自普通人视角的作品，将创作者自身的情感、态度融入其中，用户与作品之间的距离也进一步缩小。尤其是诸多的 Vlog 作品通过第一人称的视角来叙事，作品的个性化色彩更加浓厚，

---

① Barbatsis G. , "Reception Theory", Smith K. , Moriarty S. , Barbatsis G. & Kenney K. (Eds.), *Handbook of Visual Communication*：*Theory*，*Methods and Media*，New York，London：Routledge Taylor &Francis Group，2005，p. 271.

② Amanda D. Lotz, "Evolution or Revolution? Television in Transformation", *Critical Studies in Television*：*The International Journal of Television Studies*，Vol. 13，No. 4，April 2018.

用户几乎能零距离接触作品和创作者。鉴于 UGC 平台的巨大影响力，一些传统媒体的主播也开始走进更加"亲民"的网络直播间，并通过这种形式强化与用户之间的关系。

3. 社交属性视听内容的互动关系

带有社交属性的短视频和网络直播在用户和媒体产品的互动关系方面更进一步，它们开创了多人、多场景、多任务、高互动、协作参与的媒介产品形式，实现了媒介产品的情感赋值。作为一种维系交流的方式，短视频和网络直播创造了一种生活化的情境，在这个情境中人们可以凭借媒介产品来进行沟通和交流，继而实现参与生活、彼此陪伴、情感连通的目的。虽然短视频因为其容量有限，在内容价值上缺乏足够的延展性，而网络直播则由于其过度娱乐性屡屡被人诟病，但是它们都具有强劲的感染力和高度的转发力，其传播价值不在于内容价值，而在于社会情感价值。从这个意义上讲，短视频和网络直播将媒介产品与用户的消费行为、情感活动、社会关系、爱好属性等连接在一起，实现了媒介产品的功能价值提升。

总之，在智能传播时代，专业性媒介组织的内容生产权力逐渐被媒体的消费者和用户所分享，媒介产品的生产也实现了从分享到共享再到共创的转变，传播关系也转型为共享式。亨利·詹金斯指出，传播关系的变化是新旧媒体相互碰撞的结果，也是草根媒体与机构媒体交汇的结果，反映了媒介生产者与消费者之间的权力互动关系。[1] 伴随着新的传播方式而来的是新的资源和新的互动语态，只有深刻理解共享式传播关系背后的逻辑，将媒体内容产品生产与用户的需求、情感、体验、消费场景等精准关联起来，才能增强用户与产品以及用户与平台之间的黏性。

---

[1] Henry Jenkins, *Convergence Culture: Where Old and New Media Collide*, New York: New York University Press, 2006, p. 18.

第 三 章

面向智能传播的电视媒体
内容生产体系建构

党的二十大报告指出："我们要坚持马克思主义在意识形态领域指导地位的根本制度，坚持为人民服务、为社会主义服务，坚持百花齐放、百家争鸣，坚持创造性转化、创新性发展，以社会主义核心价值观为引领，发展社会主义先进文化，弘扬革命文化，传承中华优秀传统文化，满足人民日益增长的精神文化需求，巩固全党全国各族人民团结奋斗的共同思想基础，不断提升国家文化软实力和中华文化影响力。"[①] 传统媒体时代"内容为王"的理念深入人心，然而，随着新媒体技术的发展，"渠道为王"的理念开始迅速扩张，各类媒体对渠道的争夺也开始白热化。窦锋昌研究发现，国内媒体在媒体转型发展中热衷于拓展各类非媒体类业务，如文化地产、电子商务、文化产业、整合营销等，他将之归纳为"非报收入"，而英美国家的主流媒体则致力于发展付费墙业务，重新回归"读者中心"，重视优质内容开展各类读者付费业务。他认为，相较于英美国家的"读者收入"模式，"非报"模式存在一定的隐患，容易偏离媒体主业。[②] 事实上，对于媒体而言，强化渠道建设只是扭转发展颓势的"标"，其"本"仍然在于内容，只有优质的内容才能持续吸引用户，否则只是徒有形式而已。幸运的是，部分媒体人已经认识到了这个

---

① 二十大报告：《高举中国特色社会主义伟大旗帜　为全面建设社会主义现代化国家而团结奋斗》，人民出版社 2022 年版，第 43 页。

② 窦锋昌：《"非报收入"与"读者收入"：媒体融合发展路径比较》，《新闻战线》2019年第 19 期。

问题。例如访谈对象 J51 就认为："传统媒体转型不是文字记者会拿手机拍视频，再用剪辑软件凑在一起，关键是策划和脚本。大家都在说短视频改变传媒业，却忘记了'内容为王'这句话。不忘初心，体现四力，真正做出引发群众共鸣的好稿子、好片子，才是媒体人的初心和未来。"① 电视媒体在面向智能传播的转型中，也应该重视对高质量内容的生产。2019 年 12 月 31 日，Bilibili 网站与新华网联合举办的首届跨年晚会得以从竞争激烈的六大卫视跨年演唱会中脱颖而出，根本原因就在于晚会深度发掘了用户需求。这台晚会不再过度强调明星价值，而是用极具平台印记的内容来征服用户，用符合几代年轻人审美趣味的元素为用户呈现了"最美的夜"。

回望中国电视的发展历史，纪实、审美、规训是主导电视业变迁与演进的三套话语体系。② 虽然进入智能传播时代以来，电视的形态、内涵与观看方式都发生了一系列变化，内容生产体系也随之发生了一系列深刻的转变，但纪实、审美、规训的话语体系仍然没有改变。当然，英美国家的"读者收入"发展模式也有一定的启示意义，即电视媒体的内容生产体系需要完成从"电视台主导"到"用户主导"的转型，深耕细作致力于优质内容和优质服务的传播，才有可能获得成功。

第一节　用户的电视使用现状及满意度

当前电视内容生产体系仍然是以传者为主导，虽然受众的意见很重要，收视率也是衡量节目质量的标尺之一，电视媒体机构也会通过调查机构或研究机构来收集来自受众的反馈信息，但是大多数情况下受众仍然被排除在电视内容的生产体系之外。这种生产模式对于在互联网时代里成长起来的年轻人来说，就显得吸引力不足。

为了了解在当前的内容生产体系之下，用户的电视媒体使用现状及满意度，尤其是了解青年用户对电视媒体内容的使用及满意度情况，本书于 2017 年 9—12 月，通过网络和线下相结合的形式进行了问卷调查。

---

① 参见笔者 2018 年 9 月 29 日对尉某某的网络访谈。
② 常江：《中国电视史 1958—2008》，北京大学出版社 2018 年版，第 464 页。

为了提高问卷调查的信度和效度，在正式调查前，先进行了前测，并根据前测结果调整了问卷，在正式调查中，共计发放问卷1200份，回收有效问卷982份，6位调查员参与了问卷的发放及数据统计工作。为了减少网络问卷发放存在的诸多缺陷，本书采取了调查员驱动抽样、配额抽样以及动态调整相结合的方式，首先对6位"种子调查员"进行了培训，然后组织这些调查员定向发放网络问卷，然后每周统计一次数据，并根据统计的数据进行配额抽样和动态调整，尽量控制样本的构成，最后还通过线下发放问卷的形式补充了样本构成。

一　样本的基本情况

从性别构成来看，受访者中男性335人（占34.1%，N=982），女性647人（占65.9%，N=982），受访女性比例远高于男性。从年龄构成来看，18岁以下的41人（占4.2%，N=982），18—28岁的708人（占72.1%，N=982），29—40岁的124人（占12.6%，N=982），41—55岁的47人（占4.8%，N=982），56—64岁的22人（占2.2%，N=982），65岁以上的40人（占4.1%，N=982），虽然受访者覆盖了各个年龄阶段，但绝大多数受访者为青年受众，这对于我们了解年轻一代的收视习惯有一定的帮助。

从学历水平来看，高中及高职高专以下的102人（占10.4%，N=982），大专程度的92人（占9.4%，N=982），本科632人（占64.4%，N=982），本科以上的156人（占15.9%，N=982），受访者学历层次较高，绝大部分受访者的学历层次在本科及以上。

从职业构成来看，农林牧渔业生产人员2人（占0.2%，N=982），企业职工70人（占7.1%，N=982），各类学校教职工65人（占6.6%，N=982），专业技术人员（医疗、工程、科技等）27人（占2.7%，N=982），政府机关工作人员58人（占5.9%，N=982），学生662人（占67.4%，N=982），商业、服务业人员25人（占2.5%，N=982），生产、运输、设备操作人员6人（占0.6%），军人3人（占0.3%，N=982），其他64人（占6.5%，N=982），超过半数的受访者为学生。

受访人员的地域分布情况如下表3—1：

表3—1　　　　　　　　　受访人员地域分布

地域	受访者数量	地域	受访者数量
安徽	18	吉林	0
北京	12	辽宁	6
重庆	5	内蒙古	7
福建	5	宁夏	4
甘肃	1	青海	1
广东	24	山东	6
广西	47	上海	8
贵州	9	山西	51
海南	5	陕西	86
河北	13	云南	9
黑龙江	2	天津	2
河南	70	深圳	2
湖北	543	新疆	5
湖南	14	西藏	0
江苏	11	香港	0
江西	5	澳门	0
四川	3	台湾	0
浙江	6	海外	2

从表3—1可以看出，受访对象基本涵盖了全国绝大部分地方，但由于调查方式所限超过一半的受访者来自于湖北地区。

二　电视的使用情况

（一）观看方式与观看时长

从观看电视的方式来看，当前绝大多数受访者使用互联网电视/各类盒子产品来观看电视（319人），紧随其后的电视观看方式是ipad等移动终端设备（247人），排在第三的电视观看方式是使用电脑视频来观看（213人），之后是使用数字电视来观看（156人），使用智能电视/smart

TV 来观看电视排在第五（134 人），使用普通电视（卫星电视）来观看电视排在最后（130 人），其中 217 人选择了 2 种以上的观看方式（参见图 3—1）。

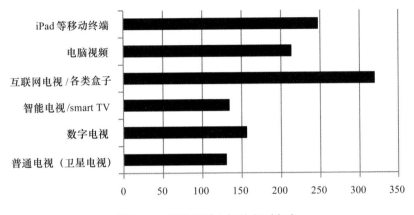

图 3—1　用户观看电视的主要方式

在用户使用电视的时长方面，92 人表示自己每天要使用 3 小时以上的电视，占 9.4%（N = 982），324 人（占 33.0%，N = 982）表示自己每天使用 1—3 小时，233 人（占 23.7%，N = 982）表示自己每天使用 1 小时左右，236 人（占 24.0%，N = 982）表示自己每天使用电视的时长是 30 分钟左右。值得注意的是，有 97 人（占 9.9%，N = 982）表示自己从不观看电视。

（二）用户对电视内容的使用情况

在用户对电视内容的使用方面，本次调查也得出了一些比较有意思的结论（参见表 3—2）。在所有的终端上，用户最常观看的电视节目内容是综艺娱乐节目，其次是电视剧，新闻资讯类则排在第三位，在各类终端上用户的使用情况略有不同。其中，在有线电视或数字电视上，用户最常观看的内容是电视剧，其次是新闻资讯，综艺娱乐节目排在第三，随后是体育节目、纪录片和社教类节目；在智能电视端，用户最常观看的内容也是电视剧，其次是综艺节目，新闻资讯排在第三，随后是体育节目、纪录片和社教类节目；在互联网平台上，用户最常观看的内容是综艺娱乐节目，其次是电视剧，新闻资讯排在第三，随后是体育节目、纪录片和社教类节目；在手机、ipad 等移动设备上，用户最常观看的电视内容是综艺娱乐节目，其次是电视剧，新闻资讯排在第三，随后是其他类型的节目，体育节目、社教类节目和纪录片。此外，除了新闻资讯、综艺娱乐节目、体育节目、电视剧、纪录片等常见的电视节目类型之外，用户也会选择观看一些其他内容。调查结果也显示，在不同的终端和平台上，用户最常收看的其他类型的电视节目内容也有所不同。其中，在有线电视或数字电视以及智能电视等终端和平台上，分别有 17 位和 14 位用户表示他们最常收看的内容有电影、动漫、联欢晚会以及陪长辈看戏曲类节目，在有线电视或数字电视平台上，用户最常选择的电视频道是各省级卫视（484 人，占 49.3%），其次是中央电视台各频道（474 人，占 48.3%），之后是当地城市地面频道（24 人，占 2.4%）（参见图 3—2）。而在互联网平台上用户观看的内容更加丰富，有 23 位用户表示他们最常收看的视频类内容有动漫、电影、军事、搞笑、Bilibili 视频、短视频和小视频、直播、电子竞技比赛等内容。在手机、ipad 等移动终端上用户的视频使用内容也比较广泛，有 43 位用户表示他们平常基本不看电视，而是用手机，他们最常观看的视频内容有动漫、电影、搞笑视频、Bilibili 视频、微信短视频、原创视频、游戏直播、直播等。

表 3—2　　　　　用户使用不同终端观看电视节目的情形

节目类型	有线电视或数字电视	智能电视	互联网	移动设备
新闻资讯	241	179	129	145
综艺娱乐节目	226	254	400	330
社教类节目	33	30	27	34
体育节目	71	67	51	40
电视剧	280	288	261	301
纪录片	67	58	38	27
其他类型	17	14	23	43
从不观看	47	92	53	62

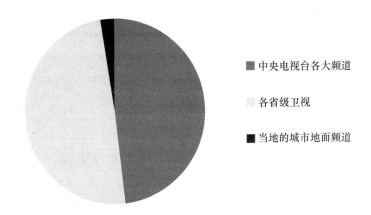

图3—2 用户通过有线电视或数字电视观看最多的电视频道

中央电视台各大频道

各省级卫视

当地的城市地面频道

（三）重大事件发生时用户的媒介接触

虽然当前用户使用电视的总体时长有所减少，但在重大新闻事件、重大体育赛事、重要活动发生时，电视仍然是用户不可替代的媒体接触途径。从调查结果来看，在重大新闻事件发生时，手机超越互联网和电视成为用户的第一选择（590人，占60.1%），其次是互联网，传统电视则排在第三位（参见表3—3）。

表3—3 　　　　重大新闻事件发生时用户的媒介接触顺序

观看方式	第1位	第2位	第3位	第4位	平均排位
传统电视	143	138	509	192	2.83
互联网	232	559	166	25	1.93
手机	590	260	110	22	1.47
其他终端	17	25	197	743	3.76

而在重大体育赛事发生时，传统电视仍然是用户的第一选择（418人，占42.4%），其次是手机、互联网则排在二者之后，这与电视台买断了体育赛事的直播权和转播权有着密切的联系（参见表3—4）。

表3—4   重大体育赛事发生时用户的媒介接触顺序

观看方式	第1位	第2位	第3位	第4位	平均排位
传统电视	418	167	277	120	2.09
手机	292	321	327	42	2.08
互联网	236	465	247	34	2.03
其他终端	36	29	131	786	3.79

在重大活动发生时，用户的第一选择也是传统电视（473人，占48.2%），其次是手机、互联网则排在第三位（参见表3—5）。传统电视凭借其强大的新闻报道策划能力、优质的内容采编与制作能力，再加上电视台对重大体育赛事和重大活动的直播权及转播权的买断，使得许多用户在重大事件发生时仍然倾向于通过传统电视终端来获取相关内容。

表3—5   重大活动发生时用户的媒介接触顺序

观看方式	第1位	第2位	第3位	第4位	平均排位
传统电视	473	159	246	104	1.98
互联网	199	486	258	39	2.10
手机	293	310	343	36	2.11
其他终端	17	27	135	803	3.81

这一结果也提示我们，对于传统电视而言，做好重大新闻事件、重大体育赛事和重大活动的策划及报道，对提升收视率、吸引年轻用户来说十分重要。

（四）用户对"电视＋"应用的使用情况

"电视＋"应用是近年来传统电视媒体推出的新业务，其范畴包括电视台开展的商品买卖活动、求职招聘活动、游戏应用开发、社交应用开发等，它是电视产业链的扩展，也是电视从媒体转型为平台的重要举措。为了了解当前用户对"电视＋"应用的使用情况，本书也进行了相关调查，调查发现超过一半的用户（546人，占55.6%）只听说过"电视＋"的相关应用，但是他们并没有使用过，242人（占24.6%）偶尔使用"电视＋"应用，150人（占15.3%）既没有听过也没有用过，仅44人

（占 4.5%）经常使用（参见表3—6）。

表3—6　　　　　　　　用户对"电视＋"应用的使用情况

使用频率	用户数量
经常使用	44
偶尔使用	242
只听过没用过	546
既没听过也没用过	150

（五）影响用户电视使用的原因

为了解传统电视使用量下降的原因，本书也进行了调查。调查发现，用户认为影响自己使用传统电视的原因比较多，其中有517人选择了两个以上的原因。而在用户的所有回答中，他们认为影响自己看电视最主要的原因在于，传统电视的便携性差，不能随时随地地观看视频内容（603人）。其次在于电视可选择的内容太少，不能满足收视需要（400人），第三大原因在于人们认为使用遥控器选择电视内容太费事，不如网络搜索方便（237人）。有178人认为使用电视需要去营业厅办理缴费，且缴费方式太不方便，有52人认为互联网等新媒体提供的内容更丰富、更便捷、互动性更强、性价比更高（参见图3—3）。另外，有29人列出了其他原因，如电视广告太多，怕影响孩子，费用过高，只能在特定的时间观看特定的节目，没有看电视的条件，没有自己想看的节目内容，演员演技太差不想看，习惯了用电脑上网等，几乎有一半的原因是因为目前电视所提供的内容没有满足用户的需求。

三　用户对电视使用的满意度

由于影响用户使用电视的主要原因在于电视的使用方式的不方便、不便捷，电视所提供的内容不能满足用户的收视需要等方面，本课题组在调查用户电视使用满意度时也主要从这两方面收集相关信息。

（一）用户对电视使用方式的满意度

用户使用电视的方式比较多，其中获得收视许可所缴纳的费用、缴费方式、使用电视观看相关节目的便捷性等是影响用户使用感受的主要

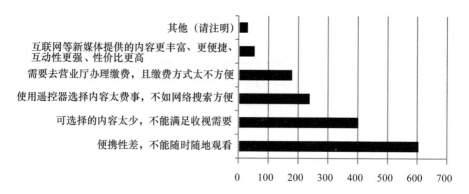

图3—3 影响用户使用传统电视的原因

内容。通过调查，我们发现，超过半数的人（536人，占54.6%）认为目前使用遥控器来选择观看内容的便捷性一般，317人（占32.3%）表示满意，55人（占5.6%）表示非常满意，52人（占5.3%）表示不满意，有22人（占2.2%）表示非常不满意（参见表3—7）。这一结果说明当前广大用户对于使用遥控器来获得相关电视内容还是基本满意的。不过相比于互联网、手机及其他终端，遥控器的操作对于从海量数据库中迅速找到相关内容来说确实不太方便，这对于从新媒体环境下成长起来的青年一代来说确实缺乏足够的吸引力。为了改善这一情况，已经有机构致力于推出智能遥控器，如2019年，湖北广电网络推出智能语音遥控器——小鱼，这款产品让用户告别了烦琐按键的烦恼，只需唤醒遥控器的语音助手功能，输入语音，系统就会自动识别用户语音，并完成功能响应或给出回复，从而实现调频道、搜影片、查服务、智能百科服务等多种功能。用户在使用语音遥控器的过程中，电视机屏幕页面底端会显示语音交互界面，清晰明了地显示用户使用语音的状态，对于习惯了互联网及新媒体搜索的新一代用户而言，这种操作方式具有亲近感。

对于有线电视及数字电视的缴费方式而言，超过一半的用户（606人，占61.7%）认为目前的收费标准和缴费方式一般。对当前的收费标准和缴费方式表示满意和不满意的人数相当，都是162人（占16.5%），30人（占3.1%）对当前的收费标准和缴费方式非常不满意，22人（占2.2%）表示非常满意（参见表3—7）。这一数据说明用户对当前电视的

收费标准和缴费方式大体还是认可的，仅有不到 1/5 的用户对这一现状
不太满意。

表3—7　　　　　　　　　　用户对于电视使用方式的满意程度

满意程度	使用遥控器来选择观看内容	收费标准和缴费方式
非常满意	55	22
满意	317	162
一般	536	606
不满意	52	162
非常不满意	22	30

（二）用户对节目内容的满意度

用户对电视节目内容的满意度是用户电视使用中最为重要的因素。
本书根据电视节目的类型，大致从新闻资讯类节目、综艺娱乐类节目、
社教类节目、体育类节目、电视剧等具体类型出发，对用户的相关满意
度进行调查。

具体而言，我们分别从时效性、内容丰富性、报道角度三个方面来
调查用户对新闻资讯类节目的满意程度。调查发现，接近一半的用户对
这三个指标的满意程度一般，其中 485 人（占 49.4%）认为新闻资讯类
节目的时效性一般，490 人（占 49.9%）对新闻资讯类节目的内容丰富
性表示一般，523 人（占 53.3%）认为新闻资讯类节目的报道角度一般。
在新闻资讯类节目的时效性方面，371 人（占 37.8%）表示满意，58 人
（占 5.9%）表示不满意，51 人（占 5.2%）表示非常满意，17 人（占
1.7%）表示非常不满意。在新闻资讯类节目的内容丰富性方面，357 人
（占 36.4%）表示满意，74 人（占 7.5%）表示不满意，41 人（占
4.2%）表示非常满意，20 人（占 2.0%）表示非常不满意。在新闻资讯
类节目的报道角度方面，327 人（占 33.3%）表示满意，67 人（占
6.8%）表示不满意，44 人（占 4.5%）表示非常满意，21 人（占
2.1%）表示非常不满意（参见表3—8）。上述数据表明，用户对当前新
闻资讯类节目总体上是基本满意的，但是这种满意程度不高，从内容建
设角度而言，电视新闻资讯类节目仍然有很大的提升空间。

表3—8   用户对新闻资讯类节目的满意程度

满意程度	时效性	内容丰富性	报道角度
非常满意	51	41	44
满意	371	357	327
一般	485	490	523
不满意	58	74	67
非常不满意	17	20	21

综艺娱乐类节目是电视台拉动收视率的关键，也是电视内容的重要构成。从目前电视市场的表现来看，正是一些现象级的电视综艺娱乐类节目才把用户重新拉回到电视机面前。综艺娱乐类节目的创意、主题与风格、主持人与嘉宾表现、舞美特效与后期制作等因素决定了综艺节目的质量高低，也是影响用户节目满意度的关键指标，本书从上述四个方面对用户的满意度进行了相关调查。调查发现，接近一半的用户对电视综艺节目的满意程度一般，这一结果与新闻资讯类节目的满意程度基本一致。其中，在节目创意方面，479人（占48.8%）表示满意程度一般，283人（占28.8%）表示满意，138人（占14.1%）表示不满意，48人（占4.9%）表示非常不满意，34人（占3.5%）表示非常满意。在节目的主题与风格方面，514人（占52.3%）认为一般，287人（占29.2%）表示满意，108人（占11.0%）表示不满意，42人（占4.3%）表示非常不满意，31人（占3.2%）表示非常满意。在主持人与嘉宾表现方面，512人（占52.1%）认为一般，320人（占32.6%）表示满意，95人（占9.7%）表示不满意，33人（占3.4%）表示非常满意，22人（占2.2%）表示非常不满意。在舞美特效与后期制作方面，444人（占45.2%）认为一般，414人（占42.2%）表示满意，71人（占7.2%）表示不满意，39人（占4.0%）表示非常满意，14人（占1.4%）表示非常不满意（参见表3—9）。上述数据表明，用户对当前电视综艺节目总体上是基本满意的，但是这种满意度也不太高，电视综艺节目在内容制作上仍有进一步提高质量的空间。

表3—9　　　　　　　　　用户对电视综艺娱乐类节目的满意度

满意程度	节目创意	主题与风格	主持人与嘉宾表现	舞美特效与后期制作
非常满意	34	31	33	39
满意	283	287	320	414
一般	479	514	512	444
不满意	138	108	95	71
非常不满意	48	42	22	14

调查也发现，约有一半的用户对当前社教类节目和体育类节目的总体满意度一般，分别为490人（占49.9%）和505人（占51.4%）。从社教类节目来看，361人（占36.8%）表示满意，77人（占7.8%）表示不满意，46人（占4.7%）表示非常满意，8人（占0.8%）表示非常不满意。从体育类节目来看，371人（占37.8%）表示满意，57人（占5.8%）表示非常满意，43人（占4.4%）表示不满意，6人（占0.6%）表示非常不满意（参见表3—10）。相比于新闻资讯类节目和综艺娱乐类节目，用户显然对社教类节目和体育类节目的满意程度更高一些，尤其是体育类节目，仅有不到5%的用户不满意。这也说明，当前中国的体育类节目在内容制作方面还是受到了用户肯定的。

表3—10　　　　　　　　　用户对其他类型电视节目的满意程度

满意程度	社教类节目	体育类节目
非常满意	46	57
满意	361	371
一般	490	505
不满意	77	43
非常不满意	8	6

从历史发展来看，中国的电视观众是通过电视剧培养起来的，所以相比于国外，电视剧对于中国电视收视率的贡献更显著，用户也更加喜爱刷剧。本书从节目类型、节目质量、演员表现三个方面获取了用户对电视剧的满意程度。其中，在节目类型方面，484人（占49.3%）认为

一般，267 人（占 27.2%）表示满意，149 人（占 15.2%）表示不满意，54 人（占 5.5%）非常不满意，28 人（占 2.9%）非常满意。从节目质量来看，502 人（占 51.1%）认为一般，244 人（占 24.8%）表示满意，154 人（占 15.7%）表示不满意，48 人（占 4.9%）表示非常不满意，34 人（占 3.5%）表示非常满意。从演员表现来看，491 人（占 50.0%）认为一般，286 人（占 29.1%）表示满意，125 人（占 12.7%）表示不满意，47 人（占 4.8%）表示非常不满意，33 人（占 3.4%）表示非常满意（参见表 3—11）。上述数据也表明，用户对当前中国电视剧也是基本满意的，但是满意度也不太高，这也为用户的流失留下了隐患。

表 3—11　　　　　　　　　　用户对电视剧的满意程度

满意程度	节目类型	节目质量	演员表现
非常满意	28	34	33
满意	267	244	286
一般	484	502	491
不满意	149	154	125
非常不满意	54	48	47

（三）用户对电视发展的相关议题的态度

用户对电视发展的相关议题的态度是用户对当前电视使用满意度的延伸，也是未来电视发展的一个风向标（参见表 3—12）。关于"电视媒体将死"的观点，有 33 人（占 3.4%）表示非常同意，161 人（占 16.4%）表示同意，275 人（占 28.0%）认为一般，455 人（占 46.3%）表示不同意，58 人（占 5.9%）表示非常不同意；关于"丰富节目内容，降低节目搜索难度"的观点，150 人（占 15.3%）表示非常同意，558 人（占 56.8%）表示同意，231 人（占 23.5%）表示一般，38 人（占 3.9%）表示不同意，5 人（占 0.5%）表示非常不同意；关于"增强节目互动性，让用户参与节目内容"的观点，110 人（占 11.2%）表示非常同意，469 人（占 47.8%）表示同意，357 人（占 36.4%）表示一般，37 人（占 3.8%）表示不同意，9 人（占 0.9%）表示非常不同意；关于"增加 VR/AR 内容，增强人机互动"的观点，124 人（占 12.6%）表示非常同意，455人（占46.3%）表示同意，361人（占36.8%）表示一般，35人（占3.6%）表示不同意，7人（占0.7%）表示非常不同意。

表3—12　　　　　　　　用户对电视发展的相关议题的态度

态度	"电视媒体将死"	"丰富节目内容，降低节目搜索难度"	"增强节目互动性，让用户参与节目内容"	"增加 VR/AR 内容，增强人机互动"
非常同意	33	150	110	124
同意	161	558	469	455
一般	275	231	357	361
不同意	455	38	37	35
非常不同意	58	5	9	7

（四）用户对于参与互动反馈及线下活动的态度

参与媒体互动与反馈是用户与媒体产生较为深度的联系的一种途径和方式。有565人（占57.5%，N=982）表示自己关注并参与了电视媒体所开设的微信公众号，498人（占50.7%）表示自己关注了电视媒体的相关微博账号，187人（占19.0%）表示自己使用了电视媒体的客户端产品，165人（占16.8%）表示自己通过网络留言的方式参与互动，31人（占3.2%）表示自己给电视媒体发送过电子邮件，49人（占5.0%）表示自己通过拨打热线电话的方式参与电视媒体的互动，79人（占8.0%）表示自己通过编辑短信的方式参与电视媒体的互动（参见图3—4）。

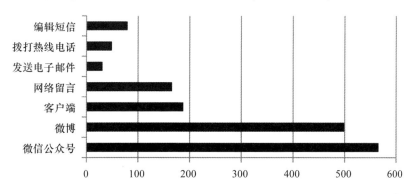

图3—4　用户参与互动反馈的类型

对于电视媒体举办的一些线下活动，如产品展销会、相亲交友会、亲子活动、公益活动等，用户是否有兴趣参加，调查结果却不太乐观。超过半数的人（510人，占51.9%，N＝982）明确表示自己不会参加，375人（占38.2%）表示要视情况而定，仅有97人（占9.9%）表示自己会参加相关活动（参见图3—5）。这一结果也提示我们，电视台在开展线下活动时需要谨慎，需要有充足的市场调查和前期准备，盲目开展线下活动可能会透支自身品牌的影响力。

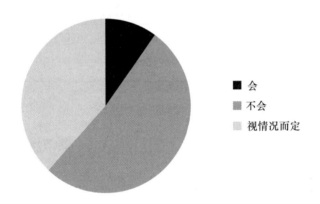

　■ 会
　■ 不会
　■ 视情况而定

图3—5　用户对参与电视媒体举办的线下活动的态度

四　结论与讨论

本书对用户的电视使用现状及满意度进行了调查，根据调查结果我们大致可以得出以下结论：

（一）电视的媒体地位下降，但仍有市场潜力

从电视的使用（观看）情况来看，电视作为第一媒体的地位显然已经受到了互联网及移动互联网媒体的极大影响，尤其是在新闻资讯领域，手机俨然已经取代互联网成为用户获取重要信息的第一途径。尼尔·波斯曼将人类技术和文化的发展分为工具使用、技术统治和技术垄断三个阶段。他认为在技术垄断阶段，技术对文化的攻击将会造成信息泛滥、隐私泄露、被控制等各种问题。① 现如今智能手机越来越成为人们重度媒

----

① ［美］尼尔·波斯曼：《技术垄断：文化向技术投降》，何道宽译，北京大学出版社2007年版，第5—7页。

介依赖的对象，而随着人们的身份信息、生物信息、经济信息等各种隐私与手机的绑定，这为波斯曼所担忧的技术垄断埋下了隐患。

从总体的媒介使用（观看）时长来看，用户的电视使用（观看）时间较以前略有下降，有少部分人几乎不看电视，但也并不如预期中的那样出现使用时间大幅度下降的情况，这对于电视的未来发展来说不是坏事。用户的电视使用（观看）方式逐渐多元化，其中互联网及各类盒子、移动终端、智慧电视都是用户最常使用的电视终端，而用户使用（观看）最多的内容仍然是综艺节目、电视剧和新闻资讯节目，这三类内容依旧是电视内容市场的三大主力。

道格拉斯·凯尔纳在《媒体奇观》一书中提出，媒体所制造的各种豪华场面、政治事件、体育比赛等媒体奇观塑造了当代社会的基本价值观和社会生活方式，同时也将社会中的各类冲突事件及其解决方式予以戏剧化的呈现，这塑造了当代社会的媒介景观。[①] 这种观点对于电视用户的内容选择与信息接收方面仍有解释意义，用户仍然将电视视为媒体奇观类内容接收的主要渠道。调查显示，在重大体育赛事、重大活动等举行时，电视还是用户的第一选择，但在重大新闻事件发生时，手机却成为用户的首选，互联网也超越电视成为用户的第二选择，之后才是电视。这一结果也进一步说明内容市场已经发生了变化，电视的媒体地位正在下降，而以手机为代表的智能媒体已经深度嵌入人们的生活。智能媒体虽然能给用户带来使用上的便利性，但人们对智能媒体的过度依赖也应当引起警惕。

此外，用户对于媒体开发的"电视＋"类应用和服务大多停留在只听说过从未使用过的阶段，只有少部分用户表示经常使用这类服务。大部分用户参与了电视媒体在微博、公众号、客户端等终端平台上的互动反馈，但他们对于电视台举办的线下活动的参与意愿却不强。上述现象均说明"电视＋"的相关应用尚未打开市场，电视媒体的线下活动缺乏足够的市场号召力。

----

① ［美］道格拉斯·凯尔纳：《媒体奇观——当代美国社会文化透视》，史安斌译，清华大学出版社 2003 年版，第 2 页。

（二）用户电视使用基本满意

当前用户对电视的使用情况基本满意，但这种满意程度并不高，随时有下降的风险。无论是从电视的使用方式来看，还是从电视所提供的内容和服务来看，当前用户总体还是基本满意的，但是用户的许多需求仍没有得到满足，倘若电视不能进一步提供高质量的内容和服务，用户的满意度还将继续下降。

加拿大学者达拉斯·斯麦兹在《传播：西方马克思主义的盲点》一文中阐释了"受众商品论"（Audience as Commodity），他指出大众传媒的主要产品实际上是受众的注意力。人们选择媒体的过程其实就是购买商品的心理，如果商品不能满足自己的需要，自然就不会购买。对于电视媒体而言，如果不能提供满足用户需求的高质量内容产品和服务，用户就不会去选择，因为可替代性的媒体形式实在是太多了。

（三）用户对电视信心足够

调查显示，用户对电视的未来发展有足够的信心。从用户对电视未来发展的态度来看，大部分用户还是持肯定态度的，他们不同意"电视将死"的观点，并认为电视需要丰富节目类型、降低获取难度、增强互动性内容、提高用户参与、增加 AR/VR 等新技术支持的内容、增强人机互动等。

总之，智能技术为媒体发展注入了新的活力，也为更多媒体奇观的出现带来了可能性，然而技术所带来的工具理性化和操控性问题也值得警惕。芒福德就指出，在巨型机器制造的不幸中，首要的就是当今人们对科学技术界无条件的崇拜。[1] 马丁·海德格尔也认为，技术的统治将一切存在者都带入计算行为中，遮蔽了人之人性和物之物性。[2] 列斐伏尔同样指出，正因为现实的人沦为了工具理性化所操纵，从而丧失了人性的自动机。[3] 对于电视媒体而言，虽然用户对电视总体满意，青年用户也是

---

[1] ［美］刘易斯·芒福德：《机器神话（下卷：权力五边形）》，宋俊岭译，上海三联书店2017 年版，第 267 页。

[2] ［德］马丁·海德格尔：《林中路》，孙周兴译，上海译文出版社 2014 年版，第 281－293 页。

[3] Henri Lefebvre, *Everyday Life in the Modern World*, Sacha Rabinovitch Trans, New Brunswick：Transaction Publishers, 1984, p. 193.

如此，但是互联网对电视媒体的市场环境和内容生产还是产生了巨大的影响，电视媒体的影响力下降已成定局，电视媒体也必然会面临着新一轮范式转型。当然，在转型过程中也不能唯技术论，只有开拓适应新的媒体环境的发展路径，根据电视媒体的特点来生产符合自身特质的产品和服务，才能留住用户。

第二节 用户信息及需求的搜集与分析

在智能传播条件下，电视媒体内容生产体系建设应当以对用户的精准分析为基础，即建立起以用户主导型的内容生产体系。所谓用户主导型内容生产指的是，在媒体内容生产的全过程都充分考虑目标用户，以满足用户的合理需求为己任，生产出用户真正需要和真正想要的内容。

一 传统电视媒体用户信息收集的途径及方式

在传统媒体环境下，电视媒体也会收集用户的信息和反馈，这一方面表现为对用户信息反馈的获取，另一方面则表现为对节目收视率和用户满意度进行的相关调查。

（一）用户信息反馈的获取

用户的信息反馈主要通过电视媒体机构设置的相关部门和板块来完成，包括短信、热线电话、官方网页、客户端、App、微博账号、微信公众号等留言板块。在这些板块上，用户可以自由发表观点和节目观感，来自用户的这些信息最终会被反馈给相关制作机构和制作人。虽然各大电视台都标榜自己十分重视用户反馈，但是通过实地调研和访谈发现，目前电视媒体用户信息反馈的样本覆盖面较小，且媒体对用户反馈信息的处理不太及时。一般而言，如果不是内容违反有关规定，或是对社会产生了负面影响，抑或是信息内容存在严重偏差造成重大误导，电视媒体对相关信息的处理都存在滞后甚至是忽略的情况。

（二）收视率和满意度调查

受众注意力的稀缺导致收视率数据成为重要的"通用货币"，而用户满意度也是节目质量的重要评估指标之一，对这两方面数据的调查是传统电视媒体收集用户信息的重要途径。为了提高信度，电视台一般会选择通过专门的第三方调查机构，如 CSM 调查、高校研究机构等，来进行收视率和满意度调查。这类调查一般通过用户抽样调查来进行测量，被调查用户通过日记卡等形式来记录自己的电视使用行为，科学、准确、客观是收视率调查的最基本要求。然而，这种收视率调查却存在不可忽视的局限性：一方面，由于所抽取的调查样本数量有限，不能全面反映用户的群体特征；另一方面，在互联网的影响下，观众的收视越来越呈现出碎片化特征，这加剧了收视率调查结果的误差。此外，随着市场竞争的加剧，样本污染、数据伪造等收视率造假的现象也时有发生，这也带来了行业的无序竞争和市场的混乱。为了打击收视率造假的现象，主管部门相继出台了《电视收视率调查准则》《关于支持电视剧繁荣发展若干政策的通知》等政策法规，然而由于缺乏刚性的治理机制，效果并不是太好。

二　智能传播时代用户信息的收集与分析

进入智能传播时代，电视设备的网络化、数字化、智能化程度越来越高，用户的视频内容接触途径和渠道也日益增多，用户的电视使用行为也越来越呈现出碎片化特征。在这种情形下，搜集用户信息不仅需要获取更大规模的样本，也需要进行更加精细、更加多元的收视行为调查。

（一）建立科学的调查系统

当前电视媒体的传播生态发生了巨大变化，电视的外延和内涵迅速扩展，视听内容接收终端日益多样化，短视频、沉浸式、互动式等内容形式增多，用户的体验感、参与感增强，在这种形势下，电视的收视调查也应当随之发生改变。

对于电视媒体及相关调查机构而言，不仅要完善传统的抽样调查形式，还要增加大样本、大数据的用户调查，此外还不能忽视跨屏收视调查，应建立起科学的调查系统。第一，在调查的技术形式上，应当适应当前跨屏发展的趋势，打破不同终端数据调查之间的壁垒，整合各类用户调查和收视数据，并在此基础上进行科学分析。第二，在调查的方式上，要基于媒体融合实践不断扩展的实际，大力推动融合收视调查，可以考虑将大数据、云计算、人工智能等技术运用于收视调查当中，尝试推动自主技术收视调查和全样本测量的方法。此外，还要完善收视调查的指标体系，提高收视调查的精度和信度。第三，在调查的数据形态上，要根据细分的、多层次的用户市场情况，建立起科学的收视调查体系，全方位收集用户电视使用数据。同时，还要从调查方法上提高数据调查中的抗风险、抗干扰能力，满足多元化的用户调查需求。

（二）规范收视调查，完善内容评价机制

由于当前部分媒体在市场竞争中存在无序行为，某些频道和栏目为了争夺广告份额，不惜联合第三方调查机构制造虚假收视率，这对准确获取用户信息来说极为不利，也伤害了电视的媒介公信力。为了避免这种收视率造假的现象，电视媒体必须规范收视调查，完善内容评价机制。

1. 规范收视调查

在智能传播时代，电视媒体要准确收集用户信息和数据，首先必须规范收视调查的流程与方法。调查机构应该加强自我监管，从样本的选择，到问卷的制作、发放与回收，日记卡的记录、数据回收等具体调查环节，再到数据的科学分析等，在整个调查流程中都要做到科学规范。在这方面，时下火热的区块链技术提供了一种参考思路。区块链技术出现的原因之一就是为了解决信用缺乏的问题，如果能将相关技术运用到收视调查当中，就能极大地降低样本被污染、数据被篡改的可能性，从而保障收视调查的科学性和信度问题。当然区块链技术带来的效率降低的问题也必须被纳入考虑当中。

2. 完善收视调查监管机制

完善收视调查的相关监管机制对于准确获取用户信息与数据来说也至关重要。按照总局的相关规定和系统部署，要加大对收视率的依法监督力度，同时要制定相关的法规和规章制度，打击收视率造假和收视率"对赌"的不良行为，保障调查机构的合法调查资格，建立长效机制，维护行业秩序。

3. 建立科学的内容评价体系

要准确获取用户数据，还必须改变当前单一的以收视率为核心的评价体系，建立科学的内容评价体系。事实上，收视率并不是节目质量高低的唯一评判标准的观点，已经被绝大多数电视媒体所认同，但是究竟怎样的评价体系才更为科学、更为有效？对于这个问题，无论是学术界还是业界都尚未达成共识。有学者建议应该将满意度、公共性等因素纳入进来,如方雪琴①、刘祥平、肖叶飞等②。这些观点具有借鉴价值,可以考虑从用户的收视行为、用户的态度或欣赏指数以及公共服务提供等维度,来全面评估用户对电视内容的满意程度,从而达到以评促改的目的。

4. 建立统一的调查体系与标准

最后,还要建立统一的调查体系与标准。多套收视率调查体系与数据,不仅会让广告商和公众无所适从,还会导致市场秩序和交易的混乱。从目前的国际经验来看,收视率调查中的业内竞争并非好事,在一定时期内使用一家调查公司的数据,并实现有监督和有标准之下的垄断,才是最为合适的方式。目前美国依靠市场竞争方式形成了一家收视率调查公司垄断的现实,英国通过行业协会来统一监管和购买调查数据,日本则是由国内的相关利益方(主要是广告公司和电视台)合资成立收视率调查公司来实现统一。最终无论哪一家调查公司实现统一和垄断,都必须遵照国际通行标准来规范操作,同时还必须接受行业与主管部门,或者是第三方监管机构的监管。与此同时,相关行业也必须重视电视节目内容的价值多元性,要建立完善的节目评估体系,通过多维指标来全面考量电视内容的价值。

(三)大数据支持下的用户精准画像

在用户调查中,样本量的大小与抽样数据的精度有着高度相关性。当前传播生态发生了巨大变化,用户的收视行为日益多元化、个性化,小规模的受众样本调查显然不能满足用户收视信息调查的需要,更大规模、更精细、更多元地采集用户的收视样本成为必需。互联网技术的飞速发展以及电视收看终端的数字化演进,为大样本量用户信息的获取提供了可能,而大数据抓取软件和算法技术的问世则为之提供了技术支持。大数据被认为是收视率调查的新方向,大数据的支持可以让用户的信息获取更为精准,这也为精确分析用户特征、用户的收视习惯、收视偏好,

---

① 方雪琴:《广播电视公共服务绩效评估体系的构建》,《现代传播》(中国传媒大学学报)2011 年第 5 期。

② 刘祥平、肖叶飞:《广播电视公共服务:理论内涵与评估体系》,《河南社会科学》2011年第 2 期。

以及跨屏收集用户收视信息等提供了可能。

在这方面，电视媒体不仅可以与专业调查公司合作，通过数据抓取软件进行用户数据调查，也可以与相关终端制作商进行合作，以获取终端设备上的用户使用信息，当然这些都必须在不侵犯用户隐私的前提下进行。此外，值得注意的是，大数据采集必然会带来调查成本的增加，电视媒体及调查公司都需要在扩大调查精度与降低调查成本之间寻找平衡。

当然也并不是数据量越大越好，用户的精准画像除了有大数据的支持之外，科学合理的取样方式及分析方式也是必需的。另外，电视媒体人也必须明白大数据并非万能的。柯惠新教授就指出，在现实条件下，目前中国的电视大数据实际上是"部分全量"的数据孤岛。① 因为各类数据都掌握在具体的运营商和厂商手中，如中国移动、中国联通和中国电信的各省公司掌握了各地 IPTV 的用户数据，各省市的有线运营商掌握了数字双向有线用户数据，海信、TCL、创维、长虹、康佳、小米、乐视等智能电视机终端制造商和互联网盒子厂商则掌握了智能电视终端和互联网电视的收视数据，这些运营商、厂商之间很难实现数据共享，这就造成了"数据孤岛"的形成。柯教授还指出，当前的电视大数据是终端收视数据，而不是个人的收视数据，理想化的全量数据尚不存在，目前的终端收视数据也无法体现个人收视情况，这也是大数据被广泛应用到电视用户调查当中所面临的一个全球性难题，因此，电视收视数据调查的业内常态应该是大数据与传统抽样数据的并存。②

（四）用户知情前提下的终端信息收集

随着电视接收终端数字化水平的提高，从终端获取用户信息相对来说更容易，所获取的信息也更可靠，但是这却有可能会侵犯用户隐私。从目前已经披露的信息来看，微软、苹果等终端硬件、软件提供商为了收集用户使用信息，来提升产品性能，改进产品服务，他们在所生产的

---

① 柯惠新：《收视率调查视角下的大数据与抽样数据》，《传媒内参》，2019 年 12 月 28 日搜狐网（https：//www.sohu.com/a/363388765_351788）。

② 柯惠新：《收视率调查视角下的大数据与抽样数据》，《传媒内参》，2019 年 12 月 28 日搜狐网（https：//www.sohu.com/a/363388765_351788）。

终端设备中内置了采集用户信息的相关装置，很多电视终端设备生产商及互联网盒子提供商也采取了类似的做法。用户在使用这些电子产品时，大量的信息也回传至设备生产商，而用户对此完全不知情，这实际上侵犯了用户的隐私。但是，从另一方面来说，这种情境也说明通过终端设备来收集用户信息，在当前的技术条件下是完全可行的。

为了解决用户隐私被侵犯，数据被滥用的情况，必须推动相关立法，只有在用户知情并同意自己的信息被采集的情况下，设备生产商和软件生产商才能合理采集用户的信息。在这种前提下，一种可能的情形是，倘若用户知情能够实现，电视媒体及相关调查机构就可以向这些电视终端商和软件提供商购买相关数据。而另一种更为合理的途径是，电视媒体可以与用户签订相关知情及隐私协议，然后通过自己的相关终端来采集用户信息。当然，无论是哪种情形，保障用户隐私权及个人信息安全的责任都要大于电视媒体的用户信息采集行为。

（五）用户调查贯穿视听内容制作全过程

过去的用户调查大多为"事后调查"，即收视调查主要集中在节目播出以后，大多是电视台为了获悉某一时段节目收视情况而进行的调查。智能传播时代，用户调查不能仅限于节目播出后，而是应该贯穿于视听内容制作的全过程。在这方面，英国媒体就做得比较好，佐伊·赛尔是一位在 BBC、ITV 等多家电视媒体机构供职的电视新闻类节目制作人，她同时还是英国创意艺术大学等几所大学电视专业的兼职讲师。她说："我们在采制节目的过程中一定要考虑受众，无论是在节目选题策划阶段，还是在采制过程中，甚至是在节目播出之后都要一直思考受众问题。"① 进军互联网之后的《世界报》也确立了"以用户为中心的理念"。根据用户调查数据，《世界报》编辑发现用户在浏览网页新闻时，更习惯于阅读自己感兴趣的、多种呈现格式的内容，因此他们在内容编辑中增加了系统性、整合式的视频内容生产，这个举措也让《世界报》网站的视频内容成功战胜了竞争对手。在中国，以往电视媒体人在节目制作过程中，也会考虑受众定位问题，但大多数仍是先预估观众的反应，在制作中缺乏必要的调查数据的支持。在智能传播的环境下，电视媒体人在节目创

---

① 参见笔者 2020 年 1 月 7 日、1 月 14 日对 Zoe Sale 的访谈。

意策划阶段，应该根据所掌握的用户调查数据来进行创意策划活动，在节目内容生产的过程中，节目制作方也不能凭主观猜测用户可能的态度，而应该从实际掌握的调查数据出发，来进行内容叙事和编辑，有的时候甚至还要根据用户态度来调整节目生产的方向。而在节目内容生产完成后，用户的收视数据调查也十分重要，它不仅是评价节目质量的重要标尺，也是调整后续节目生产的重要步骤。

总之，用户数据的调查是电视内容生产的前提和基础，只有规范调查方法，建立统一的调查标准，同时实现有效的监督管理，并在用户知情的前提下进行，这样才能保障视听内容生产不脱离用户需求。

第三节　纪实类电视内容的生产体系建构

电视内容生产所涉的节目类型繁多，产品形态更是多样，除了传统的新闻节目、综艺娱乐节目、体育节目、社教类节目、电视剧、广告等诸多类型之外，新兴的短视频、视频直播、Vlog、VR、AR、MR、实景三维等互动形式的内容也不断涌现，此外电视媒体还增设了各种相关的内容服务，进一步增加了内容生产的复杂性。在这种情境下，电视的内容生产自然也不能使用同一套生产体系和标准，必须有针对性地、分门别类地进行。

除了广告和线下服务类内容之外，根据不同类型的电视节目在内容生产中的侧重点不同，节目内容可以大致划分为三大类型，即纪实性内容、创意类内容和新型互动性内容。其中，纪实性内容主要指的是以纪实手法为主要创作手段，以真实为主要特征的视听内容产品形式，主要包括各类新闻节目、访谈节目、专题片和纪录片等，它是电视媒体安身立命的基石。创意类内容主要指的是以创意为节目的主要卖点，在内容生产中注重拍摄技巧、艺术手法的运用，注重场景、灯光、舞美和特效的设计与运用，注重服装、化妆、道具等的使用的视听内容产品形式，主要包括各类综艺娱乐节目、真人秀、脱口秀、电视剧、剧情类视频等。这类节目是电视媒体吸引受众，扩大收视的重要利器。新型互动性内容主要指在视听节目网站、客户端等平台上传播的，侧重实现与用户互动的内容产品形式，如短视频、慢直播、互动直播、Vlog、

H5 等。

对于纪实类视听内容的生产而言，运用纪实手法来讲述一个真实的好故事是内容生产中的重点。在智能传播条件下，纪实类内容生产体系的建设途径如下：

一 智能技术支持下的采编流程再造

目前绝大部分纪实性内容都是由专业性的媒体机构或媒体人士采编完成的，在生产过程中引入智能技术将极大地提高内容生产的效率。

（一）全媒体生产流程建设

工欲善其事必先利其器，采编流程的建设是纪实性内容生产体系建构的基础。2014 年以前，中国大多数电视媒体的采编流程为"记者采集—编辑部审稿—电视台播发"。随着媒体转型的深入，全媒体的生产流程逐渐形成。2015 年以后，中央电视台等媒体开始建设中央厨房和融媒体新闻中心。2018 年 11 月 14 日，中央全面深化改革委员会审议通过了《关于加强县级融媒体中心建设的意见》，此后县级融媒体中心建设迅速推广开来。截至 2020 年，中国大部分电视媒体都已经搭建起了全媒体中心或融媒体平台。

本书的调查也发现，目前几乎所有的电视台都已经建立了中央厨房或融媒体中心。融媒体中心的典型运作模式如下：由中央厨房、融媒体中心或媒体云端来统一管理新闻的采集、编辑和分发，所有的新闻线索汇集到中央厨房或融媒体中心，中心选派前线记者采集符合不同媒体终端特点的新闻素材，编辑再根据各媒体终端的不同要求来编辑作品，加工好的作品再被分发到不同的媒体终端（参见图 3—6）。例如中央电视台、深圳广电、湖北广电、宜昌三峡电视台等都采用的是这种类型。访谈对象 J4 说道："无论是周末内容生产能力，还是深夜内容生产能力，都是机构媒体移动互联时代生产能力的判断标准。移动互联网时代融合式内容生产打破传统流程，7×24 小时只是机构媒体热点生产能力的基本标配，原来的截稿周期退出舞台，以事发后多久能产出内容作为评判依据。"①

---

① 参见笔者 2019 年 4 月 2 日对刘某的访谈。

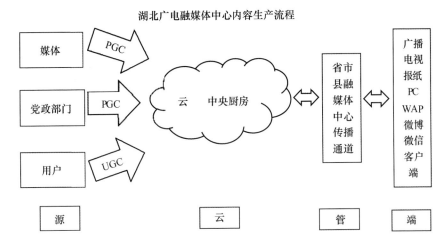

图3—6　融媒体中心内容生产流程

资料来源：湖北广播电视总台。

不少媒体在采集视频类作品时已启用"中央厨房"或融媒体编辑系统，如新京报"我们"视频栏目。访谈对象 J4 在介绍作品《传销窝点里的 8 天 7 夜：35 人轮番洗脑》的采编过程时说道，"这次是由视频记者主导的卧底调查，视频方面做了 30 秒预告片、8 分钟正片，还做了海报，微信公众号文、图、视频，报纸方面做了一个整版图文报道，此外还有微博话题、微视、快手宣发，这是原创视频融合生产的标配，可以看作是视频融合报道 1.0 版本。融合意味着协作，光视频干不成，光图文也干不成，必须是视频图文全流程协作。"① 他还提道："没有平台如何做内容？没有平台如何做商业？实践反复证明没有平台只能把品牌做到足够响亮，而在移动端就得完全按移动端的特点来，甚至要不断迭代才有可能闯出一条路来。移动端的特点是什么？内容生产从以出版为中心变为以传播为中心，渠道从过去的以报纸为中心变为以移动端（各种端和号）为中心，生产模式从以 PGC 为中心变为以 PGC、UGC 混合为中心，作战方式也从过去的强调单兵作战（即由名记者、名编辑单兵作战）转变为团队协作（一个大 team）。移动端内容和运营同等重要，互为支撑，内容

① 参见笔者 2019 年 2 月 27 日对刘某的访谈。

是运营的基础，运营是内容的保障，甚至某种程度上运营能力本身也是一种内容生产能力。确定了以移动端为中心后，采编流程、评价体系、激励机制都要想办法从过去的传统模式转到移动端上来。微博热搜话题的前五十名，我们自主或参与的话题同一时段就策划出了八个，这是内容和运营共同作用的结果。目前我思考的就是，该如何设置符合移动端特点的评价体系，既点赞内容，又激励运营。""移动端还强调用户意识和数据分析，过去的读者、观众、网友的理解已经趋于片面，必须与时俱进。很高兴团队里既有老媒体人也有互联网人。"[①] 这说明传统媒体的采编人员正在积极适应全媒体生产流程的相关运作。

然而，"中央厨房"或融媒体中心在使用中也存在启用率及成果转化率较低的问题。部分媒体的"中央厨房"或融媒体中心仅仅在重大题材的内容采编中使用，如湖北广播电视台在 2016 年的抗击特大洪水的报道中就全面启动了中央厨房编辑系统。深圳广电、宜昌三峡广电等机构的工作人员也表示，除非重大新闻采编，他们平常使用"中央厨房"或融媒体中心的机会并不多。此外，从各县市融媒体中心的实际使用效果来看，当前最大的难点在于大部分融媒体中心都是受国家相关政策驱动所建，建设的内生动力不足，加上在建设过程中缺乏对自身实际的考量，存在严重的跟风建设现象。这警示我们，地方媒体在升级智能技术时需要从自身实际出发，同时在日常内容生产中也需要有意识地加大对"中央厨房"或融媒体中心的使用度，不要使智能技术或设施沦为仅供参观的道具。

（二）人工智能介入内容生产流程

人工智能介入纪实性内容的采编流程，不仅提高了内容生产的智能程度，也提高了视频内容的生产效率。具体可以分为以下几种情况：

1. 人工智能对接用户信息采集系统

从纪实性内容的线索获取来看，一方面，人工智能可以直接对接用户信息采集系统，勾连用户需求与内容生产，让采编人员在内容生产的全程都可以更方便地参考用户需求；另一方面，人工智能还可以全网搜索新闻线索，并在融媒体中心或"中央厨房"的统一调度下，分派合适

---

① 参见笔者 2019 年 10 月 12 日对刘某的访谈。

的采编团队去采集事实性素材，为后续内容生产打好基础。此外，生成式人工智能的出现拓展了内容生产主体的范畴，机器成为新的内容生产主体，如 OpenAI 推出的聊天机器人 ChatGPT 不仅可以全网获取内容素材，还能按照指定要求生成视频脚本，这类人工智能在一定程度上取代了某些人类劳动。

2. 人工智能对采集与制作环节的介入

从纪实性内容的采集和制作流程来看，人工智能的运用可以提高内容生产的效率。在纪实性内容的采集环节，智能监测系统的运用可以更方便地监测各类突发事件，及时发现热点新闻事件，还能提高从多渠道获取新闻素材的概率。例如 2019 年 12 月 12 日，新华社智能化编辑部投入运营，在"媒体大脑"摄像头新闻机器人和"鹰眼"智能监测系统的帮助下，记者能迅速发现新闻线索。在"现场云"移动采集系统的帮助下，记者可以通过各种联网的智能终端进行素材采集和全息直播。

从制作环节来看，机器人写作可以直接应用于简单的纪实性内容生产当中，如股市行情、天气变化、信息发布等。国内外的媒介实践均表明，机器正在实现从内容生产的前端到后端的全方位融入，新闻记者和编辑不再"孤军奋战"。在国外，福布斯推出了内容管理工具 Bertie，支持根据撰稿人的需求自动提供相关文章的全部链接。《华盛顿邮报》推出的 Heliograf 可以实现通过分析数据资讯生成短篇报道。《纽约时报》也在新闻编辑部门引入了智能机器人 Blossom。在中国，微软小冰和其他智能机器人已经在体育赛事报道、财经报道等领域得到应用，并且表现突出。2015 年 9 月 10 日，腾讯网财经频道推出了由自动化新闻写作机器人"Dreamwriter"撰写的新闻《8 月 CPI 同比上涨 2.0%　创12 个月新高》，据说撰写该报道只花了 1 分钟。同年 11 月，新华社上线了写稿机器人"快笔小新"，专门为体育部、经济信息部供稿，并且还为《中国证券报》提供中英文体育赛事、财经信息的相关稿件。2017 年两会期间，中国军事网也采用了智能机器人进行相关报道。同年，人民日报的智能机器人开始入驻中央厨房。随后，新华社的智能写稿机器人"媒体大脑"等也投入使用。机器人写作的大量运用是人工智能介入内容生产的最直观体现。

除了直接写稿之外，人工智能和智慧媒体还可以作为一种技术手段，被应用到纪实性内容的采编过程中，如 AI 虚拟主播、VR、AR、MR、实景三维、虚拟合成、实时渲染等智慧技术为内容生产带来新的视角和体验，也增加了节目的可看性。在这方面，人民日报走在了前面，访谈对象 J1 列举道："人民日报智慧媒体研究院成立，还上线了主流算法、人民日报客户端 7.0、人民日报 + 短视频 App、成立了人工智能媒体实验室，提供智能云服务整体解决方案"。① 新华社也上线了人工智能虚拟主播等新产品，除了在审签环节仍然使用人工外，从新闻的采集到制作的全程都能实现智能化人机协作。

人工智能等智慧技术将新闻从业者从枯燥又费时的简单工作中解放出来，增加了他们从事创造性工作的机会，并帮助媒体增加了内容输出。当然，在引入人工智能技术的时候，媒体也要警惕智能技术的工具理性所潜在的伦理风险。

3. 新闻编辑室中的人机协同

从新闻编辑的角度来看，人机协同对于新闻编辑室而言也大有裨益。人工智能不仅能简化媒体工作流程、节省人力，还能协同编辑人员挖掘大数据，处理海量信息，甚至还能实现对事实的核查。新华社智能化编辑部的投入就大大提升了新闻生产的效率。AI 依托智能版权评价系统，不仅能精准评估传播效果，还能在反馈环节做到人机协同。2020 年 2—3 月，腾讯视频就从最初依靠编辑人员手动分析新冠疫情信息，发展到引入大数据等智能技术，实现大数据分析和人机协同，掌握了新冠疫情期间特殊报道的侧重点。

传统新闻生产倾向于关注大众的共同需求，反映大众的呼声，但 AI 等智慧技术的加入，实现了内容生产的去中心化，促使内容生产既关注大众需求，也注意倾听个体呼声。美国 Poynter 学院提出的内容协作模式，就注重对用户进行研究，强调与用户之间建立起深层联系，通过创作出更多符合用户需求的内容来实现赢利。该学院的"Focus Immigration"项目团队于 2019 年邀请移民参加座谈，讲述自己的故事，在内容生产中抛弃传统新闻叙事中常用的中心模式，充分调动多方力量，将传统媒体与

① 参见笔者 2019 年 9 月 19 日对刘某的访谈。

社交媒体和事件勾连起来，实现事实性内容生产。新冠疫情期间，人机协同在纪实性内容生产中的应用更加广泛。2020 年 1 月 22 日，美国约翰·霍普金斯大学系统科学与工程中心（CSSE）的博士生董恩盛等人，运用数学模型和计算机代码搜集中国疫情相关数据，制作了第一版疫情可视化地图。2 月 1 日以后，引入半自动化数据更新，并开始人工审核其他国家的疫情数据。3 月，将地图产品升级为新冠疫情仪表板，并将美国疫情信息具体到县一级层面。为了保障数据的科学性，项目组招募了大量志愿者，负责 24 小时不间断发布全球新冠疫情最新数据。这款产品以黑底、红点为主要呈现方式，左右两侧列举了各国的确诊、死亡和恢复病例，可视化设计好、导航明细、阅读方便，受到广泛欢迎，平均每天点击量达到 10 亿次，最高峰为 20 亿次，多国政府部门、公共卫生学者、主流媒体、社交媒体等都选择引用该地图的数据。这款数据地图产品将自动化与人工审核紧密结合，实现了编辑制作的人机协同，并将科学性、可视化结合在一起，满足了用户的需求，为媒体行业提供了一个数据可视化产品生产的良好模板。

4. 人工智能带来个性化与分布式内容生产

人工智能对内容生产环节的介入也带来了一些新的内容产品形式，其中最有代表性的是个性化内容和分布式内容。

（1）个性化信息生产的实现

进入智能传播时代后，受众的身份实现向用户的转换。他们既是内容的使用者与消费者，同时也是内容的生产者，而提高内容与使用者之间的精准匹配，就成为智能传播时代的新要求。在人工智能技术的介入下，个性化新闻在内容生产与分发中显得更为重要。数字反馈路径用于向供应商发出信号并通知用户使用偏好，这极大改进了内容分发的效率。经用户授权后，用户在各类媒体平台上的每一次浏览和使用痕迹都能够形成聚合与沉淀，相关信息进入后台并由人工智能技术完成数据分析与过滤。在特定的算法之下，内容分发平台将特定的信息推送给特定的用户，从而满足用户的个性化需求。尤其是在智能技术的加持下，信息分销能力提高、搜索工具的有效性增加，个性化的定制消费也更加高效。在整个过程中，媒体的受众转变为信息消费者，而平台则转变为内容提供商，信息的消费方式也由过去完全由专业生产者来决定的"卖方市场"，转变为一定程度的由用户自身决定的"买方市场"，用户与平台之间形成互动。随着机器学习的深入和智能化程度的提高，平台对每个用户的使用偏好和阅读习惯掌握得越来越清晰，基于大数据分析和场景消费的用户个性化定制内容得以实现。

人工智能技术还能实现用户信息使用的场景化适配，依托于海量的数据资源，AI 可以预测不同时空、不同场景下用户对媒体使用的不同需求，在对用户的信息使用场景做出相应反应的前提下，AI 将媒体生产出来的相应内容推送给不同场景之下的用户，实现信息的场景适配。例如德国的《世界报》在收购德国电视新闻广播公司 N24 台之后实现了全媒体转型，并确立了"以用户为中心"的生产理念。该媒体按照用户浏览网络新闻时的阅读习惯——即主动阅读自己感兴趣的内容，包括文字的、互动图片和表格的、视频的等多种格式的内容，来设计自己的内容产品，所生产出来的内容也不再是分散的、碎片化的、割裂的内容，而是系统性的内容，在这种理念的指导下生产出来的视听内容产品更具个性化和竞争力。在国内，今日头条是最早利用算法推送技术尝试分发个性化新闻内容的平台。

（2）分布式新闻的生产

在分布式新闻方面，社交媒体的发展推动了新闻生产走向分布式。在社交媒体上，随着互动的增加，多类主体自发参与到某一个话题的内容生产中成为常态。这在 2020 年新冠疫情期间表现得更明显，尤其是在媒体无法提供真实、准确而又全面的信息的情况下，事件亲历者、关注者、参与者等各方主体都相继加入疫情相关话题的生产中，他们通过个体的分布式内容生产，共同书写了一个属于特定时期的历史记忆。而人工智能等技术的运用，推动分布式信息内容生产的普及，借助于开放性的媒体平台，用户的认知盈余与机器、智能资源结合在一起，围绕某一个特定的话题，共同生产并深度挖掘相关新闻信息。

（3）"数字孪生"（Digital Twin）现象的出现

随着万物皆媒时代的来临，各种智能化的机器与人类的智能密切联系在一起，人和物的关系得以进入数据互动的层面，从而形成"数字孪生"现象。数字孪生，也叫数字映射或数字镜像，它是一个来源于工业制造业的概念，指的是在综合集成现实世界的各类数据，如物理模型、传感器更新、运行历史等，在此基础上完成仿真并在虚拟空间中实现对实体装备的全映射的一种现象。简单来说就是形成一个全生命周期的、实时或准实时的、双向的"数字克隆体"。数字孪生可以用于构建虚拟的数字化产品模型，并将模型用于仿真测试和试验，从而达到提升产品质量、降低研发与制造风险的目的。5G 技术让"万物互联"真正成为可能，在 5G 技术的支持下，各种来自于传感器、摄像头和数字终端的海量数据，得以与云之间建立起更加密切的联系，更多的数据被采集、集纳，并被用于加工和构建更加强大的数字孪生体，例如数字孪生城市等，这将极大地改变人们的生活，并将进一步推动智慧城市的建设。自 2011 年起，数字孪生技术和现象就在全球引发了广泛的关注，中国也于 2015 年开启了相关研发工作。对于正在实行转型的广播电视媒体来说，5G、人工智能、数字孪生等带来的机遇也不可错过。

5. 人工智能和智慧媒体拓宽互动形式

从互动的环节来看，人工智能和智慧媒体可以拓宽互动的方式，减少互动中的冲突。目前一些国外媒体已经加强了人机协同相关技术在互动领域的运用。例如 Quartz 和《卫报》设置了聊天机器人，AI 可以在与用户聊天的过程中读取用户需求，随后向用户推送相关信息，这成为一种新的内容分发方式。《纽约时报》在语义辨别领域引入了 AI 技术，AI 可以在读者互动区进行编辑、识别与管理各类语义标签，通过 AI 沟通可以减少人身攻击的发生。BBC 也在新闻实验室推出了 Juicer 应用，该技术可以汇集大量的数据，并通过语义识别技术来向相关管理人员提供信息。在国内，封面新闻等媒体尝试在视频新闻内容中增加人类与视频互动的应用。人工智能技术的参与拓展了纪实性内容的互动程度，空间互联的时代得以来临。

二　内容生产中准确性的把握与事实核查

除了对内容生产流程的改造和对智能技术的引入之外，真实性原则的确立与强化也是纪实性内容生产体系建构的重要环节。

（一）真实和准确是事实性内容生产的最基本要求

真实和准确是纪实性内容生产的最基本要求，也是这类内容的显著特征，被各国写入了新闻工作者职业道德准则当中。然而这种内容生产传统受到了"后真相"危机的影响，尤其是在社交媒体海量的、真假难辨的信息的裹挟下，情绪成为传播中的突出因素，信任危机也频繁发生。面对这种情境，内容的准确性与事实核查就显得更为弥足珍贵。

　　无论是在突发的灾难性事件当中，还是在正常的社会生活当中，纪实性内容都是电视媒体的重要内容，只有确保纪实性内容生产的正常运行，才能维持电视媒体的在受众当中的公信力。华盛顿大学的路易斯·金（Louis Kim）、香农·M. 法斯特（Shannon M. Fast）和娜塔莎·马克赞（Natasha Markuzon）等人关于媒体报道数量与疾病传播数量之间的关系的一项研究表明，媒体报道数量与疾病感染数量之间呈反比关系，当媒体关于某类疾病的报道量增加 10 倍时，疾病感染数量则减少 33.5%。他们据此得出一个结论，即媒体报道是预防疾病传播的重要途径。① 2020年 1—3 月，由于各种原因，媒体在第一时间内对疫情信息披露不及时，甚至出现一些相互矛盾的信息，社交媒体成为人们信息传播的重要方式。各种求助信息、披露帖、辟谣帖等在微博、微信朋友圈中广泛传播，真相和谣言纷至沓来，让人们应接不暇。对此，杜俊飞教授认为，疫情中的信息公开是一个涉及多学科领域的问题，应该将疫情记者也视为白衣战士，不能剥夺他们挥笔上阵，为社会尽忠的权利。他还大声疾呼，"什么全媒体、融媒体、智媒体，不能报道真正的新闻，就都是假媒体。什么中央厨房、数字矩阵，不能为公众提供切近的服务，就都是伪创新。"② 这进一步揭示了真实是纪实性内容生产的本质特征。

　　（二）纪实性内容生产中的准确性把握

　　准确是受众对电视媒体内容生产的基本要求，这是智能技术也无法改变的。准确不仅包括内容生产从总体上真实反映事件的全貌，同时也要求对具体细节的纪录是真实且准确的。传统媒体时代有关准确性的生产逻辑在智能传播时代仍然适用，如注意信源的平衡性，注意多方信源的相互核实，尽力采集与挖掘多种证据来证实所采集的内容的真实性与

_____

　　①　转引自杜俊飞：《除夕札记（杜课 929 期）》，2020 年 1 月 24 日，杜课公众号（https：//mp. weixin. qq. com）。

　　②　转引自杜俊飞：《除夕札记（杜课 929 期）》，2020 年 1 月 24 日，杜课公众号（https：//mp. weixin. qq. com）。

准确性，尽量挖掘不同视角的素材等。

当前我们进入了一个资讯相对过剩的年代，尤其是在人人都是记者、人人都能介入平台的年代，真相与假象、新闻与旧闻混杂在一起，人们很难区分，再加上传播中的情感因素超过理性，导致社会快速滑入了后真相社会。2020 年新冠疫情期间，自媒体成为人们获取信息的重要途径，然而自媒体上经常会出现相互矛盾的信息，这加剧了人们对信息传播的不信任感和对疫情的恐慌情绪。2 月份以后，财新网等媒体不断挖掘疫情防控中的问题，推出了一些振聋发聩的调查性新闻，让人们对这类勇于披露真相的硬核媒体刮目相看，媒体公信力得到一定程度的恢复。这种情况再次提醒我们，在内容生产的过程中必须把握准确性。此外，某些智能修图类技术的出现，如 Deepfake 的应用，降低了虚假内容生产的门槛，引发了人们对虚假内容的担忧。电视媒体想要不进一步流失受众，必须维持自身的公信力和权威性，而准确性则是维持媒体公信力的首要原则。

托尔斯坦·凡勃伦认为："在现代科学和现代技术中，标准化、有效性和终局性这些术语总是非人格序列的术语，不属于人性的或者超自然力量的范畴……这些过程不考虑人类的私利或者不利。要利用这些过程就必须忠实于它们晦涩、冷漠无情的本义。"[1] 面对智能技术，电视媒体人应当保持足够的理性和敬畏之心，在纪实性内容生产中要注意对准确性的把握。这既包括采编人员在事实性内容生产过程中，小心谨慎、多方求证，以确保所有内容及细节的准确性，也包括拒绝使用诸如 Deepfake 应用类的造假技术，还要求采编人员加强对虚假内容的判断和识别能力，减少乃至杜绝对虚假内容的使用。

（三）纪实性内容生产中的事实核查

事实核查是事实性内容生产中的重要环节，也是维护媒体公信力的重要途径。皮尤 2019 年的一份调查数据显示，许多美国人认为虚构新闻已经成为一个需要被解决的严重问题。虽然新闻工作者不应该因为编造新闻和信息而受到最多的指责，但新闻媒介对修正新闻和信息负有最大

---

① ［美］托尔斯坦·凡勃伦：《科学在现代文明中的地位》，张林等译，商务印书馆 2012 年版，第 16 页。

的责任。[①] 这显示人们已经认识到虚假新闻带来的危害，并认为事实核查是新闻媒体的重要职责。从传播的实际来看，无论是在日常的内容生产中，还是在突发的公共事件当中，信息的获取与事实的核查都是确保内容真实、准确的重要手段。对于电视媒体而言，在内容生产的速度上不可能与网络媒体相比，而对内容生产的质量追求上就应更高，事实核查就是保障内容质量的一种途径。

在西方，一些知名媒体如德国《明镜》周刊，美国《纽约客》《时代》等，早在20世纪20—40年代就建立了事实核查制度。主要操作模式是：一线记者采集并保留原始采访资料，编辑人员或专门的事实核查人（Fact - checker）负责核实报道中的每一处细节。为了确保信息核查的顺利进行，1946年《明镜》周刊成立档案部，专门负责收集、整理与核对报道所涉及的材料。[②] 进入互联网时代以后，一些第三方事后核查机构相继成立，如 FactCheck.org、Fact Checker、PolitiFact、Storyful 等，他们或者通过信息监测工具来对 Twitter、Facebook 等社交媒体上的 UGC 内容进行监测，或者通过机器人和网络数据库对相关信息进行事后核查，目前已经拥有 BBC、路透社、《纽约时报》等多家知名媒体用户。2019年"杜克记者实验室"发布了一组事实核查平台的数据，目前在68个国家和地区至少运行了210个事实核查平台，这一数量仍在逐年上升。[③]

网络信息庞杂，信息内容真假难辨，国内外的一些媒体新闻编辑室、专业性事实核查平台、科技公司等都相继开展信息打假和事实核查的业务。BBC 通过媒体之间的协同合作机制来实现事实核查。目前 BBC 的地方合作项目已覆盖了800多家新闻编辑室，这些编辑室之间相互协作，互通有无，并由 BBC 新闻中心来统一管理、完成事实核查。Facebook 也在新闻标签项目重新设置人工审核栏目。尼曼实验室提出，新闻编辑室可

① Pew Research Center, *Many Americans Say Made - Up News Is A Critical Problem That Needs to Be Fixed*, 2019 - 3 - 4, Pew Research Center（https：//www. pewresearch. org/）.

② 王君超、叶雨阳：《西方媒体的"事实核查"制度及其借鉴意义》，《新闻记者》2015年第8期。

③ 全媒派：《2019全球传媒业九大动向：破圈不忘砌墙，混战更爱协作》，2020年1月29日，腾讯传媒（https：//36kr. com/p/1725045932033）.

以向专家团队借力，将经验丰富的事实鉴别专家吸纳进入事实核查过程，并通过向公众呈现透明化的事实核查过程、加强媒体平台之间的协作等多种方式来应对虚假信息的问题。在专业事实核查平台方面，英国 Full Fact、非洲 Africa Check 和阿根廷的 Chequeado 最近转变了核查的方式。过去他们的做法是通过单纯的溯源来揭露虚假新闻，而新的模式是 publish and act（即"发布并行动起来"），具体而言是建立事实核查资源数据库，通过数据对比来判断虚假和实时信息的固有模式、产生的共同原因，并通过公共辩论等文化手段和方式，达到提升公共意识、减少虚假新闻的目的。一些科技公司也在积极尝试开展打假和核查活动，如 Distil 面向媒体开展自动检测假新闻、媒体流量控制等服务，FactMata 建立了一个"事实核查社区"，该社区由媒体与 AI 联合驱动。① 此外，也有一些科技公司尝试将区块链和云计算等技术纳入信息打假的过程中来。

对于电视媒体而言，建立起事实核查制度是十分有必要的。在信息的收集、加工、解释的全过程中，除了一线采编人员小心取证、多信源核实之外，技术的运用也是进行事实核查的一个新途径。具体而言就是通过软件来分析图片或视频中的内容是否进行了人为修改或者加工。在这方面西方的第三方事后核查机构提供了较好的思路，例如 Storyful 的 Newswire（"新闻专线"工具）、《华盛顿邮报》的 Truth Teller（"事实核查者"客户端）等。用户可以将所要检测的视频片段上传至 Truth Teller 客户端，系统能够自动比对已有的数据库内容，并进行即时的事实核查。

值得注意的是，技术并不能解决所有问题。托尔斯坦·凡勃伦指出，人们视机器技术为"神灵园囿中的生命之树，神灵房舍中的闪电之光"②，这种神化技术的认知存在一定风险。事实上，某些技术的出现，降低了信息造假的门槛，加剧了真相与虚假的混杂程度。例如，在世界范围内，Deepfake 应用在实现轻松搞笑的同时，也引发了人们对造假的担忧。而在中国，一款借助 AI 实现换脸的应用程序 ZAO，在经历一夜风靡之后，在

---

① 全媒派：《2019 全球传媒业九大动向：破圈不忘砌墙，混战更爱协作》，2020 年 1 月 29 日，腾讯传媒（https://36kr.com/p/1725045932033）。

② ［美］托尔斯坦·凡勃伦：《科学在现代文明中的地位》，张林等译，商务印书馆 2012 年版，第 5 页。

全球范围内引发广泛争议，随后被相关管理部门叫停。因此，在事实核查的制度中，吸纳经验丰富的专家团队对某些视频内容或网友的 UGC 内容进行人工辨别和检测还是十分必要的。

（四）纪实性内容生产中对善的把握

"善"是中西方伦理学中最核心的概念之一，它的前提是美德是人的一种优秀品德和存在方式，而善是人或事物完好、圆满地有利于社会中绝大多数人生存发展的特殊品质和能力。

亚里士多德从实践哲学的角度提出善的实践性体现在"善"与"善事物"的不可分离。而人作为"天生的政治动物"，于城邦共同体中追求正义和美德，通过公共参与实现人类社会"公共善"。伽达默尔批判地继承了亚里士多德关于善的实践哲学，尝试在伦理学中融入对话精神以发展人类的交往理性。他将对话视为达成人类社会理解与善的途径，大大扩展了对话哲学的伦理空间，其卓越的世界主义意识也为诠释学迈向多元文化研究打开了全新的视野。

善是一种人文关怀，它包含同理心、同情心，是一种对他人的爱、关怀与悲悯，是人性中的积极面，属于价值观层面。在电视纪实性内容生产中，既要讲究真实准确，也不能忽视对善的要求。这突出地表现在面对自然灾害、战争、瘟疫、死亡等负面信息时，要懂得共情和换位思考，要表现出对受难者的关怀和感同身受，要珍惜每一个生命，而不能仅仅将这些灾难当作一个冷冰冰的背景和数字，这是由人类的共情能力决定的。例如 2020 年 3 月，广西援鄂医疗队的梁护士不幸倒下，有一篇报道关注的是梁护士老家所在县的民政局给她家庭发放 5 万元临时救助金的事情。这篇新闻的出发点是扶贫和关爱，但问题在于报道角度和照片选择出现了问题，该文配图将标注了 50000 元捐助金的大红色宣传牌醒目地摆放在梁护士的老父亲面前，而前往慰问的干部一字排开分别坐在梁父的周围，文章还描述了梁父收到救助金热泪盈眶的细节，这种处理方式不仅有摆拍的嫌疑，而且让人极度不适，一场关怀变成了标榜式扶贫和炫耀式捐助，失去了基本的人文关怀。再例如，当国外新冠疫情日益严重，感染者数量飙升，有媒体选择通过数字可视化的形式展现，图片信息含量丰富，本身也没有错，但问题在于其标题为"中国以外 87182

例，反超了!"①，将疫情视为一场竞赛，有一种幸灾乐祸的意味，这背后透露出的是一种狭隘的民族主义意识，缺乏基本的人文关怀和人道主义精神，这也是缺乏善的表现。3 月 28 日有媒体独家专访钟南山院士，报道提到"如果可以严格实施措施，未来一周欧洲病例将有望达到高峰，4 月份全球疫情有望见成效"②，无论钟院士的原话是怎样的，媒体这样的表述似乎暗含着期望疫情高峰期尽快到来的意味，缺少了必要的人文关怀。

三　内容生产中叙事技巧与拍摄技巧的平衡

詹姆斯·费伦认为，叙事是某人在某个场合为了某个目的向某人讲述某个事件（或一个特定故事）的行为。③ 这从修辞学的角度对叙事的功能进行了界定。D. 赫尔曼从认知学角度指出，叙事作为一种认知结构或理解经验的方式，是以生产故事为目的的行为。④ 叙事不仅具有修辞功能，也具有重塑人们认知的功能。在事实性内容的生产过程中，除了信息的准确性外，也需要强调叙事技巧和拍摄技巧。

所谓的叙事技巧是指故事讲述的方式，而拍摄技巧既包括传统电视媒体时代电视拍摄时画面构图、声音收录、镜头组接、人物关系等基本拍摄技巧的运用，也包括在智能传播时代，虚拟现实、增强现实、混合现实、AI、Vlog 等多种拍摄手法的运用，以及由此而产生的新的拍摄技巧的运用。

过去大部分国内电视媒体人都不太重视纪实类节目的叙事技巧和拍摄技巧，部分人认为对于纪实性内容而言，最重要的是事实的准确性和新闻价值，叙事和画面拍摄都是次要的，因此只需要交待清楚事情的来龙去脉即可，无需过度强调故事的讲述和镜头的运用问题。然而，在智

---

① 陈昌凤：《防报恶新闻"真"的信息，有时却不"善"》，2020 年 3 月 25 日，以善为美微信公众号。

② 陈旭婷、罗平章、吴穗斌等：《独家专访 钟南山：疫情"震中"可能转移到美国了》，2020 年 3 月 27 日，央视网（http://m. news. cctv. com/2020/03/27/ARTIHiyglSRHP8ASZrEDdrdu200327. shtml）。

③ ［美］詹姆斯·费伦：《作为修辞的叙事》，陈永国译，北京大学出版社 2002 年版，第 11 页。

④ Herman D. , *Basic Elements of Narrative*，Oxford：Wiley – Blackwell，2009，p. 7.

能传播时代，电视媒体面临着来自互联网和社交媒体等多种终端和平台的竞争压力，新一代的用户已经熟悉了互联网环境下的叙事风格和语言表达方式，如情节紧凑、剧情反转、表现夸张、多用戏谑、注重配乐、故事简短等，倘若电视媒体仍然不注重故事讲述和拍摄技巧，将更加无法吸引用户。

新华网根据互联网时代人们阅读场景的变革和阅读方式的变化，调整了视听内容生产的方式，在视听内容制作方面，新华网不仅控制了视频时长，也甄选了视频方式，更凝练了视听语言，让视频更轻快，让观众观看更愉悦，使之更适应新时代的要求。"红色气质"和"国家相册"两款产品就实现了叙事技巧和拍摄技巧的平衡。其中，"红色气质"片长9分5秒，使用了大量来自新华社新闻照片档案馆的照片，精选出来的每张照片都定格于一个值得纪念的瞬间，通过对这些照片的动态解读，来表现中国共产党的光辉历程。在"国家相册"这个系列的作品中，新华社充分利用3D特效、动画模拟、虚拟演播室、数据可视化等多种技术形式，突破了传统影视制作的模式。其中的"习近平总书记出访日历"就截取了一些细节，将习总书记154天的出访脉络和轨迹清晰展示，影片用轻松亲切的表达和群众喜闻乐见的方式来表现严肃的话题，让硬新闻软下来，让厚重题材轻盈下来，融思想性、观赏性和宣传性于一体。新华网创作的视频量较大，在创作方式上既不同于传统专题片的形式，也不是简单的视频变短或压缩，更不同于微电影和泛娱乐化的琐碎视频内容，而是在可看性和宣传性上寻求平衡，获得了市场的认可。由此可见，在纪实性内容生产中，叙事技巧、拍摄技巧与信息的准确性及新闻价值一样重要，当然在突发性事件当中，新闻价值和信息的准确性还是第一位的，而在叙事技巧和拍摄技巧方面，叙事相对而言更重要。

在国外，无论是纪实性内容生产，还是创意类内容生产，电视媒体都十分注重叙事。华尔街日报开创了一种通过个体叙事来切入复杂的经济现象和经济问题的叙事模式，"为新闻添加一张脸"也成为不少媒体竞相模仿的新闻叙事模式。《60分钟》节目则通过"侦探式"和"游客式"的叙事方法制作了一个又一个精彩的新闻专题作品，获得了广泛的认可。密苏里新闻学院写作组主张"一千万人死亡只是统计数字，一个人怎样死亡却可以写成悲剧"，也就是说要关注普通人的故事，注重个体叙事。

查尔斯·兰伯特是一位拥有 20 多年电视媒体工作经验的记者,曾经供职于 BBC、ITV、Channel 4 等多家电视媒体机构,目前在英国创意艺术大学担任电视媒体系部负责人。在访谈中他也明确表示,故事讲述的方式在电视节目内容生产中比拍摄技巧更重要,当然拍摄技巧对于电视节目而言也不可忽视,毕竟我们是专业媒体。[①]

智能技术让每个人都具备了叙事的能力,而个体化的叙事模式也成为网络视频的一种重要模式。对于电视媒体而言,单一的叙事模式显然不能满足新形势的要求,多元化的叙事方式是电视媒体人在纪实性内容的生产过程中必须考虑的问题。倘若电视媒体人忽视了智能传播时代新的文化形态、叙述模式和话语方式背后的逻辑问题,缺乏对这些元素的重视与把握,不仅将会流失青年受众,而且传播效果也会大打折扣。在2019—2020 新冠疫情期间,无数媒体放弃了单一的宏大叙事模式,他们转而将镜头对准了一个又一个普通家庭,讲述了疫情对这些普通人生活的影响,反映了疫情控制中的诸多矛盾和不足,这种叙事方式赋予了公报中的数字以意义,彰显了灾难之中的人文精神,也显示了媒体的责任和担当。

除了叙事技巧之外,纪实性内容生产也不能忽视对拍摄技巧的运用,要凸显专业媒体生产对内容质量的要求。拍摄技巧的运用能让叙事更为流畅,让纪实类节目的可看性、艺术效果及表达效果都显著提升,一些新技术在拍摄中的运用,还能让用户产生沉浸感,增强用户对新闻情境的理解。正如访谈对象 J28 所说:"长报做的这个《武汉解放 70 年,一百个精彩瞬间,有你!》,真心不错,过去体制、技术、思维是短板,但是慢慢在突破与补齐。毕竟人才、专业与底蕴在那里摆着。"[②] 在智能传播时代,传统媒体要充分发挥内容制作精良的优势,通过对拍摄技巧、叙事技巧、新闻价值等诸多要素的灵活运用,以提高内容制作的质量。

四　互动与融合体验在纪实类内容生产中的强化

互动与融合是智能技术的突出特点,这敦促电视媒体纪实类内容生

---

① 参见笔者 2020 年 1 月 17 日对 Charles Lambert 的访谈。
② 参见笔者 2019 年 5 月 15 日对严某的访谈。

产从单向度的视听内容输出，转向制作具有沉浸感、互动性和融合感的内容。目前比较常见的互动与融合形式包括：

（一）字幕式互动

在节目中开放用户随时可植入字幕的权限是最简单也最常见的一种互动与融合形式。包括在客户端、公众号的相关评论专区留言、直接发送弹幕，以及与微信、支付宝等其他平台合作开发摇一摇、扫一扫等功能进行实时互动。目前几乎所有的节目都在网络平台、客户端开通了"在看、点赞、评论"等功能，有些内容甚至开通了打赏功能，弹幕的形式甚至出现在新闻类短视频和慢直播节目中，这都显著增强了节目的互动性。

（二）融合式互动

在内容生产中引入 VR、AR、MR、AI 等智能技术，设计一些交互和分享功能，或者通过可视化软件和时间轴等形式来增加新闻内容的互动性，这些融合式的互动能显著增加纪实类节目的可看性。2019 年 5 月《新京报》生态环保特刊《绿道》同时在新京报 App、我们视频等多种终端通过多种形式呈现，但编辑仍觉作品有缺憾，对此访谈对象 J4 直言："感觉缺一个融合体验，需要一个专注内容的产品经理，设计一个支持交互和分享，集图文视频、数据可视化、点赞、评论、打赏功能于一体的产品。"[1]

（三）直播式互动

直播能让观众产生强烈的现场感，尤其是 Vlog、手持云平台等技术的出现，能让观众产生强烈的参与感。在互动直播方面，访谈对象 J4 表示，《新京报》加大了视频直播的建设力度。在新闻报道中，不仅要求在第一时间内建立视频直播组，并在 App 内发起相应直播，而且还要由视频记者与文字记者共同协作，一起将视频内容转化为相关文字。[2] 他还谈道："航拍 600 年来规模最大秦淮灯会，元宵夜让你大饱眼福。超过 7000 人预约直播，这也是最近几个月罕见，超过十家地方广电和平台请求直播流主持，商业主动询价，好内容看来永远不缺流量。"[3]

---

① 参见笔者 2019 年 5 月 7 日对刘某的访谈。
② 参见笔者 2019 年 5 月 7 日对刘某的访谈。
③ 参见笔者 2019 年 2 月 19 日对刘某的访谈。

（四）参与式互动

直接让用户参与内容制作、协同创新也是一种互动形式，如众筹式新闻。例如德国非盈利新闻组织 Correcti 就通过用户众筹的形式制作了一份调研报告——《谁在汉堡买房？》。在这份报告的生产过程中，记者和编辑退居幕后，1000 多位用户贡献了许多官方机构不愿意公开的资料，在编辑的统筹之下，这些由用户贡献的材料共同组成了作品的主体，跨地域、多创作者参与内容生产成为可能。Bureau of Investigative Journalism 和 Propublica 等新闻机构积极推动众筹式新闻的发展，催生了新的跨地域生产方式。众筹式新闻创新了纪实性内容的生产方式，聚焦了具有相关经历的用户，多方位呈现事件的全貌，它通过邀请用户参与报道、参与线下活动、尝试体验调研、评论，甚至审核等形式，同用户构建起深层联系，而用户协作参与创作，更能生产出符合受众需求的内容。

不少学者指出，技术赋能视听媒体，带来了电视媒介形态、观看方式、交往方式、消费方式等多方面的变化，媒介越来越人性化、智能化[1]。优质的媒体内容必须满足用户的需求，而是否能把握人与人之间的情感和关系，决定了用户与产品、用户与平台之间的粘性。在智能传播时代，媒体深度融合的推进不仅要确保信息生产的准确性，更要积极适应新的媒介可供性，而增加互动式、体验式、服务式的信息，实现用户与媒体之间，用户与用户之间的情感联通，这也是构建良性媒介生态的基础。纪实性内容生产是电视媒体安身立命的根本[2]，电视媒体只有积极利用新的技术，确保内容的准确性，强化对事实的核实，重视对故事的挖掘与讲述技巧，平衡叙事与拍摄技巧之间的关系，增加内容生产的互动性和融合性，才能在智能传播时代游刃有余。

---

[1]　［美］保罗·莱文森：《数字麦克卢汉》，何道宽译，社会科学文献出版社 2001 年版，第 7 页；石长顺、柴巧霞：《人性化智能化：电视媒介的进化方向》，《视听界》2013 年第 3 期；王晓红：《短视频助力深度融合的关键机制——以融合出版为视角》，《现代出版》2020 年第 1 期；王晓红：《短视频引领日常生活的新表达》，《光明日报》2017 年 5 月 26 日第 5 版；王晓红：《网络视频：超越"观看"的新形态》，《青年记者》2018 年第 7 期。

[2]　石长顺、柴巧霞：《戏演荧屏里 心曲知万端——中国电视业十年发展评述》，《编辑之友》2012 年第 1 期。

第四节 创意类电视内容生产体系建构

2023 年 6 月 2 日，习近平总书记在文化传承发展座谈会上发表重要讲话。他强调："在新的起点上继续推动文化繁荣、建设文化强国、建设中华民族现代文明，是我们在新时代新的文化使命。"① 这对于电视媒体的内容生产提出了新的要求。C. 斯拉彭德尔认为，创新研究存在个人主义、结构主义、互动过程三种不同视角。其中个人主义观点认为个体的热情与使命感、对技术的感知、与其他成员的互动等是创新的主要驱动力；结构主义强调组织内外部的结构性特点是决定创新的主要因素；而互动过程观点强调创新是在个体与结构的互动过程中产生的。② 本书遵循互动过程的观点，认为推动电视媒体内部创新进程的不仅包括个体生产者的因素，更是他们与其所处的结构之间互动的产物。与纪实类内容强调真实性不同，创意类内容在生产中特别强调节目的创意和娱乐性，形成有利于创意生产的机制就成为内容生产体系建设的关键。

传统理论认为，艺术是创造，是对现实的超越，艺术和现实是分离与对立的，但雷蒙德·威廉斯在《漫长的革命》中却拒斥这种二元对立，他认为艺术是人类创造性地发现和传播的普遍过程中的一个特殊程序，艺术应该被纳入一个由各种活跃的且不断互动的关系所构成的完整世界中，这个世界就是我们彼此相连的共同生活。他还强调每个人都有创造性，认为艺术和现实在创造性的活动中是融合的。③ 在创意类内容生产体系中，创意与现实的关联十分紧密，尤其是在综艺娱乐节目、真人秀节目、脱口秀节目等节目中。

---

① 新华网：《习近平在文化传承发展座谈会上强调　担负起新的文化使命　努力建设中华民族现代文明》，2023 年 6 月 2 日，中共中央党校（国家行政学院）官网，（https：//www.ccps.gov. cn/xtt/202306/t20230602_158178. shtml）。

② Slappendel C. , "Perspectives on Innovation in Organizations", *Organization Studies* , Vol. 17, No. 1, January 1996.

③ ［英］雷蒙德·威廉斯：《漫长的革命》，倪伟译，上海人民出版社 2013 年版，第 28—48 页。

一 内容生产中创意的生成

牛津词典将创意界定为使得某种事物成为新事物，或者是使过去并不存在的事物产生的一种活动或过程。① 由此可见，创意本来就包含两层含义，第一层是创造一种全新的事物，第二层是使原有的事物焕发新生，具有新的特征。对于电视节目的创意生成而言，既可以是创造一种过去没有的全新节目，也可以是对旧有节目的"改头换面"或"旧瓶装新酒"。

（一）创意来源的多元化

创意的生成是创意类节目内容生产的起点。随着电视制作门槛的降低和视频内容发布平台的增多，创意的来源也日益多元化。传统媒体时代，创意主要来源于专业内容制作团队的"头脑风暴"。进入智能传播时代后，虽然这种方式仍然重要，但其他途径的创意来源越来越多。面向社会征集创意、从网络平台获得点子，逐渐成为重要的创意来源。对于用户自行生产的内容而言，创意的主要来源在于个体的"灵光一现"和不断尝试，各类视频播放平台为这些来自民间的创意提供了实践平台。

此外，创新也是发展的动能，技术在其中起到结构性作用，并成为创意的一种新来源。2020年2月5日，在英国皇家电视协会所举办的主题为"电视的未来"的研讨会上，Technology Media & Entertainment MSA公司的独立市场顾问马克·史密斯就认为，新的技术和网络平台正在给电视工业带来一系列影响，而数字化转型需要新的协作与创新方法。② 4K、5G、8K、HDR、VR/AR/MR、AI等一系列由新科技所推动的技术竞赛，在改变电视形态的同时，也为电视内容生产带来了新的创意。

（二）多元思维促进创意生成

创造性的思维方式是推动创意生成的重要途径。在创意的过程中，逆向思维、发散性思维、聚合性思维、类比思维、对比思维、联想思维等多元思维方式极大地激发了创意的生成。智能传播赋能互联网多向连

---

① *Oxford Learner's Dictionaries*，2020 - 2 - 22，Oxford Learner's Dictionaries（http：//oxfordl-earnersdictionaries. com）.

② 参见笔者2020年2月5日在英国伦敦参加的由 Royal Television Society 举办的"The Future of TV"研讨会。

接优势，而创造性思维方式的运用，让更多种元素的组合成为可能，这都促进了创意的生成。麦克·麦克纳利（Mike McNally）是一位拥有20多年工作经验的音乐市场营销师，目前在英国创意艺术大学时尚新闻专业担任兼职教师，他介绍说，在培养学生的创意能力时，该系的教师一致认为学生的热情、相关的思维方式才是最重要的，而是否拥有艺术相关背景以及对相关技术的掌握能力不太重要，因为这些可以在实践中慢慢培养。[①] 这启示我们，在创意的生成机制中，必须重视对内容生产者多元思维的培养。

二　内容生产中创意的执行与实现

创意的执行与实现也是影响节目效果的关键因素，而这需要不断的调研和实验。在创意产业相对发达的欧美国家，创意的执行与实现与创意的生成同样重要，这对中国媒体具有一定的借鉴意义。

（一）创意执行中的调研

调研是创意执行阶段不可或缺的一环，是帮助创意实现"落地"的阶梯，也是确保创意科学化进行的一个前提。在中国，无论是创意的生成，还是创意的执行，都特别强调"艺术的灵光乍现"，整个创意阶段讲究的也是"可意会不可言传"的顿悟，这造成很多优秀的创意不可复制。但在创意产业十分发达的英国，科学的调研过程却是创意生成和执行过程中的必要条件。在创意类人才培养的过程中，学员需要进行严格的创意调研训练，无论是在创意的生成阶段，还是在执行过程中，包括具体细节，都必须提供大量的调研资料，这几乎成为英国大学培养学生创意能力的规定动作。查尔斯·兰伯特在访谈中指出，我们对学生的要求是，在项目执行阶段必须把自己看作是正式的工作人员而不是正在做实验的学生，在创意类电视节目的制作过程中不能凭想象，而是必须去搜集相关的材料，必须去做调研，例如如果想要为一个由废弃教堂改造的艺术中心做宣传片，那么必须前往该中心做充分的调研。如果创意要求在节目中展现某种事物的特殊运动轨迹，那么就必须去寻找自然界或社会生活中存在的类似现象，用文字的、图片的、表格的、照片的、视频的等

形式来展现，这种培养方式在英国很常见。①

在中国，广东广播电视台的粤听 App、西藏广播电视台的西藏之声 App 等地方媒体，通过调研决定发掘本地语言特色，注重突出本土文化、民族文化，实现了差异化发展。其中，粤听 App 主打粤语文化、文学、生活服务、亲子、教育栏目，西藏之声 App 集新闻资讯、广播电视、视频音乐和图库于一体，支持藏文信息朗读，方便藏民了解信息。2020 年江苏卫视跨年演唱会主舞台造型设计采用了 360 度全景舞美，并设计了一个科技感十足的水滴形状舞台，舞台通过结构装置的不断变形能满足全场 5 个小时的各类节目的不同造型需求，而创作团队介绍自己最初的灵感来自团队成员对现实生活的感悟。正是前期调研为创意的执行提供了科学的支撑，让创意与现实的关系更加密切，才为节目的成功打下了基础。

（二）创意的可视化

如何能把好的创意点子变成能够被看到、听到的视听形象，即创意的可视化，这是创意执行中的关键。在创意可视化的过程中，各种表演、道具、场景、技术等都可以与影像和声音相结合，成为可视化的中介。创意可视化的目的并不在于吸引眼球或者单纯娱乐，而在于让那些"只能意会"的创意与点子，变成观众可知、可见、可感的视听元素，激发观众的情感体验，并产生深度的情感连接。例如在《中国好声音》节目中，"转椅子"环节成功地将导师听到心仪的声音时的心理过程可视化呈现，但改版之后的"战车"环节却没能成功展现这样的心理过程，从而减弱了节目的共情能力。而《一本好书》通过演绎元素将书中的经典环境再现，让观众形象地重温经典著作，这也是创意可视化的一种成功尝试。

三　技术在创意性内容生产中的应用

技术也能赋能创意生产，4K、5G 技术、VR、AR 以及人工智能，这些技术在创意生成中大有可为。

（一）4K、5G 等技术在创意性内容生产中的应用

在信息消费全面视频化的当下，4K 甚至更高清的 8K、16K 技术为视

---

① 参见笔者 2020 年 1 月 17 日对 Charles Lambert 的访谈。

听内容的发展带来了新的空间，加上 5G、6G 的技术赋能，更多的终端得以接入互联网，万物互联的时代将真正来临，届时视听内容和形式将更加多元，特别是移动融视频类产品将越来越多地进入人们的视线。如2020 年 2 月，"学习强国"联合中国移动、咪咕视频，推出了"宅家看武汉 全国看武汉"的 5G 直播活动，方便全国观众特别是居家隔离的武汉市民实时了解武汉街景，掌握疫情动态信息。而广东电视台的《小强观察》栏目不断在演播室环境、节目包装、新技术采用等方面进行一些创新尝试。该节目的主持人曾小强表示自己 2018 年时曾产生了一种莫名的焦虑感，主要原因是在 4K 和 5G 技术飞速发展的当下，节目的创新与创意很快过时，"心里干着急"。但 2019 年之后，他的焦虑感逐渐降低，因为他和团队对《小强观察》的核心竞争力有了更理性清晰的认识：相比所谓的新花样，着力点应该是如何让观众看过来、看下去，还能有新的收获。他认为，"一切没那么可怕，前景是美好的，因为受众对内容的需求永远不会变，关键还是要交出更具传播力的优质作品。"[①] 将新技术与用户的内容需求结合起来进行创意开发，能为节目内容生产提供源源不断的动力。

（二）人工智能技术在创意性内容生产中的应用

人工智能也叫做机器智能，是研究、开发、运用于模拟、延伸和扩展人的智能的理论、方法、技术及应用系统的一门新的技术科学。它的出发点是研究如何使程序能够像人一样思考、行为，以及如何使其效用最大化。人工智能技术能够辅助电视媒体将创意与想法落地与实现，加快创意的可视化，为创意的生产增添新的内容和方式。美国麻省理工学院的计算机科学和人工智能实验室（CSAIL）尝试让人工智能具备深度学习的能力，他们训练人工智能通过观察人类的互动行为和方式来进行学习，并对人们的下一步动作做出判断。研究人员让人工智能"观看"包括《办公室》《绝望主妇》《实习医生风云》在内的 600 小时的美剧内容，并希望利用这套算法来开发出具有护理能力的机器人。而成立于2011 年的以色列 Wibbitz 公司成功地将人工智能技术应用于短视频内容制作。该公司的人工智能可以从全网抓取相关文本、公开视频、图片和图

①　参见笔者 2019 年 7 月 21 日对陈某某的采访。

像，并进行自动分析和内容生成，能在几分钟之内就生产出配有自然语言配音的新的视频短片。目前该公司的客户包括 CBS、《时代》、美国在线、《今日美国体育》等媒体机构。而 Open AI 公司推出的生成式人工智能——Chat GPT 和 GPT-4 更是迅速引爆全球，尤其是 GPT-4 支持多模态自然语言训练，能够生成歌词、创意文本，并实现风格变化，为创意的生成增添了利器。

（三）云技术在创意性内容生产中的应用

云技术是指利用广域网或局域网内的各类硬件、软件和网络资源，并将其统一起来，综合实现数据的计算、存储、处理以及共享等功能的一种计算机托管技术。2020 年世界各国的电视媒体及制作机构在线下节目制作和直播方面受到了疫情的很大制约，云技术则提供了一种新的制作和播出方式。如 2020 年 4 月 19—20 日，世界卫生组织、网络公益组织"全球市民"Global Citizen 与美国流行音乐天后 Lady GaGa 合作，通过云聚会的形式举办了一场长达 8 个小时的线上全球慈善音乐会——《一个世界，一同宅家》（One World：Together At Home，又译作《四海聚一家》）。全球上百名音乐人在自己的家里或工作室里，轮番登场为全球观众带来表演，向全球抗疫一线的医务工作者致敬并募捐。云技术是这场慈善音乐盛典的技术核心，而"地球村"的概念在这场创新性的视听盛宴当中表现得淋漓尽致。在中国，湖南卫视率先尝试在《天天云时间》《海！你在干嘛呢》《歌手·当打之年》《青春有你2》等节目中利用云技术、"云录制"、移动直播等方式，来克服嘉宾、选手、海外导师，甚至是观众不能到达现场参与录制节目的问题，这些新技术的运用也为节目增加了一些新意。

四　创意完成后的试错与改进

李艳红的研究显示，技术的更新并不一定意味着创新的实现，创新的实现取决于不同层次的创新主体与他们所嵌入的制度语境及其互动。[①] 这进一步显示建立起适应创新的制度的重要性。创意完成后还要进行科

----

① 李艳红：《生成创新：制度嵌入如何塑造新闻创新差异——对三家媒体数据新闻实践的比较》，《新闻与传播研究》2021 年第 12 期。

学评价与系统总结，以便总结经验教训、改进后续内容生产。而试错机制的建立有助于推动创意类节目的内容生产质量，提高用户对电视节目内容的满意程度。

（一）试错与改进的必要性

在国外，试错机制是创意生产中的必要环节。该机制的主要操作流程是，在节目正式播出之前会先试播几期，然后根据调查数据收集观众和市场的反应并做出播出安排，如果反响好，该节目就能获得预订并正式播出，如果市场反响一般，节目就可能会停播。目前，中国在创意类节目的生产与播出方面，已经部分实现了制播分离，其中电视剧和部分综艺类节目的生产由专业制作公司完成，但也有相当一部分的节目由电视台来完成。但是无论是哪一种途径，都没有完善的试播机制，电视台和视频播放平台只能根据以往经验来预估节目播出之后的反响，也有一些电视台与节目制作公司签订了"对赌合约"，将节目播出风险分摊给节目制作公司，虽然在一定程度上减少了电视台的压力，但也造成了市场的非良性竞争。因此，建立创意类节目的试错机制和评价体系有助于电视媒体的良性发展。进入智能传播时代，视频内容播出平台更加多元，各大媒体也逐步建立起了覆盖"两微一端"等多平台的传输矩阵，此时推进创意类节目的试错机制建立完全可行。

（二）试错机制的构成

在电视创意性内容生产中引入的试错机制，主要由以下几部分构成：

1. 评价与试错部分

具体而言，电视创意性内容生产中的评价与试错又有两种方式：第一，通过用户和市场来预先评价和试错。可以在创意类内容生产完成之后，利用互联网和社交媒体平台先发布节目相关的先导片，并通过用户的评论与反馈情况来收集用户意见；第二，组织专家学者进行评审与评价。可以在节目正式播出之前或播出之后，组织专家学者对节目相关内容进行专业性的评审与评价，并通过专家评价来收集有关节目质量的意见。

2. 内容改进部分

试错完成后还要根据所获得的相关意见与建议来改进内容生产。对于那些存在明显不足之处的内容，可以以二次编辑和再创作的方式进行改进。例如，某些电视剧在播出部分内容后，观众对其中不合理的部分进行反馈，或者主要演员因为某些原因被替换掉，此时就只好通过后期加工的方式对其中不合理的部分进行删减，有时甚至需要补拍一些内容，然后再进行二次加工。而对于一些质量不高的创意类节目，电视媒体可以考虑停止节目的播出。

第五节　互动类视听产品的内容生产

在平台多样化与内容扩容的双重驱动下，新型互动性视听内容也被纳入电视媒体的内容生产体系建构中，包括短视频、网络直播、Vlog、新闻游戏、互动影视等，这些内容的互动性、沉浸感、趣味性都较常规内容更高，对于受众而言更具吸引力。

一　短视频类内容生产

无论是在国内，还是在国外，近几年短视频越来越成为人们媒介接触的首选。短视频内容汇集了社交媒体信息分享、关系连接和技术赋权[①]的综合优势，并具有直达各类用户终端的特质，它成为媒体融合发展中视听内容生产的重要板块。有学者对短视频的特征及生产机制问题进行了研究，指出短视频改变了人们的表达习惯，超越了观看的生活形态，同时维系了人们的情感与交流，而在生产方面，短视频还是一种基于群体的互动与协作，有助于深度融合。[②] 尤其是进入媒体融合时代以后，短视频的价值日益突出。在 Twitter 和 Instagram 上 BBC、ITV 等知名媒体机构也经常推送一些短视频作品，这些作品有的是专业团队所制作的消息集锦，有的是由网民所制作的创意类作品。2020 年 2 月以后，BBC 新闻频道在首页推出了"Coronavirus Outbreak"栏目，除了相关文字报道外，还推出了大量有关疫情传播及防疫知识的短视频。

---

① 郭小安、赵海明：《观看的无奈与正义：数据社会液态监视的弥散性与能动性》，《新闻与传播研究》2022 年第 10 期。

② 王晓红：《短视频助力深度融合的关键机制——以融合出版为视角》，《现代出版》2020 年第 1 期；王晓红：《新型视听传播的技术逻辑与发展路向》，《新闻与写作》2018 年第 5 期；王晓红：《短视频引领日常生活的新表达》，《光明日报》2017 年 5 月 26 日第 5 版；王晓红：《网络视频：超越"观看"的新形态》，《青年记者》2018 年第 7 期。

在国内，2019—2020 年新冠疫情期间，短视频成为一种重要的传播形式，一些医护人员拍摄制作疫情防控知识的短视频，用一种轻松对话的姿态对公众进行科普宣传，如来自湘雅医院呼吸内科的李瑛医生①，来自安丘市的韩永生医生②等人。一些普通市民也通过拍摄并上传一些短视频来排解因为居家隔离产生的焦虑和无聊情绪。一些电视台的短视频产品成为疫情防控信息传递的重要方式，如上海台短视频品牌"看看新闻Knews"在今日头条、腾讯视频、秒拍、新土豆、快手、好看、腾讯新闻、抖音、网易新闻 9 大平台不间断发布各类疫情信息，据 CSM 媒介研究的统计，仅 1 个月内，共发布 4.1 万条新闻，8700 条与疫情相关的新闻短视频；北京台融媒体产品"时间视频"发布与疫情相关的短视频约1700 条，贡献流量 4.7 亿；江苏台融媒体产品"荔枝新闻"发布与疫情相关的短视频约 1500 条，贡献流量近 8000 万。③

短视频拥有较强的技术附加能力，如与大数据、云计算、虚拟现实、增强现实、混合现实、人工智能、5G 技术、智能硬件等新技术结合，从而创造出更多的场景。从产业发展来看，短视频凭借其短小精悍、便于社交等突出特点强势夺取了用户的注意力，受到了资本的追捧，并逐步摆脱小成本、草根化的传播局限，开始走上专业化、品牌化的发展道路。在抖音、快手、微视等平台的支持下，短视频还带动了网红经济的发展，催生了多种类型的"短视频＋"增值服务，用户可通过短视频平台来下单购物，进一步丰富了媒体的内容生产形式。对于电视媒体而言，不能忽视这种社交属性显著的视听内容形式。如果无视短视频这种新的传播方式和文化形态，缺乏对短视频走红背后的文化逻辑的认识，将失去对这类新传播形态的把控。

二　网络直播类内容生产

网络直播也是在传播技术支持下发展起来的新传播形态。不同于传

---

① 张树波：《18 条防疫短视频助力全民战"疫"》，《潇湘晨报》2020 年 2 月 8 日第 A04 版。
② 宋树云：《医生拍摄抖音短视频 科普疫情防控知识抵制流言》，2020 年 2 月 3 日，网易（https：//www.163.com/dy/article/F4FLOql00530R9FJ.html）。
③ 包凌君、杨金姝、张琼子、周晓芳：《54.9% 的人每天都看电视，疫情防控期间电视媒体融合传播全解析》，2020 年 3 月 10 日，看电视微信公众号。

统广播电视媒体在直播中对技术、人力、场景、协作等多种元素的依赖，网络直播对于技术的要求较为简单，只需要借助于一台联网的可拍照手机和相关导播设备或平台即可完成。它对于制作人员的要求也更低，只需要一个人就可以完成整个直播活动。在内容方面，网络直播更加生活化，形式灵活多样，不仅支持现场直播，也支持重播和点播，用户可以根据自己的兴趣爱好和需求自行选择想要观看的直播内容。网络直播还可以为公开的政务活动、教育及考试培训、产品发布、企业或行业年会、展会等多种传统广播电视媒体难以进行直播的内容提供服务。

从国际范围来看，在网络平台上推出新闻类直播内容是媒体涉足网络直播的典型方式，如 BBC 新闻频道就在网站首页推出 Watch Live 和 Listen Live 等短视频直播栏目。

而在国内，主流媒体涉足网络直播的形式更为多元，除了在视频平台推出短视频 + 直播内容之外，不少传统广电媒体都在积极向 MCN 学习，实现 MCN 化发展。他们通过搭建平台，并依托自身的专业力量、口碑优势、影响力和号召力，打造 IP 矩阵，培养自己的"广电网红主播"。网红店铺、电商平台 + 直播、直播栏目升级等是这些媒体培养"广电网红"的主要方式，而流量变现以及与电商平台合作则是主要的盈利模式。早在 2017 年，深圳广播电视台就开始考虑利用本台节目主持人的影响力和号召力，开办网络直播节目，将他们培养成自己的"广电网红"。[1] 2018 年，新京报"我们视频"也计划增设直播类节目，以使视听新闻类内容产品更加多元。[2] 被评为 2019 年度全国广播电视媒体融合成长项目的山东广播电视台闪电新闻客户端，每天推出原创短视频 140 多条，每年直播活动达 2300 多场，该客户端还通过打造"闪电号"服务，启动 MCN 计划、搭建网络问政平台等活动，流程化、常态化的"先网后台"策略得以实现，主流媒体在新媒体端的影响力得以扩大。[3] "学习强国"平台也开通了强国直播，2020 年 3 月 13 日起，"学习强国"平台与中共武汉

---

① 参见笔者 2017 年 8 月 23 日对深圳广播电视台负责人及记者的调研与访谈。
② 参见笔者 2018 年 4 月 26 日对新京报"我们视频"负责人及记者的调研与访谈。
③ 莫桦：《广电媒体融合先进经验分享：从这些成长项目看行业发展风向》，2020 年 3 月 21 日，国家广电智库微信公众号。

市委宣传部、武汉文明办、武汉市文化和旅游局以及湖北广播电视台融媒体新闻中心、《长江日报》、武汉广播电视台等媒体联合推出"我们一起看春光"系列直播活动，使用 AI + 5G 的方式进行直播，用户打开"学习强国"App 推荐频道"强国直播"，或者进入"直播中国"频道，就可以看直播中的武汉春光，体验花博汇、江汉路步行街、江汉关钟楼、武汉长江大桥、武汉龙王庙、汉秀剧场等多个地标性景点的实景风光，弥补了在新冠疫情封城期间不能外出观光的遗憾。与此同时，央视新闻则与腾讯开展合作，推出"去看武汉樱花直播""定制我的樱花短视频"等活动，用户可以通过央视新闻、腾讯微视、腾讯新闻、QQ、看点直播等平台来观看武汉樱花直播。网络直播类内容生产的火热形势可见一斑。网络直播还催生了一批网红和相关的网红经济，如淘宝的烈儿、小红书的李佳琦、斗鱼的冯提莫等人，他们的直播活动产生了巨大的"带货"效应，成为一种新的商品营销方式。此外，部分地方官员也化身"带货博主"，参与到扶贫产品或地方旅游品牌推介的直播过程中，通过直播平台为地方农产品的销售"背书"。

三　Vlog 类内容生产

Vlog 是视频博主在网络平台上利用声音和影像等形式来记录生活、分享知识、进行社交的视听创作形式。黛拉扎利亚·桑切斯·科兹、熊野史郎、大塚和弘和丹尼尔·盖提卡·派瑞兹等人从情绪的角度研究了社交媒体中普遍存在的"共享你的想法"的范式，他们认为，Vlog 是一种流行的社交形式，它是观看者与视频贡献者之间进行辩论、知识共享、艺术表达的渠道。[①]

Vlog 的特征在于人格化、真实性、记录性。第一人称或视角是 Vlog 最常采用的叙事人称，但在内容题材、影片时长、拍摄手法、拍摄形式、拍摄者是否出镜等方面，国内外的 Vlog 都没有统一规定。琼·伊萨克·比尔、欧雅·艾伦和丹尼尔·盖提卡·派瑞兹等人认为，Vlog 是一种独特

---

① Dairazalia Sanchez‐Cortes, Shiro Kumano, Kazuhiro Otsuka, Daniel Gatica‐Perez, "In the Mood for Vlog: Multimodal Inference in Conversational Social Video", *Journal ACM Transactions on Interactive Intelligent Systems*, Vol. 5, No. 2, June 2015.

的自我表现和人际感知媒介。①

　　Vlog 作为一种采用第一人称来记录生活场景和细节的视听内容生产形式，不仅摆脱了宏大叙事的局限，凸显了浓厚的个性化色彩，还具有双向互动的能力，为媒体深度融合解锁了新的创作方式。作为一种新兴的视频内容生产方式，Vlog 越来越受到专业电视台及制作机构的认可，并出现在一些综艺节目中。例如《极限挑战》第一季第二期中，嘉宾张艺兴就利用自己的手机自拍了一段内容。2018 年 10 月 6 日湖南卫视的《快乐哆唻咪》节目就大胆采用了视频博客内容，在节目中嘉宾们利用 Vlog 形式记录了自己在 12 座不同的城市中的所见所闻所感，生成了创意城市宣传片，让人耳目一新。同年 12 月 27 日，爱奇艺推出的网络综艺节目《小姐姐的花店》第一期也采用了视频博客的形式，嘉宾欧阳娜娜利用 Vlog 来记录自己在波士顿、佛罗伦萨等城市的幕后故事。次年 3 月 30 日湖南卫视推出的纪实类文化真人秀节目《我们的师父》，启用了 Vlog 拍摄"神器"——OSMO POCKET 云台相机，来录制大量关于明星嘉宾与"师父"互动的主观视频。②

四　新闻游戏类内容生产

　　新闻游戏是一种通过在新闻内容中设置游戏环节的方式，来吸引受众阅读新闻，并参与互动的创新类新闻形式。游戏是人类的一种天性，在互联网技术的助推下，游戏业逐渐成长为一个社会影响力和经济效益均不容小觑的产业。在工作中植入游戏化设计目前正在成为全球各大企业的一个新尝试，微软、谷歌、腾讯、阿里巴巴等互联网巨头都在尝试在工作中引入游戏化设计。从新闻业的发展来看，网络游戏正在与传媒争夺受众注意力已成为不容否认的现实。一位访谈对象戏言，当前仅支付宝养鸡小游戏的用户数量就比中央电视台的观众数量还多。③作为一种

---

　　①　Joan – Isaac Biel, Oya Aran, Daniel Gatica – Perez, "You Are Known by How You Vlog: Personality Impressions and Nonverbal Behavior in YouTube", *Fifth International Conference on Weblogs and Social Media*, 2011 – 07 – 21.

　　②　柴巧霞、张炙尺：《Vlog 在综艺节目中的运用及其视觉修辞价值》，《西部学刊》2019 年第 23 期。

　　③　参见笔者 2019 年 4 月 1 日对刘某某的访谈。

"一系列有意义的选择"，游戏能让用户在使用过程中产生心理愉悦感，并很容易"沉浸"其中，这对本已流失了一些受众的传统媒体来说，更是带来了巨大的压力。新闻游戏就是在这种情形下媒体取长补短努力"自救"的产物。

新闻游戏将游戏元素引入新闻内容生产，并通过赋予用户一定程度的自主性和选择权来增强内容的参与性和互动性，让用户在游戏互动中参与到新闻情景之中，从而加深用户对新闻内容的理解，并触发用户对社会议题的关注和反思，它是传统媒体寻求转型发展过程中出现的一种新型内容产品。目前新闻游戏内容在国内外媒体产品中的数量还不多，这一方面受制于技术和成本，另一方面则是因为并非所有的内容都适合做成新闻游戏类产品，那些严肃的、政治性强的、突发灾难事件等都不太适合。目前大多数的新闻游戏产品还属于"试水"阶段，例如 2017 年 10 月英国《金融时报》上线了一款新闻游戏 The Uber Game，该游戏基于大量的采访报道设计而成，在游戏中，玩家需要扮演一位家中有两个孩子的 Uber 司机，并通过不断的选择来推进游戏进程，最终需要完成在一周之内赚足 ＄1000（约合人民币 6716 元）的游戏任务。在游戏中，玩家将在行车路上遇到各种事件，如乘客弄坏车门是否想官方保修，乘客要在禁停区下车是否要停车等，而这些事件是根据记者在采访中有意识地搜集整理的真实的司机故事来改编，玩家则需要根据游戏时间"每小时"的收支和星级评价数量来获得"报酬"。一周的 Uber 司机职业生涯结束后，用户可以点击链接跳转到《金融时报》的相关报道"Uber：The Uncomfortable View from the Driving Seat"，文中还设置了"The Backstory"专栏，聚合了《金融时报》的其他相关报道。该游戏产品获得了美国网络新闻奖——"杰出创新视觉与数字辅助报道奖（大型编辑室）"，并获得了全球数据新闻奖"年度最佳数据新闻应用"的提名。

互动游戏在传播公共卫生知识、减少谣言、助力政府政策执行等方面起到了积极作用。2020 年，Snapchat 旗下的一款定位分享应用 Zenly 为鼓励用户落实政府的"Stay at home"计划，推出了一个宅家排行榜的互动小游戏。这款游戏鼓励用户分享自己的社交位置信息，同时通过展示用户与好友没有外出的时长而形成一个排行榜，鼓励用户保持宅在家里和保持社交距离。同时它还提供了一份叠加了表情符号的贴纸地图，当用户在地图上点击这些表情符号时，就会显示出该地区新冠病毒感染确诊人数及恢复健康人数。此外，该公司还推出了一款名为"破解 Covid - 19 谣言"的益智问答小游戏。这款游戏基于 WHO 提供的相关信息，并通过游戏和社交的形式向公众传递正确的防疫知识。① 在国内，2020 年 2—3 月，暨南大学融合新闻团队功能游戏训练营小组推出了 5 款与疫情相关的新闻游戏——《新冠肺炎防疫模拟器》《家庭防疫大作战》《真相战纪》《新冠入侵24h》《封城日记》，这些新闻游戏产品着力于疫情防控期间的谣言鉴别、疫情的防治以及个人应对等问题，在游戏过程中科普防疫知识，别出心裁，具有一定的参考价值。

五　互动影视类内容生产

互动影视类节目是智能传播时代电视节目类型创新的产物，它将视频与互动游戏融合在一起，不仅实现了用户在观看过程中的沉浸式互动，增强了用户的体验感，还能通过互动来影响节目的叙事进程和故事走向，带来了一种全新的视听体验。其中，最具代表性的当数互动电影和互动剧。这些作品将互动游戏与故事情节相结合，通过用户在某些节点的选择来影响故事的结局，从而让观众产生强烈的参与感。

（一）互动影视的发展现状

从历史维度来看，最早的互动影视作品是 1967 年的电影（*Kinoautomat*：*One Man and His House*）。当电影演到剧情转折点时，主持人会出现在舞台上，并要求观众通过手中的控制器按钮在两个不同的场景中做出选择，然后根据观众的选择结果选择电影走向。这部电影只是互动影视作品的试水之作，事实上由于技术的原因，观众的选择并未真正影响剧情结果。互动电影真正的里程碑还是 2018 年的《底特律·变人》。在这部影片中，玩家可以通过选择操作电影中的三位仿生人，从而选择不同的视角，决定故事的不同走向。交互式游戏与电影的融合使得这部作品的互动效果良好。在互动剧方面，最为著名的当数 Netflix 的《黑镜·潘达斯奈基》，该片讲述了一位年轻的程序员将一部互动类奇幻小说改编

---

① 腾讯传媒：《疫情期间，Snapchat 是如何助力公共卫生事业的？》，2020 年 7 月 3 日，全媒派微信公众号。

为游戏，然而却将现实和虚拟世界混合在一起的故事。Netflix 的用户在观看过程中可以在一些关键情节上进行选择，不同的选择将会导致故事的主要情节发生不同变化，然而不论用户如何选择，电影的最终结果都只有一个，主角因为发现自己被观众所操纵而崩溃。原本 90 分钟的电影，经过观众的不断选择，得以延长到 5 个小时，这也是影视史上的一次互动创新。但从市场反响来看，Netflix 的这次尝试不算成功，网友认为与前几季相比，该片的反思性和创新性均不够，故事本身的吸引力也不高，豆瓣评分只有 6.8 分。

在中国，2019 年被认为是互动影视创作的元年，多部题材各异的互动剧诞生，各大视频平台也纷纷鼓励互动视频的内容生产。例如爱奇艺推出《他的微笑》，动视无界推出互动剧《因迈思乐园》和《我加》，腾讯视频推出《古董局中局之佛头起源》《隐形守护者》《画师》，优酷推出《古墓派·互动季》，芒果 TV 推出《明星大侦探之头号嫌疑人》等。其中，《画师》是国内首部网络互动电影，《古墓派·互动季》则是国内首部互动纪录片。此外，2019 年 9 月 15 日在腾讯视频正式首播的《因迈思乐园》是全国首部全屏互动迷你剧，该片的题材为悬疑科幻类，采用了全屏互动的方式，每集 7—10 分钟，加入了 27 个以上的互动点。据统计，节目上线不到 3 小时，播放量就达到了 500 万，而总播放量超过 1600 万。《我加》则是一部真人角色扮演类互动剧，该剧于 2020 年 3 月 7 日上线，14 日收官，作品以助理经纪人"我"为视角，糅合影视、综艺、游戏互动等不同类型，用户在 8 天的观看过程中可以在不同节点进行偏好选择，从而演绎出完全不同的 10 种结局。这部作品内容新颖，用户在选择操作上也比较简单，受到了用户的好评。爱奇艺还在《中国新说唱 2019》中推出全国首支互动广告，通过分支剧情来影响广告的互动能力。

（二）互动影视的内容生产体系建构

互动影视的内容生产与一般内容不同，除了叙事结构和叙事方式的安排之外，还要更多地考虑互动技术融入的问题。

1. 创意与技术的完美搭配

目前这类内容还处于探索阶段，在节目的生产过程中，创意与技术的完美搭配是重点。《因迈思乐园》和《我加》节目制作方动视无界的创始人林云帆就认为，相对于传统的影视类节目，互动节目制作的关键在于构思互动的逻辑，现在实现互动的技术已经比较成熟，可以承载更高的创造性要求，但是更多的挑战来源于创意层面。他们团队一直执着于人机交互，致力于做内容与技术结合上的创意。[①] 为了鼓励互动视频的创作，爱奇艺在 2019 年 5 月推出了互动视频平台，并出台互动视频标准，8 月又发布了《互动视频广告白皮书》，在互动视频广告的生产上不断进行探索。

2. 交互技术的全程融入

在互动影视类内容的生产中，从项目的脚本创作，到现场拍摄，再到后期剪辑，都需要注意考虑新媒体交互技术的应用问题。《因迈思乐园》和《我加》都配备了一支由 4—6 人组成的专业互动编剧团队全程参与内容制作，他们不仅和编剧、导演一起设计镜头的拍摄手法，还要实现交互技术与拍摄的无缝对接，实现剧情的流畅推进。比如在拍一个长镜头时，为了实现中间"跳转"动作与画面衔接的顺利性，部分镜头采用高速摄影进行拍摄，之后再经过变速调整后放入编辑器进行编辑调整。

3. 互动引擎组的加入

互动节目的制作除了遵循传统影视工业的制作流程之外，还必须引入互动引擎组。互动引擎组的主要任务在于，在正式拍摄前将所有互动环节需要的技术设备及相关程序准备好，在现场拍摄中即时对拍摄素材进行互动验证，并在互动视频编辑器中添加互动组建，完成互动演示，实现即时编辑。在互动引擎组的帮助下，互动类影视节目的前期拍摄与后期制作紧密连接在一起。当然，由于题材不同，互动类影视节目在制作过程中的互动方式也是不同的。有的追求用户对剧情的体验感，有的强调用户对角色的代入感，互动引擎组需要根据实际情况实时调整设备及制作方式。

4. 互动视频编辑系统的运用

在互动类影视节目制作中互动视频编辑系统也非常重要，该系统集可视化的互动逻辑编辑、预览、发布等多种功能于一体，还能支持人工

---

① 周煜媛：《互动节目将成为下一个行业风口?〈我加〉制作方无动视界率先入局》，2020 年 3 月 16 日，广电独家微信公众号（https://www.sohu.com/a/380639280_613537）。

智能感知交互技术，以及人脸识别、手势识别、语音识别等体感交互功能，多屏切换、VR、AR、完整的功能模块等，这些在互动视频编辑器中几分钟就可以完成，十分方便。

5. 关键节点的互动方式

关键节点是影响互动影视内容的重要环节，其互动方式的设计也非常重要。在互动剧《因迈思乐园》中，用户拥有关键节点的选择权，通过铺设剧情中的"命运伏笔"，将用户在观影过程中的紧张刺激感加以放大。节目中还设置了"剧情树"界面，方便用户灵活返回其他节点，重新体验另一种情节。该节目的互动内容除了传统的 AB 选项外，还有不少创新的 QTE（Quick Time Event 的简称，即"快速反应事件"，它是玩家在游戏中的一种快速反应的操作），如 NPC（Non - Player Character 的缩写，是游戏中一种角色类型，即"非玩家角色"）视觉、监控视觉、游戏机互动、VR 场景探索等，让人耳目一新。在互动真人角色扮演游戏节目《我加》中，则采用第一视角的呈现方式，用户不仅可以在游戏中体验明星助理经纪人的日常生活，还能为自己喜欢的偶像"打 call"（网络流行语，是粉丝集中表达对艺人的支持与喜爱的情感，也泛指对某人的喜爱与应援），体验作为粉丝的刺激感，这就打破了虚拟与现实之间的边界。互动类影视节目为用户带来了更强烈的沉浸观影体验，增加了节目的创意。

6. 经验的收集和数据的反馈

重视经验的收集和数据的反馈也是互动影视节目成功的关键。由于用户的互动体验是节目的魅力所在，反馈数据的收集能减少用户在观影过程中的不适感和压力。因此，深度了解用户对互动环节设计的使用喜好，能有效推动互动的实现。在《我加》的生产中，除了改善用户在整体观影过程中互动的流畅度之外，还增加了一些体验细节，如弹幕及相关选项暂停功能，进一步优化用户的观影体验。在节目与游戏的联动方面，"爱心收集"就是独立架构在影视内容外的互动玩法。林云帆说，玩和看最终是混合在一起的，最理想的互动效果是，"观众在很自然的情况下就能实现互动剧情的体验"。①

---

① 周煜媛：《互动节目将成为下一个行业风口？〈我加〉制作方无动视界率先入局》，2020年3月16日，广电独家微信公众号（https://www.sohu.com/a/380639280_613537）。

党的二十大报告指出："繁荣发展文化事业和文化产业。坚持以人民为中心的创作导向，推出更多增强人民精神力量的优秀作品，培育造就大批德艺双馨的文学艺术家和规模宏大的文化文艺人才队伍。"① 传统电视媒体拥有生产高品质内容的团队和资源，拥有权威性和公信力，能够聚合各类与内容生产密切相关的信息资源、社会资源和情感资源。在媒体深度融合阶段，传统电视媒体更应当发挥自身的优势，并将这些资源和优势与智能传播时代的互动语态生产结合起来，实现技术与创意的完美搭配，提升用户的观看体验。对于视听新媒体而言，也要向传统电视媒体积极学习，学习其专业的内容生产技巧和节目编辑方式，以提高内容生产中的专业化水平。

---

① 《高举中国特色社会主义伟大旗帜 为全面建设社会主义现代化国家而团结奋斗》，人民出版社 2022 年版，第 45 页。

第 四 章

基于"人机交互"的内容分发体系建设

随着传播终端的多样化，占领相关渠道、布局全媒体矩阵成为不少媒体在转型发展中的重大决策。有的媒体甚至提出了"渠道为王"的战略。当然，他们并非否认内容建设的重要性，而是不甘落后于时代，期望通过多终端、全覆盖的布局，从而提高内容到达率。在布局全媒体矩阵的发展过程中，占领渠道只是转型发展的第一步，生产出适合不同终端特征的内容产品，并将之分发到目标用户的手中，才是实现转型发展的核心。

第一节 "人机交互"对电视内容分发的影响

一 "人机交互"的实质

所谓的"人机交互"也叫做"人机互动"（Human – Computer Inter-action 或 Human – Machine Interaction，简称 HCI 或 HMI）。它指的是，人类与计算机以及各类机器之间，借助于"人机交互"界面和特定语言形式，实现指定信息交换的过程。"人机交互"是信息化技术发展的产物，目的在于提高计算机或各类机器的易用性。"人机交互"功能主要依靠可输入和输出的外部设备以及相应的软件来完成。可供"人机交互"使用的外部设备主要有键盘、显示器、鼠标、各种模式识别设备等，而与这些外部设备兼容的软件就是操作系统，负责提供"人机交互"功能。随着计算机技术的发展，操作命令越来越多，功能也越来越强大。而随着各种模式识别设备的发展，文字识别、语音识别、手势识别，甚至眼神、表情等自然的交互方式，也可以被应用到与计算机系统的通信当中，从而实现多通道交互。① 人工智能是"人机交互"实现的重要途径。中国电子技术标准化研究院在 2018 年 1 月发表的《人工智能标准化白皮书》中提出，人工智能涉及的技术主要有人机交互、机器学习、自然语言处理、计算机视觉、特征识别、语音识别、知识图谱等，这为发展人工智能技术、提升"人机互动"功能提供了技术指导。在电视内容分发体系的建设过程中，实现电视终端与用户之间的"人机互动"，提高电视终端使用的易用性也十分重要。

二 传媒产业中人工智能应用的三个层次

人工智能的出现加速了"人机交互"的实现，尤其是当人工智能进入传媒产业以后，传播媒介的"人机交互"功能显著增强。2016 年以后，智能化发展成为各大互联网企业的变革方向，如谷歌的战略就由过去的"移动优先"转向"人工智能优先"，脸书、亚马逊、微软等公司也在人工智能产品研发方面投入了大量的资金和人力资源，国内的百度、腾讯、阿里巴巴等企业也提出"全部集中于人工智能"的口号，并建立起相关实验室。新华网、人民日报等媒体相继与科大讯飞等科技公司合作，开发人工智能的相关应用，今日头条也凭借其算法推送迅速占领了市场。从当前的实践来看，人工智能在传媒产业中的应用主要体现在以下三个层次：

（一）基础层面的运算智能化

安德鲁·戈菲指出，算法是为了解决问题而输入机器的一系列指令。② 奈兰·丹尼尔和诺玛·穆勒斯认为，算法本身不具有社会权力，而是算法联合（Algorithmic Associations）在发挥作用。在运作过程中算法会和"规则、人、过程、关系"等相互作用，因此要特别考虑算法的情境性。③ 人工智能在智能运算这一层次的应用主要体现在深度学习和大数据

---

① Lorenzo Lorenzi：《HCI：人机交互》，2009 年 8 月 10 日，TechTarget 信息化（https：//searchcio. techtarget. com. cn/whatis/8 - 24215/）。

② Goffey A.，"Algorithm"，Fuller M.（Eds.），*Software Studies：A Lexicon*，Cambridge，MA：MIT Press，2008，p. 16.

③ Neyland D.，Möllers N.，"Algorithmic If. . . Then Rules and the Conditions and Consequences of Power"，*Information*，*Communication & Society*，Vol. 20，No. 1，January 2017.

算法上。将深度学习和大数据算法引入传媒产业中，不仅可以提高传媒内容制作的便捷性和丰富性，而且还可以提高内容推送的精准性。成立于 2012 年的今日头条，是国内较早将数据挖掘与算法推送业务引入媒体行业的平台。凭借其个性化的、推送化的新型服务，今日头条在短短几年内迅速成长为不容小觑的媒体平台。牛津路透新闻研究院就将中国的今日头条、趣头条、天天快报等基于机器学习技术的算法推送 App 应用列为全球领先。

（二）应用层面的感知智能化

这一层次的应用侧重于开发各类模拟人类感觉和知觉的系统，主要包括图像、语音、视频、体感、动作等多种识别技术，以及虚拟现实、增强现实和混合现实等技术。在传媒内容生产领域，感知层的应用能增强内容的现实感、体验感和互动感，实现消费的场景化，而在用户接收端，通过语音、手势、动作等感知觉识别手段，不仅能方便快捷地选择内容，更能增强"人机交互"的体验，实现传播的精准化。

深度学习算法、语言识别技术、语音交互技术等在媒体终端中的应用，让媒体变得更加智能化、人性化。2017 年，各大公司纷纷发布了自己的智能音箱设备，如苹果的 Home Pod，亚马逊的 Echo，谷歌的 Home，阿里巴巴的天猫精灵，百度的小度，小米的小爱等。智能音箱不仅支持语音识别，还内置了许多音乐和节目，用户可以通过语音指令实现播放音乐、收听节目的目的，增强了用户的"人机互动"体验。2018 年，中央电视台网络春晚节目增加了不少人工智能元素，如智能机器人钢琴家"特奥"、人形智能机器人阿尔法与萌娃小山竹一起表演，百度机器人"小度"不仅参加原创歌曲《网事 2017》表演，还给观众送春联，而珠海分会场的 28 台百度 Appllo 无人车的出色表演更是让人印象深刻。

（三）深度层面的认知智能化

这一层次的应用更进一步，人工智能通过模拟人类的思考和学习能力，初步具备"智能"，实现基本的语义理解，建构相关知识图谱。人工智能在这一层次的应用，能帮助媒体更好地实现内容的个人化定制与精准分发，用户的特定需求能够得到更好的满足。将深度学习的方法引入人工智能技术，这是目前美国麻省理工学院计算机科学和人工智能实验室（CSAIL）正在积极开发的一项研究，他们给编制好预订程序的 AI 观看 The Office、Desperate Housewives、Scrubs 等美剧，在观看了 600 小时的美剧之后，研究人员尝试训练 AI 观察剧中人们的互动方式，AI 甚至可以预测人们的下一步行动，该团队打算将这套算法运用进护理机器人的开发中。类似这种以人类的行为方式和习惯为目标的人工智能，在创作类产品的生产中也大有可为，目前各大人工智能研究机构正在积极地进行实验。2018 年，腾讯新闻、腾讯人工智能实验室、百度以及央视网联合推出的"智能春联 H5"产品就是将人工智能应用于写作的一次尝试，用户给出 2—4 个汉字之后，系统能根据用户给定的字创作一幅独特的藏头春联，十分新颖。

在传媒领域，人工智能技术支持下的语义分析引擎、智能新闻采集软件、智能新闻分析软件、智能新闻内容管理软件等，在新闻编辑室中实现了良好的人机协作。其中，语义分析引擎支持根据文本内容进行文本特征标注和语义分析，它不仅能帮助记者发掘新闻线索，还能帮助采编人员实现知识体系的梳理及完成相关舆情监测。智能新闻采集软件支持各种爬虫技术和文本及数据挖掘，能够帮助采编人员抓取用户关注的内容，并根据采编人员采集的相关资料进行文本清洗和内容编辑，提供适合各类终端的内容产品。如 Give Me Sport 公司就启用机器人搜集信息，Google 公司专门研发了针对相关报道的可以自动匹配图片、图表和视频的工具，News Cart 公司则用人工智能来追踪具有新闻价值的信息，并群发给团队的其他成员。智能新闻分析系统支持数据挖掘、语义分析、文本提取等各种类型的分析算法，能够帮助采编人员快速梳理新闻类别，掌握受众关注的热点信息，并从海量的信息中提取相关新闻要素，统计分析相关资料。在这些分析软件的支持下，采编人员能够更快速地掌握事件的全貌，并根据采编要求进行内容的深度挖掘及采制相关的深度报道。智能新闻内容管理系统更是搭载了内容特征抓取、图形、图像及音频识别、知识图谱等多种智能分析技术，它不仅支持多屏内容采编及发布，还支持全媒体内容产品的分发及运营管理，极大地提高了媒体的新闻内容生产、内容分发及多媒体运营的能力。

三　电视内容分发系统中"人机交互"的介入

将"人机交互"引入电视媒体的内容分发体系建设，不仅有助于提升建设的质量，提高内容产品的分发效率，还有助于提高电视媒体的易用性，更好地满足用户的需求。传统电视的"人机交互"主要体现在使用遥控器来控制，而在智能传播时代，电视媒体需要强化对"人机交互"功能的开发，实现多屏互动，建立用户分析系统，提供可供用户选择的定制化的、个人化的内容和服务。在电视内容分发体系中引入认知与智能用户界面（Intelligent User Interface，简称 IUI），能摆脱电视对遥控器的依赖，帮助用户在使用电视中实现更加自然、更加方便的人机交互。通过智能用户界面，用户可以通过上下文感知、眼动跟踪、手势识别、三维输入、语音识别、表情识别、手写识别、自然语言理解等多种功能，实现与电视终端的人机交互。

今日头条将算法科技带入新闻传播行业并实现信息内容个性化推送，颠覆了传统的信息内容分发模式，这是人工智能较早介入信息内容分发系统的尝试。此后，各大机构相继在内容生产和分发系统中引入人工智能技术，传媒行业的"人机互动"程度显著提升。2017 年，AI 设计师"鲁班"参与制作了"双 11 购物节"的促销海报。2018 年"两会"期间，新华社的"媒体大脑"系统通过机器人自动搜索并梳理了超过 5 亿的网页内容，用时 15 秒发出了全球第一条由机器生产的，包含舆情分析、可视化图表及配音的视频新闻——《2018 两会 MGC 舆情热点》，引起全球关注。同年，南方财经与科大讯飞开展合作，推出 AI 虚拟主持人，利用语音合成技术模仿真人声音主持财经新闻节目。封面新闻也在积极推进在新闻视频内容中融合人工语音播报技术，推进人与视频的互动应用。2019 年，封面新闻的新闻虚拟演播室系统正式上线，在当年的"两会"报道中，通过 3D 建模、抠像、渲染等技术手段，将四川省的一些重大民生工程，如汶马高速、白鹤滩水电站、凉山三河村新居等，融合进视频内容中，并通过虚拟演播室实现主播与虚拟混合现实的互动。

在国外，Quartz 和《卫报》设置了聊天机器人，AI 可以在与用户聊天的过程中读取用户需求，随后向用户推送相关信息，这也成为一种新的内容分发方式。而以色列科技公司 Wibbitz 则致力于利用人工智能技术来自动生成新闻。AI 首先自动分析所选的网站文本，然后根据分析结果从全网抓取相关的公开音视频资料，随后自动生成配有自然语言的新视频短片。虽然这是一家成立于 2011 年的新公司，但它独特的自动视频生产服务满足了不少媒体的需求，目前 USA Today Sports、时代杂志、CBS、美国在线等一些知名媒体都成为其客户。芬兰国家广播电视台 YLE 推出的智能助理 Voitto，不仅能参与新闻内容生产，还能从用户的手机上收集他们对智能推送内容的满意度反馈，以持续与用户进行对话。[①]

2018 年中国政府工作报告提出要大力发展人工智能及相关产业，这对于智能产业而言是一大利好。在媒体行业，"AI +"的模式正在逐渐铺开，涉及文本、音频、图片、视频、交互等多个层面，机器人自动写作系统、新闻直播 App、无人机新闻采集、语音合成虚拟主播等产品的出现，标志着人工智能技术正在深入媒体行业。从内容生产到内容分发，人工智能技术的运用，大大提升了媒体内部"人机互动"的程度，不仅深化了媒体融合的程度，提高了工作效率，也为用户带来了全新的使用体验。

第二节　用户分析系统的建立

建立用户分析系统的目的在于对收集到的用户信息进行系统的归类与分析，以期全方位地了解和掌握用户的接受习惯和需求，它是内容分发系统建设的重要基础，与用户数据采集系统密不可分。数据采集是掌握用户信息的基础，而对来自用户的诸多信息进行科学而系统的分析，才是提高内容产品与用户需求精准匹配的关键所在。用户分析系统的主要目的在于根据所收集的数据来分析用户的总体性特征、接受偏好、合理需求以及不同用户的个性化的特征与合理需求等。

一　大数据支持下的用户画像

《纽约时报》的前 CEO 认为，数字技术的力量很大但也很有限，数字化模式的根本是读者的支付意愿。一家提供优质新闻服务的媒体公司

---

① 徐佳：《2018 年媒体运用人工智能报告》，载崔保国等主编：《中国传媒产业发展报告 (2019)》，社会科学文献出版社 2019 年版，第 297—303 页。

必须调查用户数据，必须研究那些吸引读者关注的内容的共性和特征。①
纵观全球，那些成功的媒体几乎不再单纯地停留在依靠精彩的内容来吸
引读者的眼球或赢得广告收入方面，而是考虑要深度接触用户，在理解
用户需求的基础上，更好地将自己生产出来的媒介产品融入用户的日常
生活。例如比利时媒体集团 Mediahuis 就通过将访问内容直接做到用户家
中，从而来真正了解用户是如何在日常生活中使用媒体获取内容的。当
然，对于媒体而言，也必须清晰地认识到，用户自身并不是完全清楚自
己究竟需要什么样的内容产品，但深度接触用户，往往能更清晰地认识
自己的用户。

　　大数据支持下的用户画像是指通过大数据的方式来收集用户的相关
数据，并据此来分析目标用户的人口统计学特征、用户对电视的使用时
长、使用场景，这是目前最为可行的一种对用户进行了解和分析的方式。
用户的地域空间、性别、年龄、种族、职业、收入、文化、健康、婚姻
状况等人口学特征，能够帮助电视媒体了解并确定自己的目标受众，而
用户的开机率、电视使用时长、使用场景等则能帮助电视媒体更好地认
识自己的目标受众。通过用户数据挖掘、用户使用数据记录等方法来大
量收集用户的相关信息，是建立用户画像的基础，这与内容生产体系建
构中的用户信息收集系统是密切关联的（参见第三章第二节），而建立科
学的分析模型是用户大数据画像的关键。在这方面，电视媒体可以与专
业的研究团队进行合作，以期更精准地进行用户画像。例如，从 2016 年
11 月以来，北京歌华有线电视网络股份有限公司就开始着手与北京国双
科技有限公司开展积极合作，探索广电大数据的分析与应用、用户画像
库的建立以及实现精准营销业务。在一期工程中，他们面向北京地区的
2000 户样本发放了用于接收用户收视信息的手环，同时实现了全量 500
万用户的收视数据获取。在人工智能技术的支持下，歌华有线在节目播
出时便能实时了解在电视机前收看电视的观众是谁，他们有什么样的收
视习惯，感兴趣的内容是什么。这改变了过去获取电视端观众数据时只

---

① 施然：《20 年后纸质版〈纽约时报〉或将消失？——四大策略解读纸媒的数字化转型》，
2020 年 10 月 15 日，中国传媒经营网站（http://www.caanb.com/cmzx/rdjj/2020 - 10 - 15/
354.html）。

能得到"千人一面"的模糊数据的现实，帮助电视媒体与用户进行沟通与互动，切实了解用户需求。

二　用户的接受习惯分析

用户的接受习惯指的是用户使用电视时的各种偏好与习惯，具体而言，包括用户的信息接收渠道与使用习惯、用户视听内容的审美与趣味、用户对电视叙事与话语风格的偏好等。

（一）信息接收渠道与使用习惯

用户选择何种渠道和终端来观看电视或者使用电视所提供的服务，他们是在什么样的场景中来使用电视的，每天使用电视的时间是什么时候，使用多长时间，最喜欢的节目类型是哪些，用户使用这些渠道或终端时的感受如何，有何意见或建议？这些都是在信息接收渠道与使用习惯分析时需要回答的问题。

获取用户信息接收渠道与使用习惯的方式比较多，最简单常用的就是进行用户调查。这种调查可以是电视媒体或相关研究机构在一定地域范围内进行的普遍入户调查，也可以是通过相关设备和日记卡的形式来记录用户的使用情况，还可以借助网络平台广泛发放调查问卷。获得相关数据后，电视媒体应当委派专家团队或专人对相关数据进行系统分析，并通过数据和图表的形式，来准确描述用户的信息接收渠道与使用习惯等信息。此外，电视媒体技术的发展也提供了一种新的手段，当用户使用终端、设备或相关平台接入电视媒体的时候，可以让用户授权收集他们的信息接收渠道和使用习惯等相关数据。这些设备收集的数据可以通过后台反馈给电视媒体和相关终端、设备或平台提供商。这些相关机构可以委托专家团队或专人对所获取的信息进行系统的分析，并反馈给电视媒体。例如，芬兰国家广播电视台 YLE 推出的智能助理 Voitto，实现了从用户手机上收集他们对智能推送内容的使用情况及满意度反馈，以持续电视台与用户之间的对话。

（二）用户视听内容的审美与趣味

审美是人类在理智与情感、主观与客观上认识、理解、感知和评判世界的一种特殊形式。简单来说就是人们欣赏、品味或领会事物及艺术品的美。电视内容作为一种通俗的视听类艺术品，被人们欣赏、品味和领会的过程，就是用户对电视内容的审美过程。用户的审美是一个动态的过程，它不仅受到外在社会文化环境和潮流趋势的影响，也受到用户本身的知识积累、文化水平、鉴赏能力等多种因素的影响。而用户对电视内容的审美与趣味深刻影响了他们对电视内容的使用，也关系到电视节目的收视率和社会影响力。

在分析用户的接受习惯时，需要归纳并总结那些广受欢迎的电视内容的共同特征与独特魅力所在，这也是了解用户的审美与趣味的重要途径。在智能传播时代，电视的终端形式和节目样式都发生了诸多变化，用户的审美与喜好也更加多元化，例如网络综艺节目《奇葩说》就以其犀利、幽默、大胆的辩论风格受到观众的喜爱，而中央电视台的《国家宝藏》节目则以其精美的画面效果、深厚的历史文化底蕴，吸引了观众的目光，该节目在教会观众如何欣赏文物之美的同时，揭示了文物所承载的文明与文化内核。做好相关分析不仅有助于电视节目内容生产，同时也有助于视听内容在不同平台与终端进行分发。

（三）用户对电视叙事与话语风格的偏好

节目的叙事与话语风格是影响观众收看的一个重要因素，它具体包括节目的叙事结构、叙事者视角、叙事时间、意义模式、叙事语言等多种叙事元素。随着传播媒介的多样化，不同平台和终端的节目在叙事与话语风格上也有显著不同。例如抖音、微视等短视频平台上，第一视角、夸张、反讽、剧情反转、演绎、紧凑等是常用的叙事元素，这些平台的用户对这类叙事与话语风格的作品的接受程度也比较高，而在中央广播电视台的大部分节目中，高端、严肃、大气、规范、意义深刻等都是节目孜孜以求的叙事与话语风格，观众对这类作品也比较认可。根据不同平台和终端的特点，以及不同节目的定位，来搜集目标用户对节目叙事与话语风格的偏好，可以帮助节目调整未来的内容生产，以便根据不同题材、主题以及终端平台的特点，有针对性地生产内容产品，同时也可以帮助融媒体中心将不同叙事与话语风格的作品分发到不同的平台和终端，甚至是推送给选择个人定制服务的用户，从而提高内容分发的精准性。

三　用户的合理需求分析

掌握用户的需求，并将适合的内容和服务推送给需要的用户，这是智能传播时代电视媒体内容分发体系建设的内核。如果将电视媒体视为一个现代企业，那么用户则是这个企业的消费者，掌握消费者的需求、有计划地开发消费者的需求，这是现代企业在产品营销方面必须具备的能力。对于电视媒体而言，面对迅速发展起来的各类媒体形式，不能固守成规被动等待受众的选择，而是应该了解用户的合理需求，并根据用户的需求生产出他们需要的产品和服务。具体而言，分析用户的合理需求有以下几个途径：

（一）用户的主动搜索记录与分析

用户通过网络与平台的搜索引擎服务，主动进行内容搜索，这是用户需求的最直接体现。根据用户的搜索记录进行归纳与分析，可以了解用户的需要。目前，用户的信息搜索主要有两种方式，第一种是通过各种商业搜索引擎，如 Google、百度、360 等进行信息检索，第二种是通过各种平台的信息检索频道进行内容检索，例如数字电视、网络电视台、电视客户端、OTT 电视等提供的信息检索。过去观众只能通过遥控器对电视节目进行检索和选择，而人工智能技术提供了更为丰富的检索形式，如通过语音、手势进行检索和控制。

目前科大讯飞公司正在积极推进语音检索服务，这预示了一个新的方向。访谈对象 J48 解释道，"电视机从 2012 年左右就开始全面地安卓化、智能化，大家也期望可以像移动手机一样迎来电视应用服务的大爆发，获得用户红利。但是 5—6 年了，还没有见到哪个公司能够在电视上做应用、做服务赚到钱的。这里面最大的一个问题就是电视机的交互。电视机的交互依赖于遥控器，可能需要一个新的方式来突破。移动互联网时代，在 iPhone 手机的全面触屏化带动下，迎来了交互的颠覆。过去 PC 时代的交互是纯代码式的，后来有了界面、Windows、鼠标，之后又变成手机触屏。每一次交互的变更都会带来产品与体验的变革。而语音这种新的交互的方式实际上是最适合家庭互联网的，它的到来会颠覆原来的交互模式。比如我们给讯飞语音产品的原厂设定唤醒词是'叮咚，叮咚'，当我说出这个命令时，它就知道我在叫它，然后就被唤醒了。我们现在也在做电视机这一块的原厂形态。等到完全铺开的时候，用户也可以在家里面对着那个产品（它可能是盒子，也可能是一个内置了盒子的其他的产品形态，比如说音箱、花盆、相册等等），命名并通过语音唤醒。除了这种交互之外，我们还在做游戏应用类，可以通过语音完成对游戏和应用的操控。还有一种广告型的交互产品，比方说当我们在看视频时会插入一个 1—2 分钟的广告模块，此时用户会选择做其他的事情来跳过广告，但是对广告主来说广告效果是没有达到的。过去的做法是告知广告主广告的曝光量，但是曝光量并没有转化成用户的购买行为。至于语音操控，我们可以要求用户读一遍刚刚屏幕上打出的那个广告词就可以关闭这个广告，但是广告源有 15 秒，用户读完之后它立马就跳过。对于广告主来说，广告已经触达了，也达到了效果，对于用户来说也节省了时间，这可能是一种新的广告形态。另外，还有一些教育类的，比方说小朋友跟着读英语、练习，这些都是一种新的交互方式。"① 用户通过语音来控制智慧家庭，既可以完成相关应用服务，也可以记录与分析用户的需求信息。

（二）用户需求的调查与反馈

各类用户调查和反馈也是了解用户需求的重要途径。以往对用户需求的调查与使用反馈的搜集，通常由电视台委托专门的收视率调查公司来完成。在中国，CSM 的受众与收视率相关调查是目前最受认可的用户调查服务。此外，电视台也可以委托高校及相关研究机构来进行用户需求和使用反馈的相关调查。

总之，用户的需求十分庞杂，通过调查可以及时了解并掌握用户的需求信息。但是并非用户所有的需求都需要加以满足，掌握用户主动的信息搜索资料以后，还需要对之进行归纳与分析，只有那些合理的用户需求才应该得到满足。而电视台在获得相关信息之后，还应当将之运用到内容生产和内容分发的过程中，根据用户的合理需求进行生产并完成相关内容的分发。

---

① 参见笔者 2018 年 1 月 16 日对舒某某访谈。

第三节 全媒体矩阵与多终端的覆盖与到达

终端到达是内容分发体系建设的关键之处,只有尽可能地覆盖终端,才有机会接触到足够多的潜在用户,并向这些用户提供相应的内容和服务。在智能传播时代,人们的信息选择渠道十分多元,除了传统的媒体终端外,各类 App、客户端、微信公众号、头条号、抖音、快手、微视、小红书,甚至淘宝直播等新兴媒体平台都是人们常用的信息终端,只有打通渠道建设的"最后一公里"才能保证信息的到达率。基于此,大部分媒体在转型发展中都尝试建立多媒体矩阵,以实现多种终端的覆盖与到达。

一 全媒体矩阵的内涵

矩阵是一个源自数学的概念,它指的是复数或实数集合,该集合一般按照长方形陈列进行排列,包含了许多基本的数学运算及多种重要的标量函数。在线性方程组的描述和求解过程中,它是最基本、最有效的数学工具。[①] 全媒体则是在传媒生态向媒体融合发展过程中出现的媒体新形态,它指的是打通不同媒体之间相互区隔的状态,通过数字介质的形式建构起来的一种容纳所有的媒体手段和传播方式的全新内容平台。该平台能容纳文字的、图片的、图表的、音频的、视频的、交互的等各类表现形式,能支持 24 小时滚动播出,既支持直播,也支持点播和回看。彭兰指出,单落点、单形态、单平台不是全媒体的传播特征,多落点、多形态、多平台才是全媒体的传播特征。[②] 从传播载体形态的维度来看,全媒体覆盖了多种传播载体与终端形态,如报纸、杂志、广播、电视、音像、出版、网络、电信、卫星通信、手机、平板电脑等;从传播内容形式的维度来看,全媒体能满足人们的多种感官体验,主要包括视觉、听觉、触觉、形象等;从信息传播渠道的维度来看,全媒体覆盖了纸质的、电子频率的、卫星通信的、互联网络的、移动互联网络的、手机客

---

① 张贤达:《矩阵分析与应用》(第二版),清华大学出版社 2013 年版,第 1—2 页。

② 彭兰:《媒介融合方向下的四个关键变革》,《青年记者》2009 年第 4 期。

户端、App、视频播放平台、社会化媒体平台等多种渠道。①

"矩阵"这个数学概念被借用到传媒领域，并与"全媒体"的概念结合到一起，被用来指代媒体行业里出现的按照阵列来排列的多种媒体形态与传播终端集合，"账号森林"是它的另一个称呼。全媒体矩阵的出现，为信息的传播与分发提供了多维度、立体化的数据端口，满足了用户对信息、社交、娱乐、自我展示与社会价值实现等多种要求。②

二 全媒体矩阵的构成

目前中国大部分传媒机构都已经建立或正在建立全媒体矩阵，这个体系的基本结构是"一个中心媒体机构 + 多个社会化媒体平台"。

（一）中心媒体机构或融媒体中心

全媒体矩阵的中心一般由中心媒体机构、融媒体中心或者大型的互联网平台公司构成。其中，中心媒体机构是媒体矩阵的基础和核心，一般都是各类传统媒体集团。当前在媒体深度融合和建设"四全"媒体的政策指导下，大部分媒体集团都在探索媒体融合的发展道路。其中省级以上的媒体集团纷纷建立起了融媒体中心以统筹集团内部的新闻内容生产，而县（市）一级的媒体集团则尝试建设县级融媒体中心以适应媒体市场格局的变化。

从中央一级的媒体来看，人民日报社、新华社相继建立了中央厨房和融媒体中心，并建立起覆盖传统媒体、新媒体客户端、微信公众号、短视频等媒体形态的矩阵。人民日报社还建立起了覆盖全国的移动直播平台"人民直播""全国党媒公共平台"以及"人民号"等新媒体平台，而新华社也推出了"现场云"全国服务平台。在电视媒体方面，中央广播电视总台也建立了融媒体中心，并依托于该中心建立了一套覆盖诸多终端的媒体矩阵。其中，创建于 2019 年的"央视频"以短视频新闻资讯为主，兼顾优质视频内容和直播内容，发展势头迅猛。

从地方媒体来看，各地省级广电媒体都在积极建设媒体矩阵。湖北

---

① 张惠建：《"全媒体时代"的态势与路向》，《南方电视学刊》2009 年第 2 期。

② 柴巧霞：《全媒体矩阵中电视赈灾新闻的创新突破与话语重构》，《南京邮电大学学报》（社会科学版）2018 年第 3 期。

广电建设了"长江云"平台,并在此基础上建成了覆盖政务、直播、短视频、音频、垄上行、地方广电媒体等多个媒体应用的矩阵。湖南广电的"芒果生态圈"也是一种典型的媒体矩阵,它以湖南卫视和芒果 TV 为双中心,旗下包括网络视频、互联网电视、IPTV、移动客户端等多个终端和平台。而上海 SMG 集团以东方卫视和百事通平台为中心,不仅组建了"中央厨房"和融媒体中心,而且还形成了以看看新闻、阿基米德(音频)、第一财经为三大产品的"1 + 3"新媒体平台和产品格局。

从县(市)一级媒体来看,作为基层宣传工作的重要窗口,县级融媒体中心建设目前已经在全国铺开。2018 年 8 月,习近平总书记在全国宣传思想工作会议上强调"抓好县级融媒体中心建设"。同年 9 月,中宣部全面部署县级融媒体中心建设工作。次年,中宣部和国家广播电视总局相继发布了《县级融媒体中心省级平台规范要求》《县级融媒体中心建设规范》《县级融媒体中心网络安全规范》《县级融媒体中心运行维护规范》《县级融媒体中心监测监管规范》五个相关规范,对县级融媒体中心建设进行规范和指导。

浙江长兴传媒集团是最早探索县级融媒体中心建设的媒体机构,早在 2011 年 4 月,长兴县就将长兴县广播电视台、长兴县宣传信息中心、长兴县委报道组、长兴县政府网等相关宣传机构和媒体单位进行整合,组建了长兴县传媒集团,实现媒体融合改革。目前该集团的媒体矩阵既包括广播、电视、报纸、杂志、网站等媒体形式在内的 14 个传统媒体平台,也涵盖新闻客户端、社交媒体账号、自媒体群等 20 多个新媒体平台。宜昌三峡广播电视总台是湖北省县级融媒体中心建设的代表之一,该中心在宜昌三峡广播电视总台原新媒体中心的基础上建设,目前建立了三峡广电网、三峡手机台、三峡广电微信公众号等平台。"报台合并"也是近年来地方广电媒体发展中的重要举措。2018 年 6 月浙江湖州日报报业集团与湖州广播电视传媒集团整合,组建了湖州市传媒集团有限公司,实现报台融合。2019 年 8 月 14 日,绍兴日报社、绍兴广播电视总台完成整合组建工作。2020 年 5 月 10 日,汕头日报融媒体集团成立,该集团整合了汕头日报、汕头电台、汕头电视台、汕头橄榄台、汕头 Plus、大华网等机构。目前全国已有多地开展了以报台合并为主的媒体融合尝试,并在此基础上进行"广电 + 报业"的整合组建工作,尝试建立融"5G +

4K/8K + AI"于一体的媒体矩阵，例如安徽的淮北、芜湖，黑龙江的齐齐哈尔、大庆，广东的珠海，辽宁的大连，山西的晋城，宁夏的银川等地"广电 + 报业"的整合组建工作已经基本完成。

（二）客户端及 App

传统媒体的客户端及 App 应用程序是媒体专门针对移动终端的特点而开发的新媒体接入口，相比于传统网站，客户端更加灵活、更加方便，它也是媒体矩阵的重要组成部分。目前，几乎所有的媒体都开通了客户端和相应的 App 应用程序，以中央广播电视总台为例，除了有 3 个重点官方新闻网站之外，还设置了央视新闻客户端、央视影音客户端和央视频客户端等移动 App 应用。其中，成立于 2019 年的央视频 App 主要为用户提供优质的长短视频及直播服务，它不仅提供央视的优质资源，更面向全社会发布创作者招募计划，邀请各类创作者加入，共同打造"账号森林"。央视频还是中国首个国家级"5G 新媒体平台"，采用大中台（5G 新媒体平台）＋小前台（央视频平台）的设计，使得个人创作者、各个栏目、各个频道都能实时加入短视频的创作和传播中来，全方位提升了信息分享的速度和效果。①

在媒体融合的背景下，人民日报的客户端产品也比较具有代表性。2014 年 6 月 12 日上线的人民日报新媒体客户端，是人民日报社针对移动互联网的特点而推出的一款集资讯信息和政务服务为一体的媒体融合产品。与纸质版内容不同，客户端内容秉承可信、简约、亲和的理念，突出原创、独家和评论内容，语言较为轻松、活泼，更符合互联网时代的语言特征。人民日报新媒体客户端积极开发创意性内容，生产出了诸如"军装照""民族照""中国很赞手指舞"等爆款 H5 内容，受到业内外一致好评。2019 年 9 月，人民日报客户端 7.0 版正式上线，推出主流算法，实现向智能媒体的战略转型。"人民日报＋"短视频客户端是人民日报社推出的一款短视频应用，功能模块主要覆盖短视频、直播和"人民问政"。其中，"人民问政"栏目支持用户上传反映民生问题的短视频，以引导媒体调查、核实，以及跟进，敦促相关责任机关回应并解决问题，

---

① 央广网：《中央广播电视总台旗下"央视频"App 正式上线》，2019 年 11 月 20 日，央广网（https://jx.cnr.cn/2011jxfw/bwzg/20191120/t20191120_524866187.shtm）。

在做到"让你看"的同时，也完成"帮你办"。

（三）微博账号

媒体机构的官方微博账号体系是媒体矩阵的另一个重要构成部分。作为社交平台中最为重要的热点评判风向标之一，微博以文字形态为核心，依托于社交网络而建立，具有强连接性，传播对象广泛。同时，由于微博内容短小精悍，信息内容可多次发布，允许用户匿名自由发表意见，也允许用户适当发泄自己的情绪，微博逐渐成为一个汇聚真实的、多元化声音的公共话语平台，受到用户的广泛关注。然而，近几年微博愈来愈出现注重营销推广、商业化气氛浓厚的趋势，尤其是在熟知微博热搜榜的巨大影响之后，许多明星和商家纷纷投入进行各种"刷榜"，这种过度商业化的营销行为在一定程度上削弱了微博的口碑，也让微博流失了部分用户。

从总体来看，由于微博的体量仍然较大，加上它无可比拟的开放式社交模式，仍然是不容忽视的信息发布平台，微博账号也是各大媒体发布重大消息的一个窗口。鉴于微博在社交媒体领域的重大影响力，目前，几乎所有的媒体都开设有相应的微博账号，除了主账户外，一些有影响的电视综艺栏目还开设有相应的微博账号，以便能在第一时间内发布最新消息，扩大节目影响力。

（四）微信公众号

微信也是依托于社交网络建立的平台，与微博相比，微信的连接性更强，人际互动关系更紧密。不同于微博面向公众和大圈，微信面向的是基于人际关系网络而搭建起来的社交小圈层，发布内容以较高质量和较深内涵为主。目前，大部分媒体都开设了微信公众号和视频号，谢新洲和黄杨的调查就发现，截至 2018 年，中国有 1637 个县级媒体开设了微信公众号，有 579 个县级媒体开设了新闻客户端，覆盖率达 30.96%。[①] 而一些媒体的知名栏目也开设了微信公众号，例如新京报的"我们"视频就有自己的微信公众号。

在地方媒体中，银川新闻传媒集团的微信公众号账号森林体系比较典型。2016 年 4 月，该集团由原银川日报社、银川市广播电视台整合而

---

① 谢新洲、黄杨：《我国县级融媒体建设的现状与问题》，《中国记者》2018 年第 10 期。

成，集纳了报纸、广播、电视、网站、新媒体五大传播体系。"移动优先"是该集团的发展战略，除了在客户端"银川发布"上汇集优质资源和内容之外，也建立起了包括银川晚报微信公众号、银川新闻网微信公众号等在内的微信公众号账号体系。此外，该集团的"直播银川头条号""直播银川企鹅号""直播银川一点资讯号""直播银川搜狗号"等其他媒体平台账号也在同步运营中。① 类似这种媒体集团旗下各媒体以及多个栏目分别开设微信公众号，并以此形成账号森林体系扩大媒体品牌影响力的形式，成为传统媒体渠道发展战略方面的典型形式。

（五）知名第三方平台账号

目前比较知名的第三方平台主要有今日头条、一点资讯等。诞生于2012 年 3 月的今日头条是北京字节跳动科技有限公司开发的一款基于数据挖掘的产品，目前拥有推荐引擎、搜索引擎、关注订阅和内容运营等多种分发方式，内容包括图文、视频、直播、音频、微头条、专栏、问答、小说以及小程序等多种形式，涵盖社会、科技、体育、健康、美食等 100 多个领域。其中，头条号是开放性的内容创作与分发平台，政府部门、媒体、企业以及个人等各类内容创作者都能进驻。截至 2019 年 12月，头条号账号总数已超过 180 万，平均每天发布 60 万条内容。② 而一点资讯则是北京一点网聚科技有限公司推出的一款高度智能的新闻资讯应用，内容覆盖时政新闻、财经资讯、社会热点、军事报道、家装设计、育儿常识、星座命理、出游旅行、野史探秘、太空探索、未解之谜、前沿科技资讯、探索未知新世界等诸多方面。用户可以通过搜索并订阅任意关键词，实现信息内容的实时更新和聚合整理，同时还能根据用户的兴趣爱好来推送感兴趣的内容。目前，一点资讯致力于为用户提供私人定制的精准资讯，并成长为移动互联网时期最成功的内容分发平台之一。

随着基于算法推送的第三方平台的迅速扩张，它们也成为人们获取信息的重要途径，不少传统媒体选择在这些平台上开设相应的账号，以增加信息内容与受众接触的机会。据谢新洲和黄杨调查发现，截至 2018

---

① 陈建华、李逸夫、丁洪：《"报业 + 广电"：媒体整合是否"一刀切"？》，2020 年 6 月 18日，中国记协网（https：//www.zgjx.cn/2020 - 06/18/c_139149220.htm）。

② 资料来源于今日头条官方网站。

年，我国约有45.1%的县在第三方平台开通了账号。[①] 但也有一些媒体反其道而行之，他们并不看好通过第三方平台来发布信息内容的形式。例如，访谈对象J7就认为，目前今日头条、腾讯等平台上发布的大量拆条社会新闻，大多是由各大传统媒体的记者所采编的，由于大家都爱看这类吸引人眼球的新闻，这些第三方平台也凭借其他媒体所采制的这些社会新闻迅速占领市场。但是对于采制这些新闻的传统媒体来说，却并未带来相应的效益，因为人们只会记住自己接触这条新闻的平台，而不会记得究竟是哪个媒体采编的。所以，他比较反对将自己媒体所采编的新闻拆条"外包"给今日头条这类第三方平台的发展方式。[②] 深圳广电的另一位总工程师也认为，不能简单地做碎片化的内容来为别人贡献流量，也不能只收集碎片化的数据，而应该收集全渠道的相关数据，要面对互联网，与各个平台进行PK，正确估量自身的市场价值。[③]

（六）短视频号

相对于传统的图文信息，短视频更符合当下智能传播时代用户的视听化、碎片化的信息消费需求和习惯。短视频和音乐具有相互赋能的作用，在音乐内容的介入下，短视频能有效匹配创作者和用户的视觉与听觉需求，为信息内容的表达途径提供更加多元化的选择，因此抖音、快手、微视等综合性短视频平台近年来发展迅速，成为传媒市场的"黑马"。

由于抖音的发展不容忽视，不少传统媒体选择在抖音上开设相关账号以扩大媒体影响力。在国外，TikTok在2020年第一季度的下载量达到了3.15亿次，甚至超过了社交平台的"第一把交椅"——脸书。在社交平台上，那些简单的、符合社会心态与潮流趋势的、易于辨识和模仿的内容，能迅速引发社会共鸣并获得广泛传播，尤其是在新冠疫情期间，人们不仅要面临居家隔离的生活常态，而且还面临着巨大的心理压力。抖音、快手这种融合音乐、表演、信息传播于一体的短视频App，很快成为人们缓解压力、释放情绪的窗口。2020年6月，《一剪梅》中那句

---

① 谢新洲、黄杨：《我国县级融媒体建设的现状与问题》，《中国记者》2018年第10期。

② 参见笔者2017年8月23日对张某的访谈。

③ 参见笔者2017年8月23日对傅某某的访谈。

"雪花飘飘，北风萧萧"便通过抖音国际版 TikTok 以及 YouTube 等平台，迅速风靡欧美国家，引发了一股"造梗"式的群体狂欢。在付费用户达1.1亿的国际音乐平台 Spotify 上，短时间内拿下榜单的多个高位名次，一度登上挪威和新西兰第一，芬兰和瑞典第二。①

　　快手媒体号也是传统媒体入驻短视频平台的一个重要途径。与抖音注重专业内容，关注中高端受众的定位不同，快手以二、三线城市和农村的居民为对象，内容更简约。据腾讯研究院调查发现，2019 年快手发布媒体号综合榜单，中央级媒体包揽了前 5 位，而在传播力榜单中，央视新闻、《人民日报》和人民网更是位列第一、第二和第三。截至 2019年年底，媒体机构及个人用户在快手上开设了超过 3000 个账号，其中 9个账号的粉丝规模超过千万级，39 个账号的粉丝数量超过百万级，312个账号的粉丝规模达到十万级。② 2020 年，封面新闻通过快手平台发布了大量反映武汉民生的原创视频，这些视频通过 Vlog 的形式来真实记录疫情之下武汉人们的生活面貌，社会反响较大。为了加快发展，快手还先后发起了多项扶持媒体号发展的计划，如"媒体号 UP 计划"、政务媒体类"POWER"计划等，以实现商业模式的优化和影响力的提升。

　　微视也是短视频平台中的佼佼者，目前包括人民网、央视频、中国青年报、新华社、看看新闻 Knews、青蜂侠、齐鲁传媒、齐鲁融媒等在内的大量中央级和地方级媒体纷纷入驻，并发布各类短视频作品。2020 年 4月 2 日，新华社与腾讯微视开展合作，发起"海外战疫 Vlog"作品征集活动，面向广大海外华人群体征集以 Vlog 形式展示海外同胞抗击疫情的真实感受及生活现状的短视频，截至 4 月 30 日，话题视频数量达到 857条，播放量 5.7 亿，引发积极的社会反响。

　　除了在抖音、快手、微视这类商业性短视频平台上开设短视频账号之外，不少传统媒体也开始尝试建设自己的短视频创作和发布平台。其中，新华社是最早发展短视频的机构之一。早在 2014 年，新华社就开发

---

　　① 晴栀：《独家观察〈一剪梅〉意外翻红启示录：音乐＋短视频的新爆款传播链条》，2020年 6 月 27 日，看电视微信公众号（https：//www.sohu.com/a/404399315_211289）。

　　② 陈孟等：《媒体融合语境下的短视频》，2020 年 5 月 10 日，腾讯研究院（https：//www.tisi.org//14396）。

了"15秒"这个新闻资讯类短视频平台。新京报的"我们视频"也是纸媒发展短视频的典型案例。2016年,"我们视频"正式上线,目前下设"有料""局面"等十几个栏目,业务范围覆盖社会热点、泛资讯类短视频、深度视频产品等多个领域,在第一时间内发布了许多一手新闻短视频作品。目前,一大批传统媒体都已涉足短视频业务,并逐渐获得用户青睐,如《南方周末》的"南瓜视业",《楚天都市报》的"楚天视频",郑州报业集团的"冬呱视频",北京广播电视台的"时间视频",上海广播电视台的"看看新闻Knews"等。2019年,人民日报社正式推出短视频聚合平台"人民日报+",随后中央广播电视总台推出以短视频为主,兼顾长视频和移动直播的"央视频",这标志着短视频业务获得国家级媒体的认可。2020年,"央视频"在"短视频+直播"方面发挥即时互动性优势,在直播"火神山""雷神山"医院建设中引发全球关注,活动上线3天以来,累计访问量超过2亿人次。

本课题组通过实地调查发现,广播电视媒体在全媒体转型过程中,不仅在总台层面开设了"两微一端"和短视频账号,每一个下属频道、大部分专栏节目以及一些富有影响力的节目,都会在相关平台上开设有自己的账号,有些媒体甚至还提供合作单位的账号和知名主持人、记者的账号。这些不同终端和平台上的账号,共同构成了广播电视媒体的账号森林体系,帮助广播电视媒体将自己的内容分发平台延伸到传播的"最后一公里",争取覆盖社会的每一个角落。

三　全媒体矩阵建设的典型模式

综合来看,在全媒体矩阵建设方面,全国广播电视媒体形成了以下几种典型的发展模式:

(一)"技术+"模式

"技术+"模式的核心在于媒体借助于技术赋能的力量,大量发展各类传播终端和平台,以实现对最广泛地区的最广大受众的覆盖。当前,技术对内容分发体系的赋能主要体现在,5G、4K和AI技术对内容分发平台和终端的辐射与改造上。其中,5G技术的普及极大地提高了内容传输的速度,而4K技术在电视接收设备(目前主要是各类高清电视机)的应用,让用户可以接收到更清晰的节目内容,沉浸感和体验感更强,"高清+沉浸"也成为电视媒体的一大优势。AI技术在内容分发系统的应用，让个性化定制内容成为可能，媒体的内容分发更加精准。

2017年12月底，广东影视频道成为中国第一家正式应用4K技术的电视频道。次年9月，广东广播电视台综艺频道在中国省级电视当中率先将播出方式调整为4K超高清方式。一个月后，中央广播电视总台也上新了超高清电视频道CCTV-4K，并在国庆期间通过超高清方式播出70周年阅兵仪式和国庆晚会。该频道日常播出的内容主要为各类新闻专题、纪录片、体育赛事直播和实况录像、影视剧、动画片等高清内容。2019年2月28日，中国广播电视总台5G新媒体平台成功实现4K超高清视频集成制作。9月26日，中央广播电视总台启动新一轮高质量发展建设，本轮建设的指导理念是"台网并重、先网后台、移动优先"，重点布局"5G+4K/8K+AI+VR"战略以推动内容供给侧的结构性改革。

一些地方媒体在推动全媒体矩阵建设方面的"技术+"特点也表现得十分明显。例如，2020年3月20日，杭州市广播电视台的"求索记录"高清付费频道进行了4K技术升级，升级之后调整为超高清付费内容播出。同年，5月13日，广州市广播电视台整合旗下三个频道组建广州南国都市频道，成为中国第一个经批准的4K超高清开路频道。① "技术平台化、业务产品化、服务生态化"是江苏广电总台"荔枝云平台"建设的基本思路，而在服务部署模式上，"多租户、容器化"则是该平台的主要发展策略，荔枝云平台不仅聚合了多种媒体形态，实现了生产流程的再造，而且也在技术的赋能下，实现了不同渠道的内容有序分发。河南大象融媒体集团通过技术升级的方式，打通了内容、技术、终端与用户之间的联系，建立起了一张覆盖了省、市、县三级融媒体的网络。在技术力量的支持下，实现了各级媒体之间的技术能力输出、信息内容的通联与分发、三级运营服务、大型活动组织等业务。北京电视台也加大了技术的投入，正在建设基于Iaa S云统一管理平台（Dig Zeta i Cloud Base）和云定制咨询服务（Dig Zeta Smart Adapting）的智慧媒体制播云平台。该平台不仅通过标准的Open Stack统一管理各类虚拟化基础设施，还设置

---

① 广电独家：《重磅！全国第一个城市4K超高清开路频道即将播出》，2020年5月13日，广电独家微信公众号。

有统一的管理界面和数据，并对制播流程实行统一管理。其中，Dig Zetai Cloud Base 是智慧云平台的核心，也是目前云计算领域的前沿技术，能够帮助北京电视台实现内容制作和播出的有效运行。而汕头融媒体集团与华为公司及几大基础电信运营商开展合作，成立了"5G＋4K＋AI融合应用协作体"，通过技术的升级改造来推动媒体的深度融合发展，实现融媒体产业生态圈的构建和数字经济产业的拓展。

在县级融媒体中心建设方面，甘肃省玉门市融媒体中心在"技术＋"方面也具有典型性。2018年3月15日，玉门市广播电视台正式启动融媒体中心建设，通过技术改造和升级，形成了以玉门市广播电视台为主体，包括数据融合中心、融媒体生产系统、融媒体报道指挥系统、融合媒资管理系统、全景演播室系统以及客户端为技术架构的集成工作平台。而长兴传媒集团则在"平台＋工具＋服务"的理念支撑下，完成了"融媒眼"的技术架构。多元化的工具组合以及多样化的服务构成了差异化的业务需求，平台则在技术层面上为这些业务提供支持。目前长兴传媒集团的总体技术平台建设架构由传统媒体生产工具、新媒体生产工具，以及"＋政务""＋服务""＋电商"这些不同的业务模块化应用组成，并通过分布式服务框架和容器编排服务框架提供支撑，政务数据接口、民生服务接口和运营服务接口则分别对接不同的业务模块，这种结构具有充分的伸缩性和灵活的弹性，能实现融合媒体业务发展的最优适配。

（二）"＋政务"模式

"＋政务"模式不仅是媒体作为党的耳目喉舌功能的延伸，也是一些地方媒体面临激烈的媒体竞争而选择的一条发展道路。在"＋政务"模式方面比较成功的当属湖北广播电视台的长江云融媒平台。2014年9月28日，湖北广电长江云正式运营，它是由湖北广播电视台打造的官方新媒体客户端。2016年年初，在湖北省委的积极推动下，长江云平台进行了升级改造，成功地把主流媒体的党媒基因与互联网思维和共享基因进行了嫁接，成了一个集新闻、政务、服务于一体的官方新闻政务客户端。与其他地方广电媒体的媒体融合策略不同的是，政务服务是长江云平台最重要的构成。湖北广播电视台的长江云除了提供由湖北广电采编的各类新闻资讯外，还汇聚了全省各类政务微博、微信和客户端、App，致力于建立全面覆盖的政务平台入口，建设"全省一端"的融新闻报道、政务服务和广电汇聚系统为一体的媒体平台。2018 年 9 月 6 日，长江云平台建设模式受到中宣部的肯定，并被确定为全国技术标准。

为了提供全方位、精细化的移动公共服务，长江云平台还积极与腾讯开展合作，在建设政务移动平台、开通政务微博、微信平台，进行相关认证和平台搭建方面进行了较多的投入。2019 年 11 月 11 日，湖北省厅 27 个厅局的 40 个移动端产品入驻长江云平台，这是首批入驻的互联网公共信息服务集群。截至 2019 年年底，已经有 2220 家湖北省三级党政部门入驻长江云，长江云还开通了包括公积金等服务在内的 58 类 152 项政务服务接口，让老百姓通过手机客户端就能办事。长江云还开通了"热线"频道和移动网络问政平台"民声"，用户可以通过手机进行爆料或"问政"，相关部门可以参考后台数据进行回应。在外部关联方面，长江云平台还入驻了人民网和"学习强国"平台，进一步构建和完善政务服务体系，方便用户使用。

宣传部主导推进并协调调度建设而成的县级融媒体中心，也是传统媒体在"＋政务"方面进行的有效探索。这种模式不仅使得党管媒体的原则在基层宣传系统得到有效贯彻，而且也解决了县级媒体在建设融媒体中心时存在的缺乏资源、新闻生产难以协调等诸多问题。整合媒体资源、构建联系网络可以促进信息的共享互融，而宣传部的行政指令可以解决实际新闻生产中某些基层部门和机构不配合采访的问题。县委宣传部主导的融媒体中心建设模式适合县级媒体间壁垒较低、媒体实力不足的县。在这种情况下，可以由县委宣传部出面，主导推进县级融媒体中心建设工作，借助宣传部的政治统领力量明确发展方向，快速整合和调度资源，破除机构壁垒。目前，大部分缺少资金和资源的县级基层单位，在县级融媒体中心建设的过程中，都不约而同地采用了这种模式。其中，吉林省的农安县县级融媒体中心就比较典型。该中心于 2018 年 2 月由吉林省委宣传部统一部署建设而成。农安县广播电视台、县委宣传部和县网信办的下属新闻媒体、县人民政府网等媒体资源在宣传部的统一部署下，与新华社吉林分社下属的移动传媒公司展开合作，建设起了集移动新闻采编、舆情监测与管理、大数据挖掘与分析等功能于一体的融媒体中心，有效解决了因媒体实力不足、缺少资金而带来的发展问题。在宣传部门的统一调度下，融媒体中心的内容生产和分发也带有明显的"＋政务"特色，有效促进了基层政务宣传工作。

（三）"服务＋"模式

"服务＋"这种模式是互联网时代媒体功能的拓展和延伸，也是全媒体矩阵建设中的重要构成。在信息和资讯极度泛滥的互联网时代，依然固守于媒体环境监测、信息传播、提供娱乐的"一亩三分田"，而忽视对用户多样化需求的满足，将会流失大部分用户。"服务＋"模式的核心在于针对用户多样化的需求提供各种相应的服务。目前，便民服务和电商是媒体最常见的服务形式。2016 年 11 月正式上线的云南广播电视台"七彩云"融合媒体平台就是一个典型的例子。与湖北广播电视台长江云一样，七彩云平台的主要服务对象也是云南省的广电系统，该平台将云南广播电视台和云南省各州市广播电视台集聚在一起，建成了一个涵盖新闻通联、融媒体内容生产、互动直播、Vlog、大政务、电商服务、便民服务以及其他综合服务的全媒体矩阵，相关内容产品通过两微平台、百家号、企鹅号等多个渠道分发。在县级融媒体中心建设的国家战略下，七彩云平台计划成为融内容服务、渠道拓展、技术、人才、信息安全、政务等多位一体的平台。

在"服务＋"方面，2020 年 7 月 14 日，上海广播电视台、上海市文化广播影视集团有限公司与上海市教育委员会合作继续打造全媒体在线教育品牌——"上海空中课堂"，这也是广播电视媒体主动承担起社会教育和服务功能的实践。相关的教育服务主要分为三个板块：第一板块是上海市中小学通过上海空中课堂开展的在线教育服务；第二板块是针对中小学生开展的专题教育；第三板块是面向成年人的终身教育，包括老年大学等课程。上海文广除了提供线上的教学课程外，在 2020 年 7 月 15 日至 8 月 12 日，上海空中课堂还推出了面向中小学生的暑期夏令营免费公益活动。该活动的主要课程内容包括 STEAM（艺术人文＋人工智能）线上课程，具体方式为电视课程在线收看、在线互动指导、优秀作品评选展映及闭幕颁奖仪式等。参加活动的学生可以通过上述方式，体验"一带一路"的沿途风光和人文景观，聆听沿线的独特音乐，此外还可接受人工智能的科普性基础知识。①

在"服务＋"方面，湖北广播电视台的垄上频道也做了不少有益的探索，该频道主要面向农民提供各种服务，包括农业种植知识、技能、农产品供给与销售、农民工求职信息、农民工求助信息等。垄上频道也入驻了长江云平台，2018 年年底到 2019 年年初，在长江云融媒体中心的统一调度下，垄上频道不仅与中央级媒体、全省各地市县州的媒体开展合作，还与淘宝、京东、拼多多等电商平台进行联动，打通农产品与消费市场之间的连接，开展了一场"百天千万扶贫行动"。扶贫行动期间，湖北广播电视台开展了 12 场"新闻＋扶贫＋电商"大型融合直播活动，省扶贫办、省农业农村厅、省商务厅等政府部门，以及全省各地的"云上"系列都参与到活动中，解决了对农扶贫最后一公里的问题。其中，第一场活动就是针对红安县的特产"红安苕"的直播活动，在长江云活动标准和模板的指导下，"云上红安"具体落实直播活动，联动良好。据湖北广电统计，"百天千万扶贫行动"的总点击量超过了 1 亿人次，销售农产品 2100 多万元，还获得了全国 2018 网络公益年度优秀传播项目奖。由于活动的积极影响，中国记协也参与到 2019 年的活动中，这次活动沿用了上一年的模式和操作流程，主要定点扶贫甘肃文县，帮助该县销售农产品。据统计，在 7 月 22 日直播开始的 90 分钟时间内，就已卖出了 2300 斤花椒。截至 7 月 22 日的 17 时，长江云平台的点击量达到 211 万人次，全网总点击量突破 1164 万人次。②

无论是县级融媒体平台的政务和民生服务内容，还是在线教育和扶贫直播服务，广播电视媒体都根据地方特色在"服务＋"的路上进行了积极有效的探索，这为全媒体矩阵建设增添了新的内容。

四　全媒体矩阵建设中的误区与应对

本课题组通过对全国 10 多家媒体的实地调查和 50 多位相关从业者的

① 施露：《"上海空中课堂"合作协议签署，市教委与 SMG、东方明珠联手打造在线教育新模式》，2020 年 7 月 14 日，证券日报网（https://www.zqrb.cn/shishiywen/2020-07-14/A1594724696166.html）。

② 刘欣：《解密长江云：这是一次凤凰涅槃式的自我革命！》，2019 年 8 月 30 日，搜狐网（https://www.sohu.com/a/337656583_613537）。

访谈发现，目前中国大部分传统媒体都完成了"1+N"的全媒体矩阵建设，有些媒体已经在新媒体账号森林体系建设上积累了丰富的经验，形成了体系化、模式化的新媒体传播方式。但是部分媒体在建设全媒体矩阵、实现媒体融合发展的过程中也存在一些误区，主要表现如下：

（一）重终端铺设，轻后期管理及维护

在布局内容分发渠道方面，绝大部分媒体的做法都是先投入相关终端的建设，设置大量的新媒体账号，务必使媒体内容分发渠道覆盖所有的终端形式。有些媒体过度追求渠道和终端的占有数量，而忽视了对相关渠道与终端的管理与维护。由于社会化媒体的准入门槛普遍较低，部分媒体要求所有的部门、栏目以及大部分记者、主持人都开设相应的新媒体账号，以扩大影响力。然而，实际情况是，部分媒体由于缺乏对新媒体平台的运营与管理，建设方式仍然停留在将传统内容"新瓶装旧酒"式的全部投掷到新媒体平台上，平台之间的差异较小。这些媒体所设的大部分新媒体账号都存在用户阅读、点赞、关注、评论的数量比较少，账号社会影响力小的问题。有些账号由于缺乏维护，甚至变成了"僵尸账号"，而大部分账号的粉丝数量甚至比不上某些商业平台上的网络红人和 UP 主。

造成这种现象的主要原因在于，一些媒体在内容分发体系建设上仍然停留在对渠道和终端的占有上，缺乏互联网思维的培训，也缺少新媒体运营的相关知识与技能。此外，这些媒体对新媒体终端和相关新媒体账号，普遍缺乏规范的管理和必要的后期维护，有的媒体甚至完全关闭了账号的评论功能，这就直接切断了与网友的交流机会，导致平台缺乏开放性。曾经被视为具有新媒体办报示范效应的新闻集团电子日报 *The Daily*，就因为缺少必要的开放性，用户只能阅读报纸的原创内容，无法参与也无法分享，平台也没有打通与社交媒体之间的关联，最终只能以失败收场。这对中国媒体的转型发展也有一定的警示作用。在智能传播时代，各大媒体应当将内容分发渠道的建设重心从终端铺设转移到内容的差异化传播和账号的后期管理及维护上，要学会运用互联网思维和新媒体营销思维，增强与用户的交流，提高平台的开放性。

（二）重技术投入，盲目跟风，忽略了自身的实际

目前各大媒体建设全媒体矩阵和融媒体中心的主要动力来自国家层

面的政策驱动，市场动力和自身动力仍稍显不足。在行政指令的要求下，各级媒体纷纷斥重资以求技术的改造和升级，建设中央厨房和融媒体中心，但是一些媒体在建设中却忽视了自身的实际情况，或多或少地出现了盲目跟风建设的情况。部分地方媒体建成后的中央厨房系统启用不足，只在重大新闻的策划与制作过程中才得以启用，而在日常工作中，中央厨房和全媒体矩阵均沦为摆设品和"政绩工程"。由于各个媒体的资金投入、技术手段、人才资源等均有不同，在建设全媒体矩阵和融媒体中心的时候，不能盲目照搬或抄袭别人的模式，而应该根据自身的情况，设置好不同阶段的建设目标，一步步调整和升级。

（三）重技术应用，轻差异化内容分发

在全媒体矩阵建设上，几乎所有的媒体都注意到了技术应用的重要作用，除了在中央厨房和融媒体中心建设方面进行技术投入之外，对于VR/AR、MR、5G、4K、AI 等各种新的技术也非常重视，并积极将这些新技术应用到内容生产和分发环节，这是无可厚非的。事实上，无论是国内媒体，还是国外媒体，对于新技术在传播中的应用都非常重视。2020 年 2 月 5 日，在英国伦敦举办的"The Future of TV"（电视的未来）研讨会上，Technology, Media & Entertainment MSA 公司的独立市场顾问马克·史密斯、伦敦 Consulting, Technology, Media & Telecommunication, Deloitte London 公司的总监哈立德·哈亚特等人都认为，快速发展的相关革命性技术，如虚拟现实技术、云技术、声音技术、物联网技术、区块链技术、5G、AI 等，都与媒体的内容创意、内容生产及分发网络的演进有密切的关联，这既是媒体面临的新挑战，也是新的发展机遇。① 而一些资深媒体如 BBC、ITV 等也投入了大量的资源在新技术的研发及应用上。然而，值得注意的是，中国的大部分传统媒体在运营全媒体矩阵时，缺乏对不同平台用户差异性特征的有效分析，也缺少对这些新媒体平台传播特征与方式的分析。这就导致一些媒体在内容生产和分发时仍停留在"新平台＋传统内容"的形式上，分发到各个平台和终端的产品，除了在时长、音视频采用方式上有所差别之外，这些内容产品无论是从报道角

---

① 参见笔者 2020 年 2 月 5 日在英国伦敦参加的由 Royal Television Society 举办的"The Future of TV"研讨会。

度选择，还是从写作体例选取，抑或是从话语方式或者叙事上来说，相互之间的差别并不太明显，更遑论提供差异化的服务了。

在智能传播的背景下，电视媒体在转型发展的过程中必须认识到，各种终端和平台之间，无论是在传播方式上，还是在运营方式上，均存在明显差异。必须在互联网思维的指引下，将符合不同媒体终端或平台特色的内容分发到不同的终端或平台，同时要研究用户的需求，有针对性地推送定制化的内容。在这方面，《世界报》收购并整合德国电视新闻广播公司 N24 台之后的做法值得借鉴。虽然整合之后的《世界报》和 N24 台共用一个新闻编辑团队，但团队成员被鼓励采用不同的方式来最大程度地利用相关资源以及所有的分发渠道，根据用户的需求、内容相关性以及用户体验，将优质的内容合理分发到不同的平台，提升根据用户反馈来进行视频内容分发的比例，这些策略帮助《世界报》有效提高了绩效。

克劳斯·延森认为，媒介首先是交流互动的源，其次才是成为表达的形式或思考的客体。[①] 技术对媒体转型的推动作用是毋庸置疑的，全媒体矩阵是媒体内容分发体系建构的重要硬件，必须在技术的应用上进行充分的投入。但是正如丽莎·帕克斯所说，电视与计算机的融合不仅在于技术上，同时也激活了"主动"用户和"被动"观众的假设。[②] 在全媒体矩阵建设中，各媒体应该充分考虑自身的实际，不要盲目跟风，也不要忽视对终端和平台的后期维护与管理。在内容生产与分发方面，要充分考虑用户的需求和体验性，做到差异化分发和最优化内容分发，而在平台运营上，要对员工进行互联网思维和新媒体营销的相关培训，学会经营与管理不同的渠道和终端。

---

① ［丹麦］克劳斯·布鲁恩·延森：《媒介融合：网络传播、大众传播和人际传播的三重维度》，刘君译，复旦大学出版社 2012 年版，第 88 页。

② Parks, L., "Flexible Microcasting: Gender, Generation and Television – Internet Conver-gence", Spigel L. & Olsson J. (Eds.), *Television after TV: Essays on a Medium in Transition*, Dur-ham, NC and London: Duke University Press, 2004, p. 134.

第四节　OTT 服务与交互功能的开发

智能传播时代，电视媒体在内容分发系统的建设方面，除了进行终端和平台的建设与维护之外，也要涉及 OTT 服务的开发和交互功能拓展。其中，OTT 服务主要体现在互联网视频内容及服务的提供方面，而交互功能则是通过各种人机交互的形式，为用户提供更方便、更快捷、更人性化、更智能化的内容和服务。

一　OTT 服务的开发

OTT 是 Over The Top 的缩写，是从篮球运动中借鉴过来的一个概念，它的本义是指"过顶传球"。这个术语被引入互联网领域之后，用来指代"互联网服务商利用电信运营商提供的传输网络来为用户提供各类互联网应用服务"的现象。在 OTT 服务中，电信运营商无法直接接触用户，而提供 OTT 服务的企业则直接面向用户。在广播电视领域，最常见的 OTT 服务就是 OTT TV，即基于开放的互联网络的各类视频服务，其中尤其以提供各类视频点播内容和相关服务的互联网盒子最受中国用户欢迎。

（一）OTT TV 的业务范围、终端形式及与 IPTV 的区别

1. OTT TV 的业务范围

从世界范围来看，OTT TV 的典型消费模式就是各类互联网电视，而著名的 Netflix 就是一家为全世界多个国家提供各类网络视频点播 OTT 服务的公司。互联网巨头 Amazon 不仅为会员提供互联网视频点播服务，还开发了一款名为"Fire TV Cube"的电视盒子。这款电视盒子可以启动和关闭家庭娱乐系统，用户在电视上可以实现输入、播放或暂停正在观看的节目，还可以处理基本的 Alexa 问题。

2. OTT TV 的终端形式

从终端形式来看，目前 OTT TV 比较常见的接收终端包括互联网电视盒子、HDMI 电视棒、智慧 TV、DVR 机顶盒、支持互联网的智能蓝光/DVD 播放器，以及一些 PSP 游戏机等。其中，以互联网电视盒子最为常见，苹果公司的 Apple TV，亚马逊的 Amazon Fire TV Cube，Android TV，三星的 Samsung Allshare Cast 等都是比较常见的互联网流媒体盒子，国内

比较常见的互联网电视盒子包括小米电视盒子、乐视电视盒子、天猫电视盒子、爱奇艺电视盒子、荣耀电视盒子等。在 HDMI 电视棒方面，目前国内比较少见，而国外的 Chromecast，Roku，Amazon Fire TV Stick 等设备是典型代表。在智慧电视方面，目前 OTT TV 主要支持 Netflix 或 HBO Go 这类 TV 应用程序，国内则是各大智慧家庭电器生产商生产的智慧电视设备，如科大讯飞的智慧家庭设备等。

3. OTT TV 与 IPTV 的区别

虽然 OTT TV 与 IPTV 都属于互联网电视的范畴，但是二者无论是从运营还是传输网络，甚至是终端形式上，都有显著的差别。具体表现如下：

（1）内容提供商及业务运营商不同

在中国，由于 OTT TV 和 IPTV 都涉及互联网电视的内容供给和业务运营，存在一定的技术壁垒，也与互联网安全有着密切的关系，因此，国家为了统一管理，对之实行许可证制度，即需要获得相关牌照才能从事相关业务。目前，OTT TV 的内容提供商主要是各种互联网集成平台，国家已经颁发了 7 个相关牌照，主要为华数传媒、百事通、南方传媒等。而 IPTV 的内容提供商更加广泛，主要为上海文广、央视国际、南方传媒、国际广播电台等媒体机构。从业务运营角度来看，OTT TV 的相关业务运营都由拥有牌照的 7 家互联网集成平台负责，用户只是租用电信运营商提供的宽带业务，OTT TV 的相关业务与电信运营商无关。而 IPTV 则不同，电信运营商需要参与到 IPTV 的业务运营之中。

（2）传输网络不同

OTT TV 的传输主要依赖于电信运营商提供的普通宽带互联网服务，通过互联网盒子等设备，用户的终端设备与 OTT TV 内容提供商连接。在传输过程中，自适应流媒体协议是最基本的网络接入协议，视频内容通过对用户终端的互联网带宽、设备性能等进行动态监测和自适应协调，在普通质量和高质量视频流传输之间进行优化切换。受到网络的影响，目前 OTT TV 视频传输质量无法保证。但是，随着 5G 技术和光纤网络对传输质量和速度的革命性提升，OTT TV 的视频传输质量得到了优化。而 IPTV 的内容传输主要依赖于电信运营商提供的专用网络，目前这些专业网络的搭建已经比较成熟，投资力度也比较大，视频传输比较稳定，传输质量也相对较高。

（3）终端形式不同

OTT TV 的接收终端与 IPTV 也有显著不同。目前，OTT TV 的终端形式比较多样，主要包括各种类型的互联网电视盒子、HDMI 电视棒、智慧 TV、DVR 机顶盒、支持互联网的智能蓝光/DVD 播放器，以及一些 PSP 游戏机等。其中，国内比较常见的是互联网电视盒子，这些电视盒子主要是由各硬件厂商与 7 家牌照商合作生产，有的电视盒子甚至内置于电视机内，用户可以直接购买。而 IPTV 的终端主要为"IPTV 机顶盒 + 电视机"，这些机顶盒大多数为非智能机顶盒，需要配合专用的 IPTV 网络才能使用，主要由运营商为用户开通并办理 IPTV 服务时赠送，成本相对较低，使用的限制性较多，可操作性也比 OTT TV 小。

（二）OTT TV 的典型模式

经过十多年的发展，OTT TV 已经成为全球电视内容分发的一种主流方式。然而，由于技术的壁垒、消费习惯的差异和管理方式的不同，国内外 OTT TV 在发展模式上也逐渐演化出不同的体系。从全球范围来看，目前比较典型的 OTT TV 发展模式主要有三种。具体如下：

1. 欧洲的 HBB TV 模式

所谓的 HBB TV 是 Hybrid Broadcast 或 Broadband TV 的简称，意思是混合广播或宽带电视。这种模式的典型特征是兼顾传统的广播电视与 OTT 服务，它既可以与 DVB 兼容，也能够混合互联网服务；既是一种内容分发平台，也是一种接收终端，除了基本的广播电视功能之外，还支持 VOD 点播、时移电视、互动广告、在线购物、游戏等应用。

HBB TV 模式标准的建立者和推动者是欧洲广播联盟（简称 "EBU"），该组织为了避免各大广播公司之间由于混合广播或宽带电视等技术标准的不兼容而造成的传播隔阂问题，从而推动建立了一个覆盖欧洲的开放且中立的技术平台，让欧洲的各大广播电视网都能无缝对接到互联网宽带服务，使得服务、设备都能互联互通，为公众带来丰富多样的多媒体服务。[1] 德国是欧洲地区率先采纳 HBB TV 的国家，该国超过 90% 的电视机都支持 HBB TV，而最受欢迎的业务是 Catch－Up TV。除了

---

[1] 王润珏：《OTT TV 发展模式与运营方式探析》，《电视研究》2018 年第 11 期。

德国之外，法国、西班牙、丹麦、芬兰、波兰等一些欧洲国家也相继开通了 HBB TV 业务，电视网上商城、在线广告、商务信息、互动应用等相关服务也在不断探索之中。

HBB TV 模式本质上是一种商业模式，它以开放、中立、互联互通为最根本的特征，目的在于消除 OTT TV 发展中的技术壁垒和传播隔阂，它立足于欧盟这一政治共同体，具有一定的地域限制。

2. 美国的开放式 OTT 模式

这种模式完全以互联网架构为基础，开放性程度比较高，美国是这种模式的发源地和典型代表，Google TV、Hulu、Netflix、ITV 等都是支持这种 OTT TV 模式的。这种模式主张视频内容和服务不应当是广电运营商的独享专利，有线电视运营商、电信运营商、互联网企业、硬件设备制造商、软件应用供应商和视频内容生产商等各类市场主体，都应当有机会参与到视频内容服务的产业链当中，并借此获取相应的商业价值。除了 PC 端之外，OTT 视频服务还应当延伸到智能手机、互联网电视、平板电脑等多种终端。而在数字电视终端，视频内容只是服务的一种形式，网页浏览、游戏娱乐、在线购物、社交互动、智慧家庭等多种功能和应用都应当被集纳到数字电视终端当中。

美国的《1996 电信法》是开放式 OTT TV 得以发展的基石，在宽松而自由的互联网市场环境中，各种类型的企业凭借自身优势介入 OTT TV 业务领域。其中，YouTube（油管）是最早进入的互联网企业，随后，Apple、Microsoft、Google、Hulu、Netflix、Amazon 等都先后涉足 OTT TV 业务。2012 年 2 月，有线电视运营商康卡斯特也推出了流媒体视频服务，正式介入 OTT TV。

2017 年，YouTube 开通了电视直播服务——YouTube TV。该服务既为用户提供 ABC、CBS、FOX 和 NBC 的直播电视节目，还提供 ESPN、Fox Sports Networks 以及康卡斯特 SportsNet 等体育台的直播电视节目，甚至提供了 MSNBC、Fox News、USA、FX 等一些热门有线网的直播电视节目。在付费频道方面，YouTube TV 还提供 Showtime、Fox Soccer Plus 等一些节目供用户选择。除了电视直播节目之外，无限云端个人录像服务也是 YouTube TV 新开发的业务。用户可以同时选择 3 个频道的节目并录像，以供长期观看，而一次订阅的内容可以允许至多 6 个账户使用。此外，用户还可以使用谷歌的 Chromecast 电视棒将节目投射到普通电视机上观看，也可以直接在内置了 Chromecast 电视榜的相关终端上观看。YouTube TV 的订阅用户也可以获得 YouTube Red 付费订阅服务，所有的订阅服务取消也十分方便，这也是 OTT TV 相对于传统电视和 IPTV 而言的优势所在。[①]

以 Amazon 的 Fire TV Cube 为例，该设备是亚马逊 Fire TV 机顶盒与亚马逊 Echo 智能音箱的二合一版本，既能像普通的互联网电视接收终端一样看电视及应用服务，同时也能使用智能音箱进行语音控制，还支持亚马逊语音助手 Alexa。从外观上看，它是一个四方形的盒子，配置了亚马逊 Echo 的标准亮光边缘，侧面有多个按键，后面有电源、HDMI、USB等多个接口。Fire TV Cube 集成了 Alexa Voice Remote，能够兼容 Comcast、DISH 和 DirecTV 等机顶盒，还支持 4K HDR 内容、HDMICEC 和杜比全景声等，让用户在使用的过程中更方便，选择更多，体验更好。当用户设定好亚马逊语音助手 Alexa 服务后，不仅可以通过语音来操控 Fire TV Cube 打开或关闭电视机，还可以通过语音控制来选择看天气、看新闻、播放上次未看完的节目，或者命令快进、后退、控制音量大小，甚至还可以通过语音来操控其他智慧家庭设备，如音箱、窗帘、冰箱等。

3. 中国的可管可控模式

这种模式的典型特征在于强调对传输内容的监管，强化内容传播中的可管可控性，是中国独创的一种模式。为了避免因互联网电视的推广而带来的信息源混乱、内容质量良莠不齐，以及节目版权问题，国家广电总局对中国的互联网电视实行监管，其中，牌照制是这种管控模式的核心。

目前，中国的互联网电视许可证（牌照）有两种类型，第一种是"信息网络传播视听节目许可证"，根据《互联网视听节目服务管理规定》（广电总局、信息产业部令第 56 号）和《互联网等信息网络传播视听节目管理办法》（广电总局令第 39 号）等政策的规定，信息网络传播视听节目许可证主要针对通过互联网连接电视机或机顶盒等电子产品，并向

---

① 广播电视信息编辑部：《YouTube 推出 OTT 电视直播服务》，《广播电视信息》2017 年第 3 期。

电视机终端用户提供视听节目服务的类型;第二种是"互联网电视内容服务许可证"。根据《广播电视管理条例》《互联网视听节目服务管理规定》《互联网等信息网络传播视听节目管理办法》《广电总局关于加强互联网视听节目内容管理的通知》《持有互联网电视牌照机构运营管理要求》(广办发网字〔2011〕181号)以及著作权法等相关法律法规的规定,在中国开展以电视机为接收终端的互联网视听节目集成运营服务,必须先建立集成播控系统,并建立健全包括对节目内容的管理制度、节目生产与播出的安全保障制度,以及相关的应急处理机制,以确保对自己播出的视听节目内容保持可管性和可控性。此外,还必须遵守著作权法等相关的法律法规,并采取相应的版权保护措施保护著作人的合法权益。当传播的视听节目内容涉及影视剧、动画片、理论文献影视片时,还应获得广播影视行政部门颁发的《电影片公映许可证》《电视剧发行许可证》《电视动画片发行许可证》或《理论文献影视片播映许可证》。

国家新闻出版广电总局通过颁发互联网电视牌照的方式来管理 OTT TV 业务。目前,已经给未来电视、百视通、华数传媒、南方传媒、湖南电视台、中国国际广播电台、银河电视等机构相继颁发了共计 7 张牌照。OTT TV 目前没有直播权,有的机构采用延时方式进行直播,而互联网公司必须与这些互联网电视牌照方进行合作才能涉足相关业务。

(三)OTT 服务的系统化

当前的 OTT 服务主要集中在 OTT TV 上,事实上,除了 OTT TV 以外,OTT 带来的更是一种超越以往的,直接面向用户的服务。对于电视媒体来说,可以利用 OTT 服务将所有的屏幕显示终端串联起来,以形成"终端+平台+内容+应用"的系统传播格局。

1. 互联互通的终端

目前视听节目的接收终端十分多元,仅 OTT TV 的终端形式就包括各种类型的互联网电视盒子、HDMI 电视棒、智慧 TV、DVR 机顶盒、支持互联网的智能蓝光/DVD 播放器,以及一些 PSP 游戏机等。借助于智能操作系统,将电视机、电脑、平板、手机等多样化的屏幕媒体都接入 OTT 服务系统中,这是 OTT 服务系统化的物理基础。终端的互联互通不仅能够实现多终端的智能信息交互,而且也为融媒体中心的个性化内容分发打下基础,以便为用户提供更有针对性的内容和服务。

2. 基于云架构的公共基础平台

基于云架构的公共基础技术平台位于 PAAS 服务层，大数据分析技术是这个平台的支撑，借助于大数据收集和分析技术，平台能够获取用户的兴趣、爱好、热点话题、社会关系互动以及相应的行为数据，从而有针对性地为用户提供基于情境和需求的推送服务；与社交媒体的关联是这个平台的两翼。随着微信、微博等社交媒体在数字化生活中心地位的确立，社交媒体在口碑营销中的作用越来越凸显。社交媒体对于热点话题的发起和组织，有助于扩大 OTT 服务的影响力，增加用户黏性；互动技术是这个平台良性运作的驱动力，通过 App、H5、二维码、LBS、VR、AR、MR 等互动技术，用户可以获得丰富的交互体验，增强 OTT 服务的使用体验。基于这些互动技术之上的深层次的内容互动，还可以为用户带来更加深刻的人与空间、人与世界以及人与内容产品和服务的多维互动体验，从而提高用户黏性；多种终端之间的多屏互动是这个平台稳定运行的保障。不同的屏幕在人们的社会生活中有着不同的作用，而人们在观看电视节目的过程中注意力很难仅仅停留在单一的屏幕上，多个屏幕、多个终端之间的互动，能够实现内容分发的差异化和异质性，同时也能够帮助用户分享自己的观点和想法，实现社会互动，这也是智能传播时代人们典型的接受体验。

3. 多样化的内容与服务

内容与服务的多样性与丰富化是 OTT 服务的最基本要求。由于不同的终端和平台有着不同的属性，用户也有着不同的内容需求，充分的、差异化的内容就显得十分重要。对于 OTT 服务商来说，内容是短板，只有与广播电视台实现合作，并借助于广播电视台现有的内容和入口优势，才能实现移动终端和 OTT 业务的拓展。对于 OTT 服务而言，广播电视台不仅仅是一个内容提供商，更应该成为一个信息综合运营商，只有建立新型的内容渠道管理体系，实现内容和服务的差异化分发，才能适应智能传播时代的要求。

4. 重视用户体验的应用

与其他应用不同的是，OTT 服务十分重视用户体验感。在部署和设计 App 应用时，OTT 服务针对不同的内容采用不同的互动技术、设置不同的互动方式，以达到让用户得到独特的使用体验的目的。此外，还能实现多个终端之间的交互式操作，满足用户在接收内容和使用服务时，能在多个不同的终端之间进行操作，发表评论、实现社会交往。

总之，OTT 服务的开发让不同的终端系统在互联网的连接下有了交互的可能，实现了广播电视内容分发系统的升级。在未来，需要进一步推动 OTT 服务的开发，以适应智能传播时代的要求。

二　交互功能的拓展

丰富而便捷的交互功能，是传统的电视 TV 端与智能传播时代视听移动端的最大区别。传统电视的"人机交互"主要体现在使用遥控器来控制，在智能传播模式下，交互功能更加多元，除了算法推送、各类沉浸式视听内容产品之外，电视媒体还需要强化对多元化人机交互功能的开发，例如多屏互动、语音控制、触摸或手势控制等，让用户与电视终端之间产生一种双向的信息交流。

大数据、云计算、5G 技术、物联网、人工智能、虚拟现实技术、增强现实技术和混合现实技术等的不断出现，使得人机交互的形式更加丰富和多元。尤其是在增强型移动带宽、低时延高可靠通信、海量低功耗连接等优势的加持下，5G 技术让万物互联成为现实，推动了人机交互功能的丰富和深化。2019 年 6 月 6 日，中国正式发放 5G 商用牌照，5G 技术正式走入发展的快车道，媒体和终端的人机交互功能在这种技术环境下被激发出新的活力，电视媒体也不例外。

（一）交互功能的设计原则

在传统媒体时代，电视媒体的交互功能主要通过遥控器开关电视和选择节目为主。而在智能传播时代，对于电视媒体而言，设计和开发一系列能实现媒体终端与用户之间深度交互的功能与应用，是用户对电视媒体的新要求。在完成交互功能的设计时，有几个基本原则必须遵循。

1. 便捷性原则

在生活节奏日益加快和高科技产品大量进入人们生产生活的情境下，人们在消费时越来越注重对产品便捷性的要求，使用与操作中的方便与快捷也是用户对所有技术性产品的最基本要求，对于电视媒体的交互式应用来说也是如此。无论是在设计虚拟影像类互动产品的过程中，还是在设计语音操控或触屏操控类互动产品的过程中，甚至在多屏互动、线上线下互动类产品的设计中，都应该遵循便捷性原则，让用户能通过交互界面方便快捷地获取相关互动产品并进行互动服务。

2. 易用性原则

所谓的易用，指的是用户能通过简单的操控获取相关的产品和服务。从电子产品和互联网的发展历程来看，易用也是技术发展的方向之一。在获取同等质量的产品和服务的基础上，技术产品操作起来越是简单、越是方便，用户的接受程度就会越高，例如照相机、电脑、手机等都是如此。对于电视媒体而言，从通过旋钮调频到通过遥控器调台，再到通过智能音箱控制电视机，电视媒体操作系统也是向着易用性的方向不断发展。对于新开发的交互功能而言，只有秉承着易用的原则，才能赢得更加广泛的用户群体。

3. 体验性原则

所谓的用户体验，指的是用户在使用某种产品或获得某项服务时，从认知、行为、喜好、情感乃至身体上获得的一些主观感受。电视媒体是诉诸用户视觉和听觉的一种媒体形式，在高新技术的赋能下，电视媒体带给人们的视听觉体验将更加丰富。一方面，虚拟现实、混合现实等技术让真实生活中的场景更加生动地呈现在人们的眼前，不断创造着超真实的虚拟世界；另一方面，人工智能技术不仅能创造虚拟的影像和人物，同时也能让人与机器之间进行深度"交流"。此外，5G 技术不仅让万物互联成为可能，更让这些先进的技术和功能得以在媒体间顺利传输，这就为用户获得更逼真、更生动、更丰富、更多元的使用体验感创造了条件。在智能传播时代，电视媒体在开发交互功能的过程中，必须考虑如何让用户获得更好的体验感，即建立起"以用户体验为优先"的交互式功能开发与设计。

（二）电视媒体的交互功能

传统电视的交互功能是依赖于遥控器的交互，这具有许多局限性，也导致人类与电视机之间的交互体验不佳，亟须一种新的技术突破。互联网本质上也是一种信息的流通，它带来的交互形态更为多元，从代码到界面，从鼠标、键盘到触屏再到手势，从遥控器到语音，甚至眼神反馈，交互的方式日趋多元化，这给电视行业带来了新的机遇。虽然电视媒体的主要功能仍然是内容的观看和服务的使用，但在智能传播时代，交互功能也不应该被电视媒体遗漏。

1. 多屏交互

传统媒体时代，人们观看电视的过程实际上是电视媒体机构对观众的单向信息传播与控制的过程，但在智能传播时代，不仅电视的传播过程转变成媒体机构或其他传播者与用户之间的双向数据传输，而且用户的观看场景也由过去的公共化家庭空间场景转变为私人化的个人观看场景。大部分用户在观看电视的过程中都不会局限于某一个接收终端，使用两个甚至两个以上的屏幕进行互动，尤其是通过微博、微信、Twitter、YouTube、Tik Tok 等社交媒体平台与他人进行互动成为使用电视时的常态。伴随着电视接收终端的日趋多元化和用户使用电视终端时精力分散的典型特征，用户在不同的电视接收终端间进行多屏交互就成为电视媒体必须提供的一种交互功能。在电视媒体的内容分发渠道的设计上，必须考虑到多个屏幕和多个终端之间的交互性，并且要尽量实现多个屏幕之间的自由切换和联动。

2. 语音控制

随着智能科技的不断演进，人们对于语音识别及控制技术在智慧家庭中的应用越来越看重。可以说，语音控制是智能传播时代电视媒体必须具备的一项新的交互功能。对于电视媒体而言，语音控制系统是在人工智能技术的辅助下，用户通过语音来控制电视终端的开启与关闭、内容搜索、节目播放、游戏控制、广告控制、网上购物、在线教育以及其他相关服务的启动与使用控制等多种功能。

语音控制系统主要由语音采集、语音处理、语音识别、信号存储、指令提取、信号对比、命令执行等模块构成。其中，语音采集单元主要负责采集用户通过语音输入的各种命令；语音处理单元则负责对所采集的语音命令及信息进行提取特征参数、过滤冗余数据等相关处理，并对采集的数据进行编码，编码完成后的语音信号将被传输到语音识别单元的输入端口；语音识别单元用于识别编码之后的各类语音信号，并由此获得与编码后的语音信号相对应的语音文本；信号存储单元主要用于存储各类语音指令，包括若干预设控制指令，并形成相应的指令库；指令提取单元用于接收经过编码处理并转换之后的语音文本，在这个板块中转换后的文字指令字符串将被提取；在信号对比单元，被提取出来的文字指令字符串将与指令库中预设的若干控制指令进行对比，当文字指令字符串与预设控制指令重叠时，文字指令字符串将会被发送到命令执行单元，当文字指令字符串无法与预设控制指令重叠时，相应的文字指令字符串将无法被发送；语音控制系统中的命令执行单元是人机交互功能的体现端口，它会根据前端所发送的文字指令字符串控制智慧电视及相关终端的运行。当然，电视的语音控制系统也可以与智能家居的其他终端兼容，实现统一控制。

亚马逊的智能音箱是语音控制家庭设备的一次成功尝试，在大量音乐受众的支持下，智能音箱获得了较大的发展。然而，智能音箱存在着设备交互能力差和语音传递效率低的问题，不仅智慧家庭的服务内容、服务质量、用户体验都受到了单一语音反馈的极大制约，而且智能音箱也无法支持大信息量和多层级信息的传递。语音交互还有待变革。科大讯飞公司是国内语音控制和智慧家庭方面的先行者，他们认为，"每一次交互的变更，都会带来产品跟体验的变革。语音这种交互方式实际上是最适合家庭互联网的，家庭互联网时代会伴随着语音交互的全面推广而到来。从单纯的语音交互到强视觉语音交互的变革正在发生，未来智慧家庭的交互形式一定是基于强视觉的交互。"[1] 目前，科大讯飞计划将电视机这个"大型屏幕"作为联系智慧家庭各种设备的纽带，通过语音交互来提供相关智能服务，打造"连接更智能、设备更智能、服务更智能"的智慧家庭生态。为此，他们研发了"Home Screen OS"系统，帮助电视机成为家庭生活新场景中的核心屏幕，以解决当前家庭场景中核心屏幕缺失的问题，并将语音交互打造成为更加适应家庭场景新变化的交互方式。科大讯飞发展智慧家庭的第一步是将语音识别软件内置到电视机顶盒、电视遥控器等设备中，实现语音控制，下一步将通过技术的开放和资源的共享等多种方式，围绕家庭成员，尤其是老人和孩子的需求，开发更加多元化的产品。[2] 未来强视觉交互将有 AI 的强势参与，届时，智慧家庭场景将实现"1 个家庭场景 + 1 块核心屏 + N 个与核心屏联动的家

① 参见笔者 2018 年 1 月 16 日对舒某某的访谈。
② 参见笔者 2018 年 1 月 16 日对舒某某的访谈。

居设备"。其中，家庭场景可以是客厅、卧室、厨房等任何一个，核心屏是符合场景的、支持交互的各种形式的电视机屏幕，而家居设备之间可以借助电视屏幕实现信息、服务的共享，还能共同为用户创造新的交互场景。

3. 手势控制

手势控制与语音控制一样，属于一种新型的交互方式。它是指用户运用手部或胳膊等部位，在传感器上进行非接触式的动作，并以此来控制设备或应用的新型互动技术。手势控制是对键盘按键控制、鼠标滑动控制、控制杆摇杆控制和移动终端触摸屏控制等接触式控制方式的技术升级，具有反应灵敏、易操作性、互动感强等特点，为用户带来了一种全新的使用体验，也是人机交互"人际化"的产物。不同于微软的 Ki-nect 等注重全身体感的互动技术，手势控制专注于手部和上肢的动作识别与控制，所需识别的距离更短，灵敏度更高，速度更快，准确性也更高，适用于各类高精度、高灵敏度的领域。目前手势控制在游戏产业中应用较多，尤其是通过电视机等大型屏幕来进行投射的游戏。例如任天堂公司的经典游戏"超级马里奥"目前推出了手势控制版的马里奥庄园等游戏，用户手持接收器时，可以通过手势及胳膊的动作来控制游戏中的角色进行相关动作，用户的游戏体验感较好。手势控制也大大拓展了电视媒体的交互形式，启发电视媒体开发出更多通过用户的肢体动作甚至表情、眼神等来控制的交互形式。

4. 沉浸式观看

沉浸式观看是指借助于虚拟现实技术，用户在观看视频内容时产生身临其境的观感。人类的感官，如视觉、听觉、触觉、嗅觉、味觉是沉浸感生发的主要方式。某些智慧电视生产商正在探索沉浸式观看技术，如三星的 QLED 电视就能让用户享受到一种前所未有的沉浸式观看体验。简约的设计让三星电视和谐融入家庭，成为智慧家庭的一部分，"大屏 + 完美画质"又让用户在观看时产生一种身临其境之感，再加上自动景深优化系统，实现了画面的对比度和景物层次的实时调节，让画面中的景物层次分明且立体感强，从而带给人们一种沉浸式的视觉体验。

除了电视机之外，借助于一些虚拟仿真技术也能显著增加电视观看中的沉浸感。VR 是一款融计算机、电子信息、仿真技术三位一体的计算机虚拟仿真技术，具有多感知性、交互性等特征。通过计算机技术，VR将现实生活中的各类数据与输出设备关联在一起，并通过三维模型建构出现实世界中物体的虚拟形象，让用户通过 VR 设备真切感知到模拟环境中各类物体的大小、形状、颜色、气味、运动、声音等多种特征，甚至能让用户在随意操作中获得来自虚拟环境的最真实反馈，从而真正实现人机交互，并获得沉浸感。2020 年 3 月，各地博物馆通过 VR 技术上线，让人们可以足不出户就能体验到博物馆各类馆藏的魅力。AR 是通过计算机技术将原本现实世界中那些由于空间范围限制而难以让用户体验的实体信息进行模拟仿真处理，让它们在虚拟世界中得以被人类感知，从而让人类得到了一种超越现实的感官体验。2014 年，Facebook 以 20 亿美元收购了 Oculus，AR 热潮在全球出现，AR 和 VR 技术一样，在电影、城市规划、虚拟仿真教学、手术诊疗、文化遗产保护等诸多领域得到应用，给用户带来更优质的沉浸式体验。MR 是美国 Magic Leap 公司正在研发的新型虚拟现实技术。该技术将现实场景信息添加进虚拟环境中，形成新的交互反馈，以增强用户体验的真实感。它最大的特点是，实现虚拟世界与现实世界的实时互动。此外，Magic Leap 还提出了 CR（Cinematic Reality，影像现实）的概念，它是使虚拟场景与电影特效一样逼真的应用，旨在模糊现实世界与虚拟世界的差别，在任务完成、场景应用及内容提供等诸多方面都与 MR 类似。

由各类技术带来的电视观看中的沉浸感，是电视媒体交互功能的重要构成，在未来的电视终端设备的研发上，不能忽视沉浸式观看的问题。

（三）交互界面及操作的设计

交互界面是用户接入交互设备或应用的窗口，也是用户获得的第一个互动体验。对于电视媒体而言，交互界面既包括传统的电视机和新型的投影仪，也包括各种移动端口，如 PC、手机、平板及其他智能移动端口。交互界面的设计影响着人们对交互设备或应用的第一印象，而感觉器官又是人类探知世界的首要途径，交互界面和交互应用给人类的视觉、听觉、触觉，甚至是其他感觉留下的体验深刻影响着人们对这一设备或应用的接受意愿和消费态度。在进行交互界面及相关操作的设计时，产品设计师必须秉承以人为本的原则，注意交互界面对用户的视觉、听觉、触觉等多种感官的使用感受和体验，让用户使用起来既方便快捷，又有一定的愉悦感。

1. 视觉设计

视觉是人类感知世界的第一要素，也是最重要的要素，人们往往通过眼睛来观察事物的大小、形状、颜色、运动状态等外在状态，并由此来获得与该事物有关的各种信息。作为电视媒体的交互界面而言，它的视觉设计就显得十分重要，它不仅影响着人们的使用体验，同时还肩负着传达品牌意义等内在信息的任务。

（1）界面的设计

交互界面的呈现方式是用户首次与交互界面建立视觉接触的基础，因此需要注意视觉呈现的效果。对于电视终端而言，屏幕的尺寸都是有一定限度的，不可能将所有的内容都直观地呈现在一个界面里，必须有所侧重，并尽量减少用户在决策中所花费的时间。因此，交互页面上各个要素的安排位置、安排顺序、标识的大小、色彩的应用等，这些细节的设计既要符合人们的审美习惯，同时也要能达到传递特定信息的目的。首页是用户进入交互界面的第一个接触页面，首页的设计更为关键。而色彩是最能冲击用户视觉的信息，首页的主体配色一般要求和谐、舒适，以不过度刺激人们的眼球为首要原则，当然如果需要在首页上特别突出或强调某些元素，可以运用一些与主体色彩对比强烈的颜色来予以突出。而后续页面的配色也要以和谐为第一要义。当页面包含内容较多时，可以适当对颜色进行处理，以达到提高易用性、方便阅读的目的。舒适的颜色和较低的对比度能减少用户阅读中的视觉疲劳，而针对用户使用时的不同场景来适配页面颜色，也能提高用户的使用舒适度。例如，当设备在室内使用时，屏幕的对比度要调低，而当设备在户外使用时，屏幕的对比度要适当调高。字体也是信息传递的重要元素，首页上字体的设计以突出、醒目为主，能方便用户快速地寻找到关键信息，而后续页面的字体设计要以与页面整体和谐为基础，要让用户浏览起来方便且不容易产生视觉疲劳。所有页面的字体间距、行距以及适当的留白也非常重要，页面设计要以保证用户能在终端屏幕上正常阅读相关信息为准。适当地使用图标既可以提高页面的美观，同时也能减少对用户阅读的干扰。目前，一些数字有线电视和OTT TV的交互界面设计得比较精美，页面的色彩搭配比较恰当，关键字体的大小设计、位置设计比较合理，让用户能比较方便地找到所需要的信息，如 Amazon Prime Video、百视通等。

（2）关键交互点的设计

这里的关键交互点是指那些可以通过点击、触摸或者语音等方式的控制操作来完成交互任务时的按钮。关键交互点在交互界面中至关重要，它的位置设置需要显眼，要让用户能方便地找到，同时要根据终端的屏幕大小，来安排交互按钮的大小，要让用户能方便地进行控制操作。从色彩设计上看，关键交互点不需要太过突出，与页面的整体配色协调即可。此外，用户在控制关键交互点时，还要注意设置相应的转场特效。界面之间的转场是用户通过关键交互点操控的活动，它可以增加用户对页面之间层级关系的理解，同时也可以帮助用户进行下一步的操作。如果界面之间缺乏转场，采用直接过渡，就会显得十分生硬，用户的使用体验感也不理想。页面之间的转场不仅需要与前后页面的排版布局、色彩搭配、字体设置等进行协调，同时还需要注意页面中的停留、入场、退场、持续等诸多元素的运动过程。也就是说，在设计转场特效时，需要让同一个元素在前后页面中的尺寸、颜色和位移等基础属性保持一致，也需要让不同元素在前后页面中的运动过程能被用户清晰地看见，同时还要让转场的效果快速地达到，以从感官上给用户带来视觉冲击力，让用户获得更好的体验感为主。

（3）动画效果的设计

在交互界面中增加动画效果，不仅能丰富界面内容，同时也能让用户对界面有更深刻的理解。在交互界面中设计一系列微动画和类似的动画，并在关键点设置动画效果的随机模式，这样可以增加用户在使用交互界面中的新鲜感和惊喜度。但是需要注意的是，并非动画效果越多越好，越复杂越好，过量的、过于复杂的动画效果都会影响到交互界面的响应度以及界面的使用性能，从而造成用户体验的反效果。可以采取渐进的方式呈现动画效果，让适量的动画效果分散到每个交互点，从而增加界面使用中的流畅度和用户的体验感。

2. 听觉设计

听觉也是人类感知世界的重要手段，有的时候听觉带给人们的印象甚至超过了视觉，在人机交互中增加听觉效果，能增强交互过程中的系统应答性，从而给用户带来更好的交互体验，因此，交互界面的设计也要注意听觉层面的设计。例如在打开交互界面和点击关键交互点时,如果有相应的音效出现,不仅能减少交互界面因单一视觉效果呈现而带来的乏味感,同时也能增加使用过程中的交互性。Tik Tok 能迅速占领国内外短视频市场的原因之一,就是该应用以音乐为特色。用户在使用抖音时,无论是观看他人的作品,还是上传自己的作品,音乐都是其中的核心因素,15 秒左右的音乐伴奏,节奏感强的流行乐曲,恶搞、夸张的"神曲",经典歌曲的翻唱……多样化的音乐为短视频创作带来了新的方式。凭借着音乐的独特魅力,原本单调或并不出彩的视频作品被附加上独特的意义,也给用户带来了不同于其他短视频应用的体验。而与抖音类似的短视频应用,如快手、微视、火山小视频等,都因为缺少独特的视听体验,音效效果不太理想以及参差不齐的内容,用户欢迎度远不及抖音,这些短视频只好凭借发放现金奖励等方式才能吸引用户。这也说明,听觉体验在交互式界面设计中不可忽视。

3. 交互式操作设计

操作是人机交互界面最重要的构成部分,而简便易行、拟人交互是操作设计的基本原则。克利福德·纳斯(Clifford Nass)和拜伦·里夫斯(Byron Reeves)在《传媒方程式:人类如何像对待真人、实地一样,对待计算机、电视机和新媒体》一书中提出了"传媒方程式"(the Media Equation)理论,即人类对提供模拟人类交互的计算机界面反馈良好。他们还发现,人类希望用他们与其他人类互动的那种"社交"方式,与技术设备(计算机、电视机和其他电子媒体)互动。[①] 事实上,各种人机交互界面的发展历程也印证了这一发现。约翰·马尔科夫就提出,20 世纪80 年代,随着苹果 Macintosh 和微软 Windows 系统的来临,直接操纵成了计算机用户界面领域最风行的模式。相比直接在键盘上输入命令,用户可以通过使用鼠标拉拽图片边角,直接改变计算机屏幕上显示的图片形状。[②] 到了智能传播时代,通过触屏、语音等形式来操控设备成为流行趋

① [美]约翰·马尔科夫:《人工智能简史》,郭雪译,浙江人民出版社 2017 年版,第 186页。

② [美]约翰·马尔科夫:《人工智能简史》,郭雪译,浙江人民出版社 2017 年版,第184—185 页。

势。例如，苹果 Siri 就是一款用语音来操控手机的 AI 系统，它提高了用户在某些不适宜键盘输入或键盘输入不安全的情境下的操作速度，如走路或开车时使用智能手机。虽然微软在人机交互方面比苹果启动晚，但微软的 Microsoft Cortana（小娜）和微软小冰在机器学习和人工智能方面的尝试也比较有意义。其中，小娜更偏重于服务，而小冰更侧重于对话等娱乐内容。当用户与小娜进行智能交互时，这不是一种简单的存储式的问答，而是机器学习与对话。在使用中，微软小娜通过记录用户的使用习惯和行为，并结合搜索引擎、云计算以及"非结构化数据"分析，来读取系统中的文本文件、图片、音频、视频以及电子邮件，并"学习"用户的语义和语境，从而实现人机交互。例如，当系统中的日程显示用户即将参加会议，小娜就会自动将手机调整成会议模式，这也是微软从个人计算机走向个人计算的一个探索。在中国，百度小度、小米小爱、华为 Sound X、天猫精灵等智能音箱的出现，也是人机交互"人际化"的一个表现。

在人机交互界面操作系统的设计方面，必须考虑如何通过简单的操控形式来模拟人际交往，从而实现人类与终端设备之间的信息交换。对于电视媒体来说也是如此，人类对电视机的操控从最初的调频变为遥控器控制，现在又出现了语音操控、触屏操控等控制方式。尤其是当电视终端形式多元化后，人类对电视机的操控方式也更加多样。在进行交互操作的设计时，必须考虑到不同终端的屏幕大小。对于大屏幕的电视机、投影仪，操作设计需要更多地考虑语音操控、手势操控等操控方式，并尽量使这些操作方式更加简便易行。而对于小屏幕的平板、手机等移动端，操作设计则需要偏重触屏操控，所以用户手指的活动范围会直接影响到交互式界面中的信息分布。例如在 tab 式导航栏的设计上，位置设置于底部最适合用户使用拇指进行操作，这一般可以设置为一级导航栏。根据交互设计师史蒂文·霍伯于 2013 年研究发现的"拇指法则"，即接近一半的用户都是单手拿着手机用拇指来操作，哪怕是使用双手持握大屏手机时，大部分用户还是更倾向于使用拇指操作。① 乔什·克拉克

① ［美］Steven Hoober，Eric Berkman：《移动应用界面设计》，林敏等译，机械工业出版社 2014 年版，第 6—7 页。

（Josh Clark）的研究也得出了类似的结论，即75%的手机交互都是通过拇指来完成的。这些研究都提示我们，对于小屏幕的终端进行交互设计时，主要考虑的是拇指的操作灵活性。根据拇指在小屏幕上的活动范围来看，屏幕2/3的下半部分区域都属于容易操作的Natural区，屏幕顶部的1/3的中间区域属于拇指需要伸直才能操作的Stretching区域，而顶部1/3的左右边上属于拇指比较难操作的Hard区，因此，在小屏幕终端设计交互式产品时，用户的一些常用交互功能都应当放到Natural区和Stretching区，而较少使用的一些模块可以放到Hard区。根据这个原则，一些重要的信息、功能板块以及希望用户通过社交媒体分享的内容都可以通过卡片式设计放到Natural区，而滑动手势、重要的按钮等一定要远离拇指难以操作的Hard区，并提供足够大的点击区域，以避免用户误操作。在未来，电视终端的操作方式将更加多样、更加灵活，人机交互界面也将变得更加"人性化"。

（四）交互功能的反馈

交互功能的反馈是检验交互效果的重要方式，也是增强用户交互体验感的重要途径。在人机交互中，用户的操作行为是否能在界面中获得相应的结果，系统的进程及状态是否正常进行，是否有提示用户进一步操作的确认或警告等，这些信息的及时反馈能够带给用户一种安全感，能让用户清楚操作行为的进程，并明确自己的下一步操作。而良性运作的反馈机制也有助于提高用户与系统之间的交互性。在设计电视媒体的交互产品时，用户的每一个潜在行为和期望都应当被交互设计师所考虑，尽量做到让用户能够及时地、轻松地、容易地、快捷地完成相关操作。

在人机交互系统中，基础的反馈机制应当包括用户的使用状态反馈、进度反馈和位置反馈三种。其中使用状态反馈帮助用户理解目标对象所处的状态；而进度反馈用于显示加载的进度，降低用户等待时产生的焦虑感；位置反馈则用于帮助用户定位自己在系统中的实时位置，避免因迷失方位而产生焦虑感。在交互设计中，无论是作用于用户的视觉，还是作用于用户的听觉，甚至是用户的触觉，交互界面都应当设置相应的反馈机制以帮助用户掌握其所处的位置、任务进度和使用状态。在交互界面中，这些反馈机制可以通过简单的文字提示框和命令输入栏呈现，也可以是增加了视觉图像或动画的各类提示信息，还可以是附加上贴近生活场景的音效的提示信息，当然，某些触点，甚至是 VR、AR 和 MR 等也都可以被运用到各类反馈机制的设定中。

总之，反馈的形式是多样的，但无论形式如何，良好的反馈机制都应当具有及时性、易用性，且应当与用户的情感认知相匹配。

第五节 "互联网＋电视"场景模式的建构

场景是指在一定的时间和空间（主要是空间）范围内，人们工作和生活的多种情景。智能传播时代的到来，不仅改变了电视媒体的终端形态，也改变了人们使用电视的习惯，电视的使用场景也随之发生了改变。家庭并非观看电视的唯一场景，电视观看中公共空间、家庭空间和私人空间的相互渗透、互相重叠成为常态。

用户通过场景来判断及识别产品，不同场景之下的用户对产品的感知、记忆、接受及使用情况都是有所差异的，可以说，场景赋予了产品生动化的意义。电视媒体是一种特殊的产品，尤其是在智能传播时代，面对诸多的信息形式和平台，电视媒体只有为用户提供理想的生活场景，并将电视嵌入场景当中，才能打动用户。这就在电视内容分发体系的建构中提出了场景化建构的问题。

一 电视使用场景的演变

电视媒体自诞生以来，它的使用场景就一直伴随着电视机在家庭中的普及情况和接收终端形态的变化而发生变化。

（一）诞生初期的公共社区场景

早在诞生之初，电视的使用场景具有鲜明的小社区公共空间属性。由于当时电视机尚未普及，只有少数家庭拥有电视机，因此一大群人围坐在一起共同观看一台电视机所播放的节目的情景成为常态，这就形成了一个临时的"小社区"。在这个时代，拥有电视机的家庭便在这个临时"小社区"中拥有了相应的社会地位，电视内容的观看也相对地控制在电视机所有者的手中，当然，其他观看者也有一定的建议权。此时，人们不仅坐在一起观看电视，他们还会围绕所观看的节目内容，进行适当的讨论和交流，观看电视俨然成了人们的一种日常社交活动。

（二）传统电视时代的客厅场景

当电视机进入千家万户以后，电视的使用场景就从社会公共空间转向家庭，尤其是客厅。家庭的客厅是一个独特的空间结构，它介于公共空间与私人空间之间，既具有某些私人的属性，同时又是家庭内部的公共空间。一家人围坐在一起共同观看一个电视节目是这个时代电视使用的最基本场景，由此，客厅也逐渐成为家庭空间中最重要的一个子空间。当然，对遥控器的争夺也是家庭中最常见的一种权力争夺活动，因为谁掌握了遥控器谁就拥有了控制电视观看内容的权力。在客厅这个使用场景中，家庭成员不仅共同观看电视节目，也会围绕相关的情节进行简单的讨论，这也成为家庭内部的一个重要的社交活动和情感交流途径。

（三）移动媒体时代的私人空间场景

移动终端的出现打破了客厅对电视使用场景的垄断，电视使用逐渐成为一项私人活动。手机、平板等移动终端的出现，让视频内容的观看更为便捷，只要设备联网，用户随时随地就可以完成视频内容的观看，这就摆脱了传统电视观看必须以家庭为基础的局面，电视使用进入客厅与各类私人空间场景并用的时代。在家庭场景内，随着移动终端对私人领域的深度介入，客厅在电视观看中的地位逐渐下降，在有的家庭中，电视机甚至沦为背景和摆设，一家人坐在一起各自使用自己的手机或平板，这种情景也逐渐成为移动媒体时代的典型场景。除了家庭场景中的使用之外，户外也成为人们使用电视的场景之一。在公交、地铁、公园、咖啡厅、楼道等公共场所中，人们不仅可以借助于户外屏幕观看电视，还能在自己的闲暇时间利用移动终端观看电视，也能沉浸在自己的私人空间中。

（四）智慧媒体时代客厅场景的再崛起与多终端交互

智能电视的出现让电视机获得了新生，家庭再次成为电视使用的重要场景，尤其是在实现了智能家居联网的智慧家庭中，智能电视更是成了中心屏幕。它不仅可以用来观看电视，也能用来控制其他家电和各类终端，还能完成娱乐、电商、交互等诸多功能。此外，智能电视还能给用户带来超真实、沉浸式、交互式等新的感官体验，这进一步增加了电视的魅力。在这种情境下，客厅这一场景再次崛起，重新成为肩负家庭内部情感勾连功能的家庭场域，并再一次成为人们生活的中心。在智慧家庭中，家庭已经不再只是人类的一个生活空间，更是成为联系多种终端和设备的媒介中枢，家庭这一场景的空间意义也随之得到拓展。①

　　进入智慧媒体时代以后，电视媒体不仅只是一种影响人们的外部技术力量，更是成为人们生活于其中的空间，即马克·迪兹等人提出的"媒体城邦"（Mediapolis）。在这个空间中，来自媒体的传播流时时刻刻在进行意义的生产，可以说媒体支撑着当今人类日常生活的各种体验和表达，而人类则生活在各自的私人信息空间之中。② 在智慧媒体时代，智能电视是连接各类终端的"媒介中枢"，它与人们的日常生活密切相关，不可分割，由此，电视的使用场景也逐渐转变为人们的整个生活场景。

二　智能传播时代电视的场景化互动

　　进入智能传播时代以来，人工智能技术、大数据、云计算、物联网、5G 等技术的更新换代与迅速推进，不仅推动了电视屏幕的多样化，更拓展了电视的功能，电视的使用逐渐步入多元场景相互交织与重叠的情景。各类技术支持下的场景化互动，也逐渐成为"互联网＋电视"场景模式建构的关键。其中，比较突出的场景化互动表现如下：

　　（一）"电视＋物联网"的场景重叠

　　物联网和 5G 技术让"万物互联"真正成为现实，语音控制、手势控制则让用户对设备的控制更为便捷，沉浸技术、虚拟现实则让电视的人机交互体验更好。在这些技术的加持下，多种场景互相重叠的情况不断出现，并成为智能传播时代的一个典型特征。

　　在 5G 技术的支持下，移动终端接收和传播音视频内容的速度和质量得到了显著的提升，电视观看时的"指尖场景"也越来越受用户欢迎。指尖场景可以随时嵌入其他的场景中，如商场、公交、家庭等，场景的重叠也成为常态。在人工智能、物联网等技术的支持下，各种智能家电得以接入家庭这个局域网络，并通过简单而便捷的集中交互控制成功实现互联，智慧家庭越来越受欢迎。在智慧家庭中，由于智能电视不仅能

---

① 刘泽溪、窦书棋：《智能电视主导下的场景变迁与功能拓展》，《视听》2019 年第 11 期。
② Deuze M.，"Media Life"，*Media，Culture & Society*，Vol. 33，No. 1，January 2011.

被观看和使用,还能被用来控制其他智能家电,因而逐渐变成智慧家庭的"媒介中枢",并实现了智慧家庭的多元信息共享与多种功能联动。在智慧家庭中,客厅逐渐从原来的家庭成员的公共休闲娱乐场所转变为现代生活的公共文化中心,客厅场景的功能和价值实现了结构性变迁。科大讯飞等科技公司在智慧家庭方面有较多的探索,而场景重叠也成为研发机构设计与开发的重点之一。

(二)多屏互动

互动是智能传播时代最显著的特征,而万物互联时代的到来更是丰富了互动的形式。人与人之间,用户与媒体之间,人与机器之间都在发生着密切的数据与信息的互动。对于电视媒体来说,电视终端的大屏幕与移动终端的小屏幕之间的互动,其他联网的终端与作为媒介中枢的电视或其他屏幕之间的数据交流与互动,这些都是智能传播时代重要的场景化互动。其中,前一种互动主要涉及用户对电视相关内容的使用评价、电视相关产品或服务的获取方式与使用情况交流、具有相同旨趣的群体的互动与交流等;而后一种互动主要涉及各类终端使用情况的反馈以及用户数据的收集等。2016年以来,央视"春晚"期间的"摇电视""互动拜年红包"以及用户在微信等社交媒体平台关于"春晚"的话题讨论等,这些都是最简单的大小屏互动。在未来,各类终端之间的互动形式和内容将更加丰富,在内容分发体系建设方面必须考虑这一情况。

(三)沉浸式观看

沉浸式观看超越了传统的观看体验,也是智能传播时代电视的另一种重要的场景化互动。全息影像、数字视觉、实时互动、虚拟现实、混合现实、人工智能等多种元素的加入,为用户带来了全新的感官体验,不仅能让用户在观看时体验到一种真实空间与虚拟影像之间界限被打破的感觉,还能在观看中根据用户的喜好调整观看内容,甚至完成其他交互,这就实现了让用户沉浸在丰富的信息内容之中。当前,沉浸式观看已经成为媒体视频化转型的重要内容,一些科技公司也在积极研发各种沉浸式观看的技术产品。

在国外,沉浸式拍摄技术已经在影视作品的制作中开始使用。例如在美剧《曼达洛人》第一季的拍摄过程中,为了让演员在拍摄中更顺畅、更自然地表演,剧组使用了360度的LED屏幕墙来代替绿幕进行拍摄。

在拍摄过程中，LED 屏幕墙上会显示出制作组通过游戏引擎预先制作好的场景，这样的方式比起绿屏拍摄来说，角色可以更好地嵌入环境当中，演员也能进行更加自然的表演，拍摄起来也更流畅。相比于绿屏拍摄，LED 屏幕墙带来的另一大优势在于灯光。LED 屏幕墙的加入让拍摄现场有了更好的环境灯光照明，同时它还能提供逼真的色彩和反射效果，这样就能避免因为绿屏使用而带来的"溢出效果"。此外，在拍摄现场，工作人员还可以通过新研发的虚拟集合控制系统来控制拍摄现场，如背景环境的曝光度、颜色、动画播放和补光效果，电影制片人可以随时访问虚拟集合控制系统。观众在观看这类采用了虚拟现实等技术拍摄制作出的作品时，也能获得更好的沉浸式观看体验。

在国内，2019 年封面新闻就完成了"智能＋智慧＋智库"的三位一体式智慧媒体建设，并实现了视频内容观看时的沉浸式以及丰富多样的交互。而新华社也在利用虚拟现实等技术增加观众观看时的沉浸体验方面，进行了一些积极的探索。例如在"纪念长征""飞跃泸定桥""2016年度巨献"等虚拟现实作品中，新华社采编人员尝试利用虚拟现实技术来还原新闻现场，用增强现实技术来实现现实环境和虚拟世界的场景叠加，并使用分布式虚拟体验技术来实现让 4 人以上的用户可以同步体验沉浸到同一虚拟场景中，这些新技术的加入增添了节目的魅力。而技术手段与好的内容的匹配，也让新闻报道的接受度与体验感更强。

三 智能传播时代电视场景化建构的关键

进入智能传播时代以来，场景成为继内容、渠道、社交之外的又一个重要元素，而场景化应用和服务的提供也成为智能传播时代媒体发展的应有之义。在电视媒体场景化建构的过程中，易用性、体验感、交互感和精准性是建设的关键所在。

（一）场景的易用性

易用是普通用户对技术使用的最基本要求。对于电视媒体而言，在开发场景化应用的时候，除了要针对性地设计出符合场景特征的应用之外，更重要的是要让用户在使用过程中既容易获得又容易操作。这就需要将场景化应用直接嵌入产品中，并通过用户的点击、滑动、触摸或者语音控制及手势控制等简单的操作行为来完成对相关应用的操控。场景化应用的易用性将大大提升用户在使用过程中的体验感,并让用户获得一定程度的满足感。

（二）体验感的重视

在媒介产品相对过剩的信息时代,对于用户来说,媒介产品体验感的好坏是仅次于内容是否有吸引力的重要衡量标准。而所谓的体验感,是指用户使用过产品之后的第一感受,它既来自用户使用过产品之后的高峰记忆,也来自用户使用过产品后与其他类似产品进行的对比。在消费品相对过剩的现代社会中,产品体验感的好坏直接决定了该产品的生死,甚至会影响消费者对产品所属品牌的印象。对于电视媒体的场景化应用来说,体验感也是至关重要的。相关应用使用起来是否方便,细节设计是否合理,视觉效果是否良好,能否支持沉浸式观看,音效及音乐使用是否符合产品特点,是否提供了可供交互的接入口,产品对用户是否友好,是否达到甚至超过了用户的心理预期……总之,场景化应用的细节和服务都决定了用户体验感的好坏,在设计时不可忽视。

（三）多功能交互的维系

在智能传播时代,人们对场景的认知突破了时空范围的限制,不仅线上线下的交往活动更为频繁,而且媒介与现实之间的场景变换也更为迅捷。提供多功能的交互也成为智能传播时代电视媒体场景化应用设计的题中之意。这种交互一方面体现在,电视媒体的场景化应用应当支持用户与社交媒体之间进行信息分享,让用户能自由地分享相关信息,并与其他用户之间进行充分的交流。另一方面还体现在电视媒体的场景化应用的人机交互上。人机交互是人类对技术发展的基本要求,电视媒体的场景化应用不仅应当及时准确地对用户的操作行为进行反应,同时还要将用户的使用情况及时反馈给后台,通过搜集和分析用户数据来发掘用户的场景化需求,并积极满足用户的场景化需求。

（四）精准定位的实现

对用户使用场景的精准定位是场景化应用与用户使用相互匹配的关键。这既依赖于基于位置的服务（简称"LBS"）及其相关技术的应用,也依赖于大数据挖掘及分析技术。全球定位系统和北斗定位系统等定位系统都可以用于确定用户的空间位置。而定位系统与场景化应用的结合,可以帮助系统及时切换到合适的场景应用当中,从而提供更精准的服务。

而大数据及其分析技术也可以帮助系统确立用户的地理位置和使用场景，并预测出用户的场景化应用需求，从而提供更精准、更高效的内容和服务分发。在移动互联时代，用户的地理位置和使用场景会经常发生变化，内容的分发就必须适应用户使用场景的变化，服务的提供也要更加精准，更加贴合使用场景的需求。大数据和定位系统的结合，更有利于信息和服务的精准分发。

四　智能传播时代电视媒体场景化建构的路径与策略

场景化应用是电视媒体内容分发系统建设的重要构成，必须给予足够的重视。智能传播时代电视媒体场景化建构的主要路径如下：

（一）个性化场景的搭建

智能传播时代用户在观看电视时的习惯、兴趣和需求都各有不同，针对他们的个性化需求搭建起相应的场景就显得比较重要。个性化场景的搭建既可以依赖于大数据技术，即通过大数据来挖掘用户的观看内容、观看场合、接受偏好等使用数据，从中分析出用户的接受习惯和场景需求，并通过一定的算法来针对用户的个性化场景需求进行智能化、精准化的推送，这是搭建个性化场景的路径之一。LBS 也能有效提供关于用户使用场景的定位数据，这将有助于电视媒体精准掌握用户使用媒体时的地理属性和空间属性。而根据用户的使用场景来有针对性地提供相应的内容和服务，能精准匹配用户的场景需求与服务供给，从而搭建起个性化的场景。美国知名科技资讯网站 Mashable 致力于为用户提供各类地理位置服务，目前该应用在新闻界也得到了应用，记者们发现它在传播那些与特定地址有关的突发新闻方面非常有效。《纽约时报》已经与该公司签订合作协议，将该网站 Tips 留言板块的内容链接至《纽约时报》网站的相关文章上。此外，其他的一些定位服务网站如 Gowalla、Brightkite、Loopt、Where、Hot Potato 等也能为媒体提供有关地理位置的相关服务，甚至一些社交媒体，如 Facebook、微信等应用也支持提供位置信息，这对于个性化场景的建构而言是一大利好。

（二）沉浸式场景的打造

运用多种技术，尤其是虚拟现实技术，营造用户使用时的沉浸感，这对于沉浸式场景打造来说相当重要。VR、AR 等虚拟现实技术在视频内容中的应用，进一步缩小了虚拟现实和生活场景之间的距离，增强了用户的场景体验感，而影音互动的加入更增加了用户的沉浸式体验感。2018 年 11 月 16 日，新华社客户端发布的新媒体创意互动作品《父亲·我们·时代》，就运用了特效在北京、上海、深圳 3 个城市的 4 个改革标志性地点设置了巨幅红色边框的"父亲"图片，并完成"与时代同框"的互动。作品中虚拟场景与真实画面进行叠加合成，场景设置打破了时空界限，实现了从父辈的眼神中穿越时空的创意。而 2018 年 11 月 30 日至 2019 年 3 月 20 日期间，央视网推出的《"伟大的变革——庆祝改革开放 40 周年大型展览"网上展馆》更是将 AI 主播、3D 建模和虚拟现实技术等诸多技术应用于网上展馆，搭建了一个沉浸式的场景。其中，3D 建模技术将图片、文字、音频、视频等多媒体的互动内容叠加到网上展馆中，数字化、全景式展现了实体展馆的面貌，让用户足不出户即可体验到实体展馆参观的真实体验。三维全景建模、WebGL 等技术与虚拟现实、多媒体互动等手段的融合，为用户带来了 360 度的沉浸式、漫游式的观展体验。此外，该应用还开发了一键智能漫游展区的自动观展功能，在观展时用户还可以听到 AI 主播的语音解说，而该功能基于先进的语音合成技术。实时互动也是该应用的一大特色，该应用设置了实时互动留言入口，用户在观展后可以随时发表自己的观展体验和感受，互动合影专区还能为用户提供互动合影服务，从而为观众留下一份难得的网上观展记忆。

（三）场景分享的实现

在智能传播时代，社交是维系媒体与用户之间关系，也是增强用户黏性的重要手段。用户通过社交平台或媒体提供的互动平台，交换自己的意见和使用感受，从而获得一种满足感，这是智能传播时代社交的最基本方式。在电视媒体的场景构建中，应当引入并建立用户分享行为机制，除了激发用户的点赞、转发、评论、分享等行为之外，还要鼓励他们借助于社交媒体和自身的社交关系链进行场景分享。在这个意义上，电视媒体的内容分发渠道也拓展到了与之对接的社交媒体平台上，甚至也连接起了用户自身的社交关系链。2018 年 5 月 17 日中俄头条 App 发布的新媒体创意互动作品《"点赞上合"大型线上互动活动》，就邀请并号召上合组织各国的政界人士、文体明星、广大网友通过录制点赞微视频的形式参与跨国线上互动，充分发挥了新媒体平台和人际传播的优势，产生了极大的社会影响。其中《哈萨克斯坦歌手迪玛希点赞上合》的点阅量超过 100 万，活动期间海内外各平台点赞互动总量达到 1.03 亿，征集视频 1200 多条。

面向智能传播时代的电视媒体在使用场景上发生的巨大变化，媒体人必须适应这种新的形式。而借助于各类技术实现场景的个性化、沉浸式和互动分享性，这是智能传播时代电视媒体场景化建构的重要途径。

第 五 章

面向智能传播的电视媒体
主业开发及产业链延伸

  智能传播时代媒体内容商业价值的多少与媒体流量的变现程度，直接影响到媒体经济效益的好坏，这也是直观判断媒体转型成功与否的标准之一。要实现商业价值的增值，提高流量的变现程度，就必须强化运营管理。正如访谈对象 J4 所说："内容和运营同等重要，互为支撑，内容是运营的基础，运营是内容的保障，甚至在某种程度上，运营能力本身也是一种内容生产能力。"[①]

  纵观国内外媒体实践，在运营策略方面主要有两种路径，即"纵向"的媒体主业的深度开发与"横向"的媒体产业链的适度延伸。不少国外媒体更偏重于植根媒体主业进行立体纵向开掘，除了提高内容生产的质量外，他们还致力于开发相关的内容应用及内容衍生产品，并通过"付费墙"机制获得新的发展，如纽约时报、BBC 等媒体；大部分国内媒体则更关注媒体产业链的"横向拓展"，除了在内容生产方面推动视频化与融合发展之外，他们还积极探索各种产业链拓展与延伸策略，如开展"线上＋线下"的活动，搭建中介型平台，尝试入主短视频和直播行业，通过社会化营销策略扩大影响，组建 MCN 机构，进行直播带货等。例如访谈对象 J4 就认为："视频将成为传统机构媒体的标配，产品形态从直播、短视频、中视频到更多可能，新闻视频到底能多大程度商业化，任重道远。"[②] 在新的形势下，电视媒体既需要注重对媒体主业的深度开发，

---

① 参见笔者 2019 年 10 月 12 日对《新京报》刘某的访谈。
② 参见笔者 2019 年 11 月 17 日对《新京报》刘某的访谈。

同时也需要适度拓展产业链。

第一节　电视媒体主业的深度开发

媒体产业链的纵向延伸实际上是对媒体主业的深度挖掘。智能传播背景下，电视媒体面临的挑战更多，尤其是在视频化成为媒体发展的标配时，电视媒体更应当发挥自身内容生产的优势，对主业内容进行深度开发。电视媒体的主业既包括提供各种形式的视听信息内容和服务，也包括提供符合受众合理需求的娱乐性内容。进行主业内容的创新性生产，打通电视媒体主业的上下游，提供高质量的媒体主业产品，并建立合适的付费墙业务，是当前电视媒体深度开发媒体主业的主要路径。

一　主业内容的创新性生产与开发

智能传播的到来给媒体产业提出了新的命题，即开发出适应受众新的接受习惯和使用习惯的内容产品。对于电视媒体而言，主要涉及主业内容范围的适度拓展、主业内容表现形式的创新、新技术手段在媒体主业中的应用等方面。

（一）主业内容范围的适度拓展

主业内容范围的适度拓展有助于主业内容的创新性开发。对于电视媒体而言，可以从开发衍生节目、拓宽内容制作的题材和类型、开发衍生类产品等方面着手。

1. 衍生节目的开发

开发热门节目的衍生节目，如热播综艺节目、热播电视剧等，是当前电视媒体主业内容拓展的一种常见形式。早在 2012 年，浙江卫视除了播出《中国好声音》之外，还推出了《好声音成长教室》《中国好声音（加长版）》等衍生节目，打造了一个关于"好声音"的节目矩阵。湖南卫视在播出《爸爸去哪儿》之际，也推出了《和爸爸在一起》的衍生节目，甚至还制作了《爸爸去哪儿大电影》，开发了"爸爸去哪儿"这一 IP。2020 年播出的《乘风破浪的姐姐》《这！就是街舞》《中国新说唱 2020》《明日之子乐团季》等一系列热播综艺，至少开发了 1 档衍生节目，有的热门综艺节目甚至开发了 8 档衍生节目，形成了一个节目矩阵。

纵观当前的衍生节目，从内容范围来看，它们已经不再局限于为正片提供各种未播出的"边角料"，形式和内容更加多元，有的甚至还有完整的节目环节，可以说已经成了一档"新栏目"。从题材上看，衍生节目涵盖潮流、音乐、推理、偶像养成、垂直选拔等多个领域；从形式上看，衍生节目的形式涵盖深度访谈、生活记录、竞技游戏、互动娱乐等多种；从播出平台上看，衍生节目不仅通过电视台官方渠道播出，而且也覆盖了官方网站、两微一端、短视频平台等多个渠道，如《中国新说唱 2020》就通过"随刻 App"推出了《用说唱的方式陪你看中国新说唱》《中文说唱听力测试》《站着说唱不腰疼》3 个短视频类衍生节目。据广电总局监管中心 2020 年 8 月 4 日发布的《2019 网络原创节目发展分析报告》显示，2019 年热门综艺节目的衍生节目就达到了 186 档，其中 158 档属于付费内容。①

2. 拓宽内容制作的题材和类型

电视媒体的主业内容生产与时代有着密切的关联，时代的变化深刻影响了内容生产的范畴、对象、题材、类型、形态等诸多方面。进入智能传播时代后，原先没有成为媒体主业内容构成的一些新现象、新事物、新趋势也逐渐被卷入媒体主业当中，成为新的内容生产原料。例如，"6.18""双十一""双十二"等购物节活动原本是网络电商平台为了营销而创造出来的一些概念。然而，随着网络购物活动在人们日常生活中的普及，在这些特殊时节参加网络电商平台举行的购物活动，也逐渐成为一种新的流行趋势。"双十一"等活动也因为创造出了一个个的销量"神话"，逐渐走进媒体的视野，媒体通过新闻报道和综艺节目的形式介入这一题材的开发。从 2014 年开始，湖南卫视就尝试与电商平台合作推出电商晚会类节目，引发卫视与电商平台合作的新潮流。2020 年 11 月，五大卫视加入"双十一"购物狂欢的战局，在电视荧屏上推出"购物狂欢节"节目。其中，湖南卫视首次与拼多多合作，联合打造的"11.11 超拼夜"更是获得了六网实时收视第一的不俗战绩。

---

① 鲍楠：《广电总局监管中心发布〈2019 网络原创节目发展分析报告〉，20 万字全景扫描行业》，《广电时评》2020 年第 Z8 期。

传统媒体时代，人们平淡无奇的日常生活是不可能进入媒体主业范围的。然而，随着城市化进程的加快和经济生活的飞速发展，在一些网络平台上，尤其是短视频平台上，出现了大量以展示自己或他人日常生活为主要内容的短视频，有些短视频还造就了一个个"网红"。如李子柒的生活类短视频不仅在中国风靡全网，而且也走出国门，她甚至在 YouTube 等国际互联网平台上拥有几百万的粉丝量。2020 年，四川甘孜理塘县一位朴素的藏族小伙儿丁真，因为在网络平台上展示了自己的日常生活和家乡的风光后迅速走红，不仅引发四川、西藏等地文旅部门在社交媒体上的"抢人大战"，更引发主流媒体的广泛关注，央视新闻、人民网等多家主流媒体纷纷对他进行报道。这些生活类短视频为繁忙的都市人展现了一幅幅"世外桃源"般的传统生活画面，引发了人们对纯真而质朴的生活的向往。这些媒介实践说明，在智能传播时代，电视媒体适当拓展媒体主业的内容范围，也是重新获得受众欢心的一种方式。

3. 衍生类产品的开发

衍生类产品是从媒体主业中延伸及拓展出来的一些业务，如专业数据库的开发与利用，相关案例库的建设等。对于那些专业性程度比较高的媒体，完全可以从媒体主业中开发出一些衍生类产品，从而形成新的媒体业务。财新传媒就在这方面进行了不少探索，他们推出了不少数据库产品，如企业人物数据库提供独具特色的公司、人物数据信息及相关资讯热点，清晰呈现复杂人物、企业关系；专享资讯栏目专门针对金融投资人士，提供国内外权威财经媒体实时资讯。① 这类专业数据库和内容产品对于大多数企业来说都具有一定的吸引力。

（二）主业内容表现形式的创新

除了内容范围的拓展外，表现形式的创新更是媒体主业内容创新的重要表现。"互联网＋"带来的不仅有许多新的事物、现象和趋势，更带来了新的表现元素和表现形式，将这些元素和形式适度融入媒体主业的内容生产中，更能创造出意想不到的效果。2018 年春节之际，中央广播电视总台央视财经频道推出《幸福照相馆》H5 产品，创新性地将"多人脸融合"技术与改革开放 40 年来各年代最典型的全家福照片模板融合到

---

① 参见笔者 2018 年 4 月 18 日对黄某的访谈。

一起，改变了以往过年全家一起吃饭看电视的单一场景，激发家庭成员运用 H5 产品拍摄全家福，回忆往昔美好生活，并借此进行家庭互动。这款创意互动产品视角独特，充满人文情怀，创新性十足，影响力跨越国界，产生了较好的社会效果。新华社全媒体报道平台的微视频《父亲·我们·时代》也是一个创意十足的内容产品，浏览人数超过 2.1 亿人次。该作品以 37 年前的一幅油画《父亲》作为开篇，将许多"父亲"的照片和油画作品通过红色相框浮现在虚拟背景中，并以此作为推动情节转移和过渡的关键，整个作品在历史照片、视频与人物采访的交替中呈现改革开放 40 年以来的那些"点睛"时刻，致敬奋斗者。其中，在"巨变"这一篇章中，特效与真实画面叠加合成，展现了深圳 40 年来的沧桑巨变，场景突破了时空禁限，创意鲜明。新华社除了制作 5 集国家相册特别节目之外，还推出"与时代同框"线上线下互动活动，强化了全媒体产品的创意。

除了传统电视媒体之外，短视频播放平台也在探索新的内容表现形式。2020 年，"快手·状元"直播答题活动是在国家广播电视总局的统一部署和大力支持下，快手科技联合国家相关部委，与新华社、人民日报等中央级媒体联合推出的大型直播答题活动。活动所有题目均围绕当下的重要新闻事件、重要人物、五中全会的重要精神及重要思想、重要论断、重大举措等展开，以当下年轻人喜欢的网络互动答题的形式和奖金刺激，共同吸引青年群体了解并关注国家大事和重要新闻，活动的互动感与参与感很强。从当年 1 月初开始，"快手·状元"直播答题活动一共进行了 3 期，其中，第一期围绕 2019 年的重要新闻事件展开，第二期是 1 月 27 日推出的"疫情防控"专场，面向用户传递疫情防控信息，第三期是 11 月 16 日开始首播的"快手·状元"第二季直播答题活动。第三期活动进行了升级，共推出了 3 轮直播答题活动，题目围绕五中全会的重要精神展开，每场活动全部答对的用户将获得通关，而所有通关用户将一起平分 100 万答题金。2021 年春节期间，快手直播答题以新的名称——"超级播"直播答题再次进入人们的视线。该活动延续了前几期关于重要新闻事件、重要思想、重要会议精神的主题，以累计正确答题 5 题参与瓜分春节红包的形式，吸引了众多网友的关注。快手直播答题这样新颖有趣的答题互动活动，是短视频平台发挥自身优势，拓展主业内容表现形式，实现媒体社会价值的一次新的尝试。

（三）新技术手段在媒体主业中的应用

新技术手段在媒体主业中的应用也是主业内容创新开发的重要途径。大数据、云计算、可视化等技术在媒体主业中的应用，推动了数据可视化类产品的诞生。这类产品以直观的、交互的形式来展示复杂的数据性内容或问题，让用户能理解其中的关联性。而超高清、3D 立体声、VR/AR、无人机航拍、4K、8K 等技术介入媒体主业，不仅提供了一些新的拍摄角度和虚拟实景效果，而且也为用户提供了更加直观、更具有参与感的内容观看方式。人工智能为媒体内容生产提供了新的技术工具，例如虚拟主持人、机器写作、机器视频内容生产、虚拟配音、算法推送、智能换脸、虚拟实景等，同时也成为重要的内容元素，AI 的加入让媒体主业内容更加丰富。5G 赋能物联网技术，让万物互联成为可能。万物互联时代，利用新技术手段制作的内容和其他联网的电器所提供的信息，将极大丰富媒体主业内容。

Vlog 的出现及运用也是新技术手段在媒体主业应用中的一个表现。作为一种融文字、图片、音频、视频等元素为一体，以第一人称为最主要的拍摄视角，直观展示用户生活场景的视听内容形式，Vlog 一直是网络短视频平台的主打内容。随着 Vlog 内容的走红，这种新的纪实手段也逐渐渗透进传统媒体，并在综艺节目和电视剧中频频亮相。

此外，在智能技术的支持下互动内容和游戏内容也成为媒体主业的重要构成。除了互动类 H5 产品、直播答题等形式之外，互动剧也是一个新的领域。2020 年 1 月，爱奇艺平台播出的《爱情公寓 5》第 13 集《弹幕空间》就是一个典型的互动剧。该集的剧情中被事先设置好了 16 个互动节点，用户通过对不同节点的选择，直接影响剧集走向。在 TV 端，爱奇艺推出"帧绮映画"产品，支持超高清流畅解码、画面动态补偿、大音腔扬声器等视听新体验。游戏内容介入新闻内容生产，也是近几年来媒体主业拓展中出现的一种新的尝试。例如，在 2020 年全球抗击新冠疫情期间，游戏类内容以其强烈的互动性和参与性，吸引了众多受众通过游戏的形式来增强自己对疫情相关信息的理解。

二　电视媒体主业上下游的打通

传媒产业链汇集了传媒的内容生产、传播技术的开发以及营销等诸多业务，打通并建立这个贯通媒体主业上下游的产业集群，也是智能传播时代电视媒体主业深度开发的重要命题。

（一）打通媒体内容生产的全流程

对于电视媒体而言，打通内容生产的全流程是完成媒体主业开发的先决条件。随着全媒体指挥中心、中央厨房、县级融媒体中心等相关建设在各级电视媒体中的推行，电视媒体基本上已经打通了新闻性内容生产的全流程。

湖北广播电视台长江云就是一个典型案例，该平台除了打通了内容生产的后台之外，还实现了一键部署采编任务、多终端上传稿件、快速复制所采集的素材、多媒体内容的分发、并支持与各县级融媒体中心的共享联动，真正实现了多个产品共享一个后台和内容产品的多终端覆盖，成功地支撑起数以万计的产品，并实现对数亿用户的连接。"新闻＋政务＋服务"是该平台的定位，在媒体融合技术的支撑下，新闻内容、政务内容、便民服务等信息共聚，为各类用户搭建了一个利益共享的平台。

甘肃省玉门市融媒体中心也是一个典型建设。在融媒体共享平台的建设上，玉门市广播电视台将辖区内机关事业单位的媒体平台和社会上的新兴商业媒体平台整合起来，建设起了覆盖内容生产全流程的媒体矩阵，支持大数据抓取与分析、云计算、无人机拍摄、全景拍摄、移动直播、机器人写作、用户机拍摄与内容上传、手机直播连线等多种新式内容生产技术，生产多样态的媒体内容产品。

北京市海淀区融媒体中心借助于海淀区的区位优势和技术优势，整合全区的报、台、网、端、微等资源，打通多种媒体平台的内容生产，覆盖内容策划、流程设计、采访与编辑、播发调度、内容储存、效果评估、人员管理、绩效考核等整个生产流程，实现"一体策划、一次采集、多种产品、多媒传播"。该中心还利用海淀区的教育资源和商业媒体资源丰富的优势，与北京大学、清华大学、中国人民大学等高校的新闻传播学院，以及新浪网、网易、今日头条、快手传媒等商业媒体机构合作，建立"新闻网站融媒体工作室""百度融媒体工作室""短视频融媒体工作室""交互动画融媒体工作室"等 9 个融媒体工作室,实现了资源、技术、内容、平台、人才等多种资源的共融共享及内容生产的协同化。

河南省项城融媒体中心也是一个典型案例。该中心在建设过程中也打通了内容生产的全流程,不仅将原来的市电台、电视台、《项城市讯》、项城网、《项城瞭望》及其官方微信、微博、客户端等八大宣传平台整合为一体,还打通了与全市其他 70 多家网站和 42 个微信公众号之间的通联渠道,实现了多个平台的统一运营和管理。在媒体主业方面,"新闻 + 政务"是其主要模式,除了新闻资讯外,市长信箱、市长热线、群众爆料、民生诉求、城市管理、相关业务查询等也成为其重要的业务构成,宣传功能和服务能力都得到了显著提高。

上述四家媒体均通过打通媒体内容生产的全流程,将多个媒体平台的资源整合在一起,最大限度地利用媒体的现有资源,畅通媒体主业上下游的内容生产链,推动了媒体主业的发展的深化。

（二）加强与算法产业链上下游的延伸对接

在上下游业务链建设方面,除了打通内容生产全流程外,也需要兼顾与内容生产相关的其他产业链的上下游,例如算法及其产业链。算法是一系列解决问题的清晰指令和策略机制,它本质上是一种计算机技术。进入信息化社会以后,算法正在以日益加剧的复杂性、与人类更加亲密的方式塑造着人们的生活。人类对机器的依赖程度日益提升,这种影响也渗透到视听传播领域。算法不仅关系到电视媒体对受众需求、使用行为与使用感受的获知、了解与分析,也关系到内容产品的精准分发与个性化推送,它是视听内容产业链集群的重要构成部分。因此,加强与算法产业链上下游的延伸与对接,就成为电视媒体转型发展中的必要环节。在这方面,社交媒体平台和短视频平台走在了前列,字节跳动旗下的今日头条、抖音、火山小视频、西瓜视频等产品就以算法技术为核心,迅速占领市场。在传统媒体方面,芒果超媒公司走在了前列。芒果 TV 是该公司的主业中心和旗舰,延伸与对接算法产业链的上下游是该公司发展的重点,而与国内外的相关机构开展创新合作与产品开发是该公司的发展策略。通过这些策略,其产业集群已经完整覆盖视听内容生产的上下游。

（三）加强与智能电视产业链上下游的延伸对接

智能化是电视产业的发展方向，加强与智能电视产业链上下游的延伸与对接，也是打通电视媒体主业上下游的重要保障。智能电视产业链上游关联的是人工智能及其他各类智能技术，而智能电视产业链的下游沟通的是各类智能电视终端。

1. 关联人工智能及其他智能技术产业

虽然目前人工智能产业才刚刚起步，但它给传媒产业带来的震动却不容小觑。人工智能极大地提高了内容采编环节的便利程度，增加了编辑记者对信息获取的速度和广度，为电视内容生产发掘了更为丰富的素材，而且人工智能本身也成了一种新鲜的内容素材。计算机视觉、自然语言交互等多模块交互技术的运用，给电视内容带来令人耳目一新的视听效果。人工智能技术还极大地影响了内容的分发，个性化、精准化、差异化的内容分发已经成为短视频平台内容推送的标配，这必然也会给传统电视媒体的内容分发产生一些影响。

2. 关联智能电视终端产业

各类智能电视终端的发明与推广也是智能产业对电视媒体的最大贡献。语音操控、智慧家庭集中控制、投影终端显示、内容智能搜索、混合现实门户、多模块智能交互……智能电视终端带给用户的体验越来越震撼，电视媒体也需要强化与智能电视产业链的对接。在这方面，字节跳动公司进行了一些成功探索。作为一家专注于传播科技、推动媒体发展的科技公司，字节跳动在智能化技术的推动下，加大了算法与个性化推送的力度，迅速占领市场。

三　高质量主业产品的提供与付费墙业务

提供高质量的主业产品是电视媒体获得长远发展的重要途径。以《纽约时报》《华尔街日报》为代表的国际知名媒体，在转型发展的过程中，无一例外都选择了加大高质量主业产品的生产，借此建立起付费墙业务，从而在激烈的媒体竞争中打了一场"翻身仗"。

（一）提供高质量主业产品，打造品牌产品

对于媒体而言，在建立起覆盖多种媒体终端的媒体矩阵之后，"内容为王"仍然是赢得受众的主要战略。优质的内容产品能带动用户的深度参与，也能为媒体带来良好的口碑，并保障媒体公信力。

在国外，传统媒体与新媒体平台都十分重视内容生产，他们发起了一轮又一轮的"内容争夺战"。其中，流媒体平台 Hulu 与《纽约时报》合作推出的 The Weekly 就因延续了高质量内容制作的传统而广受好评。而 Hulu 的竞争对手 HBO、Amazon Prime 也在推出高质量内容产品、打造媒体品牌的道路上进行了许多探索。HBO 的 VICE News Tonight 凭借优质内容获奖无数，近期又与 Axios 客户端合作推出了系列新闻节目，尝试制作高质量的新闻内容。Amazon Prime 也凭借由乔纳森·戴米（Jonathan Demme）执导，艾伦·卡明（Alan Cumming）主演的现实纪录片《The New Yorker Presents》广受关注。

在中国，许多媒体通过内容创意和拳头产品的打造来塑造品牌。2019 年全国"两会"期间，人民日报新媒体中心为了制作出高质量的创新性内容产品，提前进行创意征集和运作生产，推出了不少热门产品，如备受关注的 H5 作品《点击！你将随机和一位陌生人视频通话》。石家庄广播电视台在实行媒体融合发展战略的过程中，除了坚持移动优先、保障移动端的资源匹配之外，更为注重的是生产高质量的新媒体内容产品。在这种思路下，"无线石家庄"移动客户端和微信公众号逐渐成为移动端拳头产品。北京市海淀区融媒体中心也通过创建融媒体工作室来保障对优质内容的生产。他们设立了"百度融媒体工作室""短视频融媒体工作室""交互动画融媒体工作室""新闻网站融媒体工作室"等 9 家"海淀融媒"融媒体工作室，通过创作优秀融媒体作品，来讲好海淀故事，传播海淀声音。

（二）开展付费墙业务

维兹等人认为，在过去的几年中，为了在更广泛的经济市场中取得竞争优势，媒体的"商业模式"理念已经成为一个重要的全球性现象。[①]作为媒体商业模式的一种，付费墙业务源自于美国报业的数字化转型。它是媒体对自己所开展的在线内容和业务实行付费阅读的模式。

① Bernd W., Wirtz, Pistoia A., Sebastian, Ullrich, Göttel, "Business Model: Origin, Development and Future Research Perspectives", *Long Range Planning*, Vol. 49, No. 1, Feb, 2016.

1. 付费墙业务的发展溯源

从全球范围来看，最早推出付费墙业务的是《华尔街日报》。早在 1997 年，《华尔街日报》就在其网站 WSJ. com 上设置了付费墙，对所有的网上内容实施收费。该报网站汇聚了大量的优质财经类信息及数据，这些内容具有很强的独特性，从而支撑了这种通过收费实现赢利的商业模式。1998 年以后，该报凭借其高质量的付费内容赢得了 20 多万订户。此后，该报调整了付费模式，目前网站内容实行部分内容免费。《华尔街日报》的付费墙模式打破了一贯以来互联网内容免费的传统格局，重新赋能付费机制，推动了新观念的形成。①《纽约时报》的前 CEO 也认为，订阅是数字化模式的核心，而读者的支付意愿关系着媒体的生存。有眼光的读者会为更优质的内容付费，这就像品位好的消费者会花更多的钱购买更优质的鞋，看更好看的电视节目。②

2006 年以后，美国许多中小型报纸的网站纷纷尝试建立付费墙制度，并以此减缓了发行量快速下跌的问题。2011 年，《纽约时报》宣布对在线内容进行收费，具体形式为在一个月内用户所阅读的文章达到一定数量时便开始收费，但对订阅了纸质版的用户则免费。据 McKinsey & Company 数据显示，到 2019 年年底，《纽约时报》的付费读者数量达到 650 万。③ 斯普林格集团是欧洲最大的数字出版商之一，旗下的《图片报》（Bild）和《世界报》（Welt）两家媒体在数字化转型的过程中也选择了付费订阅的模式。2018 年 10 月，两报付费订阅用户超过 50 万。在英国，传统的付费电视供应商天空、英国电信、维珍媒体这三家机构一直垄断市场。但流媒体服务商，如奈飞、亚马逊和迪士尼等也非常受欢迎。受疫情影响，到 2020 年年底，这三家服务商的订户数量达到 3240 万，其中首次注册的用户超过 300 万人。流媒体服务商的订户数量大约是传统付费

---

① 余婷：《美国报纸网站付费墙的发展历程及模式探析》，《新闻记者》2012 年第 7 期。

② 施然：《20 年后纸质版〈纽约时报〉或将消失？——四大策略解读纸媒的数字化转型》，2020 年 10 月 15 日，中国传媒经营网站（https://www.caanb.com/cmzx/rdjj/2020 – 10 – 15/354.html）。

③ 施然：《20 年后纸质版〈纽约时报〉或将消失？——四大策略解读纸媒的数字化转型》，2020 年 10 月 15 日，中国传媒经营网站（https://www.caanb.com/cmzx/rdjj/2020 – 10 – 15/354.html）。

电视供应商签约用户的两倍。①

在中国，最早推出付费墙业务的是财新传媒。这家成立于 2009 年的专门提供财经新闻及资讯服务的全媒体集团于 2017 年 11 月 6 日起正式推出付费墙业务。目前，财新网仍有一些常规性新闻、观点评论、图片、视频、博客等内容实行免费，但其他内容则实行按年收费的制度。此外，喜马拉雅 FM 的付费节目《好好说话》，知乎的知识付费类产品——值乎，果壳的"分答"，罗振宇的《罗辑思维》，爱奇艺、优酷、腾讯、Bilibili 等视频播放网站的会员制……越来越多的付费墙业务正在中国媒体市场兴起。

2. 付费墙业务的典型模式与类型

按付费的形式来分，全球媒体的付费墙业务可以划分为以下几种类型或模式：

（1）硬付费（Hard Paywall）模式

所谓的硬付费是指用户与媒体产品之间完全被隔离，所有的内容均位于付费墙内侧，用户必须通过付费的形式才能使用媒体的产品。这种模式得以施行的前提是媒体的在线内容必须具有较高的附加价值，对用户来说具有极大的吸引力，拥有独一无二的特性并无法被替代。也有业内人士认为，这种模式将用户与媒体彻底隔离开来，存在很大的局限。由于这种模式的门槛相对较高，目前采用这种模式的媒体机构比较少。

（2）软付费（Soft Paywall）模式

这种模式也被称为"篱笆墙"模式，它指的是媒体仅对部分内容收费，而另一部分仍然对用户免费的商业模式。目前这种模式又包含了以下几种典型的付费方式：

① 计量式付费（Metered Sites）

具体是指媒体对用户在规定期限或数量范围内使用的在线内容免费，但超出部分需要按使用量来计费。例如 2011 年《纽约时报》网络版设置付费墙模式时，就仅允许读者每月免费阅读 20 条新闻，超出部分需要计量付费。

---

① 腾讯传媒全媒派：《Netflix 加大在韩内容投入，Quibi 终于又有新动作/全媒风向精选》，2021 年 1 月 12 日，腾讯网（https：//new.qq.com/rain/a/20210112A01XHU00）。

② 分类式付费（Hybrid Sites）

这种模式是媒体对内容产品进行分类，部分内容需要用户付费才能使用，而另一部分内容则免费使用。对于媒体而言，用户需要付费使用的内容大都是独家的、最优质的内容，最具竞争力和吸引力。这种模式还能通过连载的形式或突发性新闻等精彩内容来实现赢利。例如《华尔街日报》《贝尔林报》《瑞典晚报》等都使用的是这种模式。而国内的爱奇艺、优酷和腾讯视频等视频播放平台也采用了分类式付费的模式。

③ 分离式付费（Dueling Sites）

这种模式通常是媒体分别设置两个页面，付费版和免费版，其中付费版呈现的是完整而翔实的内容及服务，而免费版则仅提供简单资讯和部分报道。如国内大部分互联网电视都将付费内容和免费内容用显著标识区分开来，一般付费内容显示为 VIP 内容，而免费内容则集中在某个页面内。

④ 计税表式付费（Taxometer）

使用这种模式的媒体往往是网站上的前几篇文章可以免费浏览，但之后的内容都要收费。这种模式与计量式付费有着类似的功效，都是通过部分内容免费的形式来吸引用户，如《纽约时报》《金融时报》等媒体都采用这种模式，国内的财新网采用的是新闻导语浏览的方式。

⑤ 计时付费（Time Payment）

这种模式需要用户通过购买一段时间的访问权限，如一天、一周、一个月、三个月、半年或一年等，然后在购买权限期间可以随时访问媒体内容，使用相关服务。这种模式与会员制有一定的相似性。目前有不少媒体平台都采用的这种模式，如《观察家》《卫报》、亚马逊等。其中，亚马逊的 Prime 会员除了可以观看 Prime Video 的相关影视节目之外，还拥有购物免邮费的优惠，对于用户来说也有很大的吸引力。

⑥ 捆绑式订阅（Bundled Subscription）

这种模式本质上是一种促销策略，具体是媒体订户每月增加 1—2 美元后，就可以访问纸媒、网站、手机和其他移动终端上的所有内容，它是传统媒体与数字媒体平台的一种联动销售策略。例如《纽约时报》网站订阅户不仅可以访问网站所有内容，也附加赠阅了《星期日纽约时报》纸质版的内容，但反之则没有优惠。

⑦ 微支付（Micropayment）

它是指在互联网上进行的一些小金额的资金支付行为，如用户通过互联网进行的诸如信息或服务搜索、软件下载、音乐或视频内容下载等行为，需要为此支付一些小额费用。这种模式比较适用于那些 B2C、C2C 比较活跃的媒体相关领域，如数字音乐、网络游戏、盲盒购买等，但在新闻类媒体行业中不太常见。

除了上述典型模式以外，不少媒体还采用了其他的付费策略，如会员制（Membership）、预览付费（Preview Payment）、逐条内容付费（Pay per Item）等，这些模式在纸媒上比较少见，但在视听类媒体当中却比较常见。其中，会员制是通过购买会员来实现付费阅读或观看的模式，而预览付费是对新闻内容的导语或视频内容的前 6 分钟实行免费，只有付费用户才能完整阅读或观看的模式。逐条内容付费则是按媒体内容来分别付费阅读或观看的模式，这种模式近年来在网络视频播放平台比较常见，例如视频播放网站对热播电视剧实行付费提前点播。不同的付费模式之间可以相互兼容，有些媒体会根据市场的反应来调整自己的付费模式，甚至会采取不同的付费模式配合使用的情况，以实现收益的最大化。

3. 视听类媒体开展付费墙业务的探索

在视听类媒体领域，传统电视媒体开展付费墙业务可以追溯到收听和收视执照费。BBC、NHK 等国外公共电视媒体向用户收取视听执照费，可以算得上是最早的一种硬付费策略。此后的有线电视、数字电视媒体向用户收取的执照费也可以算作一种硬付费模式。

然而，随着互联网的崛起，用户对执照费这种单一的硬付费策略有了不满。本书通过问卷调查发现，当前有部分用户对于缴纳有线电视、数字电视使用费的形式表示不满。其中，有 162 人（约占 16.5%，N = 982）对于有线电视、数字电视的收费标准和缴费方式表示不满意，30 人（约占 3.1%，N = 982）表示非常不满意，606 人（约占 61.7%，N = 982）表示一般（参见第三章）。

在互联网的参与下，视听类媒体的付费墙业务也日益多元化。除了一些数字电视、IPTV 仍然通过执照费来建立付费墙之外，分类付费、计税表式付费、预览式付费、逐个节目付费等多种软付费墙模式也在逐渐扩散。尤其是在商业类视频播放平台上，如爱奇艺、优酷、腾讯视频等，它们采用的都是多种软付费墙模式共用的形式。还有一些媒体实行捆绑式订阅和优惠套餐的方式，如2019年开始，Hulu、ESPN+、Disney+三家公司就联合推出了优惠套餐计划。计划执行一年多以来，引起市场热烈反响，Hulu的电视直播服务订户数量更是上升到450万，成为全美最大的多频道视频节目输出商（参见表5—1）。一些纸媒在转型发展视频产品时，也采用了分类付费的模式，如《图片报》和《世界报》。《图片报》不仅对优质内容设置了付费墙，而且将短视频、纪录片、电视剧等视频内容放置在付费墙后。自从《世界报》收购德国电视新闻广播公司N24台以后，就将电视内容制作机构融合进新闻编辑室，每天推出50条左右的视频内容，并在网站首页上凸显视频内容和直播内容。该报新媒体编辑还会根据网友在网页上的浏览情况、停留时间、点赞与分享次数等指标来判断哪些内容为付费项目，大约15%的内容被放置在付费墙之后。

表5—1　著名互联网视频网站付费用户统计（数据来源：互联网）

名称	所属国家	月活跃用户数（单位：万）	付费订阅用户数量（单位：万）	统计截止时间
奈飞（Netflix）	美国	19000	19000	2020.9
亚马逊（Amazon）	美国	15000	10000	2020.9
迪士尼（Disney+）	美国	13000	8600	2020.11
油管（YouTube）	美国	180000	2000	2020.9
葫芦（Hulu）	美国	3660	450	2020.9
ESPN+	美国	8290	350	2020.9

在传统媒体方面，除了传统的视听执照费之外，有些媒体也在建立互联网视频平台，并通过会员制、预览式付费、逐个节目付费等多种形式来拓宽付费墙的形式，以期弥补广告收入的不足。例如，芒果TV目前是湖南广电"双核驱动"中重要驱动力之一，已经建立了会员制、分类付费等。它与芒果互娱、天娱传媒、芒果影视、芒果娱乐四家公司一起加入快乐购，成为国内A股首家国有控股的视频平台，目前快乐购已更名为"芒果超媒"。从全球范围来看，付费墙业务已经成为网络视频平台的重要收入来源。

然而，值得注意的是，并非实行付费墙业务之后媒体的发展就一定会一帆风顺，有些媒体的订阅用户也会出现下降的情况，例如 ESPN 的家庭订阅用户数量就从 2011 年的 1.0013 亿户下降到 8290 万户。这种情况说明付费墙模式并非"一用即灵"，必须不断调整以适应新形势下媒体用户的接受习惯和消费习惯。

对于电视媒体而言，是否采用付费墙没有固定答案，付费墙也并不能解决一切问题，它只是媒体商业模式的一种策略。倘若选择采用付费墙模式，那么电视媒体在转型发展过程中，就应当充分利用新兴的技术，并以专业化、服务化的理念为指导，制定多元化的付费墙策略，满足用户多样化的信息需求和消费需求。

第二节　电视媒体产业链的延伸战略

产业链的概念来自产业经济学，指的是基于某种关联或逻辑而形成的一系列产业部门的集合。产业链的拓展对于现代企业来说并不新鲜，跨国公司亚马逊就是业外资本通过产业链拓展进入媒体行业的一个代表。丽娜·M. 可汗曾指出，虽然亚马逊是一个零售商，但显然它已经发展成了一个集物流和逻辑网络、支付服务、信用服务、书籍和出版商、电视和电影制作商、时尚设计商、硬件制造商、云计算服务的领导者等多种功能与服务于一体的市场化平台。[①] 媒体作为一种特殊的产业主体，适度拓展产业链也有助于获得新的发展机遇。对于电视媒体而言，在产业链的价值链、供需链、企业链、空间链等多个维度寻求延伸与拓展，也是当前中国媒体在面临转型问题时的共同做法（参见图 5—1）。

在媒体拓展产业链中最为常见的做法是投资其他实业，以实现资产的增长，如媒体集团投资房地产、音像制品、演艺事业等。进入智能传播时代之后，电视媒体的产业链延伸的方式也发生了一些新的变化，主要表现在如下方面：

---

① Lina M. Khan, "Amazon – An Infrastructure Service and Its Challenge to Current Antitrust Law", Martin Moore & Damian Tambini (Eds.), *Digital Dominance: The Power of Google, Amazon, Facebook and Apple*, New York: Oxford University Press, 2018, pp. 98 – 132.

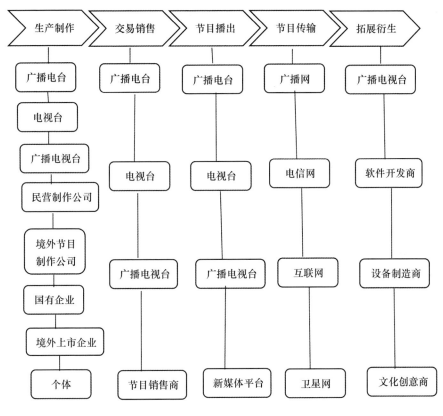

图5—1　电视媒体产业链

一　线上＋线下的活动模式

活动营销作为一种商业模式，在全球媒体实践中比较常见。主办各类线上或线下活动的目的无非有两种，一是为了开拓新的市场，提升知名度，提高收视率、收听率或点击率，从而提升自己的商业价值；二是为了提高媒体声誉，扩大媒体社会影响力，从而提升自己的社会价值。在智能媒体时代，发挥媒体的公信力优势和活动策划能力，积极组织并开展各类线上和线下的活动，也成为电视媒体延伸产业链的重要选择。按照这些活动的目的来划分，可以大致划分为主题性活动、商业性活动和公益性活动三种。

（一）主题性活动

主题性活动一般是媒体以自身的品牌优势为出发点，策划和组织的活动，如各种文化宣传会、主持人见面会、台庆、主持人大赛、电视节、粉丝互动活动等，目的在于完成规定任务的宣传以及进行媒体的自我宣传，以扩大影响力，这是媒体的一种常规操作。这类活动往往能获得媒体忠实受众的支持度，能够提高媒体与受众的互动性，增强用户黏性，也能提升媒体的品牌影响力，相关活动反过来还会成为媒体的一种节目形式，丰富媒体的内容生产。

对于县级融媒体中心而言，开展主题党日活动等宣传性的主题活动，是本身职责所在。2018年，人民日报新媒体中心推出的"时光博物馆"就是一个典型的由媒体策划的主题活动，活动创意十足，给人们留下了深刻印象。2019年，"时光博物馆"全面升级，以"流动的时光，行进的中国"为主题，在高铁、邮轮、大篷车等多种载体上开启全国巡展。2019年全国"两会"期间，"时光博物馆"与快手合作，将普通人录制的视频选入素材库，吸引了众多网友参加。

（二）商业类活动

媒体策划并组织这类活动的目的是借此来营利，以增加一些新的收入来源。对于传统媒体而言，受到互联网、移动互联网和其他新兴媒体形式的影响，广告收入来源迅速减少，必须开辟新的途径来维系媒体的发展，而开展各类形式的商业活动成为途径之一。

1. 参观与体验性活动

媒体举办的各类以营利为目的的参观与体验活动是商业活动的重要构成。对于普通百姓来说，能到电视台或节目制作中心去参观，也是一种很有吸引力的活动，BBC在这方面就进行了一些探索。英国的创意产业和各类展会活动十分丰富，而BBC作为一家生产了无数优秀电视节目的制作公司，他们积极利用自身优势，将付费预约参观电视台和制作中心成功商业化。目前，BBC实行付费预约参观模式，一张门票售价5—10英镑，这与很多博物馆和艺术中心的票价一样。为了更好地服务参与活动的公众，BBC设置了专门的参观接待机构，接待那些通过网站预约前往曼彻斯特、布里斯托、格拉斯哥等BBC当地分支机构进行参观和访问的普通人。每位参观者需要佩戴一个观光牌，在BBC配备的专门工作人

员的陪同和解说下进行参观。参观者不仅可以参观 BBC 主持人和访谈节
目的拍摄棚，也可以隔着玻璃幕墙来参观电视中心的工作情景，甚至还
可以进行一些体验式活动，如可以结伴体验电视抠像原理，在电视演播
室中体验主持人、播音员、配音员的工作等。这种"游览＋体验"的模
式不仅为 BBC 带来了一笔门票收入，同时也拉近了 BBC 与普通公众之间
的距离。在英国公众日益对视听执照费不满的情况下，BBC 的这种参观
体验活动满足了公众近距离接触电视媒体的机会。

2. 展会、峰会、研讨会活动

媒体举办的各种展会、峰会、研讨会活动也是一种常见的商业性活
动。这些活动大多数以商业为目的，并借商业活动的形式达到扩大媒体
影响力、提高媒体执行力的目的。此类活动本身也可以被看成是一种商
业经营行为，能反馈给媒体以巨大的凝聚力和商业价值，促进广告的短
期增长。一些国外媒体经常会策划一些文化节、美食节或嘉年华之类的
活动来收取门票，以获得一些收入，如《纽约时报》。还有一些媒体选择
举办各类峰会，并以此收取参展费或活动赞助费，如《金融时报》。据统
计，近年来《金融时报》大力发展线下活动策划和活动承办业务，在全
球范围内承办了 200 多场小型发布会和会期超过 2 天的大型峰会。

这些商业活动除了在线下进行外，也通过线上的方式进行。2019 年
年底至 2021 年，由于受到新冠疫情的影响，全球不少媒体都将线下活动
转为线上。如美国出版媒体奥莱利公司，通过各种线下会议来宣传和传
播相关技术性内容原本是该公司最常用的一种商业形式，但在疫情的影
响下，所有的线下宣传活动被取消。2020 年 4 月份，谷歌的开发大会转
为线上直播，而原定于 2020 年 5 月份举办的脸书开发者大会也被迫取消。
2020 年，《纽约时报》也转而举办了 30 多场线上活动，活动吸引了全球
10 万多名参与者，其中 80% 的参与者为新注册用户。

受到疫情等因素的影响，全球很多媒体和活动策划公司迅速转换思
路，将过去的线下活动转为线上直播的形式。如《纽约时报》在 2020 年
3 月中旬成立了"数字活动"小组专门负责策划线上活动，小组成员来
自研发、市场、品牌、活动策划、新闻内容等多个部门，快速学习如何
为媒体的爆款内容打造相应的线上活动、如何将提前制作好的视频内容
放到线上直播当中等直播策略，以保证后续线上活动的顺利进行。此外，

《纽约时报》还非常善于同赞助商开展合作，原先的线下活动赞助商美国万通保险公司等，开始出资共同参与线上活动的组织与举行。

英国媒体《金融时报》的线上商业活动也值得关注。2020 年 4 月 1 日，该报举办了第一场线上峰会——"数字对话"，讨论新冠疫情对全球经济的影响。这次线上现场直播活动仅花了 6 天时间进行策划，相对过去需要花长达数月来进行策划的线下活动，这场活动的影响力和社会反响并不小。不仅吸引了超过 7000 名的注册观众，而且其中还有 4600 人收看了直播，1500 人观看了回放，平均的观看时长高达 55 分钟。4000 多人在线填写了问卷，700 多人通过互联网进行提问，互动性高。《金融时报》的活动负责人奥尔森（Orson）认为，在无法举办线下活动的时候，转为线上直播的形式，这无论是对于企业，还是对于个人，都是一种不错的选择。根据其他公司的首席营销官反馈说，他们的诉求点主要在于如何在危机中保持自己的品牌曝光度、不掉队，并保住领先地位。此外，通过线上直播活动，公司也能获取关于消费者的一些线索，做好潜在客户的定位工作，保持销路，并为疫情结束后的销售工作做好积累和准备。①同年 5 月，《金融时报》推出了 20 场可接受赞助的在线研讨会，这一系列研讨会围绕新冠疫情对国家的支柱性产业如金融、银行、交通运输、医药、旅游等，产生了怎样的影响等议题展开，有 50 多家品牌提出了希望对研讨会进行赞助要求。此后，该报又推出了持续 2 天的峰会。

在中国，电视媒体也主导并参与了大量的商业活动，如大型的音乐排行榜、新年音乐会、巡回演唱会、音乐剧、话剧、旅游节、彩灯文化节、国际音响唱片展、国际车展等，以及一些中小型的线下商业活动，如车友会、汽车试乘试驾活动、"麦王争霸"赛、自驾游活动、亲子夏令营、看房购房团、展销会、各类团购、马拉松比赛等。一些县级融媒体中心还利用自身视频拍摄与制作能力的优势，在全国范围内进行专题片或宣传片拍摄，并以此营利，如浙江长兴传媒，福建尤溪县融媒体中心等。江西分宜县融媒体中心积极策划并参与了县域的大型庆典、晚会、展览、展销会以及一些专业活动、颁奖活动、成果展示汇演等活动，仅

---

① 腾讯传媒：《直播带"活"：媒体是如何将线下活动挪到线上举办的？》，2020 年 7 月 20 日，36 氪网（https：//36kr.com/p/801808501843203）。

2018年就实现经营收入1200万元。而长兴传媒集团积极与汽车、家装、房地产等行业合作，通过举办各类会展活动增加经营性收入。

3. 商业性专题片与宣传片拍摄

电视媒体拥有大量的专业视听拍摄技术以及大批专业性视听节目制作人才，在开展商业性活动方面，一些电视媒体积极发挥自身优势，开辟出宣传片拍摄信息化咨询服务等相关商业活动领域。例如，浙江长兴传媒积极承接各类专题片拍摄任务，每年完成近100部专题片，创收达400万元，拍摄出了《工业的力量》《长洽会的力量》《长商的力量》《创新的力量》《赶考攻坚》《了不起的企业家》《摆脱贫困》《我们的村干部》《老兵无悔》等优秀作品。而福建尤溪县融媒体中心也向全国承接宣传片拍摄任务，一部优质作品获利在200万元以上。

4. 信息化咨询服务

利用自身资源与信息优势，开展专项的信息咨询等服务也成为电视媒体的一项商业活动。例如浙江安吉县融媒体中心开通了"爱安吉"App，专门为乡镇各部门、各企业及相关单位提供各类信息增值服务，并通过此项业务获利近500万元。2016年12月，浙江长兴传媒集团与该县国资委合作注资成立了长兴慧源有限公司，负责开发长兴云数据中心以及为本县域范围内政府投资信息化项目开展相关咨询服务，并成功实现创收。福建尤溪县融媒体中心依托于党委和政府，成功归拢本县域内的户外广告发布权，并实现营利。而财新网也积极开发各类专业数据库，为相关企业和商业人士提供专业化的信息咨询服务。

5. 其他O2O服务

除了纯粹的线下活动和线上活动外，媒体的商业活动还包括一些线上线下互动的O2O模式，也就是将线下的商业活动与互联网结合起来，使互联网成为交易前台。借助于OTT服务，用户可以通过多种终端来线上筛选服务以及在线付款，方便快捷、体验感更强。以新华社为例，凭借新华社先进的传媒技术以及优秀的报道策划能力，其他媒体用户和企业用户都可以获得一系列线上线下相结合的盈利方案。

（三）公益性活动

媒体策划组织这类活动的目的是为了社会公众的共同福祉和利益，这也是媒体服务社会的一种体现。组织公益性活动不仅能积累人气，也能显著提高媒体的社会声望。

在会议领域最为成功的公益性活动当属 TED 大会。Technology Entertainment Design 是一家美国的私有非营利机构，它组织的 TED 大会以"传播一切值得传播的创意"为宗旨。从 2001 年起，每年 3 月在北美地区召集来自科学界、技术界、设计界、文学界、音乐界、传媒界等诸多领域的杰出人物来分享他们关于技术、社会、人文等主题的思考和探索。大会的举办地既有正式的大礼堂，也有在高速公路桥下搭建的临时舞台，更有精心设置的演播厅。TED 环球会议是 TED 大会的子会议，2005 年起开始在北美以外的其他地方召开。2006 年起，TED 演讲的视频开始经由互联网传播，此后开始风靡全球，无数人登上 TED 讲台向大家讲述自己的理念和思考。2009 年，TEDx 项目正式推出，该项目的目的在于鼓励 TED 粉丝自发组织 TED 风格的活动。作为一种公益性的活动，TED 和 TEDx 无疑都是非常成功的，而它的成功表明，互联网时代公益性的媒体活动也是大有可为的。

在中国，媒体是党的宣传工作的重要组成，承担的舆论引导与社会教化作用更加明显，而举办一些公益性的活动不仅是党的新闻宣传工作的要求，更是媒体社会责任的体现。媒体组织的公益活动形式多样：有些媒体面向中小学生举办一些公益性质的夏令营、小记者团、作文大赛等活动；有些媒体免费搭建起婚恋交友平台，并联合一些知名企事业单位的工会、团委等组织各类公益相亲活动；邀请专业人士来开设有关科普、健康、文化、育儿、艺术等专业领域的讲座活动，也是媒体开展公益活动的一种形式；还有不少媒体通过组织扶贫活动来开展公益事业。例如，2013 年 11 月 20 日—2014 年 7 月 1 日，宁波广电集团经济广播联合宁波市福彩中心、宁波市教育局学生资助管理中心共同举办了大型公益活动"1029 福彩圆梦行动"，为宁波各县贫困地区、贫困家庭的孩子们送去了温暖。① 2015 年 2 月 14 日，湖南电视剧频道联合岳阳、娄底、怀化、张家界、衡阳、益阳、宁乡 7 个市县政府部门，共同举办了"心得

---

① 汪蓉：《以公益活动为载体？发挥媒体社会责任》，《视听纵横》2014 年第 5 期。

乐——穷娃盼过年"公益活动，温暖了贫困学子的心。① 2018 年，中央广播电视总台推出了公益性项目"国家品牌计划——广告精准扶贫"，助力国家扶贫攻坚战略实施。此外，光明日报举办的"寻找最美乡村教师"、中央人民广播电台举办的"我要上学"、中央电视台举办的"爱心驿站""寻找最美孝心少年"等公益活动，都在社会上引起了广泛关注，并产生了强烈的社会反响。

在这些公益活动中，人民日报新媒体中心推出的"中国很赞"手指舞项目成了一个爆款。访谈对象 J1 透露："《中国很赞》这首歌的 MV 在微博上的阅读量是 10 亿，再加上抖音、快手这些平台，传播力就很难统计了。这个项目的线上主要是手指舞，线下主要是留言、快闪和商业合作。广州铁路局做了 2000 多万张专属火车票，小黄车、怡宝等也做了'中国很赞'的专属产品，全部都是公益性的。这些企业唯一在意的就是合作是不是专属的，比如说怡宝就希望只有它一家，这是一种荣誉。在成都做的是一个地铁快闪活动，活动传播得很广。"② 《人民日报》新媒体中心推出"中国很赞"互动项目，目的是让更多的网民了解"两会"、关注"两会"。据统计，截至 2018 年 3 月 18 日 20 时，整个活动的总阅读、参与量超 10 亿人次③，这次活动的巨大社会影响力可见一斑。这充分说明，公益性活动也能显著提升媒体的名气和社会影响力。

二　中介型媒介平台的搭建

平台是基于互联网技术，由数据所驱动的，促成双方或多方供需交易的一种网络协同体。它本质上是市场的具象化，是虚拟的交易场所。智能传播时代的到来推动了平台经济的出现，淘宝、京东、当当、苹果的 App 商城等都是典型的平台。在智能传播时代，作为信息服务提供商的媒介组织也需要建立基于互联网技术的平台，通过资源的聚合与关系的转换实现价值增值。作为一种数字内容实体，平台也逐渐走进中国媒

① 王昕欣：《为主流媒体办公益活动点赞》，2015 年 3 月 26 日，中国文明网，（http://www. wenming. cn/specials/goodstoryofchina/manager/ghome/201503/t20150326_2525895. shtml）。

② 参见笔者 2018 年 4 月 27 日对刘某某的访谈。

③ 宋心蕊、赵光霞：《〈中国很赞〉点击量超 10 亿 "手指舞" 讴歌祝福新时代》，2018 年 3 月 19 日，人民网（https://media. people. com. cn/n1/2018/0319/c40606 - 29874424. html）。

体的视线。

（一）什么是平台型媒体

平台型媒体这一概念的出现与美国媒体人乔纳森·格里克（Jonathan Glick）分不开。2014 年 2 月 7 日，他在科技新闻媒体 Recode 的网站上发表了一篇名为《平台型媒体的崛起》的文章，并创造了平台型媒体这个概念。即杂糅平台和出版商两个词，指代那些将出版商业务集成到互联网平台上的经济实体。为了实践自己的理念，格里克甚至创建了一个自己的平台型媒体 Sulia，但可惜的是这家媒体以失败结局。这是目前可见最早使用平台型媒体这个概念的情形。格里克提出的 Platisher 概念体现了他对美国新闻业所面临的危机的一种思考，也是从业务层面对之做出的回应。[1]

杰罗姆认为，2014 年 8 月 Digiday 的一位撰稿人对于平台型媒体的界定更有解释力。他认为，平台型媒体是一个数字内容实体，它融合了专业性媒体的编辑权威性与互联网用户平台的开放性于一体。这里的开放性是指出版商要面向普通用户开放 CMS。[2] 这个概念指出了平台型媒体的实质，即在面向用户的、具有开放性的平台上，融合技术的功能与编辑的职能。

在格里克看来，正在进行数字化转型的传统媒体和正在投身媒体业务的纯商业性平台都不在 Platisher 的范围内。这个观点是有问题的，平台型媒体不应该排除那些正在转型的传统媒体和正在拓展业务的科技公司。而杰罗姆的概念也存在指向性模糊的问题，如平台的开放性究竟该如何界定？开放性的具体举措及运营模式如何？对于这些核心问题，上述概念实际上并未涉及。

事实上，平台型媒体的出现是互联网媒体发展的一个结果，它不仅仅意味着专业媒体与互联网技术平台的简单联盟，更是科技与媒体在平台内部的协调与平衡，所有积极投身这一业务的媒体样态都应该隶属于

---

① 谭小荷：《从 Platisher 到"平台型媒体"——一个概念的溯源与省思》，《新闻记者》2019 年第 4 期。

② 杰罗姆：《平台型新媒体（Platisher）是有效的商业模式吗?》，《中国传媒科技》2014 年第 Z1 期。

这个范畴。因此，国内在引进"平台型媒体"这个概念时，对它做了许多本土化改造，比如拓展了概念的内涵，确立了互联网的基础作用，并将它与媒体深度融合的发展战略放到一起等。平台型媒体被中国学者更多地视为媒体融合发展的重要途径，是理想化的媒体形式，他们的研究旨趣更多地集中在传统媒体的平台化转型、媒体融合过程中的平台型媒体建构等实践领域。事实上，大多数学者在使用"平台型媒体"这一概念时，概念所指与格里克和杰罗姆是有所不同的，是对中国媒体现实的一种回应。

自"平台"这个概念诞生以来的六年多时间里，平台型媒体的实践已经在全球火热展开。国外大火的 BuzzFeed、Gawker、Vox、Medium 以及国内的百度百家、腾讯"大家"等，都已经成为典型的平台型媒体。而国内不少传统媒体在转型发展的过程中，纷纷试水建立一个媒体平台，如芒果 TV、长江云、七彩云等，这也是典型的平台型媒体。此外，今日头条、抖音等新兴视频播放平台，也在不断探索着平台型媒体的边界。这些媒体实践无一不昭示着媒体平台化大有可为。

（二）中国媒体平台化的典型模式

虽然中国平台型媒体的发展路径与美国有着显著差异，但是平台型媒体的两大核心，即专业编辑的把关性和平台的开放性，并未发生转移。在媒体深度融合的战略背景下，平台型媒体在中国更多地表现为媒体的平台化转型，它正在聚集巨大的内容流量，并逐渐成为传统媒体转型发展的重要方式。综合来看，目前中国媒体的平台化发展主要有以下几种典型模式：

1. 传统媒体的平台化转型

在中国，传统媒体的平台化转型是传统媒体应对由新媒体带来的压力的一种应激反应。这一方面是因为，平台型媒体拥有渠道和内容分发的双重技术优势，成功聚合了巨大的内容流量，传统媒体不能忽视这种力量；另一方面是因为，如果传统媒体仅仅只是加入某个平台型媒体，并不能保证自己的优质内容一定能够被更多用户关注，而且由于传统媒体选择与平台共享版权内容，这不仅会丢失自身的优势，还有可能进一步加剧自身的空心化、边缘化趋势。面对这种情形，传统媒体只有顺应媒体融合的潮流，进行平台化转型，才有可能不被时代所抛弃。

平台化不只是一种技术架构，更是一种思维方式以及体制机制的变革。而传统媒体的平台化转型，不仅需要在技术的支持下建立一个数字内容实体，更需要用互联网逻辑来改造自身的内容生产与分发逻辑。对于传统媒体而言，首先，需要建立一个汇集新闻生产、政务信息、服务内容等多种要素为一体的平台，形成自身的特色；其次，需要按照互联网逻辑来规划并管理平台的内容生产流程和服务提供方式；再次，需要掌握用户对信息和服务的基本需求，最后有针对性地分发内容产品。

目前，传统媒体的平台化转型除了入驻已有的互联网平台这种最基本的方式外，还有建造开放型平台、服务型平台等多种方式。其中湖南卫视的芒果TV和湖北卫视的长江云都是比较成功的例子。

2014年，湖南广电成立了一个多屏合一的互联网视频服务平台——芒果TV，在省级卫视中率先踏上了平台化发展的道路。芒果TV的背后是湖南卫视巨大的节目生产力量和丰富的节目版权资源，这一方面使得芒果TV拥有那些技术公司所支持的商业平台不具备的专业性内容制作的优势，另一方面也让芒果TV拥有其他省级媒体不具有的灵活开放的平台优势。芒果TV与湖南卫视共享节目资源，不仅可以实现优质内容的独播，而且还可以覆盖湖南广电集团所有的视听媒体终端，使湖南广电的观众得以平移到互联网平台这一端口上。"芒果独播"战略打造了湖南广电的品牌生态圈，而开放性的平台又实现了由服务观众变为服务用户的战略转变。芒果TV并不是简单地将从电视端获得的内容资源平移到平台上，而是对之进行拆条、整合、衍生内容制作、精简、重新剪辑等再加工，从而满足用户多样化的需求。在播出方式上，除了独播以外，芒果TV还经常与其他平台一起进行合作，购买优质内容的版权，以弥补自身资源的局限。2017年以后，芒果TV成功实现扭亏为盈。

湖北广电则通过构建"长江云"融媒体平台，成功实现平台化的转型。2014年11月23日，长江云正式上线，并确立了"新闻＋政务＋服务"的主要发展模式。在策、采、编、发等新闻内容生产环节，长江云将省内各级视听传播媒体、两微一端、公众号等资源集纳到云平台上，并通过中央厨房、云稿库等编发系统，统一协调内容生产；在政务服务方面，长江云汇聚了湖北全省的政务官网、微博、微信、App等多种终端形式，推出"全省政务通"服务，建立了政务信息一键获取、政务服务全面覆盖的平台入口，推动了湖北省公共服务体系移动化建设；在传统媒体与新兴媒体的融合发展方面，湖北广电长江云还汇聚了全省的新闻报道、政务信息、服务资源，提高了传统广电的传播力、公信力和影响力，推动了"四全媒体"的建设，成为立足全省，辐射中部地区的区域性媒体平台。

传统媒体平台化转型过程中的关键在于用互联网逻辑来改造媒体的生产模式和服务方式，形成以用户为中心的思维，通过允许社会化生产、保持社交化的连接等方式来保持平台的开放性。只有做到了这些，媒体的平台化才能成为现实。在芒果 TV、长江云等地方媒体平台化转型的示范作用之下，云南广电的七彩云、河北的冀云·融媒体平台等多个地方媒体平台相继建立，积极推进平台的"新闻＋政务＋服务"多功能建设。而中央广播电视总台、人民日报新媒体客户端等中央级媒体则通过将自己打造成平台型媒体，获得新的发展机遇。

2. 商业平台向媒体业务的扩张

互联网科技公司支持下的商业平台将自身的业务内容向媒体领域拓展，这也是近年来中国平台型媒体发展中的一种典型现象。这些商业平台并不从事内容生产，而是对外界开放自己的内容管理系统（CMS），平台允许用户、自媒体以及其他媒体机构入驻并进行内容生产，以满足用户的多样化需求，从而导入更多的流量。商业性平台将互联网的相关应用与开放性的内容生产体系有机整合在一起，虽然相比于专业媒体平台而言，商业性平台在内容生产上没有太多竞争力，但却有着无可比拟的开放性优势，如凭借着平台的开放性得以容纳更加多样化的内容，通过算法等智能技术实现对内容分发方式和渠道的掌控，并最终通过广告和付费墙来实现经济收益等。在业务扩张方面，腾讯、今日头条、抖音、Bilibili 等平台做出了许多有益的探索。

（1）腾讯地方大网的媒体业务布局

自 2006 年开始，腾讯公司开始与地方媒体合资建立地方大网。腾讯网地方大网统一以"大 X 网"命名，属于腾讯网区域业务部，腾讯网则归属于腾讯公司 PCG。目前已经成立了大渝网、大成网、大秦网、大楚网、大豫网、大浙网、大粤网、大申网、大闽网、大苏网、大湘网、大辽网、大燕网 13 家地方大网。腾讯地方大网与地方媒体合作，精心策划了各类主题宣传活动，充分运用新媒体传播优势，丰富了平台内容。如2018年，大楚网策划了"改革开放40周年百城故事湖北篇"专题，重点聚焦武汉、宜昌、襄阳三个城市改革开放的成果，相关内容在腾讯新闻的插件、App等多个平台推送。腾讯地方大网还拓展了与网友的联系，通过平民视角来讲述百姓故事，服务普通用户。如2018年11月3日，湖北恩施一名11岁的烧伤女孩需要转院武汉，大楚网编辑从朋友圈获知这条信息后，迅速组织相关报道。一方面，联系湖北省慈善总会、救护车司机、患者父母，另一方面通过腾讯新闻App、官方微信等多种渠道，向救护车沿途经过的城市定向推送消息，并进行救助直播。其中，"请为救护车鄂QD3226让行！"的微信被网友大量转发，2小时内达到10W+的阅读量。大楚网还与其他媒体、交警部门跟进联动，最终帮助救护车提前1小时到达医院。此外，大楚网还通过"互联网+公益"的模式来扶危济困，发挥公共服务功能。2014年6月以后，大楚公益项目正式成为平台重点版块，并发起了"快乐运动场""拯救咸宁一斤半早产儿""史上最心酸小苹果""拯救精光双胞胎""为爱光头跑""援助恩施烧伤女孩"等一系列公益项目。截至2019年4月，大楚公益共计发起公益项目83个，募捐善款12028952.52元，动员网友477779人次。①

（2）今日头条的算法推送

不同于腾讯与地方媒体直接合作的形式，今日头条通过算法推送科技和开放性，打造了一个平台型媒体。今日头条是由北京字节跳动科技有限公司所开发的一个基于数据挖掘的推荐引擎类平台，主打为用户推荐信息、提供连接人与相关服务的产品。在内容生产方面，该平台实行机器抓取+UGC模式。

① 通过数据挖掘技术抓取其他媒体的内容

今日头条通过数据挖掘技术对其他新闻媒体上的新闻内容进行抓取，然后进行去掉原网页中的广告等加工处理，用户点击新闻标题就会自动跳转到进行技术处理过的内容界面。除了数据抓取之外，今日头条还采用了推荐引擎的模式，平台会根据计算机特定算法给用户推荐可能感兴趣的内容。

---

① 相关数据来源于笔者2019年4月2日对大楚网的访问。

② 打造自媒体作者平台

今日头条还投入了大量资金打造自己的自媒体作者平台——头条号。头条号不仅对专业媒体、企业开放，也对普通用户开放，专业媒体、企业和用户个人都可以在自己的头条号上发布内容。

③ 布局短视频平台矩阵

今日头条还积极布局短视频业务，形成了一个短视频矩阵，如抖音、火山小视频、西瓜视频等。这些短视频平台都实行 UGC 模式，各类用户都可以上传自己生产的视频内容产品。其中，抖音 App 不仅在国内走红，而且国际版 TikTok 也非常受用户欢迎，最后迫于美国方面的政治压力，字节跳动不得不售卖了国际版 TikTok。

④ 涉足与粉丝互通的产品

今日头条还开发了悟空问答、微头条等多个与粉丝互通的产品。其中，悟空问答是一个依托于今日头条 App 的知识型问答社区，按照知乎和 Quora 的模式来设置，目的在于搭建知识社区，聚集高知用户，获得新流量。它的原始用户来自于今日头条的下沉市场用户，为了提高回答质量，悟空问答请了很多自媒体人士来参加问答创作，平台曾经一度通过丰厚的补贴来招揽知名大 V 和合作媒体。但是，一方面由于悟空问答的专业度不足，质量差强人意，很难留住用户；另一方面由于悟空问答的原生用户素质较低，大 V 们无法通过回复获得成就感，生产者与用户之间也无法产生良好互动。因此，该产品一直不温不火，2021 年年初宣布正式关停。

（3）基于兴趣圈层的 Bilibili

Bilibili 是一家面向年轻人的文化社区和视频平台，被粉丝亲切地称为"B 站"。该平台成立于 2009 年，截至 2020 年 8 月，该平台月度活跃用户数量突破 2 亿，其中大部分用户年龄在 25 岁以下。① 早期，该平台是一个 ACG（动画、漫画、游戏）内容创作与分享的视频网站。目前，该平台拥有动画、番剧、国创、音乐、舞蹈、游戏、知识、生活、娱乐、鬼畜、时尚、放映厅等 15 个内容分区，开设直播、游戏、漫画、电竞、

---

① 环球网：《B 站商业化提速 全面升级整合营销"Z + 计划"》，2020 年 12 月 16 日，环球网官方账号（https://baijiahao.baidu.com/s? id = 1686210977399687700&wfr = spider&for = pc）。

广告、周边、电商等多个业务板块，已经形成了涵盖 7000 多个兴趣圈层的多元文化社区。在内容生产上，B 站主要采用的是专业用户自制内容模式，视频内容主要由 UP 主原创。在加速商业化的背景下，B 站设置了专业机构生产内容板块，提供可供商业化的国产动画、动漫、综艺、纪录片等作品。B 站的弹幕是其最大的特色，用户在观影过程中实时发送弹幕，而其他用户发送的弹幕也会浮现于视频上方，这给观众带来了一种实时互动的体验，从而形成了一种虚拟部落式观影氛围。2013 年 5 月 20日以后，B 站实行会员制，用户通过注册答题成为会员，题目涵盖弹幕礼仪、动画、漫画、游戏基础知识等多个方面。2019 年 12 月 31 日，B 站与新华网联合举办首届跨年晚会《最美的夜》，节目以新颖的形式、创意十足的内容、令人惊艳的表演，给用户留下了深刻的印象。作为一个开放的平台，B 站围绕用户、创作者和内容，构建了一个良性运作的生态系统，成为年轻人热衷的平台。2020 年 12 月 31 日，B 站又联合其他媒体推出跨年晚会，在竞争激烈的跨年晚会市场分得了一杯羹。

总之，无论是以失败告终的悟空问答，还是大获成功的今日头条、抖音、B 站和腾讯等平台，都有一个共同的经验，即平台型媒体获得成功的关键在于保持平台的开放性和提供优质的专业内容。

3. 开放型综合平台的建设

开放性是平台型媒体的特色，建立开放型的平台也成为中国媒体平台化发展的关键。除了传统媒体和商业媒体各自在平台化方向进行探索之外，中国市场上还出现了一些开放型的综合平台。

从国际经验来看，新闻集团创办的 *The Daily* 电子日报，曾经被视为新媒体办报的典型，但是这份万众瞩目的数字化转型却以失败告终。纵观其失败原因，最根本的一条在于这份电子日报不具有开放性，看起来和传统报纸差异不大。用户只能阅读报纸提供的各类原创内容，但无法进行下载、分享、再创造等社交媒体时代最为常见的内容使用方式，这种封闭的内容生产模式，以及出口端与社交媒体完全隔绝的方式，让互联网时代的用户根本喜欢不起来。*The Daily* 的失败再次提醒我们，媒体的平台化转型的基础是必须建立一个开放性的平台。

从国内的经验来看，2019 年上线的"学习强国"平台，是一个功能强大的开放型综合媒体平台。学习强国是国内首次推出的"有组织、有管理、有指导、有服务"的学习型平台，平台有 PC 端和手机客户端两个端口。其中，PC 端设置了 17 个板块，手机端有"强国通""百灵""学习""电视台""电台"5 个板块、40 多个频道，每个频道又下设若干个子栏目。该平台还将全国各省市学习平台、各类中央级媒体、县级融媒体中心等多个平台汇聚起来，为用户提供学习、答题、会议、咨询、运动、便民服务、强国商城、防疫行程卡、新闻采编学习等多种服务，能极大程度地满足互联网时代广大党员干部、各类人民群众的多样化、自主化、便捷化的学习需求。学习强国平台是一个开放型的综合平台，用户的多样化需求都能在这个平台得到满足，该平台在全国党员当中影响广泛。

（三）"电视媒体 + 电商"的业务拓展

在中国，电视媒体 + 电商目前主要有以下几种典型的模式：

1. O2O 模式

互联网不仅改变了人们的购物方式，也改变了企业的营利模式。随着电子商务规模的不断扩大，O2O 成为一种典型的业务模式。具体而言，O2O 指的是把线下的商业活动搬到互联网上，让消费者通过线上平台完成对商品或服务的选择和购买的业务模式。O2O 模式的盛行也为媒体发展带来新的机遇。

平台实际上是一种勾连内容、作者与用户的中介，而媒体的平台化转型，就是要建立起勾连三者的中介型平台。对于电视媒体而言，虽然在内容、用户、公信力、文化等诸多方面都具有鲜明的优势，但是近年来，电视的市场份额也无可奈何地受到了网络和移动媒体的不断蚕食。而"电视媒体 + 电商"为电视的业务发展提供了一种新的路径。其核心是搭建起勾连线上使用与线下交易的平台，让用户的需求得到全方位满足。

实际上，电视媒体与电商的合作早已有迹可循，一些电视媒体通过晚会、综艺真人秀节目、电视剧等内容的运营，与电商平台合作开展业务，诞生了不少跨界融合的实践案例和商业模式。例如，湖北垄上频道不仅传播各种农业服务信息，而且也为农民搭建起了农产品信息交易平台，农民可以通过垄上频道的平台来购买种子、农药、化肥，还能通过该平台销售农产品。不仅如此，垄上频道还针对相关企业和农民工提供招聘与求职服务。

2. T2O 模式

在电视媒体的介入下 O2O 逐渐演化出 T2O 模式。T2O 模式即电视媒体与电商平台之间开展的跨界合作，让观众在观看电视节目的同时或者之后，可以通过相应的渠道或平台购买节目中出现的相关产品，让"边看边买"成为现实。在技术的支持下，T2O 让"电视＋电商"构成一个闭合型产业价值链，特定的商品信息被嵌入电视内容中，用户在观看过程中，只需要扫描二维码或点击相应链接，就能进入商品购买页面，并能在线完成购买订单及支付业务，电视观看与网上购物被整合到电视屏幕当中。

在中国电视媒体中，东方卫视是最早实践 T2O 模式的媒体。在 2015 年播出的偶像剧《何以笙箫默》中，东方卫视与天猫合作，用户在观剧过程中可以通过扫描东方卫视二维码台标，链接到天猫互动专区购买剧中人物的同款商品。另外，芒果 TV 不仅凭借着独播和会员制实现了业务的增长，而且还积极投身电商业务，布局"视频＋内容＋电商"，并将之作为内容生态建设的重要部分，以进一步挖掘芒果 TV 的创新潜力。

3. 直播带货

直播带货是当下最受人关注的一种"视听媒体＋电商"业务。直播带货原本是由淘宝、小红书等电商平台发起的一种体验式、娱乐化的电商新形态，后来扩散到各类短视频播放平台，如抖音、快手、微视等。它通常的做法是由推广能力强的主播通过直播的形式向用户售卖各类商品。在直播中，这些主播往往会使用一些娱乐化的、夸张的手法极力宣传产品的特性，而用户也被他们这种独特的售卖方式所吸引。直播带货不仅带来了巨大的销量，更捧红了一批头部主播，如李佳琦、薇娅、瑜大公子等。

2020 年是直播带货大放异彩的一年，由于新冠疫情的影响，不少企业的销售模式发生了翻天覆地的变化，借助直播形式线上卖货的越来越多。在这股风潮的影响下，一些明星、艺人以及一些知名人士纷纷试水进行直播带货，如陈赫、刘涛、金星、汪涵、李湘、李彦宏、董明珠、董宇辉等人。此外，还有一些"二次元明星"，如洛天依、一禅小和尚、我是不白吃、狼哥赛门等虚拟主播也加入了直播带货的行列中。其中，洛天依的一场直播活动在线观看人数达到了 300 万人，更有 200 万人进行了打赏等互动活动。而虚拟主播"我是不白吃"近 30 天的直播带货销售总额突破了 1000 万元。虚拟主播的参与不仅为直播带货活动增添了新的创意，而且由于其稳定的人设，直播中的可控性更强。另一些早就试水 T20 模式的电视媒体，也积极利用自己专业性的优势和旗下知名主持人的影响力，投身直播带货的潮流。

电视媒体做直播带货不仅能发挥自身大屏传播的优势，还能借助自身内容资源、IP 资源和直播技术优势，给消费者带来新的消费体验，一经推出就成为直播行业中的一抹亮色。如 2020 年 4 月初，央视新闻在客户端、淘宝、微博等多个平台推出"谢谢你为湖北拼单"的公益直播带货活动，著名主持人朱广权与淘宝网红主播李佳琦搭档，向用户推荐湖北的香菇、莲藕、茶叶等农副产品。首场直播约 2 个小时，超过 1000 多万用户在线观看，累计观看人数达 1 亿 2000 多万，共出售商品价值约4014 万元。① 同年 6 月 6 日起，中央广播电视总台与北京市人民政府联合举办"新消费·爱生活——北京消费季"系列活动，助推北京市场有序复工复市，拉动居民消费。央视主持人董倩、康辉、朱广权、撒贝宁、尼格买提与北京电视台主持人春妮联手直播带货，直播当天创下 13.9 亿元的销售额。② 同年 6 月 13 日，央视新闻又联合文化和旅游部非遗司、中国手艺网共同推出直播带货活动——"把非遗带回家"，央视主持人尼格买提、王宁联手淘宝网红主播李佳琦展示非遗技艺和产品，活动在央视新闻 App、央视频、中国手艺网、文旅中国、淘宝直播、微博等多个平台同步播出，截至当天晚上，超过 1000 万网友在线观看，出售非遗产品总价值超过 1261 万元。③

除了央视外，地方电视媒体也通过"综艺 + 电商 + 直播带货"的形

① 央视：《央视新闻"谢谢你为湖北拼单"首场公益直播销售额超 4000 万元》，2020 年 4 月 7 日，央视网（https：//tv.cctv.com/2020/04/07/VIDEdla006VyxhWaARNO0R8X200407.shtml）。

② 中央广播电视总台：《"新消费·爱生活——北京消费季"今日开启　由中央广电总台与北京市共同举办》，2020 年 6 月 6 日，新华网（https：//www.xinhuanet.com/fortune/2020–06/06/c_1126082098.htm）。

③ 中国手艺网：《"把非遗带回家"专场直播带货收获满满》，2020 年 6 月 19 日，中国非物质文化遗产网（https：//www.ihchina.cn/news_1_details/21234.html）。

式积极投身直播带货。如浙江卫视的真人秀节目《蓝莓孵化营》联合业界 MCN 公司网罗 21 位网络达人，通过个人技能展示，最终选出 9 位最具潜质的网络达人和 3 位最优秀的项目人，作为全国九个县市帮扶公益大使。在热播综艺《王牌对王牌》中，推出"春雷助农，王牌送到"公益直播活动。湖南卫视也在综艺节目《向往的生活》录制中直播助农服务，后来又推出扶贫助农特别直播节目《出手吧，兄弟!》，为农产品直播代言，破解农产品销售难题。东方卫视也在综艺节目《极限挑战6》中以直播带货的形式帮助农民卖货。6 月 16 日—17 日，湖南卫视、东方卫视、江苏卫视分别与拼多多、苏宁易购、天猫等电商平台联合推出了"6.18 直播晚会"。直播当天不仅话题量增多，而且官微短视频和芒果 TV 等视频播放平台的点击量都大大增加。10 月以后，湖南卫视又携手拼多多等电商平台以直播晚会的形式推出了"10.31 晚会""11.11 晚会""12.12 晚会"等多场直播盛宴。除了这些省级头部卫视之外，其他电视媒体也在探索直播带货形式。如山东卫视在省内 7 个城市推出"6.6 好物节"直播活动，向观众推荐山东的好物。宜昌三峡广播电视台联合北山超市进行超市商品直播带货活动，吸引大批民众前往超市选购直播商品。①

相比于商业平台，电视媒体具有公信力和权威性的先天优势，在主持人、明星艺人、网红带货主播等流量的加持下，电视媒体在"综艺 + 直播 + 场景互动"中表现亮眼，不仅带动了用户的消费，也推动了公益的进程，传递了文化自信。但是，首先要清晰地认识到，电视媒体的直播带货本质上也是一种广告促销活动，是构建品牌与顾客之间良好关系、传递价值的一种营销手段。它所带来的经济效益和社会影响都是有限的，不能盲目投入。其次，不少网红和明星直播带货"翻车"、直播活动数据造假、销售假货等现象也提示我们，信任是直播带货的催化剂，在做直播带货前必须确保商品的质量，不能因为盲目追求经济利益而砸了媒体的"金字招牌"。再次，电视媒体的直播带货不能照搬网红直播时所采用的夸张的、娱乐的表演式售卖，尤其是电视台主持人在做直播带货时更是如此，要在严肃与娱乐之间找到一种平衡，借助于公信力和权威性的赋能做好直播带货。最后，电视媒体要以用户需求为中心，以媒体优质

---

① 参见笔者 2020 年 10 月 13 日对刘某某的访谈。

内容 IP 为基础，通过对产品及品牌的洞悉，打造出多元而富有创意的内容。

三　MCN 业务的拓展

MCN 是将不同类型的 PGC 内容联合起来，在资本的有力支持下，保障内容的持续输出，从而实现商业的稳定变现的一种多频道网络产品形态。

访谈对象 J4 认为："好的内容也需要好的运营，运营能力和话题制造能力也是内容生产能力，要像做新闻一样做精细化运营。过去酒香不怕巷子深，现在酒香也要送到巷子口，送到感兴趣的酒客面前（这就是内容运营）。目的就是让新媒体运营编辑构建起自己的评价体系（可以对标内容但又区别于内容），做出爆款。"[①] MCN 的价值就在于，在专业性的内容生产之上有效嫁接起商业资源，并成功连接起媒介流量和商品变现。孵化与运营是 MCN 的特长，而通过专业化的运营解决网络媒体面临的流量变现难的问题是 MCN 业务的目的所在。

MCN 业务能有效地串联起媒体资源与商业资源，它成了当下最流行的一种网红经济运作模式。例如李子柒原来的视频一直不温不火，但经过经纪公司包装后迅速走红，她的成功激发了更多机构投身于 MCN 业务。一些广电媒体也将发展 MCN 业务作为产业链延伸的一个选择。2019年以来，一批具有网络风格的广电原生账号相继诞生，如中央广播电视总台的央视频、上海广电的看看 Knews、中国青年报的青蜂侠等，在小屏终端上开始了 PGC 相关内容制作。MCN 机构是一种中介力量，不仅能培养大量优质的主播，也能为平台输送新鲜血液。

（一）MCN 业务的发展现状

直播带货属于媒介流量的一种间接变现方式，已有不少电视台主持人通过与广电 MCN 机构的深度合作来进入电商领域，发展直播带货业务。正如访谈对象 J4 所说，"新闻视频变现有四条路径：第一，新闻能力变现（版权）；第二，运营能力变现（MCN 矩阵和代运营）；第三，传

[①]　参见笔者 2019 年 7 月 2 日对刘某的访谈。

播力变现（流量分成）；第四，影响力变现（传统媒体商业模式）。"①

当前，MCN 业务主要集中在短视频及直播领域，而电视媒体拥有优质的内容和主播资源，入局 MCN 对于电视媒体而言也顺理成章。2018 年下半年开始，一些地方电视媒体开始布局 MCN 业务。如湖南娱乐频道、长沙广电、浙江广电、黑龙江广电、山东广电等都将业务链拓展到 MCN 领域，无锡广电还将民生休闲频道等融媒体项目融入 MCN 业务形态之中。

2018 年，湖南娱乐频道依托湖南广电强大的内容生产能力，组建了"Drama TV"短视频 MCN 机构，成为全国首家布局 MCN 业务的电视媒体。该机构的业务范围集中在母婴、美妆、美食、娱乐等内容生产领域，目前已经成功打造了"张丹丹的育儿经""叨叨酱紫""维密也小曼""逆转时光酒吧""一个大金意"等垂直账号矩阵。

长沙广电的中广天择传媒股份有限公司也于 2018 年入局 MCN，并组建起覆盖美妆、情感、潮鞋、影评、知识、特效等诸多垂直领域的短视频矩阵，粉丝数达到 2300 万 +，播放量达到 40 亿次以上，次年即开始实现收入。2019 年 9 月 5 日，中广天择与北京快手科技有限公司签署战略合作协议，在其全国广电合作体系"千台一网"的基础上，打造"千号一网"，实现所有媒体账号悉数签约入驻快手平台。快手则为这些媒体账号提供流量扶持、内容培训、贴片广告扶持。双方运用各自资本、运营及平台方面的优势，助力广电媒体账号在短视频平台实现内容、广告、直播、电商等诸多领域的变现。②

浙江广电成立黄金眼 MCN 机构，与全国多家省级地面频道建立起战略合作关系，如广东珠江频道、河北经视频道、江苏都市频道、四川新闻频道、福建新闻频道等，还入驻抖音、快手、小红书等平台，致力于整合主流媒体资源和新媒体资源，建构融合传播与商业变现矩阵。目前，孵化出以"钱塘老娘舅""1818 黄金眼"为代表的广电类产品 20 多个，内容涉及母婴、旅游、美食、宠物、才艺等 12 大垂直领域，拥有达人账

---

① 参见笔者 2019 年 11 月 1 日对刘某的访谈。
② 中广天择：《中广天择与快手达成战略合作，打造"千号一网"》，2019 年 9 月 6 日，新浪网湖南频道（https：//hunan.sina.com.cn/finance/2019 - 09 - 06/detail - iicezzrq4010440.shtml）。

号 100 多个。

2019 年 7 月，在机构改革的契机下，黑龙江广播电视台融创中心 MCN 成立，全台 70 多名主持人及上百档栏目集体加盟。黑龙江广电 MCN 机构注重短视频平台端的价值放大作用，通过对各平台账号的定位、内容、垂直分类等重新整理与改革，成功构建起抖音、快手等平台的粉丝矩阵。在 MCN 机构的布局下，婚恋节目主持人袁哲成功将影响力延续到短视频平台，并被打造成"网络红娘"；综艺节目主持人周昊在短视频平台上发挥综艺特长，被打造成"东北贱小伙"的网络形象。

2019 年 12 月，山东广播电视台成立 MCN 机构——Lightning TV，并得到抖音的战略支持。山东广电的栏目与主持人被批量引入该 MCN 机构，所有内容实行一键分发至抖音平台。抖音不仅提供技术支持帮助山东广电 MCN 机构培育知名栏目和主持人账号，还在平台上开设"这就是山东"的话题，邀请 100 多个抖音签约账号与 Lightning TV 旗下的 MCN 账号一起全方位展示山东，扩大山东广电 MCN 机构影响力。此外，Lightning TV 还推出 IP 孵化方案——"光芒计划"，对签约 MCN 的创作人和 IP 账号进行多元化的培育与支持，包括内容及版权保护、直播与运营指导、直播赋能与流量扶持、奖金激励及内容变现等。

此外，江苏广电、济南广电、南京广电、无锡广电、河北广电等多家广播电视媒体也开始布局 MCN 业务，MCN 的火热可见一斑。

（二）MCN 业务热的冷思考

虽然 MCN 业务具有巨大的市场潜力，但是面对当前的 MCN"热"，也不能头脑发热盲目进入，适度的"冷思考"也是必要的。有媒体人士指出，"当下，除了央视等少数大型机构还有机会做成大型综合内容平台外，省级媒体能够做成大型综合内容平台的概率很小，我们不能把未来寄托于'摸彩票'式的赌博。"[①] 这种观点有一定的价值。不仅是建立综合型平台，对于 MCN 业务来说也是如此，不能盲目进入。从长远来看，除了少数头部 MCN 机构会演变成为综合性营销服务机构之外，大多数独立 MCN 机构的发展前景并不明朗。有 MCN 从业者表示："自己做抖音的

---

① 传媒内参：《关于融媒体中心建设，13 条"得罪人"的判断》，2019 年 4 月 25 日，传媒内参网（https：//www.chinacmnc.com/）。

每一天，都奄奄一息。Dou + 的转化率不好，好的内容（就是被流量验证有观众的内容）投了会不错，但是不好的怎么投都没效果。一开始抖音平台会刻意去捧大 V，去倾斜流量，去造神，允许创作者一夜暴富，但如今平台越来越去中心化，在刻意控制流量，不再让某一个人，某一群人获得太多曝光关注。抖音的成功基本无法复制，所以你即使挖到了行业的高端人才，他也很难复制自己之前的成功。同时，抖音也停不下来，这对团队工作人员来说是极大消耗，导致极高的流动率。"[1] MCN 业务并非适合于每一个电视媒体，在涉足之前必须做好充分的调研和准备。

　　总之，智能传播时代电视媒体的产业链拓展有多种路径，但其中的关键在于认清自己的优势和不足，找准发展方向。在视频内容生产成为标配的情况下，电视媒体如何将自己的视听传播优势发挥出来？如何通过产业链的延伸来实现商业变现？在进行商业运营的同时如何保证自己的公信力不被消解？这些议题都需要电视媒体的不断摸索。

---

① 真心的编辑部：《MCN 从业者口述：做抖音的每一天，都奄奄一息》，2020 年 11 月 5 日，36 氪网（https://36kr.com/p/954851895457667）。

第 六 章

面向智能传播的电视媒体
体制与管理创新

　　媒体的管理体制是媒体在管理思想、机构设置、人力资源、管理方法与手段等多方面的安排。在中国媒体实践中，媒体内容生产、渠道分发、业务拓展等方面的改革往往要先行于管理体制的改革，这也导致业务发展与管理体制不匹配的问题。互联网带给电视媒体的不仅仅是技术上的变化，也不单是市场的变迁，更是媒体管理体制的深刻变革，只有配套进行管理体制的改革，才能顺利推进媒体转型发展。

　　为了解中国电视媒体管理体制的现状及存在的问题，本书自 2017 年 8 月开始着手，历时 2 年多，对全国 10 多家已经实行了媒体融合转型的媒体中 50 多位视听类媒体从业者、管理层人士，以及科技公司、智能电视技术公司的管理人员、技术人员等人士进行了深度访谈，其中对部分访谈对象的个别访谈和网络观察持续了 2—3 年。通过访谈和观察，本书获取了大量的一手资料，对那些实行媒体融合转型发展的电视媒体组织内部的媒体景观进行了深描，尤其关注媒体组织机构的建设情况、人力资源及薪酬管理、激励机制以及电视媒体人的工作状况、心态等议题。为了保护访谈对象的隐私及行文方便，本书对访谈对象的姓名进行了模糊处理并对之进行了编码，具体情况如下（见表 6—1）：

表6—1   访谈对象基本信息

编号	姓名	工作单位	工作岗位	工作年限	访谈时间	访谈方式
J1	刘某某	人民日报新媒体客户端	管理岗	18 年	2018. 4. 27—2020. 12. 31	个别面谈 + 网络访谈
J2	魏某某	新华网融媒体中心创意视频	管理岗	18 年	2017. 10. 30	个别面谈
J3	徐某	新华网融媒体中心创意视频	采编岗	8 年	2018. 4. 27	个别面谈
J4	刘某	新京报"我们视频"	管理岗	17 年	2018. 4. 26—2020. 12. 31	个别面谈 + 网络访谈
J5	黄某	财新网	管理岗	18 年	2018. 4. 28	个别面谈
J6	陶某	财新网	采编岗	7 年	2018. 4. 28	个别面谈
J7	张某	深圳电视台	管理岗	30 年	2017. 8. 23	座谈会
J8	张某某	深圳电视台	技术岗	15 年	2017. 8. 23	座谈会
J9	邢某	深圳电视台	管理岗	15 年	2017. 8. 23	座谈会
J10	张某	深圳电视台	管理岗	15 年	2017. 8. 23	座谈会
J11	王某某	深圳电视台	管理岗	16 年	2017. 8. 23	座谈会
J12	龚某	深圳电视台	管理岗	20 年	2017. 8. 23	座谈会
J13	郭某	深圳电视台	人事岗	15 年	2017. 8. 23	座谈会
J14	雷某某	深圳电视台	采编岗	15 年	2017. 8. 23	座谈会
J15	余某某	深圳电视台	采编岗	20 年	2017. 8. 23	电话访谈
J16	陈某某	深圳电视台	采编岗	8 年	2017. 8. 24—2019. 4. 2	个别面谈 + 网络访谈
J17	赵某某	深圳电视台	采编岗	8 年	2017. 8. 24—2019. 4. 2	个别面谈 + 网络访谈
J18	罗某某	深圳电视台	采编岗	8 年	2017. 8. 24—2019. 4. 2	个别面谈 + 网络访谈
J19	伍某	深圳电视台	采编岗	10 年	2017. 8. 24	个别面谈
J20	张某	深圳市委宣传部媒体中心	管理岗	25 年	2018. 7. 23	个别面谈
J21	滕某	深圳市委宣传部媒体中心	管理岗	25 年	2018. 7. 23—2020. 12. 31	个别面谈
J22	张某某	湖北广播电视台	管理岗	20 年	2018. 6. 12	个别面谈
J23	吴某	湖北广播电视台	采编岗	5 年	2018. 6. 1—6. 30	个别面谈

续表

编号	姓名	工作单位	工作岗位	工作年限	访谈时间	访谈方式
J24	洪某某	湖北广播电视台	采编岗	5 年	2017.12.1—2020.12.31	个别面谈 + 网络访谈
J25	史某某	湖北广播电视台	采编岗	6 年	2020.11.27—2020.12.31	个别面谈
J26	贺某某	湖北广播电视台	采编岗	5 年	2018.6.13—2020.12.31	个别面谈 + 网络访谈
J27	赵某	湖北广播电视台	采编岗	8 年	2019.6.1	网络访谈
J28	严某	楚天都市报	管理岗	16 年	2019.6.6—2020.12.31	个别面谈 + 网络访谈
J29	刘某	黄石电视台	采编岗	9 年	2018.12.8	个别面谈
J30	刘某某	黄冈电视台	管理岗	30 年	2019.3.28	个别面谈
J31	刘某	武汉广播电视台	管理岗	30 年	2019.3.28	个别面谈
J32	张某	武汉广播电视台	采编岗	12 年	2019.10.28	网络访谈
J33	张某	宜昌三峡电视台	管理岗	30 年	2018.12.6	个别面谈 + 座谈会
J34	陈某	宜昌三峡电视台	管理岗	13 年	2018.12.6	个别面谈 + 座谈会
J35	刘某某	宜昌三峡电视台	管理岗	13 年	2018.12.6—2020.12.31	个别面谈 + 座谈会
J36	徐某	宜昌三峡电视台	采编岗	10 年	2020.7.4—12.31	个别面谈
J37	何某	宜昌三峡电视台	采编岗	17 年	2020.7.4—12.31	个别面谈
J38	张某某	今日头条	管理岗	20 年	2017.10.31	个别面谈
J39	郑某某	今日头条	采编岗	5 年	2018.1.13	个别面谈
J40	胡某	今日头条	管理岗	15 年	2018.1.13	个别面谈
J41	陈某	今日头条安徽分公司	管理岗	22 年	2018.1.16	个别面谈
J42	钱某某	今日头条安徽分公司	管理岗	17 年	2018.1.16	个别面谈
J43	颜某某	河北广电无线传媒股份有限公司	采编岗	3 年	2019.5.30	网络访谈
J44	李某	澎湃视频	管理岗	18 年	2017.10.30	个别访谈

续表

编号	姓名	工作单位	工作岗位	工作年限	访谈时间	访谈方式
J45	李某	梨视频	管理岗	17 年	2017. 10. 31	个别访谈
J46	张某	封面新闻	管理岗	20 年	2017. 10. 30	个别访谈
J47	李某	科大讯飞	宣传岗	5 年	2018. 1. 16	个别面谈
J48	舒某某	科大讯飞	技术岗	15 年	2018. 1. 16	个别面谈
J49	张某	科大讯飞	管理岗	20 年	2018. 1. 16	个别面谈
J50	谢某	腾讯大楚网	管理岗	6 年	2019. 4. 30	网络访谈
J51	尉某某	西藏电视台	管理岗	25 年	2018. 9. 29	网络访谈
J52	胖菩提——广润	华为公司市场运营	营销岗	15 年	2019. 3. 28	网友访谈
J53	张某某	中央广播电视台	管理岗	18 年	2017. 10. 8	个别面谈
J54	王某某	中央广播电视台	采编岗	5 年	2018. 5. 9—2018. 8. 14	个别面谈 + 网络访谈
J55	熊某	湖南广播电视台	管理岗	25 年	2017. 3. 20—8. 31	个别面谈
J56	陈某某	广东电视台	采编岗	10 年	2019. 7. 21	网络访谈

第一节　智能传播时代电视媒体管理思想的变革

管理思想的改革是媒体制度改革的起点。智能传播时代，电视媒体的转型首先需要用互联网思维来改造传统电视媒体的生产。"互联网思维"这个概念的最初提出者是百度公司的创始人李彦宏，他所提出的互联网思维并不是一个严谨的学术概念，实际上是一个反思性的业务总结，是在比较互联网时代的企业与传统企业之间在思考问题的方式及运作方式的区别之后，所提出的一种反思性见解。他的观点得到了众多企业家的认可，也影响了互联网时代的企业管理。综合来看，互联网思维指的是互联网不仅仅只是一种工具，更是一种文化、一种思考方式、一种工作与生活的状态。由于互联网正在成为信息社会的基础设施之一，从业者要逐渐学会运用互联网的方式来思考问题，如去中心化、重视用户和体验等，并做出相应决策，运用互联网来改造企业的思想观念、价值观念和商业模式。媒体作为一种特殊的商业主体，也需要建立现代企业制度，并运用互联网思维来改造自己的运营及管理。对于电视媒体而言，当前改革的重点之一便是运用互联网思维来改造自身运营及管理。

一　互联网思维的典型特征

关于互联网思维的定义及内涵，学界和业界尚未形成统一意见，但大家对于互联网思维的典型特征已经形成了一些共识。综合来看表现在如下方面：

（一）去中心化

互联网的最大特征是去中心化。互联网是一个网状结构，由无数节点连接而成，互联网的每一个节点都是有意义的，也是相互独立的、自治的、可以任意连接形成新的、无强制性的单元。这些连接起来的节点之间并无主从关系，也没有中心与边缘的差异，而是呈现出一种开放性、扁平化、平等性的系统现象或结构。在互联网的结构中，传者与受众的关系也被模糊化，每一个用户都是一个节点，都可以接收信息，也可以传递信息，而每一个媒体也只是互联网当中的一个节点，可以传播信息，也可以接收信息。基于这种现实，在"互联网＋"的条件下，电视媒体首先要接受的是，自己不再是互联网系统中唯一的阶段性中心和信息传播者，用户自行生产的内容、其他媒体机构加工的内容、商业平台和综合性平台发布的内容等，都可能是系统中的一个阶段性中心。在这种情况下，只有准确把握用户需求，提供优质的内容和服务，才能保住自己在传播系统中的阶段性中心地位。

（二）用户至上

重视用户需求，以用户为中心进行产品生产，是互联网的另一个重要特征。任何商业模式的最终到达点都是用户，让用户满意也是现代企业的最基本要求。互联网不仅为用户提供了更多样化的选择，也让用户有了更多的途径来表达自己的需求，用户至上成为互联网时代每个企业发展的必需。

用户在互联网上的每一次浏览、点击、播放、评论等使用痕迹都会被互联网所记录，这些痕迹也是用户需求被满足状况的直观体现。而大数据挖掘工具的出现,为合理搜集并分析用户的这些使用痕迹提供了某种可能,也为企业更精准地掌握用户需求指明了方向。智能传播时代,电视媒体要想获得用户欢迎,不被用户抛弃,必须以用户为中心,必须重视用户的需求和使用体验,媒体的内容生产也要尽量与用户不断增长的信息和服务需求相匹配。与此同时,电视媒体还要重视用户反馈,合理地挖掘用户数据,并从中分析出用户的喜好和需求,做出更为精准的用户画像,并以此为媒体内容生产和服务提供指南。

(三)重视体验

所谓的用户体验描述的是用户对产品使用的主观感受。它包括用户产生的情感、信仰、喜好、认知印象、生理和心理反应、行动和成就等诸多方面。影响用户体验的因素很多,包括用户的状态、系统的性能、使用的环境等。

早在 20 世纪 90 年代,人们就注意到用户体验的重要性,甚至设置了专门从事用户体验设计工作的工程师。在计算机技术和互联网技术的双重赋能下,人机交互技术逐渐渗透到人类活动的所有领域,这促使系统、产品和服务的评价指标从过去单纯的可用性扩展到用户体验感方面。在智能传播时代,用户的体验感更为重要,对于电视媒体而言也是如此。这一方面表现在电视媒体在系统、产品及服务的设计方面需要增强用户体验感,如对终端界面、关键交互点、内容页面等的设计需要注意人机交互手段的运用,对那些超出用户预期的体验进行适度呼应,以赢得用户的好感;另一方面还表现为适当增加内容本身的互动性、增强用户体验感。此外,还要重视对用户反馈信息的收集,并适时改进用户观看和使用电视媒体时的体验。

(四)开放与共享性

开放性与共享性是互联网的基础特征,开放与合作也是互联网建立的基础。早在互联网建立之初,就放弃了传统的线路交换式信息传递,而采用了全新的包切换技术。分布式计算使得联网的各台计算机成为平等的节点,而包切换技术使得网络中信息的传递无法被阻止。在 TCP/IP 协议之下,不同类型、不同操作系统、不同终端都可以接入互联网,共享信息和资源。由此可见,开放性与共享性已经写进互联网的基因。

对于电视媒体而言，要想在智能传播时代站稳一席之地，必须保持开放的态度，对待接入媒体平台上的每一个终端、每一个用户、每一个生产者，都要持一个开放的态度。既要允许 PGC、UCG、OGC 等多样化的内容生产形式在媒体平台上共存，同时也要在电视媒体专业内容生产中及时接纳用户的积极建议，适时调整自己的内容生产，以满足用户的多样化需求。

（五）追求创新

创新是互联网的另一个突出特征，互联网也呼吁各类创新，尤其是颠覆式创新的出现。颠覆式创新的概念由哈佛大学商学院克莱顿·克里斯坦森（Clayton Christensen）教授提出。1997 年，他在《创新者的困境：当新技术使大公司破产》一书中首次使用了"颠覆性技术"一词。所谓的颠覆式创新是那些在传统创新、破坏式创新和微创新的基础之上，由量变导致质变，从逐渐改变到最终实现颠覆的过程。互联网的开放、共享与多元也导致用户对创新性内容更加渴望。而那些颠覆式创新技术或应用往往能积极呼应用户超出预期的体验，如抖音、快手等短视频平台满足了普通用户拍摄并传播视频内容的需求，平台适时推出各种创新性用法，也让用户保持了新鲜感。对于电视媒体而言，创新是十分重要的，无论是在新闻报道中，还是在综艺类节目的生产中，甚至是 T20、电视＋电商等服务的开发中，都需要适时推出创新元素，只有这样，才能做到节目常办常新、充满活力。

总之，互联网思维具有去中心化、注重用户体验性、开放性、共享性、创新性等特点，在电视媒体的内容生产、渠道分发及运营管理等诸环节，都需要注意对互联网思维的运用。

二　当前中国电视媒体管理思想现状

为了了解当前媒体在管理思想方面的状况，本课题组对全国 10 多家开办了视听类业务的媒体及平台进行了调研和访谈。

（一）互联网思维已经成为媒体的重要管理思想

通过调研和访谈，本书发现，无论是中央级媒体，还是地方融媒体中心；无论是传统电视媒体，还是视听类媒体平台，对于互联网思维已经有了一定的认知。媒体管理层普遍认为应当在媒体管理思想中引入互联网思维，部分视听新媒体和平台型媒体的管理人士甚至认为应当用互联网思维全面改造媒体的管理及运作体系，他们也在各种重要场合强调转变传统思维、建立互联网思维对于媒体转型的重要意义。

访谈对象 J20 是一位拥有 20 多年媒体工作经验的电视媒体人，近年来才转型入驻政府宣传部门。他就讲道："网络的属性不是新闻的属性，也不是政治的属性，所以不能用传统新闻宣传的思维来做互联网媒体。"① 访谈对象 J41 是一位拥有 16 年传统媒体工作经验的资深传媒人，2015 年他才转型并入职新媒体平台。他认为，"时代在变化，按原有的逻辑来行事是行不通的。当前，互联网已经成为社会的基础设施，媒体要和时代的脉搏一起跳动，只有顺应时代，并适当走在时代的前列，才能在激烈的媒体竞争中保持优势。现在做新闻不仅要遵循内容价值逻辑，还要有产品逻辑，需要用产品经理的思维来运营媒体，也需要考虑体验和场景。头条是一个信息分发平台，我们尊重每一个用户，每一个用户都是平等的，而用户想看到的所有内容都可以在这个平台上体现，我们要做成一个生态圈。"② 通过上述观点，我们不难发现，作为从传统媒体转型到新媒体平台的媒体管理人士，他们不仅肯定了互联网思维在平台型媒体运营中的重要作用，还指出了互联网思维的几个重要特征，如去中心化、开放性与共享性、重体验感等，并从不同侧面予以强调。

在这方面访谈对象 J1 也有同样的观点，他在传统媒体集团中负责新媒体中心的工作，对此感受更加深刻。他也认为互联网思维对于媒体的转型来说格外重要，"对新媒体而言，网感比较重要。人民日报的微博团队是我们最早做新媒体的团队之一，他们的网感比较好，幽默感也比较强。他们不仅对网络舆情的反应比较快，同时也善于运用网络化的方式来广泛传播，因此经常引发网友的关注和讨论"。他还补充道："新媒体这个行业确实比较特殊，创新是一种常态，像今年'两会'玩过的，再到下一个重大报道或下一次传播的时候拿出来就不新鲜了，始终要有新的东西。"③ 除了肯定创新在互联网思维中的重要地位之外，他还认识到

① 参见笔者 2018 年 8 月 23 日对张某的访谈。
② 参见笔者 2018 年 1 月 16 日对陈某的访谈。
③ 参见笔者 2018 年 4 月 27 日对刘某某的访谈。

新媒体内容中的情感因素，而这是与传统媒体显著不同的。J1 还说："我们团队比较在意传播的三个要素，即信息平台、资产管理、情感涵联。概括起来就是有真材实料、真情实感、真知灼见。人民日报新媒体中心的一些内容探索之所以受欢迎，如'军装照''我们很赞'等，就是做到了三个'真'。尤其是对于新媒体来说，它的情感因素会更特别，也会很重。"① 虽然传统媒体在事实性内容制作的时候会排除掉情感因素，但在智能媒体时代，尤其是在社交媒体大行其道的当下，情感在传播中的作用越发突出，而在移动端传播更迅速、影响更大的往往是那些情感性的内容。这也提示我们，媒体转型过程中不能忽视情感因素。

访谈对象 J4 是一位有着 10 多年一线采编工作经验的资深媒体人，他曾经从事调查新闻报道，目前在传统媒体内部负责视频内容的生产与运营，他对媒体转型和移动端发展有比较全面的认识。他讲道："没有平台如何做内容？没有平台如何做商业？实践反复证明没有平台只能把品牌做到足够响亮，在移动端就得按移动端的特点来。移动端的特点是什么？移动端内容和运营同等重要，互为支撑，内容是运营的基础，运营是内容的保障，甚至在某种程度上运营能力本身也是一种内容生产能力。确定了以移动端为中心后，采编流程、评价体系、激励机制都从过去的传统模式转移过来。移动端还强调用户意识和数据分析，强调技术迭代创新。很高兴我们团队里既有老媒体人也有互联网人。"② 他所讲的移动端的特点与互联网思维有异曲同工之效，也体现出目前在部分媒体组织内部，互联网思维已经深入人心。

（二）在实践操作中传统思维的影响仍然很大

经过调研，本书也发现，虽然大部分媒体人士都对互联网思维表示了认可，但是在具体的实践操作中，传统的思维仍然主导着电视媒体的内容生产。这表现在大部分采编者在策划及选题的过程中，思维仍然局限在传统领域，在内容生产时很少真正考虑到受众需要什么，很多内容产品缺少创新性，也缺少活力，还有不少媒体人因为适应不了媒体转型的要求而离职。

---

① 参见笔者 2018 年 4 月 27 日对刘某某的访谈。

② 参见笔者 2019 年 10 月 12 日对刘某的网络访谈。

访谈对象 J4 就讲到传统媒体的内容生产流程问题:"《南都深度》的主编跟我讨论,在采访同样一个突发事件的时候,为什么《星光记者》半个小时后就可以全网发推文?而南都的记者,虽然拍得很早但还要花两个小时审稿?这就是一个流程的问题。"① 类似的流程问题,地方媒体的感受更明显。访谈对象 J32 认为:"电视台里有很多人的思维模式没有转变,其实我们要思考如何正确对待新媒体。作为一个制片人,我要求自己做好本职工作,在坚持正确方向的基础上,做老百姓喜闻乐见的东西。我并不拒绝新事物,觉得要以一颗宽容的心去包容所有的新事物,反思它的好处,吸收好的理念。"② 访谈对象 J10 指出:"传统的管理体制和全媒体运营是不相符合的,当前的节目生产流程也是为传统媒体设计的,不是为新媒体,而'各部门一个山头'的做法也影响了全媒体的内容生产与运营。"③ 访谈对象 J33 也提到了电视媒体采编人员的观念转变难的问题,他说:"在媒体融合实际操作上,观念的转变也是一大难题。人们的习惯和思维定式导致他们(记者编辑制片人)对融合有一定的排斥(潜意识),运行多年的媒体生产体制和管理方式需要改造。而流程再造是长线工程,目前还没达到能明显带动转型的效果。"④通过上述内容,我们也能清晰地感受到来自传统媒体内部深层次的变革阻力,即思维的真正转变。

(三)部分采编人员不能适应互联网思维的要求

在调研中我们还了解到,部分采编人员虽然已经认识到转型的必然性,但在实际工作中仍然不能适应新的采编要求。例如访谈对象 J24 是一位参加工作 5 年多的出镜记者,业务能力很强。但是他发现每当要与来自其他媒体部门的采编人员一起协作,共同完成多渠道分发的融合新闻采访任务的时候,难度就很大,"既要为电视媒体采写新闻,又要为网站发稿,还要采编短视频新闻,这对于我们普通记者来说压力太大了,各渠道的要求都不同,很难把每一条新闻都做好。再则,就是有时候让那

---

① 参见笔者 2018 年 4 月 26 日对刘某的访谈。
② 参见笔者 2019 年 10 月 28 日对张某的访谈。
③ 参见笔者 2017 年 8 月 23 日对张某的访谈。
④ 参见笔者 2018 年 12 月 6 日对张某的访谈。

些纸媒记者也来拍视频，简直就是添乱。"① 访谈对象 J25 更是把自己每天的工作形容为像是在"偷鸡摸狗"，因为在互联网的竞争压力下，他们栏目只有力求做那些具有"轰动性"的监督性报道才有生存空间。② 访谈对象 J33 也提到了部分记者不能应对互联网带来的压力，他说"在实际业务活动中，记者经常处于自我矛盾和纠结之中，在面对一个新闻选题时，不能同时应对不同端口的处理需求。往往被习惯牵引，用传统电视新闻的思维方式、采访手法和表达来应付新媒体端发布的需求。所以在媒体融合推进方面困难重重"。③ 上述内容都体现出一线新闻采编人员对于融合报道、互联网思维，仍然存在认知与实践相脱离的问题。

　　传统媒体的离职现象也是部分记者不能适应互联网思维及要求的一个结果。访谈对象 J4 提道："有几个离职的，一个原因是难以适应从做文字到做视频的转型。"④ 访谈对象 J4 还谈到了记者应对新闻采编活动中新技术带来的影响问题。他认为："2014 年以后新闻的办公完全移动化，大家都在微信群里面办公，包括发稿、文稿校对、发布、运营，都是通过移动化来解决。我们现在正在做移动端直播而这本来应该是最快速的信息表达方式，但是因为有审稿流程，很多东西传统媒体不让做，生产速度受到影响所以说还是有很大空间的。技术每年都在变，对做新闻来讲是坏的事情，因为各种东西都在抢我们的饭碗，但好的事情是我们可以把它当成工具，为内容生产服务。现在的媒体一线竞争的，实际上就是独家线索、独家素材，谁能更快速地掌握独家信息，就决定了竞争的速度。我们在很长时间都实行人工监测，现在可以用爬虫技术的方式来监测，比如说把突发爆料、爆炸性信息等纳入我们的监控系统，安排专门的人来监控，再倒逼内容生产团队去及时响应，这就是变化。所有的内容生产都要跟最前沿的技术紧密结合。"⑤ 总之，用互联网思维来重塑媒体生产的变化正在媒体内部悄然进行。

　　在媒体管理思想中引入互联网思维，并在互联网思维的指引下改造

---

① 参见笔者 2017 年 12 月 1 日对洪某某的访谈。
② 参见笔者 2020 年 11 月 27 日对史某某的访谈。
③ 参见笔者 2018 年 12 月 6 日对张某的访谈。
④ 参见笔者 2018 年 4 月 26 日对刘某的访谈。
⑤ 参见笔者 2018 年 4 月 26 日对刘某的访谈。

电视媒体的内容生产流程，还有较为漫长的路要走。如何提高每位采编人员的互联网意识？如何帮助采编人员适应新技术的要求和媒体转型的需求？这是媒体管理人员必须思考的问题。

三　互联网思维改造媒体管理的可行途径

进入智能传播时代，互联网越来越成为基础设施，以互联网为基础的数字新媒体也在不断形塑媒介形态，电视媒体只有迎难而上、转型升级才能适应新的形式。电视媒体转型的重点是要改变过去单向供给型的传播关系，并建立起双向共享型的传播关系，而运用互联网思维来改造媒体管理思想，就成为转型升级的基础。

（一）找准媒体定位

当前，电视媒体的内涵与外延都发生了极大的转变，电视媒体的形态、传播渠道、内容形式和观看方式都发生了巨大的改变。不仅各类视听媒体层出不穷，而且传统电视媒体自身也出现了"相对过剩"，尤其是各类同质性的频道和栏目过多，让观众产生了一定程度的"审美疲劳"。市场对于同一类型的媒体的容量是有限的，用户对于同质性的内容也没有太大的需求。在调研中，有几位访谈者都提到了可能出现的频道关停并转问题。例如作为一个常年跑时政新闻的记者，访谈对象 J24 对改革形势的把握比较及时，他认为："在中央和国家机关机构改革的大背景下，电视媒体也需要进行相应的机构改革。其实，省级及以下的广播台和电视台很早就合并了，下一步改革先是会有大量频道关停并转，只保留舆论宣传部分、民生报道、文艺制作三大业务板块，然后就是各部分做出一到两个代表性的栏目即可，最后就是全部垂直管理，卫视精简，放松太空资源，以区域上星，增强卫星频道竞争力。如湖南已立志将视频产业打造成千亿产业，建造马栏山视频产业创意园。那未来华中地区原有的电视台力量就可以承接湖南的产业转移和辐射带动，也能对发展乏力地区的广电媒体进行员工安置，这和宝武钢铁的成立有异曲同工之妙。"① 在新形势下，电视媒体必须首先找准自身定位，并根据自身定位来运用互联网思维改造媒体运营及管理。

---

①　参见笔者 2018 年 8 月 26 日对洪某某的访谈。

电视媒体具有双重属性，既具有意识形态属性，属于社会精神产品生产领域，同时又隶属于信息产业，具有经济属性。因此，在转型发展的过程中，传统电视媒体可以着重突出其中的一种属性，并加以发展。例如，当前湖北广电、河北广电等地方电视媒体就确立了转型为"新闻＋政务＋服务"平台的目标，也有一些媒体利用自身优势建立了综合型媒体平台，突出"媒体＋电商"等经济功能，如湖南卫视的芒果 TV。这些媒体的定位都是比较清晰的。对于其他地方电视媒体来说，也需要思考自身优势与特色，并确立清晰的定位。

（二）重视用户数据

互联网思维还要求媒体重视自己的用户，重视对用户数据的搜集，尤其是在数据日益成为新的生产要素的智能传播时代。目前，电视媒体对用户数据的搜集仍然是通过抽样调查、入户调查等传统形式展开，耗费的人力、物力、财力较多，而获取的数据和样本量相对较小，也不可能对每个节目都进行相应的用户调查，这就导致电视媒体对用户的需求和观看反馈情况不能准确且全面地掌握。如果电视媒体能与接收终端生产商以及相关科技公司合作，通过合法且合理的手段适当搜集用户使用的大数据，并且对用户数据进行科学分析，这样就能更加准确地掌握用户的需求及使用反馈等信息。

此外，电视媒体还需要将用户信息运用到内容生产和创新生产中，让数据赋能生产，从而更加准确、高效地传递信息、发现趋势、生产内容。目前已经有部分电视媒体开始招募数据分析师，如湖南广播电视台就要求数据分析师能完成如下工作任务：优化系统数据分析体系，帮助确定各项运营数据指标；配合业务部门给予数据支持，形成专项分析报告，为产品设计及运营提供数据支持；理解业务和用户需求，理解数据背后的用户行为和商业意义，策划用户画像、跨域用户行为特征、标签，负责用户行为数据采集分析；定期对行业环境输出分析报告，善于研究整体行业及细分市场，供决策参考；收集各类数据，尤其是竞争对手的数据，提出相关建议。[①]

---

① 张芯萍：《芒果招聘/湖南广播电视台广播传媒中心人才招聘!》，2021 年 1 月 18 日，湖南广电 HR 公众号（https://mp.weixin.qq.com/s/16RUs0kVqdWgoqh9auNLXg）。

（三）注重用户体验

重视用户体验也是互联网思维的典型特征。本课题组通过问卷调查发现，对于电视媒体而言，传统的沙发后仰式观看已经不能给用户带来良好的使用体验了，而通过遥控器来进行节目内容的筛选也很难带给用户良好的使用体验（参见第三章），改进用户使用体验已经迫在眉睫。用户的使用体验，一方面表现在沉浸感和互动性方面。在这方面，电视媒体可以积极利用新的技术，如 VR、AR、4K、8K、虚拟实景、实时渲染等，积极进行创新性的内容生产与应用开发，不断给用户带来更新颖、更沉浸、更真实的使用体验。另一方面，用户的使用体验还表现在与媒体的互动上。当自己的意见能够被媒体重视，当自己的反馈能够得到媒体的及时回应时，能极大地增强用户积极的使用体验。在这方面，电视媒体可以尝试积极引进并采用人工智能等高互动性产品，也可以主动完善媒体的互动与反馈体系，允许用户通过弹幕或其他形式来提高互动与反馈。Bilibili 能成长为一个覆盖诸多亚文化圈的媒体平台，与它对用户体验的重视有密切的关系。在该网站 2020—2021 跨年晚会中，除了实时弹幕外，主持人对用户弹幕中的高频词汇进行回应，也给用户带来了一种强烈的互动感。

（四）注重创新开发

互联网及其相关技术的一大特征就是创新频繁。对于电视媒体而言，要树立起互联网思维，就要提高自己的创新意识。除了积极利用新技术，创新内容生产方式之外，还应该注重对创新性产品的生产与开发。人民日报新媒体中心之所以能够获得广大用户的认可，其中一个原因就在于他们不断推出创新性产品。访谈对象 J1 就说道："我们的团队中很多都是 90 后的年轻人，他们很有想法，应该给他们提供一些更好的平台和措施，让他们不用经过那么多道程序，就能把好的点子推出来。比如说一些重大的事件创意，年轻人可以直接跟中心主任提出。开策划会时也会让年轻人先说，有一些好的想法会直接批准。因为新媒体这个行业比较特殊，创新是一种常态，要常办常新。"①

总之，互联网思维是一种重要的媒体管理思维，要将这种思维贯穿

----

① 参见笔者 2018 年 4 月 27 日对刘某某的访谈。

到内容生产和产业链拓展的全部环节，只有真正做到"互联网＋"，而不是"＋互联网"，才能真正适应新的时代。

第二节　电视媒体组织机构的建设与改革

组织机构的改革是制度变革的基础性构成，也是影响媒体转型成功与否的关键点。进入智能传播时代以后，技术和市场的双重结构性变迁，倒逼电视媒体不得不采取制度变迁以适应转型的形势。

一　电视媒体组织机构建设的历史沿革

中国的电视事业诞生于 20 世纪 50 年代。1958 年，中国第一座电视台——北京电视台正式诞生，一直到 20 世纪 70 年代末期，电视事业的发展都很缓慢。改革开放以后，中国的电视事业才迎来了全面发展的时期。

（一）四级办台与事业化管理

1983 年 3 月，在全国广播电视工作会议上正式确立了"四级办台"的政策，推动了广播电视覆盖率的全面提高。

改革开放之初，中国广播电视仍然实行的是"行政主管，管办结合"的管理体制。从所有制上看，广播电视属于国家所有；从主管部门来看，各级广播电视的行政主管部门是各级政府；从管理模式上看，参照政府机关的行政管理模式；从性质上看，这一时期的广播电视属于纯事业性质；从组织机构的设置来看，这一时期中国广播电视的机构设置基本对标公职人员，在干部人事管理方面实行统一的人事管理模式，在财物上实行国家财政统一拨款的模式。

进入 20 世纪 90 年代以后，有线电视和卫星电视开始起步。中国的广播电视除了加强原本的"四级办台"方针以外，也出现了有线电视与无线电视、综合电视台与专业电视台的分化。在一些地区的县级以下的村镇也出现了兴办电视的情况。随着改革开放的推进和市场经济的发展，广播电视完成了从纯事业到产业化的转变。

（二）事业单位，企业化管理

1992 年 6 月，《关于加快发展第三产业的决定》出台以后，广播电视媒体开始了"事业单位，企业化管理"的发展。广播电视媒体仍然属于国家事业单位，但在经济方面需要独立经营、自负盈亏，实行企业化管理。这种管理模式在这一时期极大地激发了广播电视媒体人的积极性，节目内容逐渐丰富化，广播电视台的广告收入也逐渐增加。据中国广告协会统计，从 1998 年到 2000 年，全国电视台电视广告收入分别为 132.57 亿元、156.15 亿元和 168.91 亿元。[①] 1995 年以后，聘用制开始成为广播电视媒体的主流用人机制，制片人制也开始在广播电视媒体中流行。

（三）集团化运作

2000 年，随着中国加入世界贸易组织，广播电视媒体加快了体制创新、技术创新和产业化发展的速度。国办〔1999〕82 号文下发以后，广播电视媒体开启了集团化的改革，各大电视集团纷纷组建，广播电视台的数字化进程明显加快。1999 年，无锡广播电视集团率先拉开了广电集团化的序幕，随后，湖南广播影视集团等 14 个广电集团相继成立，引领广播电视媒体开启集约化、专业化的发展模式。在组织机构及人事管理上，广电集团实行全面聘用制，并建立了相应的岗位管理制度。集团化管理制度整合了广播电视媒体的资源，打造了广播电视媒体的"航空母舰"。

（四）制播分离改革

2006 年，国务院发布了《关于深化文化体制改革的若干意见》，随后国家广电总局提出了制播分离的改革议题，要求广播电视媒体探讨在文艺、体育、科技等节目领域制播分离的可能。制播分离的关键是引入了市场竞争因素，这给中国电视事业带来了新的活力。上海文化广播影视集团有限公司是中国首家实行制播分离改革的电视媒体集团。[②] 随着改革的推进，越来越多的电视媒体在综艺节目，尤其是真人秀节目的制作中，尝试实行制播分离改革。一批节目制作公司相继诞生，如灿星制作、米未传媒、银河酷娱、笑果文化、唯众传媒、鱼子酱文化、原子娱乐、日

---

① 常慧锋：《我国广播电视事业发展历程》，2009 年 9 月 27 日，中广互联网（https://www.sarft.net/a/11027.aspx）。

② 王丽、杨冰：《以 40 年为镜，分析广电媒体管理体制和用人机制的演变与创新》，《中国广播》2018 年第 10 期。

月星光传媒、欢乐传媒等。

推进制播分离，广播电视媒体不仅对外开展与制作公司之间的合作，同时也在广播电视媒体内部，实行频道频率制和制片人制。这不仅打破了传统的科层制管理机构架设，而且形成了以频道、频率为中心的扁平化管理结构，媒体的经营自主权进一步增大。这一阶段的广播电视媒体，从过去单纯依赖国家全额拨款的事业单位，转变为差额拨款和自主收支的经营形式，有的媒体甚至还引入了劳务市场临时合同聘用的机制。广播电视媒体的人事、劳资、养老等诸多管理体制都发生了变化。

随着 2008 年《中华人民共和国合同法》的颁布实施，广播电视媒体全员实行聘用制，并且根据岗位实行分类管理。根据用工性质，广播电视媒体的聘用制具体可以区分为事业编聘用、单位自主聘用（台聘）、下属企业或栏目聘用等多种形式，这就打破了传统的事业单位用工终身制的格局。

2018 年 2 月 28 日，《中共中央关于深化党和国家机构改革的决定》顺利通过，新一轮的机构改革大幕拉开。而电视媒体又遭遇了媒体生态和市场的剧烈变动，机构改革迫在眉睫。对此，电视媒体人的感受更加迫切。如访谈对象 J24 就说："要坚持蹄疾步稳、紧凑有序推进机构改革，要将改革进行到底。"①

二　组织架构的安排与机构的设置

媒体的组织结构是媒体组织内部的框架体系设置，主要包括媒体组织部门的构成、组织层次的划分、管理权限及责任分配，以及组织内部各部门、各层次之间的协调与控制。媒体的组织结构是媒体管理系统的前提和基础，是媒体组织适应外部环境、实现组织目标的手段，也是媒体组织经营战略实现的重要工具。媒体的组织架构与机构改革也是媒体转型的基石，一套组织架构的设计，实际上就是媒体内部的一整套资源配置方案的设计，它关系到媒体内部业务流程、运行机制与管理体制的良性运作。目前，中国广播电视媒体的机构改革正在进行，虽然一部分媒体已经确立了以扁平化组织架构为指引的改革目标和方向，但仍然有

---

① 参见笔者 2018 年 8 月 26 日对洪某某的访谈。

一部分媒体坚持垂直型、层级式的组织架构。

（一）垂直型组织架构

垂直型组织架构是指从组织中的最高管理者到最低执行者之间的行政系统架构类似于一条直线，这是一种传统的组织结构形式。垂直型组织架构往往由多个管理层次构成，包括高层、中层、基层管理者等，这些管理者共同构成了一个金字塔形状的结构。在这种组织结构下，职权直接从高层开始向下流动和传递，经过若干个管理层次最终到达组织最底层。集团董事长或总裁往往位于这个结构的金字塔顶端，他们的指令通过一级一级的管理层传达到基层执行者。在这种组织结构中，每一位主管人员在其管辖范围内，都拥有绝对的职权或完全职权，而组织中的每个人都需要对直接上级负责。这种结构具有上下级关系简明清晰、层级制度严格明确、保密程度好等优势，但是也造成了沟通过程过于漫长、部门冗员较多等问题。

传统的电视媒体组织结构大多数是垂直型的，以台长为金字塔顶端，第二级设置有多位分管副台长的职位，第三级设置总台办、宣传管理部、人事部、财务部、技术部、经营部、监察部、审计部等多个部门，第四级设置广电新闻中心、电视传媒中心、广播传媒中心、报刊中心、影视娱乐中心、广电技术中心、科教中心、后勤保卫中心、直属单位机构等多个部门，第五级以下分别是各中心的总编办、节目研发中心、各频道等基层管理机构。例如山东日照广播影视集团、浙江广播电视集团等仍然采取的是这种组织架构方式。这种组织架构虽然结构明晰、管理责任清晰，但管理层级太多，基层的创新提案不利于及时上达总台，媒体反应速度也相对较慢。

（二）扁平化组织架构

扁平化组织结构是现代企业的一种组织结构形式，是指企业内部从最高决策层到最低操作层中间的相隔管理层级较少，最下层单位拥有充分的自主权，并对生产的结果负责。扁平化组织结构的管理层次较少，有利于信息的纵向流通，上下级关系较为紧密，但是也存在组织管理幅度较大、权力分散的缺陷。对于电视媒体而言，由于智能传播时代市场变动幅度较大，用户的需求与反馈形式也比较多元，这就要求基层内容生产组织快速反应并采取行动。而显然相比于传统的科层式组织结构，扁平化的组织结构能够更好地满足媒体的日常生产、运营及管理需要。

在媒体转型之际，不少媒体都简化了管理层级，实行扁平式管理，如深圳广播电影电视集团、上海广播电视台、无锡广电等。访谈对象J24认为："媒体的垂直管理和宝武钢铁成立有异曲同工之妙，这是一种思考模式。对于那些没人看的、没人听的、没人订的、不挣钱的、不需要服务舆论的、养懒人拖累事业的，全部关停。"①

2014年，东方卫视开始改革管理模式，不仅打破了多频道各自为政的管理模式，整合资源组建"东方卫视中心"，而且简化管理层级，形成了以独立制片人为中心的管理模式。独立制片人需要经过严格的选拔，并以一年为聘期，进行节目制作。无论是在创意生产，还是在团队建设，甚至在经费的使用和收益的分配等方面，独立制片人都拥有更大的自主权，与此同时也承担起了更大的风险（参见图6—1）。

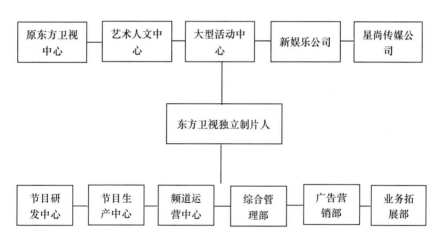

图6—1　东方卫视以独立制片人为中心的组织架构

2018年，深圳广电集团制定了《深圳广电集团新一轮深化改革方案（2018—2019）》，加快了深化媒体机构改革的进程，并形成了新的组织架构（参见图6—2）。

---

① 参见笔者2018年8月26日对洪某某的访谈。

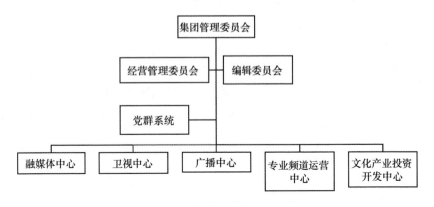

图6—2　深圳广电基本组织架构

深圳广电集团组建了融媒体中心等五大机构。其中，卫视中心覆盖深圳卫视、深圳国际频道两个渠道，实现深圳卫视和卫视国际频道内容互补、功能互补；融媒体中心在整合原新闻中心等8个部门的基础上，重新组建了6个二级中心，即时政新闻中心、民生节目中心、区域新闻中心、新媒体中心、影视剧和节目编排中心、广告运营中心；广播中心整合了原来的新闻频率等4个广播频率；专业频道运营中心的业务主要覆盖原来的娱乐、财经、少儿、体育健康等专业频道。改革之后的深圳广电集团组织机构层级更少，内容制作、节目运营、广告营销等功能更为突出。为了进一步深化改革，深圳广电集团还推进相关"瘦身"进程，缩减员工295人，推进3家下属企业关停不转，成本同比减少1.62亿元。

2020年，无锡广电在"宣传为经营赋能"的全平台机制建设上进行了探索，广播中心和广播传媒公司、电视中心和电视传媒公司分别实现了一体化运营，管理层级有效减少。其中，最先实行改革的是广播传媒分公司与广播中心，二者合二为一，并实现去频率化改革，即不再保留频率建制，仅保留呼号，并重组事业产业部门，实行扁平化管理。经过这项改革，无锡广电的核心任务转变为生产并传播全媒体产品和服务，媒体的整合营销和融合运营水平显著增强，有机统一了媒体的事业与产业属性，并推动二者实现良性互动。

纵观各大媒体的转型实践，扁平化组织结构改革可以有效减少管理

的层次，扩大管理幅度，提高创新的效率，但是，扁平化组织机构改革
也对电视媒体的管理者提出了更大的挑战，并对电视媒体的每位员工提
出了更高的要求。

三　团队的建立与培养

电视媒体的工作往往以团队形式进行，团队是管理中的重要一环。
在媒体转型发展过程中，优质团队的培育也成为工作中不可忽视的环节。
为了最大化绩效与产出，不少电视媒体都通过激励措施的设置等方式提
升团队建设的效果。目前，电视媒体在团队建设方面主要采取的做法包
括升级独立制片人制、以栏目为单位培育优质团队、建设以合伙人为核
心的工作室制度等。

（一）独立制片人制的升级

独立制片人制是伴随着电视媒体的制播分离改革而出现的一种制度。
在互联网的环境下，独立制片人制从过去的传统制片人管理逐渐向项目
经理人制升级。1993 年，中央电视台新闻栏目《东方时空》的开播开启
了中国栏目制片人时代。栏目的采编人员在制片人的统一管理下制作节
目，制片人则承担着确保栏目选题、负责内容分配、组织人员制作优质
内容，并确保栏目内部管理的顺利运行的任务。

随着省级卫视间收视率竞争的加剧以及制播分离改革的进行，制片
人只负责把控节目内容质量的团队管理模式已经不能满足新形势的需
要，优秀的独立制片人逐渐出现。在新形势下，独立制片人既需要把控
栏目的选题和节目质量，同时也要负责栏目的运营、资金的筹措、广告
的投放、栏目的发行等诸多事务。而一些优秀的独立制片人也从电视媒
体离职成立了文化传媒公司，走上了专业节目制作的实体化运营道路，
如深圳卫视《饭没了秀》的总制片方菁从深圳卫视离职后就成立了自
己的团队。湖南卫视自 2007 年起开始试行独立制片人制，通过主团队
与辅助团队协作的模式完成大型季播节目的内容生产。通过这种方式，
湖南卫视迅速培养起了一批优秀团队，如龙梅团队、洪涛团队等。深圳
卫视从 2012 年起开始独立制片人制，他们不仅引入了湖南卫视的易骅
制作团队，还给予独立制片人以更多的人事权、岗位权、薪酬权等，
充分调动团队积极性。2013 年，浙江卫视启用独立制片人制，并以

独立制片人为中心完成节目制作任务。2014 年，东方卫视开始实行独立制片人制，一次性招募了 20 位独立制片人。同年，东南卫视也开始试行独立制片人制。随后，其他省级卫视也纷纷建立起独立制片人制。

随着媒体融合的深入推进，电视媒体的独立制片人制也随之升级，逐渐向项目经理人制转型。由制片人转型而成的经理人，既要负责产品的设计、开发以及后期推广，也要负责赢得用户。这就要求相关负责人树立起项目意识，并全面关注项目的定位、质量、成本、时间、效率、资源整合、产品生产、传输与发行等整个流程。

（二）优质团队的培育

除了形成独立制片人制外，也有不少电视媒体注重以优质节目为核心，培育自身团队。由于省级卫视在户外真人秀、音乐竞技选拔、棚内综艺节目制作以及本地生活服务等方面有着丰富的节目制作经验，以此为基础培育优质团队，并作为独立制片人制的补充，可行性非常强。例如，湖北卫视自 2014 年开始尝试以优秀节目为中心组建并培育团队，一年时间里组建了 10 多个团队，规模最大的达到 200 人。除了推动成熟团队的社会化改革之外，频道内部还从政策、分配、人才招聘等多方面给予一线团队以优惠，并且在"成熟一个放飞一个"的原则之上推动制作团队的公司化改革，尝试推动制作团队进入市场参与竞争。

一些正在深化融合发展的传统媒体也非常看重团队建设。例如 J1 所在的《人民日报》新媒体中心就成立了 8 个团队，"我们新媒体中心大概是 7 个处室，我们是一个正级单位，大概有 7 个处室，微博、微信、客户端、中文客户端、视觉设计、统筹策划、推广合作。英文客户端刚刚成立，还没有成立一个单独的处室，但实际上它也是一个处级单位。将来肯定是 8 个处室，也是 8 个团队。其中，微博微信、两个客户端，是发布平台，其他平台，也就是其他几个处室，属于支持性的，比如说统筹策划负责产品，视觉设计负责设计、制作，还有我们的办公室、推广合作，负责跟各个单位或企业联系合作。总共 8 个团队共有 80 多个人，每个团队人员数量不一样，客户端会多一些，有 25 个人，以后会有 20—30 人，微博微信一般不到 10 个人，而视觉设计 5—6 人。在这个架构之下，我们在创新和创意方面实行项目制。每当一个项目通过后，就会打乱上述建制成立一个项目小组，有时候采取抽人，有时候就是几个有同样想法的年轻人，或者是不同处室的人想一块儿做这件事，最后就可以一起做"。①该中心这种灵活的项目制和 8 个固定团队的培养模式灵活性更大，有助于创意的生成。

（三）工作室制度的确立与升级

工作室制度是近年来电视媒体在团队建设和内部管理制度方面的一次新探索。相比于独立制片人制和团队培育的方式，媒体工作室拥有更大的自由权，在节目创新及内容生产、项目孵化及运营等诸多方面都具有优势，更能激发媒体人的创新精神和创作激情。工作室已经成为电视媒体内部现有机构、编制、身份等诸多限制因素的突破者，有效推动了产品、技术、服务、运营、项目活动等专业岗位之间的协同创新，创造了新的价值。有些媒体为了进一步激发团队的创作力和凝聚力，更是尝试改进用人机制，探索事业合伙人制，如广东广播电视台等。

1. 广东广播电视台工作室制度

广东广播电视台是电视媒体中较早尝试实行工作室制度的媒体，比较有代表性。早在 2016 年，广东台就出台了《工作室管理暂行办法》，并开始酝酿在集团总部之下成立独立运营的工作室。工作室的负责人拥有组建团队、项目、分配、运营等方面的自主权，集团也在人事、财物、法务等方面给予工作室以优先权力。当年 3 月 29 日，"黎婉仪财富管理工作室"成为广东台第一家挂牌成立的工作室。由于主持人黎婉仪拥有丰富的财经行业经验，个人品牌价值高，这家工作室主要负责广播财经节目和财富运营等内容生产。同年，5 月 27 日，广东台的第二家工作室——"马志丹工作室"上线，主要负责纪录片。随后，"尹铮铮工作室""任永全工作室""董珂工作室"等第一批工作室相继成立。这些工作室汇聚了一批广电业务精英，激发了广电媒体的创新创业热情，并为融媒体运作打下了坚实基础。

为了进一步深化媒体融合改革，2020 年年底，广东广播电视台又进

---

① 参见笔者 2018 年 4 月 27 日对刘某某的访谈。

一步推动工作室制度改革，建立了王伟华导演工作室、史崐全媒体工作室、康毅工作室、《老广的味道》工作室、黄健节目产业工作室、孙愈普法工作室、曾小强工作室、袁媛教育工作室、曾超工作室、罗记安全工作室、耿澈视频工作室等第二批共 11 个工作室。这些工作室打破了传统科层制、垂直化的管理模式，工作室直接负责内容生产与运营，在创意、生产、分配、人事等方面拥有更多的自主权，同时集团也为工作室提供多样化的资助，包括场地提供、创业资金提供、技术设备支持与保障等。在分成方面，广东台还采取灵活的"一室一策"制度，根据不同的工作室的优势和特长，签订不同的增量及利润分成协定。[①] 通过制度设计，广东广播电视台的工作室让员工成为合伙人，极大地激发了员工的积极性，实现了多赢化的发展。

工作室建设是广播电视节目团队建设的一种升级，它更强调员工的自主性、灵活性和创新性。而让员工成为合伙人，让工作室成为媒体内部的创业平台，实现工作室与电视台的双赢发展，成为广电媒体工作室的建设目标。此外，工作室也致力于深化媒体融合发展，着力推出全息式、沉浸式、交互式、多样化的内容产品，开发内容产品的衍生价值。

2. 其他电视媒体的工作室制度

除了广东广播电视台以外，湖南卫视、安徽广播电视台、河北广播电视台等多家电视媒体也建立起了工作室制度。

2018 年，湖南卫视启动了工作室改革。同年 5 月 25 日，首批 7 个工作室成立，包括王琴工作室、沈欣工作室、刘建立工作室、陈歆宇工作室、徐晴工作室、刘伟工作室、王恬工作室。11 月 9 日，通过评分制的方式遴选出第二批 5 个工作室，包括安德胜工作室、卞合江工作室、洪啸工作室、秦明工作室、孔晓一工作室。相比于广东台，湖南台的工作室完全以负责人命名，具有更鲜明的品牌特色。通过动态管理、内部竞争和激励机制的优化，湖南卫视的工作室保持了创新活动，实现了品牌价值。

---

① 陈丹：《全面解读广东台工作室制度改革："一室一策"，16 大工作室内部创业》，2021年 2 月 3 日，搜狐网（https://www.sohu.com/na/448561535_613537）。

2019 年 7 月 26 日，经过层层筛选，安徽广播电视台成立了首批 60 家融媒体工作室。不同于广东广播电视台和湖南卫视以负责人个人的姓名来命名工作室，安徽广播电视台这批工作室以名牌节目命名，如影响力、向前冲、奇妙海豚君、点亮、广电风向标、追梦人等。该台在工作室建设方面注重创新与融合发展，内容覆盖新闻、理论、科普、法制、教育、农业、文化、人物、创业、生活、娱乐、综合等诸多领域，注重激发采编人员的创新与创优能力。为了推动工作室建设的制度化进程，该台不仅推出了《关于大力促进融媒体工作室发展的管理办法（试行）》，还做好了相关配套激励政策和组织保障，显示了转型发展的决心。

同年 9 月，河北广播电视台（集团）从 24 家申报团体中遴选出 11 家成立了工作室，包括郑毅汽车工作室、爱宁美食工作室、家政女皇工作室、杨珍工作室、小吴工作室、新媒体产品工作室、有缘天空工作室、乐商城产业工作室、有房有家工作室、赵敏工作室、晓梅工作室。与安徽广播电视台一样，河北广播电视台的工作室也是以品牌栏目为命名基础的，工作室考察的是相关团体的媒体融合、创新创优、风险应对、整合营销等多维能力。通过工作室的示范带动效应，推动集团的转型发展是该台工作室建设的目标。

此外，上海广播电视台也推动了工作室建设，该台集中原先分散在融媒体中心、东方卫视中心、第一财经、版权资产中心等多个部门的纪录片创作人才，成立纪录片中心，推行工作室制。在影视板块方面，SMG 也整合旗下的内容生产人才，成立了五大工作室。天津台则是成立了融媒体工作室，着力培育广电系网红工作室。福建台成立了 31 个工作室，覆盖内容制作与项目活动经营等多个领域，仅 2019 年就实现创收 3430 多万元。[①]

总之，团队是电视媒体运营管理的重要环节，各大电视媒体都在推动团队建设方面进行了诸多探索。不管是独立制片人制，还是对优质团队的培育，甚至是工作室制度，这些管理制度建设的核心都是为了激发

---

① 黄田园：《工作室制：广播电视台人事制度的重大创新》，2020 年 4 月 21 日，搜狐网（https：//www.sohu.com/a/389677439_570245）。

员工的积极性，促进组织内部的信息沟通，激励团队的创新创优意识，这也是电视媒体积极应对智能传播时代媒体转型发展的表现。

四 编辑室内部的分工、协调与运作

智能传播时代无论是事实性的内容生产，还是创意性的内容生产，都不再是单个记者可以独立完成的工作，编辑室内的多人分工协作成为常态。而编辑室内部的工作状况，尤其是团队沟通与协作的顺利程度，直接影响了团队的正常运作和媒体的内容生产能力。

（一）编辑室内部工作状态的变化

智能传播带来的不仅仅是媒体形态、管理思想、组织架构等方面的改变，编辑室内部在工作方式和工作状态上也出现了显著的变化。当然有时候这些变化也会带来一些负面效果，如编辑室内部冲突频发，基层采编人员个体在平衡私人权利和多重竞争利益之间苦苦挣扎等。

瑞娜·比文斯对加拿大和英国 8 家传媒公司的 100 多位新闻记者进行了访谈。她发现，进入数字时代，媒介组织的信息录入、选择、分配、新闻搜集、故事写作、传播都发生了改变，记者的压力变得更大，包括他们对受众的认知、受众反馈的动态变化、受众使用数字媒体来获取移动化内容、新闻即时性、互动性对记者新闻采制的高要求、政府和公关行业对新闻生产的压力等。[①] 劳拉·K. 史密斯、安德里亚·H. 坦纳和索尼娅·福尔特·杜黑也发现，媒介融合背景下美国地方电视台新闻编辑室内出现了一些观念冲突问题。他们的大多数调查对象都认为，媒体融合对电视新闻产生了负面影响，许多新闻工作者甚至认为新闻编辑室内的价值冲突对他们的日常工作带来了持续的挑战。[②] 凯里·希金斯·多布尼（Carey L. Higgins - Dobney）和杰拉尔德·萨斯曼（Gerald Sussman）也发现，美国俄勒冈州波特兰市的四个地方电视台在实行媒体融合之后，新闻编辑室的工作人员被迫为多个平台提供新闻产品，这

---

① Rena Bivens, *Digital Currents: How Technology and Public Are Shaping TV News*, Toronto, Buffalo, London: University of Toronto Press, 2014, pp. 33 - 35.

② Laura K. Smith, Andrea H. Tanner & Sonya Forte Duhé, "Convergence Concerns in Local Television: Conflicting Views from the Newsroom", *Journal of Broadcasting & Electronic Media*, Vol. 51, No. 4, Dec. , 2007.

严重削弱了调查报道及其他新闻的制作质量，影响了社区新闻对本地社区的效能。他们还指出，地方电视新闻业务的发展趋势与其他技术密集型私营行业相同，生产力的提高是以牺牲工人为代价的，而且填补新闻漏洞的压力优先于本地电视新闻的公共服务功能，受众的信任也随之下降。[①]

　　本书的相关研究也发现了同样的问题，媒体组织结构的变化会直接影响新闻编辑室的工作。在传统媒体时代，记者习惯于将他们采编的新闻内容通过内部网络传递给编辑、制片人，但现在他们除了需要完成同样的工作外，还必须将信息反馈给中央厨房系统中的相关团队和负责人，以便实现信息的多平台分发和创新性应用程序的开发。这对于那些常年工作时间很紧凑的一线记者来说，不仅日常工作量翻倍，而且内部沟通的过程也很麻烦，很费时间。有的时候甚至需要记者多次联系多个同事和团队，压力异常大。J24 和 J25 都是湖北电视台的一线记者，工作 5 年多的他们都感觉近年来自己的工作压力更大了，虽然采访任务看起来没有增加太多，但编辑任务明显增大，经常要加班加点剪片子。J36 是宜昌三峡台的一位 30 多岁的女编导，工作 10 来年了，但近年来她越发觉得自己的工作压力变大，"我原来做传统媒体，去年转型做微信公众号推广、抖音等几个大平台的直播带货等新媒体内容。近两年新媒体兴起，我们台的内容不再局限于传统媒体，也开始接触微信公众号、抖音、微赞直播等。目前最大的挑战是技术的革新，其实转型很难，而且新媒体变化大、变化快。我现在每天都忙着剪片子、做内容，太忙了，也太累了，忙得我'大姨妈'都好几个月不来了，真担心"。[②]这种女性心理上和生理上的变化都体现出基层电视媒体工作人员的压力。

　　面对编辑室内部的变化和工作人员的压力，媒体管理者需要想办法减少团队沟通的障碍，促进团队协作的进行，而基层采编工作人员也需要有效平衡私人权利和多重竞争利益，平衡工作压力与日常生活。

---

　　① Carey L. Higgins – Dobney, Gerald Sussman, "The Growth of TV News, The Demise of the Journalism Profession", *Media, Culture & Society*, Vol. 35, No. 7, October 2013.

　　② 参见笔者 2020 年 7 月 4 日对徐某的访谈。

(二) 编辑室内部分工与协作的新要求

智能传播背景下媒体的深度融合趋势加剧，编辑室内部的分工也日趋多样化。编辑室内部不仅有继续负责采写新闻的传统记者，也出现了一些"创新者"。他们的内容生产工作与传统的新闻采编有显著不同，有的专门记录生活，有的负责短视频生产，有的负责直播带货，还有的负责新闻游戏等互动产品。

1. 老记者积极适应新变化

进入智能传播时代之后，那些经验丰富的传统记者也需要与年轻记者一样，积极地拥抱数字媒体，积极地适应新的变化。自从调到视频内容部门之后，访谈对象 J4 就深刻地意识到了移动端内容生产与传统新闻采编的不同："移动端内容生产从过去的以出版为中心转变为以传播为中心，传播渠道从过去的以报纸为中心转变为以移动端为中心，生产模式从 PGC 为中心转变为 PGC、UGC 和 PUGC 混合为中心，媒体的作战方式也从过去的强调名记者、名编辑的单兵作战，转变为团队协作（一个大 team）。很高兴团队里既有老媒体人也有互联网人。"① 除此之外，他对于融合内容生产的团队协作和质量评判标准也有了新的认识，"融合意味着协作，光视频干不成，光图文也干不成，必须是视频图文流程协作。无论是周末内容生产能力，还是深夜内容生产力，都是机构媒体移动互联时代生产力的判断标准。移动互联网时代，融合式内容生产打破了传统流程，7×24 小时只是机构媒体热点生产能力的基本标配，原来的截稿周期退出舞台，评判标准转变为事发后多久能产出。"② 面对已经变化了的媒体行业，媒体采编人员只有适应并接受这种变化，否则只能转行。

J35 是一位拥有 13 年工作经验的电视媒体人，目前在宜昌三峡广播电视台融媒体中心从事管理工作，也是该台最早从事新媒体工作的一批人之一。她介绍了该台当前融媒体采编工作与传统电视的不同："融媒体和传统端做的东西是有区别的，传统端还是要立足于新闻，融媒体除了新闻，还需要一些原创作品。拍新闻的时候相对简单一些，拍点画面加

---

① 参见笔者 2019 年 10 月 12 日对刘某的访谈。
② 参见笔者 2019 年 4 月 2 日对刘某的访谈。

上采访就可以了，但融媒体原创作品和专题作品对于画面的要求高些，要有创意，所以花的时间也更多，一般我们拍一个 3 分钟的片子最少也要一天。"① 除了拍摄内容和制作方法上的差异，她还讲到了记者采编流程和要求的不同，"以前的新闻采编，都是记者先去现场采访、拍摄，然后回来剪辑，之后才会上传系统进行审核。现在有了融媒体的要求，那记者就得在拍摄的同时，学会现场编辑文字、拍照片、拍小视频等，然后及时发回来"。② 这也进一步印证了融媒体对记者个体职业技能的要求有所提高。而作为基层采编人员，必须对智能传播时代的各类采编方式比较熟悉，否则会影响工作的效率。

2. 团队协作的增多

在智能传播时代，媒体的内容生产不再是记者的单兵作战，团队协作越来越多。而团队协作能力的高低直接影响到媒体的工作效率，因此，媒体也需要尽量培育团队的协作能力。J35 提到采编过程中的小组协作问题，"我们融媒体这边有专门的视觉小组，主要负责一些重大项目的采访，比如市里每个月的重大会议、重大项目的签约、开工、建设等等，要专门到现场拍摄采访。融媒体编辑部一共是 16 个人，现在融媒体的采访基本都是两个人一组出去采制，一个人负责拍摄，一个人负责采访或出镜。但是如果是专题拍摄，比如我们去年做的《点赞，我的村》短视频，就需要三个人，一个编导，一个摄像，一个主播。编导需要提前做好策划和文案，现场还需要根据具体情况和新发现的点来调整内容，编导在现场主要是沟通，对小组成员拍摄的内容进行把控。我们计划在2021 年做一个建党百年和"十四五"规划的系列专题，都是准备拍摄短视频，那至少需要 3 个人一组。因此，协作越来越重要。"③ 小组协作的核心是顺利的沟通与各司其职，这需要小组成员之间互相熟悉以及多次实践锻炼。

3. 年轻人发挥创新优势

相对于经验丰富的老员工而言，年轻人受到传统内容采制方式的制

---

① 参见笔者 2018 年 12 月 6 日对刘某某的访谈。
② 参见笔者 2020 年 7 月 30 日对刘某某的访谈。
③ 参见笔者 2020 年 7 月 30 日对刘某某的访谈。

约更少，思维更活跃，同时他们又是在互联网影响下成长起来的一代人，对可能引发的流行趋势更为熟悉，更适合探索适应移动传播的创新产品。大量招募懂互联网的年轻人，让他们来负责创意生产，也是人民日报新媒体中心的一个方法。J1 谈道："我们的团队也是很年轻的，平均年龄27—28 岁。最年轻的是去年刚进来的 4 个，其他的是实习生。上次他们一块儿用手工做了一座城用来解读政府工作报告，并做成了一个视频。这个可以用 3D 动画做，但是因为 3D 不新鲜了，他们专门拿手工来做，我们人民日报的报史馆还准备收藏这个东西。2019 人民日报社校园招聘做的沙盘模型，他们觉得这样挺有意思的，我们也觉得这个形式新颖，总是要有新的形式出来。对于年轻人来说，做新媒体不是传统意义上的工作，就像玩儿，每天都能看到很有趣的东西。现在学新闻脑子要活，不能只限于原来那个领域，要敢想，要有多种想象力，要有多种资源、多种能力。"①

4. 编辑室提供良好的环境和平台

为了促进编辑室内部的团结，提高员工之间的沟通效率，促进团队协作，媒体也有必要进行一些改变。访谈对象 J1 所在的人民日报新媒体中心就通过改善办公条件，鼓励年轻人创新等方式，提高了编辑室内部的协作能力。他说道："实际上这 80 多个人是在一个楼层，在一个大办公室办公，这样可以交流。当现象级爆款出现的时候，这几个团队就可以密切合作。"② 平时大家都是在各自的岗位工作，"做视频的基本上还是两微两端的人，一般来说，一个人会做很多岗位。"③

人民日报新媒体中心的办公环境很好，职业认同感、自豪感、满足感在以访谈对象 J1 为代表的采编人员身上都能得到很好的体现。作为经验丰富的老记者，他们也会尽量为年轻人提供好的平台，让年轻人的创意得以实现，这些年轻人也能从经验丰富的前辈们身上感受到同样的职业满足感。为了方便年轻人与领导进行沟通，促进创意的落地，他们还简化了沟通流程，"比如说一些重大事件的创意，年轻人可以直接跟中心

---

① 参见笔者 2018 年 4 月 27 日对刘某某的访谈。

② 参见笔者 2018 年 4 月 27 日对刘某某的访谈。

③ 参见笔者 2018 年 4 月 27 日对刘某某的访谈。

主任提，开策划会时也会让年轻人先说，让一些有想法的先说，如果觉得好，就可以考虑，因为新媒体这个行业比较特殊"。①

总之，进入智能传播时代，媒体的工作流程发生了巨大的变化，编辑室内部也发生了很大的改变，这是不可逆的。对于基层采编人员来说，只有积极适应新形势，努力提高自身的技术能力和业务水平，同时尽可能跳出思维的藩篱，积极创新，才能不被时代所淘汰。而作为媒体来说，首先，要合理设置媒体组织机构，调动员工的创新能力和积极性；其次，要尽量推动编辑室内部的分工与协作，培养团队意识，加强团队建设；再次，要减少编辑室内部的沟通障碍，为员工创造良好的工作环境，要尊重员工的创造性，减少编辑室内部矛盾的发生，提高编辑室的工作效率；最后，不能忽略的是，媒体机构也需要人文关怀精神，在考虑媒体转型任务的同时，也要充分考虑采编人员的需求，不要过分压榨普通媒体员工，要通过制度建设来增强员工的归属感、认同感、成就感和满足感。

第三节　人力资源与薪酬管理制度的建立

进入智能传播时代以后，电视媒体更需要建立并完善现代企业制度，以适应市场和媒介生态的变化。人力资源管理是现代企业制度的基本构成要件，是企业或组织的一系列人力资源活动或措施，包括人才的选拔与招聘，相关培训以及薪酬等为实现组织发展而采取的活动或措施。

当前，中国电视媒体的人力资源管理与薪酬管理制度，已经从过去单纯的人事管理制度，走向现在的人事制与企业制等多种结构并存、分类管理的模式。具体而言，从用工方式上看，由于历史原因，不少电视媒体都存在事业编制、台聘、频道聘用、栏目聘用、公司制、劳务派遣制等多种形式并存的局面；在薪资、福利待遇等分配制度方面，仍然存在"同工不同酬"的情况，事业编制和台聘人员的福利待遇要远远高于其他几种聘用形式，而劳务派遣制员工一般处于媒体机构中收入最低层

---

① 参见笔者 2018 年 4 月 27 日对刘某某的访谈。

行列。在电视媒体发展的低迷时期，这种多元化的人力资源管理和薪酬分配制度，不利于电视媒体组织的统一管理，也打击了部分员工的积极性，影响了媒体的转型发展。在这种形势下，人力资源制度与薪酬管理制度的改革迫在眉睫。

一 智能传播时代电视媒体的人力资源规划与管理

智能传播时代电视媒体的采编流程、内容分发、运营及产业链发展等各方面都发生了巨大的变化，这不仅要求电视媒体在管理思想上突出"互联网思维"，在组织机构设置方面实施扁平化、团队化、工作室化战略，同时也要求电视媒体在人力资源管理方面，认清新形势的人力资源要求，做好相关规划，并调整管理方式。

（一）人力资源规划

人力资源规划是组织基于发展目标和内外部环境，综合评估自身人力资源需求，而采取的各种规划与活动，包括组织内部相关政策的调整、职务编制、人员配置、人员需求、人员供给、教育培训等。目的是为了合理规划组织的人力发展，促使人力资源的合理利用，降低用人成本，并且使组织和员工都能得到长期利益。在做人力资源规划时，要系统分析组织目前的人力资源现状和人事动态，准确评估、评价组织中的人力资源需求，选择合适的人员并做好配置，制定并实施合理的人员培训计划。

对于电视媒体而言，随着媒体内涵与外延的拓展，在人才需求方面也出现了相应变化。电视媒体不仅要求采编人员熟练掌握各类视频采制设备和软件的操作，同时也对采编人员的创新能力提出了更高的要求，尤其是要具备面向移动端的创新内容产品的生产能力。

电视媒体转型的目的是为了更好地实现媒体功能，在做人力资源规划时，首先需要从实现媒体功能的角度来规划人力资源。访谈对象J7就认为媒体转型之后电视媒体仍然具有三个功能，"第一个要用党和政府的声音占领这个阵地，占领新媒体这个阵地，来传达党和政府的声音，发挥我们的喉舌作用；其次，我们还要不忘初心，要为老百姓服务，要为老百姓提供丰富的精神文化大餐、精神文明产品，我觉得这是我们的第二个功能；第三个功能，也是服务于社会，服务于百姓，我们要给受众提供各种资讯类服务，各种各类、丰富的资讯，方便大家的生活。这是我们搞这个媒体融合的目的。"①

　　生产面向移动端的创新产品也是智能传播对电视媒体提出的新要求，这就需要从短视频的采编及创作能力、移动端运营等方面做好人力资源规划。例如访谈对象 J1、J4、J35 都谈到了传统媒体的移动端需要更多掌握了视频制作能力的采编人员的问题，"我们招人是向视频倾斜的，像去年我们招的人里头大量的都是有制作视频能力的，文字编辑岗也是要求具有制作视频的能力。"② J4 提道："我强调两个能力，第一个是基本的新闻敏感和把握新闻选题的能力。记者岗可能需要一些在传统纸媒或传统电视台实习并接触新闻或热点的经历；第二个是要有基本的视频经验，包括拍摄、构图等基础技能，以及一些后期制作技巧，需要具有画面意识和剪辑意识；再一个可能需要熟练地掌握一些技能，比如《新京报》专门安排记者去学过无人机。航拍未来会成为每个新闻记者的标配技能。"③ 同时，他还多次提到运营的问题："新媒体运营是个幕后岗，我曾经一度担心运营编辑没有记者突破拿料的成就感，所以反复讲运营的重要性：好的内容也需要好的运营，运营能力和话题制造能力也是内容生产能力，像做新闻一样做运营，目的就是想新媒体运营编辑构建起自己的评价体系（可以对标内容但又区别于内容），做出运营的爆款和作品。"④

　　对于将业务拓展到移动端的电视媒体来说，短视频采编及创作人才、新媒体运营与管理人才都是目前所需的，例如 J35 就提到"现在有了融媒体的要求，那记者就得在拍摄的同时，学会现场编辑文字、拍照片、拍一段小视频等等，然后及时发回来。"⑤ 东方卫视中心"独立制作人"施嘉宁也认为："我觉得独立制作人这个平台对我来说是一个战场，作为独立制作人，最值得去为之奋斗的，其实就是不停地用自己创新研发的节

---

①　参见笔者 2017 年 8 月 23 日在座谈会上对张某的访谈。

②　参见笔者 2018 年 4 月 27 日对刘某某的访谈。

③　参见笔者 2018 年 4 月 26 日对刘某的访谈。

④　参见笔者 2019 年 7 月 2 日对刘某的访谈。

⑤　参见笔者 2020 年 7 月 30 日对刘某某的访谈。

目,为东方卫视去创作一个个优秀的品牌。"①

（二）人才的招募与配置

人力资源配置指的是人力资源的具体安排、调整和使用。一般来说,组织会通过人员规划、招聘、选拔、录用、考评、调配和培训等多种手段和措施,来对人力资源进行适时、适量、适合的配置,以做到人尽其才、适材适所。人力资源的招募与配置不仅是人力资源管理的起点,也是其归宿所在。对于电视媒体而言,通过对新型人才的招募与配置,可以满足组织发展对人力资源的需求。

为了了解当前国内电视媒体的人才招募现状,本书搜集了国内部分有代表性的电视媒体在 2019—2021 年期间的公开招聘启事。搜集样本的类型覆盖中央级媒体、省级卫视和城市地面频道,样本区域覆盖东部地区、中部地区和西部地区,具有一定的代表性。当然,由于技术原因以及时间局限,有些地区的人才招聘启事暂时未覆盖。通过相关样本,我们大致可以了解目前中国电视媒体对人才的需求及配置情况（参见表6—2）。

表6—2 　　　　　　　2019—2021 年部分电视媒体人才招聘信息
（资料来源各媒体官网）

名称	时间	岗位需求	岗位职责及要求
中央广播电视总台新媒体中心	2019 年	总台视听新媒体中心计划招聘30人、新闻新媒体中心 30 人、融合发展中心 15 人、技术局 25人、"学习强国"内容运维团队150 人,共计 300 人	符合岗位所需的专业要求及技能条件,具有 2 年以上从事媒体管理、内容采编、IT 技术和媒体运营相关岗位工作经历,新媒体中高级管理人才应符合干部选任的资格条件

———————————

① 　东方卫视:《东方卫视（SMG）2020 年校园招聘启动》,2019 年 10 月 28 日,东方卫视微信公众号（https://mp.weixin.qq.com/s/1Fmm81tuQQMN_zwkZJMbnw）。

名称	时间	岗位需求	岗位职责及要求
中央广播电视总台	2020 年	台本部：采编岗，新闻采编方向，文艺编导方向，摄影摄像方向，民族语言方向，计划招聘100 人。国际传播岗，英语方向，亚洲非洲地区语言方向，欧洲拉美地区语言方向，计划招聘82 人。经营管理岗，营销管理方向，行政管理方向，人事管理方向，计划招聘30 人 台属单位： 央视网：采编岗计划招聘 4 人，技术岗计划招聘 2 人，经营管理岗计划招聘 10 人 央广网：采编岗计划招聘 10 人，国际在线：采编岗计划招聘 7 人，国际传播岗计划招聘 2 人，经营管理岗，计划招聘 1 人	采编岗：熟练掌握采编业务，熟悉互联网移动端制作和传播，在策划、采访、撰写、传播等方面有专业特长的全媒体采编人才 国际传播岗：具有语言专业特长，熟悉国际新闻传播规律的国际传播人才 经营管理岗：擅长媒体资源经营与管理的综合管理人才 技术岗：熟悉媒体融合运营技术、数据分析的新媒体技术人才
湖南广播电视台	2019 年	内容生产类：记者、主持、导演、编剧、视觉包装、后期、宣传推广、活动策划、外制项目 营销运营类：品牌、新媒体运营、电视剧评估与规划、电视剧宣传策划等 技术支持类：信息与 IT、智能媒体、传输、电子信息技术等 管理服务类：财物、人力资源等	用工方式：台聘 2019 年度应届毕业生 具体岗位描述无

名称	时间	岗位需求	岗位职责及要求
湖南金鹰卡通卫视新媒体部	2020 年	新媒体部主任	品行优良，能遵守公司一切规章制度、服从公司安排，具有主动意识和担当意识；三年以上团队管理、项目运营经验；具有完整的传媒业务管理、运营知识体系，及传媒管理运营能力，有成功项目案例；具有互联网平台针对亲子定位的内容策划能力、执行能力；能打通媒体，捕捉最前沿传媒、科技信息，带领团队在平台技术、管理、运营方面发展；具有良好的计划、组织、协调、沟通及商务谈判能力；具有良好的团队领导力和执行力，能带领部门完成公司下达的各项年度数据指标和创收任务
湖南广播电视台广播传媒中心	2021 年	数据互动事业部：Android 开发工程师，iOS 开发工程师；数据分析师	Android 开发工程师，iOS 开发工程师：有 Android、iOS 开发经验，能独立完成 Android、iOS 软件的设计和开发工作；Android 平台开发功底扎实，熟悉内存分析和性能调优的方法；深入理解 OC 的内存管理机制，熟练掌握 iOS 多线程、网络及 UI 等开发技能；熟悉网络通信原理，具备丰富的网络和多线程开发经验；熟练使用 JAVA 或者 C/C＋＋语言，熟悉常用的数据结构和算法，编程风格良好；有良好的产品意识，针对产品需求能设计出合理的实现方案；思路清晰，善于思考，能独立分析和解决问题，对代码的质量和性能有追求；做事主动，责任心强，具备良好的团队合

名称	时间	岗位需求	岗位职责及要求
湖南广播电视台广播传媒中心			作精神和承受压力的能力；同时具备前端开发经验，精通 HTML5、CSS3、JavaScript 等 Web 开发技术优先考虑；有大型互联网或软件公司工作背景优先考虑 数据分析师：具有 2—3 年及以上互联网数据分析/挖掘/数据产品相关工作经验，电商相关领域者更优；熟练使用 Excel、SQL 语句，能使用 Python、Matlab 等数据分析挖掘工具者优先；有建模经验者优先；具备良好的逻辑思维与表达能力，善于用简单语言表述复杂结论；具备良好的数据敏感度，善于从海量数据中提炼核心结果；工作独立性强，具备强烈的自我驱动意识，善于团队合作与管理
东方卫视中心	2019 年	导演/编导，主持人	导演/编导：具有一定的文字表达能力，具备独立采编、撰稿、剪辑等能力，能根据节目要求，参与节目创意、选题筛选、节目录制、后期制作等工作 主持人：具有很好地表达及应变能力，具备棚内外主持能力，能根据节目要求，把握节目基调、推进节目程序、营造节目气氛、衔接节目关系，通过栏目的播音、主持忠实体现节目内容

名称	时间	岗位需求	岗位职责及要求
东方卫视（SMG）	2020 年	内容生产类：导演、编导、记者、设计、剪辑、动画制作 技术开发类：前端开发工程师、BI 工程师、Python 开发工程师、播控工程师 市场经营类：策划、市场营销、版权业务经营、新媒体运营 职能管理类：法务、会计、财物管理、档案管理	2020 年度应届毕业生 具体岗位描述无
浙江卫视	2020 年	采编类：新闻记者、新闻摄像、综艺导演、新媒体运营、全媒体采编，共计 18 名 播音主持类 5 名 新媒体制作类 3 名 工程技术类：演播室技术、播控值班、值机维护、电器管理、动力工程师共计 8 名 计算机类：软件研发工程师、计算机编程共计 7 名 综合管理类：法务、金融管理、经营管理共计 4 名 集团直属单位：节目采编、视频制作、综艺编导、摄像、后期制作、工程技术、网络技术、直播编导、店铺运营、平面设计、现场导演、主播、主播运营、灯光师、设备维护、研学导师等，共计 26 名	综合素质良好，身心健康，具有较强的学习能力、沟通能力、敬业精神和团队协作精神；符合应聘岗位的资格条件和胜任能力

名称	时间	岗位需求	岗位职责及要求
浙江卫视	2021 年	新闻记者岗，新闻摄像岗，综艺导演岗	新闻记者岗：负责独立完成电视新闻的策划、采访、撰稿、剪辑等工作，具备互联网思维、全媒体视角，负责完成新闻全媒体平台的策划、采访、撰稿、后期、运营等工作 新闻摄像岗：负责独立完成电视新闻的拍摄、剪辑、后期制作、包装等工作，具备互联网思维、全媒体视角，负责完成新闻全媒体平台的策划、拍摄、剪辑、后期、运营等工作 综艺导演岗：具备互联网思维、全媒体视角，负责大小屏全媒体节目的模式策划、内容创意、文案撰写、节目录制、全屏直播、后期剪辑等全流程工作。负责协调跟进全媒体宣传推广、创意植入、渠道分发等工作
湖北广播电视台	2020 年	全媒体记者岗 15 名 新媒体运营岗 10 名 新媒体策划岗 10 名	全媒体记者岗：从事全媒体采编业务，及时、准确、独立地挖掘新闻选题，策划全媒体报道。具备一定的全媒体新闻策划采编能力、全媒体视频拍摄制作及新媒体账号运维能力；有较强的文字功底、新闻价值判断能力以及新闻评论、深度报道、主题报道能力

名称	时间	岗位需求	岗位职责及要求
湖北广播电视台			新媒体运营岗：从事 App 客户端、微信公众号、微博、头条、抖音等新媒体平台内容的日常更新与审核发布；根据每日编播策划，完成日常版面维护，及时动态处理平台最新消息，发布最新内容，对媒资内容进行二次加工，制作适用于新媒体平台呈现的视音频产品；有较强的文案创作和编写能力，熟练使用 PS、PR、AE 等相关软件，能够独立完成后期制作；熟悉各大新媒体平台的运营规则和熟练使用后台各项操作；善于沟通，性格开朗，有高度的工作热情和良好的团队合作精神 新媒体策划岗：从事微信公众号、抖音、头条等账号视频项目的策划，根据平台特点发掘并引进优质短视频内容；基于现有需求的策划和亮点挖掘、撰写各类产品脚本，策划具有品牌属性的线上活动，提升粉丝活跃度；高效引导内容产出，组织线上活动、内容落地，定期对产品进行竞品分析，增加流量效果；具有新媒体产品生产能力，擅长短视频等相关产品的策划与制作；有扎实的文案功底、有洞察力、每日追踪新媒体热门内容并捕捉其亮点

续表

名称	时间	岗位需求	岗位职责及要求
北京广播电视台	2020 年	编辑记者岗 85 名，融媒体编辑岗 20 名，经营管理岗 35 名	编辑记者岗：熟悉广播电视业务，有较好的文字功底和语言表达能力 融媒体编辑岗：熟悉广播电视业务，有较好的文字功底，掌握广播电视业务与互联网媒介传播规律和传播技能 经营管理岗：熟悉广播电视行业经济管理、市场经营、财务管理、法务管理、人力资源管理、招投标管理、党务、纪检、审计、行政管理等相关工作，有较好的文字功底
贵州广播电视台	2020 年	全媒体记者 4 名	政治可靠，遵纪守法，品行端正；社会责任感强，具有新闻敏感，采访能力强，文字表达能力强；具有良好的合作沟通意识、组织协调能力和团队精神
广州市广播电视台	2019 年	技术岗：技术开发工程师，网络运维工程师，网络安全技术员，播控运维工程师，电气工程师 采编岗：粤语出镜记者、全媒体记者，新媒体编辑、文案策划、音乐编辑，电视节目主持人 视觉包装设计岗 导演：纪录片导演、大型活动导演、电视编导 大型活动策划岗 活动策划执行岗 高级策划运营经理岗 高级运营经理 融媒体品牌拓展推广专员 舆情分析师 法务专员	技术岗：负责相关设备及软件系统的研发和维护、网络系统的测试和指标上报、网络安全保障；负责系统的测试、调优以及相关文档的撰写；参与广播电台播控中心技术改造、研究开发项目的规划和实施 采编岗：记者负责电视新闻的采访报道及内容编辑，负责采写各类新闻稿件及新媒体平台的采编工作；新媒体编辑负责官方微博及微信平台的运营与维护；线上活动策划与配合落地执行，利用新媒体渠道完成内容推广需求；文案策划负责节目文案、内容策划、剧本撰写；音乐编辑负责节目整体音乐调性、风格的编辑、设计、把控，频率音乐

名称	时间	岗位需求	岗位职责及要求
广州市广播电视台			品牌和音乐产品的策划制作和推广开拓；协助歌库的维护、建设；全媒体摄像负责拍摄各类新闻、专题、纪录片、微电影等；承担各类电视户外直播以及新媒体直播的拍摄工作；主持各类节目 视觉包装设计岗：负责新闻图文平面设计制作、视频的剪辑和包装设计及制作、特效制作等节目包装 导演类岗位：负责相关节目制作，完成节目策划编导工作，制定拍摄计划，把控从拍摄筹备到出作品的能力；新媒体采访、撰稿、剪辑 运营经理岗：负责电视广告招商、运营维护等业务，对文化产业领域的现状、发展趋势做调研和动态分析；制定招商策略和计划，引导客户需求，推进落实项目执行和管理；负责重要客户的洽谈、跟进、签约，协调日常事宜；开发各类资源；对接上级管理部门，建立和维护良好的合作关系 品牌拓展推广岗：负责拓展市场业务及推广，以及借助渠道平台销售融媒体产品 舆情分析师岗：跟踪国内外舆论热点，关注用户相关的网络舆情信息，负责按用户要求撰写舆情分析报告；分析与研究舆情及大数据发展规律及趋势，研究全媒体舆论环境，负责对台内媒体融合发展的传播力做相关分析研究 法务岗：统筹协调全台法律事务

续表

名称	时间	岗位需求	岗位职责及要求
山东广播电视台	2021 年	记者岗 9 名 新媒体运营岗 2 名	有较强的沟通交流能力和团队合作意识；学习能力强，持续关注行业发展新动态，熟悉新媒体语境

通过表6—2我们可以发现，2019年以来，上述电视台在人才招聘方面的力度还是比较大的，相比于过去每年只招聘几名员工的情况，近几年来大部分电视台都是一次性招聘几十甚至上百名员工，尤其是中央广播电视台连续两年每年招聘员工300名以上，这种招聘规模体现了广电媒体对人才的巨大需求。

从岗位需求方面来看，电视媒体采编岗中除了常规的记者、编导、导演、主持人之外，全媒体记者、新媒体编辑等融合媒体岗位是各电视媒体在人力资源方面的新需求。而技术支持与开发、营销运营与管理、活动策划与执行、数据互动分析、舆情分析师等新型岗位，则是伴随着媒体转型而产生的，这些岗位的设立也折射了上述电视媒体在转型发展方面的举措。从需求数量上来看，这些新型岗位的人力资源缺口普遍较大。2019年和2020年，中央广播电视总台均发布了大型人才招募启事，平均每年招募300名全媒体方向的综合型人才。其中，人才招募岗位覆盖了采编岗、技术岗、经营管理岗等多个全媒体方向，并且出现了高级产品设计师、短视频创作制片人、移动直播制片人、首席大数据架构师、AI技术专家等全新的高要求性专业技能岗位。而中高级经营管理人才、新媒体运营人才也是目前电视媒体比较稀缺的人才类型。中央广播电视总台招募的这些人才重点输送至视听新媒体中心、央广网和国际在线等网络媒体、融合发展中心、技术局、"学习强国"平台等机构，这也说明电视媒体正在实现人才技能结构从过去的单纯性视听媒体采编技能，向兼具全媒体传播和移动端内容制作技能、项目策划与执行、新媒体运营等多种技能的转变。

对岗位职责与要求的描述，体现了招聘单位对该岗位人力资源的规划与理解状态。从上述表格来看，无论是采编岗，还是技术岗，甚至是新媒体运营岗，这些媒体都强化了对智能应用以及对移动端内容生产的相关要求，体现了这些媒体对媒体转型的理解。而湖南广电对数据互动分析岗位职责与要求的描述，更体现了该媒体对互联网数据挖掘的重视，也回应了该媒体发展"媒体＋电商"业务的做法。广州广播电视台对舆情分析师岗位职责与要求的描述体现了该媒体对网络舆情信息的重视，也体现出该媒体在用户意识方面的状态。

（三）人才的培训与开发

培训是针对人才的知识、技能、素质而开展的学习与提升的机会。定期对员工展开培训，能帮助员工获取满足岗位职责与要求的各种技能，也是组织进行人才开发的重要手段。媒体行业是一个变化与发展十分迅速的行业，这要求媒体定期对自己的人才开展培训，在电视媒体内尤其如此。只有为员工制定科学而合理的培训计划，定期展开培训，才能确保员工保持学习能力，适应媒体岗位的各种新要求。

本书的调研与访谈也证实了当前电视媒体正面临着严峻的人才挑战，但无论是管理者，还是普通员工，都认为技术培训非常重要，而且大家都认为通过新知识、新技术、新技能的培训，能增强自身的职业认同感。此外，电视媒体人士大多数都对新技术呈现出了积极、正面、乐观的态度与情感，但他们对智慧媒体包括 AI、虚拟现实技术等新技术的认知并不太清晰。一方面他们渴望通过学习这些新媒体技术来改变自身困境，但另一方面他们又害怕这些新技术的采用，会给他们本就压力非常大的工作，带来新的不可预知的影响。因此，在电视媒体中实现技术赋能，一方面需要培养电视媒体人更好地使用新技术的能力，而更重要的还是培养他们的创新思维和创新能力。

在这方面，不少电视媒体正在进行积极的尝试。例如，浙江卫视在招聘人才时就承诺要给青年才俊提供多种培训，包括新员工培训、海外班、制作人培训、产品经理人培训等，并且会通过多方位的历练，以及单位领导直接带教等形式，加快"90 后"年轻干部成长。东方卫视也在2020 年的校园招聘启事中提出，人才是 SMG 最关注的第一资源，台、集团以"赋活组织，赋能人才"为目标，多年来，逐步形成了人才管理、人才培养、人才激励、人才吸引的人才战略，为人才提供发展平台。深圳广电也定期组织采编人员参加培训，例如访谈对象 J16 和 J18 都是深圳广电都市生活频道的记者，2018 年二人都参加了由深圳广电与香港浸会大学联合举办的面向深圳广电集团员工的硕士研究生培训班，2019 年年初，二人还受邀参加了赴英国威斯敏斯特大学的短期海外访学活动。他们表示，通过这些进修班和海外培训活动，不仅提高了他们的新闻传播理论修养，而且也提升了采编技能和创新能力。① 此外，2018 年 3—4 月，J16 还受深圳广电选派，参加了由国家新闻出版广电总局与广播影视人才交流中心共同举办的 "2018 年全国广播电视台融媒体内容创新与应用变现研讨班"，系统学习了内容运营及全网发行矩阵建构，微信运营与媒体粉丝经营等相关课程。通过这个研讨班的培训活动，他对于电视媒体转型发展移动端及新媒体运营等问题有了更深刻的理解。② 访谈对象 J4 也表达了自己通过相关的培训活动提高了对移动端运营以及快手、抖音号运营及维护问题的认识。他在自己的微信朋友圈写道，"今天在中欧传媒班结业课上，我总结了新闻视频变现四条路径：（1）新闻能力变现（版权）；（2）运营能力变现（MCN 矩阵和代运营）；（3）传播力变现（流量分成）；（4）影响力变现（传统媒体商业模式）。其中一个判断就是很短的时间内，随着大量政务号进驻快手和抖音，未来代运营抖音快手号就和今天代运营公号和微博一样，是机构媒体的机会，所以要尽快布局且提高快抖能力。"③ 这里的快抖能力指的是在快手、抖音等短视频播放平台上的传播能力。

总之，电视媒体需要基于自身的优势，对转型发展急需的管理、技术、经营人才，采取外部引进和内部培养结合的方式。而开展多样化的培训、提升员工的融合竞争力是十分有必要的，也就是要培养那些会使用技术的人。

（四）员工关系管理

员工关系管理是指在组织或企业的人力资源体系中，各级管理人员通过制定和实施各类管理政策以及其他沟通手段，有效调节企业、管理者、员工之间联系的一系列沟通和管理方式。总体而言，这些沟通方式和手段大多数是柔性的、激励性的，目的是为了提高员工的满意度，促

---

① 参见笔者 2018 年 1 月 15 日对陈某某和罗某某的网络访谈。
② 参见笔者 2018 年 4 月 2 日对陈某某的网络访谈。
③ 参见笔者 2019 年 11 月 1 日对访谈对象刘某某的网络访谈，以及他的微信朋友圈。

进组织目标的实现，营造良好的工作环境。一般而言，员工关系管理包括劳动关系管理、员工纪律管理、员工人际关系管理、员工内部沟通管理、员工冲突管理、员工绩效管理、员工信息管理、企业文化建设、心理咨询服务、法律问题及投诉、员工关系管理培训等内容。其中，劳动关系管理主要是指员工劳动合同签订、劳动纠纷解决等内容，包括辞退、裁员、临时解聘、合并及收购等；心理咨询服务则来源于组织内部日益增长的竞争压力和工作压力，以及这些压力为员工带来的心理问题；员工信息管理则是大型公司里员工个人信息、晋升情况、工作状况等信息内容的管理。

对于电视媒体而言，在面向智能传播的转型中要尽快建立起现代企业制度，及时处理媒体内部可能会出现的各类员工关系管理问题，推动员工对媒体组织产生强烈的认同感，从而形成心理上的契约。由于电视媒体的发展与变化速度很快，有些员工可能不能适应岗位职责的新变化，有些员工可能不满意工资报酬及绩效考核，有些员工可能在与其他岗位的员工沟通时出现障碍，有些员工可能出现了一些心理疾病和问题，这些都需要人力资源部门及相关管理人员及时发现，并做好应对措施，处理好、解决好员工关系管理中的各种问题。

员工关系管理的起点是让所有的员工都能认同组织的价值观和愿景，激励机制和约束机制是员工管理的重要助力，而心理上的契约形成则是员工关系管理的核心。在媒体转型的过程中，媒体管理人员一方面要摆正心态、放低姿态，必须充分尊重每一位媒体员工的价值，同时也需要以身作则，履行职责，鼓励所有员工努力适应智能传播时代的新形势和新要求；另一方面也要善于识人于微、用人于长、适材适所，通过激励机制的设置，鼓励员工创新，发挥员工的最大价值，同时也要善于运用约束机制，约束那些不能积极适应媒体转型发展趋势的员工。

（五）绩效考核与报酬支付

绩效考核与报酬支付是人力资源管理中的重要构成，也是组织在既定的战略目标之下运用特定的标准与指标，来评估员工工作状态及业绩，并支付一定的报酬的一种管理方法。绩效不仅是一种管理工具，同时也是一种激发人才创新、鼓励新产品问世的推动力量。绩效的激励作用一旦能发挥出来，就会成为企业发展的重大内推力。对于电视媒体而言，智能传播的到来对员工的创新能力提出了更高的要求，此时通过合理的绩效和报酬来对那些在媒体转型中表现突出的员工进行激励，具有显著的示范意义。此外，绩效考核和报酬支付也是薪酬管理的重要构成，关于这一块内容在下一部分进行详细论述。

二　智能传播时代电视媒体的薪酬管理制度

狭义的薪酬是指员工因为雇佣关系的存在，而从雇主那里获得的各种形式的货币报酬。它是基本薪酬和可变薪酬的综合，并不包括福利。[①] 而广义的薪酬既包含员工获得的货币报酬等经济收入形式，也包括各类非货币形式的福利以及非经济形式的薪酬，如满足感、安全感、社会地位、挑战性的工作机会、学习与培训的机会等。人才是提升企业竞争力的宝贵财富，而薪酬则是企业吸引和保留人才的重要支撑。薪酬不仅能满足员工个人的基本生活保障，而且能够激发员工的创造力，为企业创造和提升价值。

薪酬管理是指组织基于自身发展目标的实现、对企业文化的维护、对员工的激励与挽留等目标，而制定的与薪酬有关的各类政策、制度、战略及管理过程。[②] 薪酬管理的目的是通过吸引、保留与激励人才，支撑组织战略和经营目标的实现。薪酬管理并非是静态的，而是会随着组织内外部情况的不断变化而进行相应的调整和完善。薪酬管理不仅是人力管理的重要组成部分，也是组织整体管理的重要构成，还是管理者人本思想的重要体现。对于劳动者来说，薪酬意味着通过劳动所获得报酬，而对于组织来讲，则是经营中的成本。薪酬系统本身所规定的分配方式、基准、规则、结果，反过来都会对进入价值创造的人力来源及价值创造活动产生重要影响。

（一）中国电视媒体薪酬管理的典型模式

随着媒体机构改革的深化，电视媒体在计算绩效的方式上出现了许多变化，薪酬管理的模式也出现了相应的变化。总体来看，目前出现了以下比较有代表性的模式：

---

① 刘昕：《薪酬管理》，中国人民大学出版社 2017 年第 5 版，第 13 页。
② 刘昕：《薪酬管理》，中国人民大学出版社 2017 年第 5 版，第 22 页。

1. 薪随岗变、动态管理的模式

许多实行了独立制片人制的电视媒体目前采用的是这种模式。即充分赋予独立制片人或团队领袖以自主权利，由独立制片人或团队领袖根据每位员工在团队内的贡献程度来分配薪酬。当然，团队内部需要制定严格的分配指标体系，以节目的收视率、满意度、社会影响力等指标来评价员工的绩效。例如湖北广播电视台目前就在探索这种管理制度，除了每月的基本工资和绩效之外，在奖励性绩效分配方面，以一个季度为时间核算单位，除了绩效分配外，还要解决业务干部能上能下的问题，以激发团队的活力。此外，湖北广播电视台还建立了晋升与考核的双通道制度，即畅通管理通道和业务通道，让管理岗和业务岗的员工都有相应的考核机制和晋升通道。

2. 以部门为单位的积分制度

大部分电视媒体在薪酬分配上仍然实行的是以部门为单位的积分制度。即由部门负责人为每位员工的日常表现打分，然后根据积分多少决定绩效的分配方式。以采编岗为例，采编人员在传统电视频道上，每完成并成功播出一个视频作品会得到相应分数；如果同时还在移动端有内容推送，则会增加相应的分数以示激励；如果作品评奖评优，也会有相应的积分奖励。在最终的薪酬分配上，采编人员的薪酬会根据积分的多少来决定，每一分会对应一定金额的现金，从而实现对员工的经济激励作用。例如宜昌三峡广播电视台采用的就是这种模式。访谈对象 J35 表示："除了行政岗，采编岗目前实行的是打分制度。比如'宜昌新闻'的记者，在传统端每个月有必须完成的工作量，以每条新闻的分数来累计。如果在发传统端的同时，新闻媒体端也发了，那新媒体端会另外打分。打分是由值班长、各栏目制片人一起进行，具体要完成多少分是由各栏目制片人定的。一篇稿子在新闻媒体这边打多少分，一是要看稿件质量，二是要看阅读量。比如新媒体端发一篇微信是 1 分，如果是两个记者一组，那就是各 0.5 分，1 分目前对应的是 10 块钱。发手机台也有分，但这个也是有区别的，比如是成片还是素材，或者是图文，这个分数都是不一样的，具体由该栏目制片人决定。蛋糕就这么大，然后我们拿出一小块作为记者发新媒体的分，如果记者发新媒体多了，那他不但把自己的分挣回去了，还挣了别人的分。如果记者发新媒体少或者不发，那他就相当于把自己的这一小部分分数送给别人。这并不是比以前收入多还是少的问题，而是把工作量拉开了，才有激励作用。如果新媒体这块只是作为超额奖励的话，那么就会有一些记者可能宁愿不要这一部分了。总之，现在融媒体时代，记者在发传统端的同时也要学会发新媒体端的稿件，越是勤快，越是稿件质量高的记者，那他的工资收入就越高。"①

3. 项目制

除了积分制之外，也有一些电视媒体建立了项目制来对大型的专题和专栏等进行绩效和薪酬管理。其中，节目的收视率、阅读率、社会影响力以及内容质量都是重要的评判标准。收视率、阅读率都有直观的数据显示，而节目内容质量则是由评委根据节目的选题策划能力、栏目主持人及整体包装、艺术表现力、社会影响力、栏目竞争力、创新能力等标准来评判的（参见表6—3）。

表6—3　　　　　　　　　　节目质量测评

名称		时长	
所属中心		所属部门	
首播渠道		首播时间	
开播时间		全年总排名（所在渠道）	
评价项目	评委评价		
	简短评价	得分	
1. 选题策划能力（20%） 导向正确：选题的重要性、贴近性、趣味性、时新性			
2. 栏目主持人及整体包装（10%） 主持人的表现能力、亲和力、驾驭能力、与栏目的和谐度；包装效果、编排效果			
3. 艺术表现力（10%） 艺术手段的丰富性；表现形式的多样性；技术与艺术创新能力			

---

① 参见笔者2020年12月28日对刘某某的访谈。

续表

名称		时长	
4. 节目质量稳定程度及社会影响力（20%） 质量稳定；观众群稳固；栏目的知名度、美 誉度及舆论影响			
5. 栏目竞争力（20%） 在渠道和同类栏目中的影响力；对渠道特色 形成所起的作用；对收视份额的拉动作用			
6. 创新能力（20%） 题材和角度独具匠心；开创新的节目样式； 运用新颖的电视元素			
总体评价			总分

实行项目制管理的电视媒体一般都会赋予项目制片人或管理者以相当程度的自主权，并实行独立的预算及财务核算制度。例如黑龙江广电就成立了纪录片 4K 工作室，以适应媒体融合市场的发展。不同于其他部门事业身份属性，该部门作为市场化的出口实行独立核算。

4. 合伙人制

一些电视媒体机构还在工作室制度的基础之上推出了"合伙人"制。工作室制度以扁平化、专业化、垂直化、全流程的机制创新，打破了电视媒体内部的组织架构，有效连接了媒体的生产力与外部的市场资源，人才的创新力与活力也得到了激发，这也是中央关于事业单位人事制度改革精神的突出体现。合伙人制则是在工作室内部，赋予团队成员以合伙人身份，并以合伙人形式来确定酬劳、绩效及奖励等的分配比例和分配形式，推动体制机制的改革，激发员工的主人翁精神和活力。例如广东广播电视台目前就在工作室的基础上推行合伙人制，让员工成为合伙人，让工作室成为内部创业的平台，在利润分配上采取工作室与电视台共同分享的形式。为了保障相关制度的顺利运行，广东台还推出了《奖励绩效发放办法》《实施业务拓展奖励指导意见》等文件，鼓励内部创新创业。

此外，除了正常的薪酬之外，一些电视媒体机构还专门成立了孵化基金，对那些善于创新、创意的员工以奖励。例如黑龙江广电的经营管理部门负责承接融媒体产品的生产与创新工作，为鼓励创意的生产专门成立了高达 1 千万的孵化基金。① 这份基金创立的目的就是为了通过创意大赛等多种形式来鼓励员工，推出好的创意和适合市场化的创意。

（二）中国电视媒体薪酬管理制度存在的典型问题

虽然不少电视媒体已经实行或正在探索薪酬管理制度的改革，但仍然有不少电视媒体在设计薪酬管理制度时存在着一些问题。

1. 薪酬体系缺乏科学性与规范性

所谓的薪酬模式是薪酬的构成及其组合，薪酬模式的设计需要符合组织的发展战略，并且要做到公平合理。目前，各类组织的薪酬模式主要由岗位工资、绩效工资、技能工资、市场工资和年功工资（也称"工龄工资"）五种构成。科学而合理的薪酬体系应当包含不同的薪酬模式。目前，在中国传统媒体的薪酬管理与核算方式中，占比较大的是基本工资，而基本工资又偏重于岗位工资和年功工资，绩效工资在薪酬模式中的占比较小，且绩效工资的考核周期比较短。另外，在传统媒体的薪酬体系设计中技能工资也得不到体现。这就造成了一种现象，即媒体组织中的年轻员工的基本工资和绩效工资难以超过有职称的老员工，而年轻员工的创新能力也无法在薪酬结构中得到体现。此外，由于"事业单位企业化管理"机制的影响，电视媒体薪酬管理中的行政化氛围也较为浓厚，在薪酬体系的设计方面缺乏从企业战略发展角度的考虑，从而导致薪酬管理中的高投入低产出问题。

2. 非物质薪酬占比小，福利制度不完善

现代管理中的薪酬，不仅指物质性的现金、奖金等收入，也包括各类非物质性的福利，即"全面薪酬"。全面薪酬的概念由埃德·劳勒于1971 年提出。2005 年，美国薪酬协会对之进行了调整和完善，最终形成了一个整体薪酬的模型，这个模型融物质薪酬与非物质薪酬于一体，既有基本薪酬及长短期激励，也有各种福利和津贴，还包含了各种培训和体现员工自我价值的因素。美国行为科学家弗雷德里克·赫茨伯格（Fre-

---

① 林沛：《独家揭秘黑龙江广电如何进军 MCN，"全国省级广电 MCN 联盟"呼之欲出!》，2019 年 11 月 2 日，搜狐网（https://www.sohu.com/a/351274291_613537）。

drick Herzberg）的双因素激励理论也显示，组织的非物质性报酬等，对于提高员工的满意度来说非常重要。因此，在设计薪酬体系的时候不能忽视对非物质性报酬的涵盖。但目前存在的问题是，不少电视媒体在设计薪酬管理体系的时候，更侧重于物质性的薪酬，对于非物质性的薪酬重视不够。

与其他行业相比，媒体从业人员属于知识型员工，对于知识与技能的更新更为迫切。而且在智能传播的环境下，电视媒体的发展非常快，对于员工的创造性也有着更高的要求，这就需要媒体从业人员必须持续学习。对于媒体而言，为了增强员工对媒体转型的适应能力，就需要持续组织员工参加新的技能培训和知识学习，促进员工获得工作的乐趣和价值感。但仍有一些地方性媒体由于资金缺口等问题，不愿意在培养人才上进行投入，总是认为新招募一些年轻的、懂技术的人才就可以了，忽视了对已有采编人员及经营管理人员的系统培训。

本书通过调研和访谈发现，相比于物质性薪酬，员工辞职的原因更多的是因为非物质性薪酬。高工资无法弥补福利的不足，事实上，在有些待遇比较高的电视媒体中，员工的流动仍然很频繁。但目前的现实是，部分电视媒体缺乏非物质性薪酬，管理制度与管理方法也缺少系统性和科学性。除了基本的"五险一金"外，业务培训、职业发展规划、工作环境改善等问题迟迟得不到解决。面对这种情况，媒体管理者必须树立起现代企业的人力资源管理理念，在科学制定绩效考核与薪酬体系时，不仅要通过有竞争力的薪资收入满足员工日常生活和基本发展的需要，同时还要将多样化的福利和非物质性薪酬也纳入薪酬体系之中，以增强员工的满意度和对电视媒体的忠诚度。

3. 薪酬水平缺少外部竞争性

近年来，互联网和移动终端对电视媒体带来的冲击比较大，电视媒体的广告收入大幅减少。与此同时，电视媒体又不得不投入大量的资金到智能技术与融媒体系统的建设当中，5G、4K、流媒体、AI 等高新技术产品的投入，全息化、沉浸式、交互式内容产品的开发与生产，大型季播综艺节目的制作等方面资金缺口都较大。在现阶段，这些投入与产出还不能成正比例，这就加剧了媒体的资金短缺与紧张问题。从近十年的媒体现实来看，媒体人的收入相对降低已经成为不争的事实。例如访谈对象 J16、J17 和 J18 都谈到了收入减少的问题，"不是说工资收入的总体数量下降了，事实上是这几年活儿比以前更多了，但是工资收入却不变。我们参加工作那会儿的工资是 1 万多，还有额外收入，那时同比其他行业，媒体人的工资是有竞争力的。但现在还是这么多，且已经没有额外收入了，而相对于深圳这么高的房价来说，这点收入真的很少。"① 在本书的调研和访谈中，大部分访谈者都谈到自己的薪酬增长速度远不及物价、房价的增长速度的问题，即使是一些媒体管理人士也表示，自己的实际购买力下降了近五成左右。当然这也是媒体行业整体发展不景气导致的。

电视媒体的薪酬水平无法达到从业人员的期望值，有的媒体记者甚至表示自己的安全感都无法满足。由于薪酬水平缺乏外部竞争性，一些优秀的采编人员选择跨界转型，有些人选择自立门户运营起独立节目制作机构或自媒体，有些人则完全退出媒体行业。例如 J4 面对曾经的同事李列转型创业，他在自己的微信朋友圈里积极转发："对正在种种困境中坚守的传统媒体人，李列也有自己的感悟。他说进山第一年的冬天觉得特别冷，简直待不下去，第二年，对冬天就适应了，第三年，他反而能够享受冬天的冷。'在山里对四时变化草木枯荣特别敏感，对周期有更深的理解，四季如此，一个行业的盛衰也是如此。觉得冷，也许挺一挺就过去了。'"② 这段文字隐喻了当前传媒行业所面临的衰退局势，但也暗含着为这些仍然坚守媒体岗位的传媒人的加油打气。

虽然加大技术性投资和业务流程改造是媒体转型必不可少的，但是缺乏竞争力的薪酬对于吸引优秀人才显然十分不利，而优质人才的流失也会造成行业的"空心化"。这对电视媒体的长远发展来说是极为不利的，并不是如某些管理人士所说的，再招聘一些懂技术、懂互联网的年轻人来就可以解决问题，人才的培养毕竟需要时间。现阶段对于电视媒体管理者来说，应该考虑的是基于市场导向采取一系列改进措施，以提高媒体的薪酬水平，并创造良好的工作环境，为优秀人才实现自身价值提供足够的空间，从而留住那些优质人才。

---

① 参见笔者 2017 年 8 月 24 日对陈某某、赵某某和罗某某的访谈。
② 参见笔者 2019 年 5 月 7 日对刘某某的网络访谈。

4. 薪酬体系设置缺乏内在公平性

薪酬体系内在公平性也叫做内部一致性，即在同一组织内部，不同部门、不同岗位的员工在薪酬收入方面具有相对可比性，在能者多拿的前提下，尽量体现公平原则。当然，薪酬体系的内部公平性本身来说是一个具有主观性色彩的概念，它有赖于员工自身的评判与感受。但是也并非完全不可把握，如果管理者能够制定相对合理的考核标准，能够有效区分劳动强度和贡献度，员工也会更容易感受到这种内部公平性。同时，合理的分工管理与薪酬分配体系对于组织也有积极的促进作用。不仅能够激发先进员工的积极性，让他们产生获得感，而且也能发挥榜样的力量，激励后进员工积极改进自身工作状态。

在现阶段，电视媒体仍然具有鲜明的事业单位属性，同时也是一个经济独立自负盈亏的现代性企业，需要建立起现代企业制度。虽然电视媒体正在推动体制机制的变革，但是由于历史遗留原因，在一些电视媒体内部，仍然存在着多种聘用制度并存的局面，有些媒体的老牌正式编制员工与栏目聘用制、劳动合同制员工在薪酬待遇、福利待遇方面，存在显著差别。甚至在有些媒体内部，那些事业编的老牌员工可以在轻松工作的前提下，拿到比栏目聘用制、劳动合同制员工在辛苦工作的情况下更多的工资及其他收入。这种内部薪酬分配不公平的现象也导致这部分低收入员工产生了强烈的不满。

电视媒体是基于团队协作而进行产品生产与内容分发的组织。从内容生产流程来看，电视节目从内容选题策划，到视频素材采集，再到后期编辑制作及节目包装，最后到面向不同终端分发，在这个过程中凝聚着无数员工的共同心血；而从项目活动策划方面来看，无论是一个小型的线下活动，还是一个大型的直播＋电商＋线下活动，都需要依赖不同专业人才的共同协作。团队协作的前提不仅仅是成员之间的相互沟通，更基于团队内部的相互认可与配合。然而，电视媒体现行薪酬制度的内部不公平性，为团队协作的顺利运行埋下了隐患，倘若因此而导致部分员工缺乏集体合作的积极性，不仅会影响节目的内容质量，而且也会导致团队缺乏创新动力。尤其是在电视媒体转型发展的关头，更应推进薪酬体系的合理性与相对公平性建设。

（三）完善薪酬管理体系的策略

在进行薪酬体系设计时，不仅要置于企业战略目标的整体框架之下，同时人力资源战略和薪酬战略的要求也要进行充分的考虑。薪酬体系的设计既要做到能够在短期内有效推进短期经营目标的实现，也要兼顾长远发展目标，为企业的长远发展打下良好的基础。在设计薪酬体系时，还应当兼顾薪酬的外部竞争性和内部公平性。

1. 推进薪酬体系的科学性与规范性

理想的薪酬体系应该具备调节功能、激励功能以及人力资源管理等多种功能。而薪酬体系的科学化与规范化，则需要根据组织的战略目标和人力资源策略来不断调整薪酬体系，以适应新的情况。

在制定薪酬体系时，首先需要考虑人力资源的配置情况。在全面梳理组织内部的各个岗位实际需求的情况下，要根据电视媒体转型发展的需要来科学划分部门职能，并对岗位职责和岗位要求做出具体的描述，尽量匹配人力与岗位。在设置薪酬机制时，一方面需要以相应的工作量、工作难度、执行结果以及重要程度等指标为基准，形成公平的薪酬机制；另一方面还要多开展有关薪酬体系的交流会，倾听员工的诉求，综合调整薪酬体系，使其更合理。此外，还需要建立健全绩效考核机制与奖励机制。在此过程中，可以根据本单位的基本情况、其他同行单位的经验做法，以及社会总体情况进行综合考量，制定长期有效的考核制度和薪酬体系。

在薪酬体系建立后，还需要不断根据实际情况来进行调增。当部分员工薪酬长期停滞不前时，管理者需要对人力资源管理工作进行适时推进，分析究竟是什么原因造成的，然后再"对症下药"。如果是因为行业发展速度较快，员工工作能力跟不上，那就要对员工开展专业培训，提升员工工作能力，并引导他们获得关于工作岗位的新鲜感和成就感；如果是因为工作环境不好，员工看不到发展前景，那就需要改善工作环境，创造良好的平台和晋升空间；如果是因为员工在生活当中遇到困难，则需要积极帮助员工解决困难，并根据实际情况适当调整薪酬，以解决员工的发展问题；如果员工确实不能适应新岗位要求，可以考虑在协商的前提下调整员工工作岗位。总之，在制定薪酬体系时，需要运用发展的眼光。

电视媒体在发展中更重视稳定性，因此在制定薪酬体系时也需要考虑到员工队伍较为稳定的特点，为员工提供可持续、可预见的薪酬预期和发放标准。同时，由于电视媒体属于典型的创意性行业，亟须优秀的创意人员。而创新创意并不能单纯地用绩效制度来考核，更应该突出薪酬策略的激励性，比如在职岗位培训、团队协作培训、创意孵化支持等。因此，在设计薪酬制度时，电视媒体应该注意结合自身发展需求，注重薪酬系统的完整性与协调性。

2. 实行弹性福利计划，提高福利政策的针对性

与工资、奖励性绩效等物质性薪酬相比，福利属于非物质性薪酬的范畴，它承载的是组织对员工的承诺及人文关怀。福利体系有助于提升员工对企业的认同感和忠诚度。在制定福利政策时，不要搞一刀切，要结合组织的能力和员工的需求，有针对性地制定福利政策，在控制福利成本的范围内，实现激励效果最大化。在制定福利政策时，应该实行弹性福利计划，即在法定的各项福利之外，还应提供各种补充性福利，如教育培训、健康等，可以根据员工的工作成果、岗位级别等指标设定限额，并允许员工自主进行福利选择和组合。弹性福利计划可以有效细化员工福利，进一步提高员工的参与感和满足感，也能够进一步盘活人力资源，并进一步传递以人为本的企业文化。

3. 以市场化为导向，提升薪酬的外部竞争性

外部竞争性，也叫外部公平性，是综合对比组织内部的薪酬与市场上其他企业的薪酬的基础上体现出来的。薪酬缺乏外部竞争性往往会引发员工的跳槽与人才的流失，从而引发企业的人事危机，需要谨慎对待。目前电视媒体已经不属于高薪行业，在有些地方甚至出现薪酬水平与市场水平脱节，缺少外部竞争性的情况。随着市场竞争的加剧，电视媒体对优秀人才的保留能力出现不足，而对那些富有创意的年轻人和融媒体人才更缺乏足够的吸引力，这将影响电视媒体的发展。

电视媒体在构建薪酬制度时要与市场薪酬水平接轨。可以根据对市场上商业媒体、新媒体和其他竞争对手薪酬水平的调查来评估岗位的市场价值，并在比较市场薪酬的基础上完善自身的薪酬制度；而企业内部职能价值则需要科学分析媒体的岗位设置和岗位职责，拒绝"因人设岗"，实现"因事设岗、事得其人"，薪酬发放不搞"大锅饭"，而是充

分考虑到岗位贡献，保证员工的薪酬随着媒体效益的提升而相应增加，增强员工的主人翁意识；企业的支付水平则依赖于准确衡量企业的效益与利润。经过科学的、全面的调查后，电视媒体要建立起适应自身发展需求的薪酬制度，保障在行业市场中具有一定的竞争力，吸引创新人才，挽留优秀人才。

4. 薪酬分配中合理性、公平性、透明性的确立

薪酬分配中的相对公平并不是要在分配上搞平均主义和"大锅饭"，而是要通过建立科学合理的考评体系，来准确评估员工的贡献程度和工作成果，并实行薪酬相对公平的分配。适度的公开化与透明化也是实现薪酬分配相对公平的路径。可以在允许的范围内公开薪酬结构、薪酬核算细节、绩效考核结果等信息，接受员工的质疑，并做出合理解释。同时有必要基于员工未来的可能性而实行薪酬激励机制，让员工感受到在分配结果和管理程序上的双重公平性，避免不必要的纠纷，提高薪酬管理的规范性。

总之，在智能传播时代，电视媒体要积极推动人力资源管理手段和方式的科学化。要积极完善薪酬体系建设，推动薪酬体系的科学化、规范化，实现薪酬分配的内部公平性和外部竞争力，以绩效考核制度和激励机制来激发员工的创造力和创新能力，全面提高媒体运作效率。

第四节　管理方式方法的调整与创新

在智能传播时代，电视媒体的管理方式与方法也应该做出相应调整。其中，最关键的管理方式与方法是建立科学而合理的激励机制、试错机制与惩罚机制。

一　激励机制的建立

激励机制是指在组织系统中，管理者通过多种管理手段和方式，对员工的积极表现和工作成果予以奖励的过程。

（一）激励机制的构成要素及运行模式

1. 激励机制的构成要素

激励机制由诱导因素集合、行为导向制度、行为幅度制度、行为时

空制度、行为归化制度五方面要素构成。其中，诱导因素集合可用来激发员工工作的积极性。根据赫兹伯格双因素激励理论，所有利于个人价值实现的因素都会对人们产生激励作用，如富有挑战性的工作，领导的赏识与认可，工作成绩的获得，更大的成长空间等。诱导因素集合是激发行为的动力所在，而后四个因素则是导向性和制约性的因素。其中，行为导向制度是组织对成员努力方向、行为方向及价值观的规定，而行为幅度制度主要表现在控制诱导因素对员工行动的激发程度，行为时空制度是奖励制度在时间和空间方面的规定，而行为归化制度则是组织对成员进行的同化，以及对违反规定和达不到要求的行为所做的处罚和教育。一个健全的激励机制应该涵盖上述五方面的内容，只有这样组织才能良性运行。对于电视媒体而言，激励机制的建立也能激发员工的创新精神和创意活动。

2. 激励机制的运行模式

从运行模式上看，激励机制的运行过程实际上就是激励主体与客体之间的互动，也是一个信息的双向交流过程（参见图6—3）。

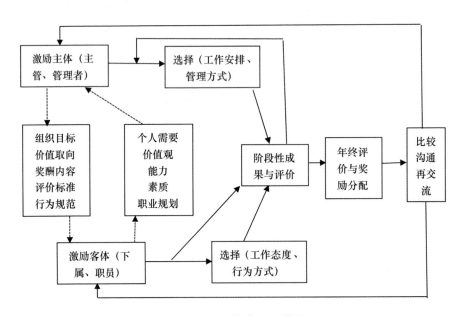

图6—3 激励机制运行模式

在这个运行模式中，激励的主体也就是组织的管理者首先要将组织目标、价值取向、奖酬内容、评价标准及行为规范与激励客体即员工进行双向沟通；其次，管理人员可根据员工的能力及特长来分配合适的岗位，员工需要选择合适的工作态度和行为方式来完成相关工作任务；再次，就是对员工工作状况及成效进行评估，以便管理者和员工双方进行调整；从次，针对员工全年的表现分配薪酬与奖励，当然在此环节需要管理者与员工之间的双向配合与理解；最后，就是员工与管理者之间进行比较与再交流，这里的比较既包括员工之间就自己的工作情况与奖励获得进行对比，也包括员工自己与过去进行对比，并从这些对比中感受是否公平和满意。此外，管理者也要及时与员工就下一步的工作计划进行建设性磋商，如果员工不满意奖励分配情况，管理者也要进行及时沟通。

（二）电视媒体的典型激励机制

电视媒体是一个创意集中型的行业，需要不断激发从业者的创意和创新能力，这就需要建立相应的激励机制以激发媒体员工的创新精神。根据媒体所采取的激励方式的类型，现行的激励机制可以分为以下几种类型：

1. 薪酬式激励机制

薪酬式激励就是通过增加薪酬的方式来激励员工进行创新，这是最常见也是最传统的一种激励方式。电视媒体的薪酬一般由"基本工资 + 绩效工资"的形式构成，其中基本工资以固定形式发放，而绩效工资则根据管理者对员工任务完成情况的考核结果来发放。当员工生产的媒介产品具有创新性并获得了良好的社会评价时，就会通过薪酬的形式在绩效工资部分予以体现。例如湖北广播电视台、宜昌三峡广播电视台等机构对于采编人员的优质作品和创新类作品都会有薪酬方面的奖励，以激发采编人员的创新精神。

2. 荣誉式激励机制

除了物质性的薪酬激励以外，通过评奖评优等颁布荣誉的形式，来对员工的创新成果进行激励，并创建良好的平台鼓励员工创新，这也是媒体比较常见的一种激励方式。例如 J1 就讲道："人民日报因为体制的问题，所有的支出都是很严格的，都是国家的资金，我们也不太可能去拿钱重奖。但是适当地会在评奖方面向年轻人倾斜，比如说在报社内部的评奖、中国新闻奖等。我们这边评职称要有自己的作品，如果有一个非常好的作品拿了中国新闻奖，评职称也会有优势，也有机会提职这是一方面。另外一方面也会适当地有一些物质的奖励，但这个说实话，量不大，钱也不多。年轻人总体还是比较有事业心的，到这儿来的人，还是愿意做一些东西，但是你要给他一个平台，人民日报两微一端在新媒体这个行业里头认可度比较高。很多互联网公司找我们要人，希望这边能够推荐过去，那边的工资比这边高多了。"① J1 提到的评奖、评职称、提职以及同行业内的社会认可度这些对于优秀人才来说都是一种荣誉性的激励措施。J1 还提到："人才守是守不住的，只能靠我们这个平台越来越有吸引力，有更多的创造性。因为有些事你在我们平台可以做，但到互联网公司是没有条件做的，也是不敢做的，比如一些时政类的内容。对于年轻人来说，从长远来讲，需要成长，尤其在新媒体这个行业。现在各个公司都削减传统广告的预算，增加了内容营销的预算，而内容营销也需要有创意。这对于年轻人来说是他们的所长。"② J1 在这里所提到的平台资源优势以及对人才创意能力的培养等，也可以看作一种荣誉式的激励机制。凭借这些非物质性的激励机制，也能激发出人才的创新能力。

3. 分享式激励机制

所谓的分享式激励机制，是指让核心人才成为工作室事业合伙人，并参与收益的分配的一种激励形式。这也是电视媒体管理机构改革中出现的一种与工作室管理模式相匹配的新激励方式。由于薪酬式和荣誉式激励机制大多数与员工的行政级别、岗位层级以及劳动关系性质等密切相关，对于那些新进的青年人来说，这些传统的激励机制对人才的激励作用不足，而成为工作室的事业合伙人之后，员工的归属感更高、创新动力也更充足。创新创意类人才是电视媒体的核心人力资源，而分享式的激励机制能与人力资本价值相挂钩。从分享机制的类型来看，目前建立了工作室制度的电视媒体，主要建立了如下几种分享机制：

① 参见笔者 2018 年 4 月 27 日对刘某某的访谈。
② 参见笔者 2018 年 4 月 27 日对刘某某的访谈。

（1）版权分享

电视媒体拥有大量优质内容的版权，从节目发行、衍生节目开发等方面来探索版权的分享，不仅能推动工作室经营效益的提高，更能激发工作室员工的创新动力和创业热情。因此，版权分享也成为一种典型的分享机制。

（2）利润分享机制

在工作室内部推行对内容产品的生产与营销相关的利润分享，不仅能引起工作室合伙人对节目质量、节目生命周期、节目创新性及相关价值的重视，同时也能推动电视媒体经营模式从传统端向移动端的转移。例如广东广播电视台就实行工作室制度。不仅让工作室成员成为合伙人，而且为了鼓励内部创业和工作室成员的创新精神，还出台了《奖励绩效发放办法》《实施业务拓展奖励指导意见》等制度作为保障。此外，广东台还根据工作室的不同业务模式实行"一室一策"，分别与工作室签订目标责任书，约定利润分享比例。为了保障工作室的顺利运行，还给予工作室以三年的保护期，在此期间大幅减免场地租金、设备使用费，并为工作室提供创业资金支持，实行免缴利润措施。此外，广东台还设置了适当的退出保护机制，允许运营不成功的工作室退出，重新安置人员，解决后顾之忧。

（3）股权激励机制

有些电视媒体赋予了工作室更大的经济自主权，实行经济独立核算、增量利润分享等措施，而且还在工作室内部推行虚拟股权计划，给员工以持股权，并实施按股权分红，通过这种方式来激励员工的主人翁意识和开拓进取的精神。

总之，强激励措施对于人才来说具有高度的正激励作用，而高激励也容易带来高绩效。激励的核心在于，不仅要有物质性的激励措施，更要有精神性的保障。人才得以脱颖而出的前提是平台要建立起合理的利益分配结构。需要注意的是，在设置激励制度和奖励机制时，要尽量避免奖励那些容易作假的事情。

二　试错与惩罚机制的建立

试错机制与惩罚机制的建立可以帮助现代性的企业和组织规避一些

错误的决策和行为，同时也能起到一定的警示作用。

（一）试错机制的建立

创新和创业项目不可能每次都是正确的，而容错和试错机制能帮助组织淘汰那些不合适的项目和活动，让优秀的项目和活动获得更多的发展机会。电视业是一个创新相对集中的行业，而创新则面临着很多不确定的因素，难免会产生一些错误。一些先期的小型试验，能有效筛除掉那些可能失败的项目或活动。因此，建立容错思想和试错机制对于电视媒体的转型发展来说就显得十分重要了。

1. 节目试播机制

国外许多媒体都已经建立了比较成熟的节目试播机制，比如美国、韩国等国家。在美国，一个新的电视综艺节目或电视剧在正式播出之前，都会面向电视播出机构或网络平台进行试播，试播效果好、观众反响好的节目才会被电视台引进，从而得到正式的播出机会。以电视剧为例，制作机构或团队会先拍摄试播集并将之放到特定的平台上，方便电视制作公司或播出机构来选择。电视播出机构则通过试播集来判断这个节目的创意及播出价值，当剧集的故事创意被某家电视播出机构所接受之后，制作团队才会拍摄制作一季的内容剧集，而那些没有通过试播评估与测试的剧集或节目都会夭折。可以说美剧是边拍边播的，有的时候制作者还会根据网友的建议来调整剧集内容创作，这也保证了美剧的高质量和受欢迎性。对于那些播出机构而言，他们还会根据一整季节目播出之后，观众的总体收视情况和反馈，来决定是否预订下一季节目，这也是电视台风险规避的一种措施。在韩国，中秋节和春节期间已经成为固定的节目试播时期，各类新节目会以特辑的形式进行试播，只有那些收视率高、观众反响好的节目，才会在电视台正式排期播出。例如，2017 年中秋节期间，真人秀节目《被子外面好危险》特辑在试播了 3 期之后，获得正式播出的机会。2018 年中秋节期间，试播的综艺节目 Big Picture Family，也因为高收视率而取代了《百年的客人》，并于 10 月 6 日正式播出。

在中国，目前大部分电视节目播出机构还没有建立完善的试播机制，仅有少数先驱者正在探索，湖南卫视就是其中一例。2017 年，湖南卫视升级了创新研发中心，并正式推出"飙计划"，面向台内外征收创新性节目方案。这个计划的核心制度是样片评审和试播机制，入选计划的方案不仅需要提交制作好的单集样片，样片还需要通过试播机制的考验。样片质量考核的主要评价指标是收视率和舆情，评选优胜的方案才有机会获得投资及投入生产。2017 年年末至次年年初，湖南卫视开辟了白天试播节目带用以试播样片，2018 年以后，湖南台将试播机制进一步发展成为"青春风向飙"这一专属时间段，即每周末下午 16：00—18：00。通过试播和评选机制，湖南卫视成功孵化出《声入人心》《声临其境》《幻乐之城》等一系列原创综艺节目。2019 年，湖南卫视又推出"飙计划 30未满视频方案大选"，面向生理或心理年龄未满 30 岁的年轻人征集 2 分钟以内的创意视频，并通过湖南卫视全员投票的形式，选出最有创意的方案，并给予资源、技术和平台方面的支持。此外，参与活动的方案也可以根据市场反响进行摘选、优化、再创新，这进一步推动了优质节目的产生。2019 年端午节期间，湖南卫视播出了《我们见面吧》《书法大会》《一出好戏》三档全新节目样片，强化了试播制度的品牌标识，也广泛收集了观众对节目样片的意见。湖南卫视的"飙计划"和试播机制，既激发了年轻人的创造活力，也给了节目团队以试错的机会和改进的空间，增加了创意方案成功的可能性。

2. 工作室的内部创业试错机制

内部创业不仅是一种组织结构的创新，同时也是一种很好的试错机制。每一个内部创业项目都是一个试错单元，不仅能够推动内部竞争氛围的形成，也会为组织的发展寻找到一条新的出路。对于合伙创业来说，创业者通过各种小成本的试错机制，能够从中吸取经验，同时在快速更迭的过程中进行创新与调整。目前，广东广播电视台就在工作室内部发起创业活动，并通过这种形式来推动工作室建设。为了保护内部创业的顺利进行，广东广播电视台推出了两个保护机制。其一，是创业保护机制，即给予工作室以三年保护期，在此期间大幅减免场地租金和设备使用费，并且电视台为工作室提供较为充足的资金支持，实行免缴利润的优惠措施，以保护工作室在创业之初的顺利运营；其二是退出保护机制，广东广播电视台的工作室建立之后，并非是强制运行或强制人员留下的，而是允许那些运营不成功的工作室可以适时退出，并给予相关人员以重新安置岗位的政策优惠，允许优秀人才在改革当中勇敢试错，解决参与工作室建设的创业人才的后顾之忧。

（二）惩罚机制的建立

惩罚机制也会强烈影响员工的认知和行为，并形成一种警示效果，是一种负激励机制。尽管惩罚机制的弹性和效果并不如奖励机制那么好，但惩罚机制也十分重要。因为建立适度的惩罚制度，对员工的越轨行为及不能完成规定任务的情况进行惩罚，这是保障企业顺利运行的基石。在企业组织内部，惩罚的执行者主要是组织的管理者及人力资源管理相关部门。组织可以根据员工行为的危害性程度，来设置具体的惩罚方式，如罚款、口头或书面警告、转岗、转行、辞退等多种形式。电视媒体作为现代企业的一种形式，在建立奖励机制的同时，也要建立规范化的惩罚机制，对员工的越轨行为及不良现象进行处罚。当然，惩罚不是目的，惩罚也不宜过多，适时适度的惩罚最为重要。

总之，电视媒体管理体制及管理方式的转型与变革，对于电视媒体的发展来说关系重大、影响深远。高阶维度管理思想的变革是改革的重要指引，中阶维度组织机构的变革是改革的关键，低阶维度人力资源与薪酬体系的变革是改革的重要抓手，而低阶维度管理方式中奖励机制、试错机制与惩罚机制的调整则是改革的重要保障。

第 七 章

智能传播背景下电视媒体
转型中的伦理与责任

　　智能传播时代电视媒体的形态、工作流程、分发渠道、运营方式、组织结构、管理方式等方面，都发生了一系列深度的转型与变革。然而，伴随着转型而来的还有一系列新的伦理与责任问题，比如数字时代的版权问题、深度造假与事实核查问题、大数据的挖掘与用户隐私权保护、人工智能等技术的运用带来的伦理与责任问题等。正如克劳斯·布鲁恩·延森所言，在各种技术赋能的传播活动中，人类既是最为关键之处，也是其原型所在。[①] 我们也不能忽视这些由新技术而为人类社会所带来的新的挑战。

第一节　智能传播背景下电视媒体的版权问题

　　版权也称为著作权。一般而言，它指代的是按照法律规定，公民或法人对自己的科学、文学、艺术、计算机程序、游戏、照片、音视频、电影等作品的专有权利。版权不仅保护思想的表达形式，也构成了知识产权，但思想本身并不在保护范围之内。作为版权客体的作品，需要具有两个必要条件，分别是作品具有独创性以及作品可以通过某种形式被固定下来。其中，作品的独创性受著作权法保护，而作品必须以某种物质形式存在，才能被人们所感知与使用，这也是版权保护的基础。

---

　　① ［丹麦］克劳斯·布鲁恩·延森：《媒介融合：网络传播、大众传播和人际传播的三重维度》，刘君译，复旦大学出版社 2012 年版，第 4 页。

一 版权（著作权）的基本内容

从国际规范来看，著作权法不仅保障作者的权利，也涉及一系列权利—义务关系。在中国，按照《著作权法》的规定，作品自完成以后作者就自动享有版权，而版权（著作权）又包含了各项权利，如人身权利、财产权利等。其中，著作权中的人身权利，也叫做精神权利，它与作者基于创作而形成的各项人身利益高度相关。而著作权中的财产权，又称经济权利，是指作者自己使用或许可他人使用其作品而产生的经济权利。

从学理上看，版权还可以根据性质具体细化为著作权及邻接权。其中，著作权针对的是作者，而邻接权针对的是表演者、录音录像制品的制作者，以及协助作品进行传播的载体形式，如广播电视媒体、音视频网络播放平台、出版社等。电视媒体对于那些自己开发的非时政类视听作品，既具有著作权，又具有邻接权，而对于那些由他人或其他机构创作但经由自己的终端而传播的各类作品，则仅具有邻接权。

总之，版权（著作权）主体对作品行使各种权利，他人必须取得许可才能使用版权主体的作品，版权（著作权）主体也可以转让作品的版权。

二 智能传播时代电视媒体版权管理面临的冲击

智能传播时代信息的复制、传播与扩散都变得更为迅捷，人们被迫裹挟进入数字版权生态系统之中，无论他们的身份如何，如何处理版权问题将直接影响到他们的生活。对于电视媒体而言，版权管理面临着更多的冲击，版权管理不仅涉及作品的拥有权，而且还充满了各种复杂的关系，更是人们社会文化景观的重要组成部分。

（一）版权侵害发生频率更高

版权侵害是指不经版权主体的允许或授权，他人以任意方式使用了版权主体的作品，从而损害了版权主体利益的行为或现象。对于电视媒体而言，无论是由旗下采编人员采制的非时政类纪实作品，还是采编人员创作的创新类作品，甚至是自己购买了版权的视听类作品，都容易成为版权侵害的对象。面对其他媒体不经允许私自使用自己作品的现象，访谈对象 J4 表达了不满并提出了自己的看法："刚刚网易新闻客户端用

'我们视频'的微博做信息源推送了东方卫视的视频。但这条新闻视频是'我们视频'根据 UGC 内容补充采访后单独包装生产的，东方卫视没有打招呼直接抹标使用，连同期和人名等字幕都没变，太令人气愤。现在坚持认真做原创内容的越来越少，侵犯版权的形式越来越五花八门。我在想，电视台抹标使用别的媒体的内容很难杜绝的话，有没有可能呼吁此类明显侵权的内容限制上传网络，这样至少侵权产生的影响和范围可以控制在大屏，小屏的就留给小屏内容生产方。"① 事实上，相比于大屏幕来说，在小屏幕上随意转载他人视频作品的现象更加常见，这对于视频作者来说也是一种版权侵害。

（二）版权侵害更难被发现

由于互联网的海量传播、隐匿性、便捷性等诸多特性导致很多版权侵害现象更难被发现，这也对电视媒体的版权管理带来了新的挑战。例如 YouTube 的玛格丽特·斯图尔特（Margaret Stewart）在 TED 演讲中就提到了一个典型的版权侵害案例：2016 年，艺术家克里斯·布朗（Chris Brown）发行了他的单曲 Forever 及相关视频，一名粉丝在电视上看到这个官方视频后，觉得很喜欢，便用自己的手机录制了下来，并上传到 You-Tube。由于 YouTube 采用了内容身份识别系统（Content ID System），而该音乐及视频的版权所有方索尼音乐公司也在内容身份识别系统中注册了克里斯·布朗的音乐视频，于是该名用户的潜在版权侵害行为在第一时间内被系统检测了出来。随后，YouTube 将这个版权侵害行为告知了索尼音乐公司，并由该公司来决定下一步该怎么办。最后，索尼音乐公司基于扩大该音乐传播效果的目的同意了这名用户上传视频的行为。在互联网络中，用户每天上传并传播的视听内容数量十分庞大，然而只有少数像 YouTube 这样的媒体机构建立了内容身份识别系统，大量的版权侵害行为尚未被发现。在国内的抖音、快手、微视等短视频播放平台上，经常会出现一些用户随意转载他人视频的现象，例如快手平台一位叫"东北妞在美国"的网友截至 2021 年 3 月 21 日，共计发布 1186 个作品，但其中 95% 以上都是转发的国外网友的视频作品，而像她一样的网友在短视频平台上还有很多。虽然这也是一种版权侵害行为，但是这种行为

① 参见笔者 2018 年 10 月 8 日对刘某的访谈。

更难以被发现。

（三）版权侵害影响的范围更广

互联网超越了时间和空间的禁限，让信息的全球流动成为可能，同时也为跨地域的版权侵害提供了方便，版权侵害影响的范围也进一步扩大，增加了控制的难度。版权侵害现象不仅影响了版权所有者的经济权利，同时也对作品的口碑带来了一定的不利影响。例如当一部新的电影或电视剧刚刚播出不久，在各种互联网平台上就会出现许多盗版或偷拍的"抢先版"视频，这是一种典型的盗版现象。而这些"抢先版"视频的画质一般比较差，也会影响观众对这些影片的客观评价，从而导致网络评分低。有时候跨国性的版权侵害现象更为常见，他们带来的影响不仅仅是经济上的，还有可能带来社会文化，甚至意识形态方面的潜在危机。此外，还有许多隐匿性的版权侵害现象在不断发生，而它们更难以被发现。虽然一些平台也设立了付费墙制度或其他版权保护制度，但仍然难以遏制各种版权侵害现象。

当然，版权侵害现象所带来的也不仅仅只有负面的影响，有的时候也会有些促进作用。比如前些年以免费翻译国外影视作品起家的字幕组，他们的行为虽然侵害了原作和播出平台的版权，但是也在客观上开阔了国人的视野，促进了一些人对外国语言的学习热情。

三 智能传播背景下电视媒体版权侵害的主要表现形式

智能传播背景下的版权侵害五花八门，无论是独立作者，还是媒体机构，都有可能成为版权侵害的对象。对于电视媒体而言，比较常见的版权侵害主要表现为如下形式：

（一）不经许可随意复制并传播电视媒体的原创作品

不经版权方许可，随意复制电视媒体的原创作品，并将之传播到其他媒体平台或者互联网上，这在客观上构成了对版权的侵害。综合来看，目前不经许可的复制现象主要有以下几种：

1. 抹标

直接将电视媒体的作品抹标使用，这是当前最常见的一种随意复制行为。访谈对象 J4 所谈到的其他平台抹标随意使用自己团队制作的视频作品就是版权侵害的典型。当然也有电视媒体直接将网友制作的视听类作品抹标使用的现象，2015 年，一位网名叫"王源宗 Bboy"的网友就发文声称自己花费几年时间在西藏拍摄的延时摄影作品《西藏星空》，被央视七套《美丽中国乡村行》栏目盗用，并上传了与栏目组沟通的音频。而当晚，该栏目组也在官方微博上发文解释了此事，直言节目中所用素材"系栏目编辑在淘宝网付费购得"，并表示对于版权问题正在进一步核实。

2. 加标

对于那些没有标识的视频作品，不经版权方许可，直接在其上添加自己的标签，然后作为自己的作品使用，这也是一种常见的版权侵权行为。加标的行为不仅出现在网络视频平台，某些电视媒体也会出现不经许可随意加标播出的情况，这是需要注意的。当前，在短视频平台上经常会出现盗用他人视频然后添加上自己的标签进行传播的现象，例如"瓜家人"是一个现居美国的中印组合家庭，瓜妈在 YouTube 上传了许多关于自己家庭的有趣视频，很受欢迎。而一些国内的网友在未经许可的情况下盗用了她的视频，并上传到国内的短视频平台，无奈之下她只好开通了自己的快手账号"瓜家人在洛杉矶"来传播自己的视频。除了通过视频呼吁网友抵制盗版之外，她还在自己的账号首页标注了"快手唯一真号，其他都是搬运"，以表示自己对盗版现象的不满。

3. 微加工

除了直接抹标和加标之外，对原创视频进行微加工，比如删除片头片尾，将 Logo 打码等简单操作，然后在互联网平台上转发，这也是一种常见的版权侵权方式。这种现象在短视频平台十分常见，尤其是对国外的视听类作品进行微加工，然后上传到短视频平台进行传播的现象更是屡见不鲜，而这些作品大多是没有获得原作者许可的。甚至在抖音、快手短视频平台还出现专门教人如何盗用他人作品或产品的所谓知识付费类内容，这种情况应该引起重视。

（二）不经许可随意改编或汇编并传播电视媒体的原创作品

不经版权方许可，随意改编电视媒体的原创作品，并将之传播到其他媒体平台或者互联网上，这也是一种典型的版权侵权现象。尤其是当电视媒体的某个栏目或某件作品成为爆款之后，就会有很多媒体或个人来"蹭热点"，他们往往不经许可便随意对原创作品进行改编或汇编。具体来看，这种改编或汇编又有以下几种常见形式：

1. 长拆短

所谓的长拆短是指，将原始的视听作品剪切为短的视频类作品，或者直接将原视听作品切分成若干短小的视频作品，然后上传到网络平台，从而造成侵权。例如，2017 年 11 月，漫威影业作品《雷神 3：诸神黄昏》在公开上映之前的 10 天内，共监测到针对该片的网络侵权达 1569条，其中包括大量的 3 分钟左右的短视频。目前，在国内的一些短视频播放平台上存在大量未经版权方许可而对各类影视作品进行长拆短处理后传播的现象，这种无序的侵权现象需要引起注意。

2. 画中画

画中画是一种视频内容呈现技术或方式。具体是指，在一个视频全屏或半屏播出时，使用画面叠加的方式，在画面的一个小面积区域，通常是在原视频的左侧或右侧，同时播出另一个视频的方式的形式。这种同时呈现两个或多个视频信号的方式，被广泛运用于电视媒体、移动端、视频录像、监控、演示设备等载体。随着数字技术的普及化，这种将原始视听作品通过画中画形式进行传播的现象，也成为版权侵权的"高发地"。

3. 二次创作

二次创作又称再创作，是指使用了已经存在的著作物中的文字、图片、图像、声音、音乐或其他内容，而进行加工创作的形式。二次创作很容易侵犯原作的版权。随着短视频播放平台的火热，许多网友在未经许可的情况下，对他人的视听作品或其中的某些片段等进行二次创作，这也是智能传播时代的一种典型版权侵权现象。

自 2014 年起，网络红人谷阿莫开始制作二次创作类短视频作品——"X 分钟带你看完 XX 电影"，并在 YouTube 上传播。他的视频通常是以电影视频为蓝本，剪辑出几分钟的精华片段，并配上自己的独白，因独特的话语风格而爆红网络。据统计，谷阿莫在 YouTube 上有 453 个视频作品，订阅人数达 98 万人，观看人数突破 3 亿人次。2015 年，他还以《9分钟看完 18 小时电影版哈利波特》而登上热榜，并排名第 4。2017 年 4月，谷阿莫被迪士尼等 5 家影视公司联合告到法庭，称他未经授权使用盗版影片改编重制，违反了"著作权法"，并且部分电影被讲得"一文不值"，影响了制片方的受益。台湾检方将谷阿莫的短片与原作进行对比后认为，谷阿莫利用他人视频配上自己的旁白，剪辑出精华片段，让读者能在短时间内掌握原著大致内容，并非单纯"引用"，而是"改作"，加之他的视频上传网络后，点阅率可创造分红利润，有营利之嫌。以此认定，他已触犯《著作权法》，并侵害了他人的著作财产权，最高可判刑 3 年，并处罚金。

无独有偶，在中国大陆地区优酷诉讼"图解电影"侵权一案，也是一个类似的案例。图解电影 App 及其网站由蜀黍科技公司所运营，主打十分钟解读影视作品类图片集。优酷公司诉讼该公司未经许可使用《三生三世十里桃花》《大军师司马懿之军师联盟》的图片集。北京知识产权法院审理了这起案件，并认为，"图解电影"的行为已构成侵权，需赔偿优酷公司相应损失。

上述两个案例共同说明，未经许可对原作的二次创作确实有可能造成侵权，这需要引起重视。

（三）不经许可随意模仿电视媒体原创作品的表演形式

作品的表演形式也是版权所保护的内容，而未经版权方许可，随意模仿电视媒体原创作品中的表演形式进行演出，也算得上是一种版权侵权现象。例如在玛格丽特·斯图尔特的 TED 演讲中，她也讲到了克里斯·布朗单曲 *Forever* 的其他侵权现象。2018 年，一对新婚夫妇在结婚典礼上使用了这首歌曲及其中的舞蹈形式，并且将拍摄的视频上传到 You-Tube 上，但是索尼音乐公司却没有追求他们的侵权责任，反而对此十分欢迎，因为这对夫妇的视频在网络上广受欢迎，让这首沉寂了两年多的音乐重回人们的视线，并且进了排行榜前列。在中国，随意模仿火热作品中的表演形式在短视频播放平台上十分常见。例如，自从音乐作品甩肩舞 *Coincidence* 火了之后，不少网友竞相模仿，不少高校的学生也使用该音乐并模仿甩肩舞的形式，推出了自己版本的甩肩舞。但实际上，这些未经授权就直接采用他人作品中的音乐，并直接模仿他人表演形式的行为，也构成了对他人音乐作品版权和表演权的侵权。

四　智能传播时代电视媒体强化版权管理的举措

2020 年，《中华人民共和国民法典》《中华人民共和国数据安全法

（草案）》等相关法律法规出台，要求加强对数字治理体系的建设。而作为数字治理体系的重要构成，互联网上的版权问题也日益引发各方的重视。对于电视媒体而言，应当重视数字时代的版权问题，面对新的伦理与责任的冲击，更应当根据变化了的现实，调整版权管理措施加强管理，这也是由媒体的社会功能所决定的。2021 年 3 月 16 日，《关于公开征求〈中华人民共和国广播电视法（征求意见稿）〉》出台，明确网络视听节目也是广播电视，需与广播电视节目一样，实行同一套管理标准和模式，同时还指出"与广播电视有关的知识产权依法受到保护，任何组织和个人不得侵犯"。这对于音视频保护确立了一个良好的导向。

（一）强化版权意识

部分内容制作者版权意识淡薄，缺乏必要的法律常识，不清楚未经允许复制、改编、发布他人的视听类作品的行为已经构成了对他人版权的侵犯。因此，一方面，电视媒体要强化对内部采编人员版权意识与知识方面的培训与教育，并制定相应的惩罚措施，以减少采编人员有意或无意的版权侵权行为的发生，尤其是要针对新进采编人员进行相关培训；另一方面，电视媒体也要面向用户积极宣传版权方面的法律与知识，提高社会成员的整体法律意识，减少用户的版权侵权行为。

（二）加强用户管理

加强对用户的管理，采取一些防止侵权的可行做法，也是有必要的。

1. 推行实名认证，加强账户管理

建立起规范的账号管理制度可以有效降低平台存在的侵权现象。首先，账号实名制是十分有必要的，尤其是对于那些经常侵权的账号，更需要加强监督管理；其次，强化责任机制，根据不同内容的特点而设立不同的审核机制，包括人工审核、机器审核、抽检及盲审等来强化管理；最后，还需要建立起版权投诉及应对机制，针对版权方提出的相关诉讼或建议，及时应对处理。例如北京字节跳动科技有限公司就建立了"双24 投诉模式"，即 24 小时响应版权方投诉，并 24 小时内处理完毕。①

2. 完善推荐逻辑，降低盗版发生

完善推荐逻辑也有助于降低盗版现象。有传媒人士指出，通过增加

---

① 崔爽：《短视频版权是非多，技术出手来护卫》，《科技日报》2019 年 5 月 28 日第 5 版。

推荐的权限来完善推荐逻辑，这对于减少盗版现象的发生具有一定的作用。① 这个观点有一定的道理。推荐账号一般以质量较高的原创作品为主，增加这样的优势内容推送，能减少用户接触盗版视频作品的机会。从一定程度上来讲，这种做法确实能减少盗版现象的发生。而字节跳动也完善了对推荐内容的人工审核制度，以确保推荐内容的质量。目前，该公司超过 1 万人的审核团队已经成立，其中大部分人员负责对视频内容的审核。

3. 建立惩罚机制，减轻盗版影响

建立惩罚机制也能对侵权行为产生一定的警示效果。可以根据盗版行为的严重程度，采取经济惩罚、封号、提起法律诉讼等不同的惩罚制度。平台还可以考虑反向激励措施，即将对盗版者的罚款以收益认领的形式奖励给原创者以此来鼓励原创。

4. 提升维权效率，推动版权保护

在提升维权效率方面，可以考虑通过减少各方维权的环节来实现。YouTube 就十分关注用户的各种权益，包括版权。除了建立内容身份识别系统提供快速的技术识别之外，YouTube 还提高了维权的效率。当侵权发生时，平台会在第一时间内与版权方取得联系，并让版权方来选择如何处理副本、混搭以及其他形式的侵权内容。中国的电视媒体在推进转型的过程中，也可以考虑通过全网联合、简化维权的环节、提高维权的效率的方式，来推动版权保护与管理。

（三）借助识别技术打击侵权行为

相比于通过大量的人力进行检索并识别盗版内容的做法，借助于技术的力量来打击盗版和侵权行为更为方便、快捷、高效。

1. 内容身份识别系统

YouTube 的内容身份识别系统是目前比较有代表性的反盗版识别系统。此系统由 Google 研发，从 2007 年起，Google 就致力于开发一套可行的版权及内容管理方式，Content ID 系统随之诞生。视频 ID 和音频 ID 是该系统的两个重要板块，该系统采用热图对比的方式，将用户上传的影片或音频与已经在系统中申请并注册了版权的内容进行对比，即使是那

_____

① 崔爽：《短视频版权是非多，技术出手来护卫》，《科技日报》2019 年 5 月 28 日第 5 版。

些并非直接翻拍的影片或音频，该系统也可以侦测出来。

Content ID 是一个巨大的免费内容管理系统，它赋予了版权提供者以管理内容的能力。通过限定传播、跟踪管理和获利模式三种方式，让发行者自行决定所拥有的版权内容以何种形式出现在 YouTube 上。

（1）限定传播

Content ID 能自动比对上传至 YouTube 的内容。任何主张版权所有的人士或机构，只需要出示能证明版权所有的相关资料到数据库，就可以享有相应版权。一旦发现盗版行为，YouTube 就会将相关文件发送给版权所有者，并由其决定处理方案。倘若版权方不想让该内容继续传播，可以选择限定其传播的方式。如果用户出现重复侵权的行为，其账号就可能被限定访问，同时该账号旗下的所有影片就都无法观看。

①完全封锁

所谓的完全封锁是指版权拥有者通过 YouTube 全面禁止侵权视频的传播，无论通过何种方式，侵权视频都将无法被传播。尤其是对于那些重复侵权者，YouTube 将根据投诉情况终身禁止这些侵权者的账户。

由于网络传播的无地域特征，Content ID 还提供给用户以获利等多种功能，目前选择这种方式的版权所有者越来越少了。

②部分锁定

版权方也可以选择在部分区域或范围内限定用户访问的方式，来实现对特定内容的部分锁定功能。采用这种方式可以有效避免因完全封锁而带来的使用不便情况，同时也可以对盗版行为形成一定的威慑。当前，一些影业公司通过设定部分锁定而限制特定区域的观众观看某部影片，这也是比较常见的，YouTube 的相关功能也是对这一惯例的延续。

（2）跟踪管理

有的时候，某些版权方出于话题营销的目的也会对 YouTube 上的盗版现象"视而不见"。当然他们也并非完全放任盗版现象的发生，而是通过加入 Content ID 而获得对盗版音视频内容的跟踪管理权限，从而获得相关内容被用户使用的基本数据，用以制定精准的营销推广策略或者做其他宣传所用。

（3）获利模式

这是 Content ID 提供的一个对侵权所涉各方均有利可图的方案。在这个模式下，版权方可以通过植入广告到侵权内容中或者添加购买正版产品的链接到侵权内容中等多种方式，来实现对相关内容的授权，从而实现获利。无论是对于版权方而言，还是对于侵权者而言，甚至是对于Content ID 系统的技术提供者而言，在盗版现象难以遏制的互联网时代，这种方案都是有利可图的。因而，选择这种处理方式的版权方也越来越多。

最后，值得一提的是，Content ID 系统也并非万无一失。事实上，在YouTube 的评论区针对 Content ID 系统，用户有大量的负面评价。首先，系统检测手段并不完善，有些使用者会通过改变热图分布的方式来规避侦测，如画面左右翻转、画面部分放大、部分画面没有声音、插入特定图案标识等，而这些行为目前很难被技术检测出来；其次，也有一些用户投诉自己的权益受到损害，因为一些使用者恶意性地注册 Content ID 版权，并声称自己对一些与他们毫无关系的视频拥有版权，甚至还可以在这些视频上投放广告，这极大地损害了版权持有者的利益；最后，Content ID 赋予了版权所有者决定视频是否被合理使用的唯一权力，这对用户来说完全不公平，最终会影响他们合理使用的权利。目前，在 Content ID 系统下，版权所有者如果拒绝了 Content ID 争端，那么这个侵权事件就结束了，用户的视频就会被屏蔽，但是并不会在版权系统下给予这些被诉侵权的用户以进一步的追索权。①

2. 字节跳动"灵识系统"

传统的识别技术主要为指纹技术、水印模型等，而"灵识系统"则是由字节跳动公司开发的一款视频版权保护系统。该公司目前已经构建起了由抖音、快手、西瓜、火山小视频等短视频平台所构成的传播矩阵，并且建立了针对不同版权内容的审核机制与标准。

在"灵识系统"之下，每个被用户上传的视频内容，都将经过"灵识系统"的审核而生成独一无二的"内容指纹"，系统也会自动比对上传内容与数据库中内容的"指纹"。当疑似侵权的行为发生时，系统会在第一时间内向版权方发出提示，然后由版权方决定如何处理。目前，"灵识

---

① Ernesto Van der Sar, *YouTube's Content – ID Piracy Filter Wreaks Havoc*, 2011 年 9 月 8 日，TF，（https：//torrentfreak. com/youtubes – content – id – piracy – filter – wreaks – havoc – 110908/）.

系统"已经接入了抖音和西瓜等短视频平台，湖南卫视、浙江卫视等超过 400 家电视台、网站、版权方以及其他原创内容生产者也相继接入该系统，这大大提高了系统检测并发现盗版的能力。

3. 其他数字识别技术

数字识别技术也被一些地方版权局所运用，以此来保护版权。其中，数字指纹是一种典型的识别技术。具体来说，它是利用数字水印技术将一些不同的标志性识别代码嵌入视频文件中，一旦侵权行为发生，就能通过提取出的数字指纹追溯盗版的来源。借助这项技术，版权所有者可以快速地从海量的视频文件中找到侵权视频，并进一步维权。目前，北京市版权局就在使用这种技术。

总之，视听内容行业目前正处于快速发展期，而视听内容的版权保护却存在着证据收集难、维权周期长、维权成本高、理赔金额低等困难，需要不断努力。对于视频内容的版权保护来说，一方面依靠的是各方版权意识的提高和版权管理方式的改进，另一方面则依靠数字识别技术的不断完善。通过各类数字识别技术来检测并发现盗版行为、保护版权，这对于优化视听内容的版权生态来说功不可没。对于数字识别技术目前存在的一些问题，可以通过积极听取用户反馈意见、不断完善技术的方式来加以改进。

第二节 "技术 +" 的应用与反思

对于电视媒体而言，技术的运用是把"双刃剑"，它既带来了视听传播的高清、高速、高效、高质，但同时也带来了一系列新的伦理问题。视听传播中的深度造假、用户信息的泄露、隐私权的侵害、算法推荐的滥用、人工智能的威胁等诸多伦理问题的频繁出现，这也引发了人们的深思。

一 深度造假现象的出现与事实核查

媒介技术的快速发展和视听传播平台的丰富化，极大地降低了人们影像表达的门槛，进一步推动视听内容的生产方式由专业的精英化生产发展为专业化生产与大众化生产相结合的形式。而生产工具和生产方式的变化，也导致虚假性内容越来越难以被识别。尤其是在数字技术的深度介入之下，深度造假现象也对视听内容生产带来了新的冲击。

（一）智能传播背景下视听内容深度造假的表现

深度造假（也称深度造伪）不是简单地无中生有、移花接木、张冠李戴，而是利用数字技术来编制虚假性内容以达到以假乱真的效果。深度造假现象的出现，是数字技术和人工智能技术商业化、普及化、娱乐化的产物。随着人工智能、沉浸式技术、音视频编辑技术等智能技术对视听内容生产的深度介入，专业性的视听内容生产观念与方式都受到了巨大的冲击。例如访谈对象 J28 就谈到了他看到的一条新闻《在跑腿软件上下了个采访单：核实强奸犯赵志勇被执行死刑！》，他大发感慨说："这个神操作，这个同行我佩服死了，看看传统体制内媒体为了核实事实、对报道负责都被逼成什么样了，再看看所谓网络媒体、自媒体为了流量鼓励谣言，你就知道为什么这两年坚持新闻信念的传统媒体慢慢地扛过来了。"① 这种采访不到现场，利用软件找人代跑的行为，忽视了新闻报道中的事实核查，也助长了虚假内容的产生。

具体而言，视听内容方面的深度造假表现在如下几个方面：

1. 利用虚拟技术导演或编造内容

虚拟技术的发展非常迅速，而这种技术也开始被运用于视听内容生产当中。如果虚拟技术被运用于纪实性内容的生产中，就难免会出现各种虚假情境。事实上，从国际互联网的发展实践来看，确实有不少别有用心的人士，利用虚拟技术或电影拍摄的技法来导演或编造事件，当这样的虚假内容被投放进各类平台或终端之后，只有那些受过新闻传播专业训练的人士才能辨别出来。

2021 年 2 月，Epic Game 旗下的虚幻引擎平台发布了一款基于云计算的数字人类创作工具——MetaHuman Creator。该工具宣称能够在几分钟之内制作出达到照片级别的逼真定制数字人类，而且该工具还能与该平台开发的各种运动捕捉工具和动画工具兼容。因此，所制作的数字人类不仅具有完整的骨骼、牙齿、眼睛、皮肤、毛发和服装等人类外观，而且还能做出逼真的动作，甚至还能表现逼真的细节和光影结构。在屏幕上，

① 参见笔者 2019 年 6 月 6 日对严某的访谈。

这些数字人类与真实人类表现相差无几，在 AI 技术的加持下，用户的游戏沉浸感和体验感更强。目前，虽然该款数字人类创作技术仅运用于游戏领域，但逼真数字人类的出现仍然给视听内容创作者带来了一些思考：数字人类是否能被运用于视听类内容的生产，尤其是创新类内容生产当中？倘若数字人类被无意或有意地使用，是否会影响纪实性内容的真实性？

2. 利用修图软件局部造假

局部造假的情况更难发现，而技术的进步让局部造假更为便捷。视听类修图软件的出现让人们更方便、快捷地编辑并美化图片或视频，而计算机云处理技术为在屏幕中"造物"提供了技术支持，例如在屏幕中创造现实生活中的某些物体或场景，包括建筑、树木、云彩等，从而建构一种虚拟世界。这些技术为视听艺术创作提供了方便，但是也容易成为滋生局部造假的"温床"。在各类视频播放平台上，很多用户以及一些网络直播"网红"，无论是在拍摄照片或视频的时候，还是在发布视听内容作品的时候，都习惯了使用美颜、美拍等修图软件，经过修图后的照片或视频，不仅会部分失真，有时候还会将本不存在的事物及人物放进照片或视频当中。当然，如果这类作品只是用于作者的自我展示或创意类作品的创作，这并无不可，但是倘若被运用于纪实类作品生产，就可能会混淆观看者的视听，造成一种错觉。

3. 利用"换脸"技术移花接木

换脸也称 DeepFake 技术，它是采用深度学习算法的一套技术模型。2014 年，蒙特利尔大学的 AI 研究学者伊恩·J. 古德菲勒（Ian J. Goodfellow）提出了一套机器学习的模型——"生成性对抗网络"（Generative Adversarial Network，简称 GAN）。GAN 包括生成模型（Generative Model，简称 G）和判别模型（Discriminative Model，简称 D）两个基本模块，并通过模块之间的相互博弈、学习，从而产生好的输出。其中，G 的训练程序是将 D 错误的概率最大化，G 和 D 形成一种动态的"博弈过程"。在图像生成当中，GAN 可以完成诸如超分辨率任务、语义分割等。而 DeepFake 技术也是一种基于 GAN 的产物。它通过机器学习技术对现有的图片、视频等资料进行深度的分析与学习，记录图片或视频其中人物的面部关键信息，并通过信息的反复重建和自我改进，最终生成一个包含该人物全部面部表情的脸。之后，就将这张生成的脸贴到任意一个视频中的人物对象身上，完成"换脸"。"换脸"技术的核心并非是移植替换人物脸部，而是在于复制一张脸，技术只是一种工具，而人才是最终目的。

虽然 DeepFake 的学习模型本身是中性的，但是在运用的过程中，却也为视频造假提供了方便。事实上，DeepFake 技术在亮相之初，就造成了社会的广泛震动，并引发了恐慌。2017 年，DeepFake 的一位用户在美国社交新闻网站 Reddit 成人交流社区上上传了一部通过换脸技术生成的视频，引起巨大震动，这也是 DeepFake 技术的第一次亮相。随后，Reddit 官方认为该换脸视频涉及不当内容，侵犯他人隐私，查封了该账号。而据腾讯研究院报道，近来的一项研究表明，目前网上有 14678 个 DeepFake 视频。基于 DeepFake 的合成人像、合成语音乃至合成笔迹等，都让欺诈活动变得更加隐秘而难以侦查，并且 DeepFake 的潜在效应还将蔓延到大众的信息获取与社会信任层面。[①] 由此可见，DeepFake 技术带来的负面影响不仅限于视频内容生产行业，更是将遍及整个社会，每个人都有可能成为目标。倘若这种技术被滥用，产生的负面影响将难以估计。例如，越是知名的公众人物在各类平台上的视频资料越多，这也意味着复制他们人脸的技术难度将更小，尤其是政客。

目前，"换脸"技术的技术门槛较低，它不仅是一种开源模型，易获取、易上手，而且它的训练资料获取简单，所需的数据量也很小，所以更难控制。一个没有限制的技术被放到一个匿名的网络环境中，我们永远不清楚隐藏着多少危险，然而，目前仍然没有一种制度或技术手段能够很好地控制这种情况。这也是为何"换脸"技术自诞生之初就引发广泛担忧的原因所在。

4. 创造虚拟形象编造虚假内容

AI 技术不仅能提供"换脸"，还能创造出新的虚拟人物形象，在 CGI、AR 等技术的加持下，虚拟人物形象与虚拟场景的结合，极大地激发了视听创作的想象力，然而，虚拟形象的使用也隐含着社会信任与

---

① 腾讯研究院：《为什么我们对 deepfake 技术又爱又恨?》，2019 年 11 月 15 日，虎嗅网（https：//www.huxiu.com/article/326522.html）。

"超真实"的双重危机。

2017 年 5 月，微软的 AI 发布了一本名为《阳光失去了玻璃》的诗集，里面收录了 139 首由小冰创作的现代诗。据微软技术人员称，经过上万次的训练之后，小冰在写作过程中的思维过程与人类相似，都经过了诱发源、创作本体、创作过程和创作成果训练等步骤。① 这则新闻也引发了广泛的社会讨论，当人工智能也能进行艺术创作时，人类引以为豪的创作能力还是独一无二的吗？

在视听内容生产领域，AI、AR、CGI 的参与度也非常高。2007 年，第一个虚拟偶像初音未来诞生。2012 年，以 Yamaha 公司 VOCALOID3 语音合成引擎为基础制作的全世界第一款中文虚拟歌姬——洛天依诞生。洛天依是目前 26 个国产虚拟偶像中最受欢迎的，她也频繁出现在电视媒体屏幕上。2016 年 2 月，洛天依登上湖南卫视小年夜春晚，与杨钰莹合唱《花儿纳吉》，这是虚拟歌姬首次登陆中国主流电视媒体。之后，洛天依又参加了湖南卫视第十一届金鹰节互联盛典和 2016—2017 年湖南卫视跨年晚会。2018 年 8 月 31 日，洛天依发布单曲《英雄出征》。2018 年 12 月 31 日，与薛之谦共同演唱的《达拉崩吧》登陆江苏卫视跨年晚会。2021 年 2 月 12 日，登上央视春晚，与月亮姐姐、王源共同演唱歌曲《听我说》。虚拟歌姬、虚拟主持人越来越多地出现在电视屏幕上，在网络平台上还有许多人通过虚拟形象来进行直播，这在带给人们新奇感的同时，也为虚假内容的编制埋下了隐患，并有可能进一步深化人们的信任危机。

CGI 技术的运用打破了次元壁的界限，创制出了令人惊叹的视觉奇观。虽然最初创作的虚拟形象只能以二次元形象和粗糙的 3D 形象存在，但 2016 年以后，当纪梵希创意总监 Riccardo Tisci 为初音未来打造高定礼服时，初音未来的形象就已经完全与现实融为一体了，这昭示着 CGI 技术已然具备了混合现实的能力。加上目前各类 CGI 人物的运作趋势更是偏向于全方位的人格化与生活化，这更增加了人们对 CGI 身份的辨识困难。例如 Lil Miquela 是一位 20 岁生活在洛杉矶的墨西哥裔女性，也是目前知名度最高的 CGI 人物，在 Instagram 平台上，她拥有 152 万粉丝，她

---

① 腾讯研究院、中国信息通信研究院互联网法律研究中心、腾讯 AI Lab、腾讯开放平台：《人工智能：国家人工智能战略行动抓手》，中国人民大学出版社 2017 年版，第 252—253 页。

还入选了《时代》周刊"年度网络最具影响力人士"榜单。她的形象十分逼真，人们一度以为她是真人。而她的 CGI 身份是被当时与之"发生争执"的虚拟人物 Bermula 曝光的。不少人在知道 Miquela 的虚拟身份后表示，他们有权利在一开始就知道屏幕上的人是真是假。CGI 所引发的信任危机可见一斑。

当拟像无限接近真实并渗透进真实时，它本身的规则也会对现实社会的秩序产生巨大的冲击，从而产生如法国哲学家让·鲍德里亚所说的"完美的罪行"的现实。CGI、AI、AR 等科技的日新月异，让人类的梦幻与想象得以投射进现实，科技拟像在毫不知情的情况下充斥着人类的感官系统，形成了自己的表达规则，也形成了"超真实现实"，进一步抹杀了虚拟与现实的界限，这一现象值得引起深思。当科技拟像充斥人类感官系统时，人类应当如何回应？人类是否有足够的理性来面对甜美的虚拟世界？

（二）事实核查的内涵与方法

"技术＋"所带来的诸多危机均呼唤事实性内容生产机构重塑理性精神，而事实核查是媒体理性精神建构的途径之一。

1. 事实核查的内涵及转变

所谓的事实核查是指专业性媒体针对事实性内容的真实性与准确性所采取的一系列核查性工作。[①]

事实核查对于专业性媒体来说并非新生事物。早在 20 世纪 20 年代，《时代》周刊和《纽约客》杂志就建立了事实核查制度，并专门设置了"事实核查编辑"的岗位。随后，这项制度被美国多家报社所接受，并成为新闻行业的一项制度性工作。这项制度要求记者在新闻采访过程中，至少要从两个以上的信源处获得相关信息以便查验，即"双重检验"。新闻稿件写完之后，还要由新闻编辑或其他专职检查人员再次核查相关信息的准确性，只有通过多次检查的稿件才能被发表。长久以来，新闻编辑室内部的事实核查制度，从制度上保障了作品内容的真实性与准确性。

然而，随着互联网的崛起，新闻业的工作流程发生了变化，事实核

---

① 马晓彦：《"事实核查"在新传播生态环境下的演变及应用》，《编辑之友》2017 年第 10 期。

查也逐渐从一种制度转变为新的报道类型。2014 年，美国新闻学会指出，"与事实核查相关的人员和组织致力于提高用户对知识的理解，他们通过对政治家以及任何影响他人生活和生计的人的相关言论的重新核实来达成这一目的。事实核查员对事实进行调查，他们的工作没有党派之争，也不存在宣传和花言巧语。调查的目的应该是向信息消费者提供准确和经核实的信息，以便帮助用户在投票选举和其他重要决定中利用事实，做出基于事实判断的选择。"① 与传统新闻一样，事实核查性新闻也强调以事实为中心进行报道，这里的"事实"主要指政客以及相关公众人物言论的真伪。

当前的事实核查从主体到内容，从流程到工作方式都发生了转变：事实核查由媒体内部的一种核查制度发展到形成一种独立的新闻样式；核查主体从专业新闻从业人员发展到依托互联网的用户；核查时间从新闻发布前转变为新闻发布后；核查结果从内部自查转变为公开发布。

2. 事实核查是媒体专业主义的重要构成

从职业社会学的观点来看，一个行业形成自律是该行业迈向专业化的重要标志。对于传媒行业而言，自 19 世纪末以来，就已经形成了一套行业自律规范。这种自律强调传媒做到真实、客观、公正、平衡，即专业主义。在这个框架范围内，专业主义已经成为全球传媒的共识，而作为专业主义重要构成的事实核查，也成为每个媒体内部的基本规范。

然而，随着政府管控力度的加强以及新兴媒体的崛起，审核相关事实也面临着一系列挑战，如事实核查有时候会造成与政界关系紧张，对客观中立与平衡报道的过分强调与新媒体时代用户重视情感的习惯相悖，这些都导致媒体有关事实真伪核查的数量减少，并进一步影响了传媒公信力的发挥。② 在智能传播时代，人们信息获取的途径增多，大量用户在互联网和其他新媒体平台中自发传播并发布各类信息，这也改变了传统媒体在信息生产与分发领域的垄断地位。但是，由于大部分普通用户缺

---

① Jane Elizabeth, *Who Are You Calling A Fact Checker?*, 2014 – 5 – 20, American Press Institute Website（https：//www.americanpressinstitute.org/fact – checking – project/fact – checker – definition/）.

② 申金霞：《事实核查新闻：内涵、实践与挑战》，《新闻与写作》2017 年第 11 期。

乏专业性的知识与技能，很难保证信息制作与发布中的真实性要求，加上网络空间中的信息真假混杂，而社交媒体等新型平台在传播中又更偏重于情感的输出，各种八卦娱乐、煽情信息、反转新闻等层出不穷，这更加剧了虚假新闻及信息的泛滥。面对智能传播时代浩如烟海的信息，传统媒体的事实核查显得独木难支。而要改变这种情况，一方面亟须改变媒体平台的信息把关与事实核查方法，另一方也需要引入更多的力量加入事实核查的队伍。

在智能传播时代，事实核查的方式应当发生一定的变化，有人建议，可以考虑在部分信息传播中变事前审查为事后鉴定；也可以考虑将原先作为媒体内部一种独特编辑机制的事实核查转变为一种独立的新闻样态；还可以将事实核查从媒体的一种工作流程而转变为专业机构的一种运作方式。① 这种观点是有一定道理的，从媒体实践来看，一些媒体已经在完善事实核查方面进行了探索，如人民日报开创了"求证"栏目，果壳网设立了"谣言粉碎机"专题板块，腾讯上线了"较真"平台，这些事实核查栏目和平台，致力于寻求事实真相，推动报道回归客观，这也是专业主义的一种回归。

3. 事实核查的方法

为了遏制深度造假的负面影响，2019 年 11 月，国家网信办、文旅部和广电总局三部门联合发布了《网络音视频信息服务管理规定》，明确基于 DeepFake 技术制作的换脸视频"应当以显著方式予以表示"，且不得利用该技术"制作、发布、传播虚假新闻信息"。也不得利用相关音视频技术"侵害他人名誉权、肖像权、隐私权、知识产权和其他合法权益"。智能传播时代的信息环境发生了很大的变化，事实核查的主体与方法也更加多元，除了学习相关法律知识之外，对于电视媒体而言，还可以从以下方面实施事实核查：

（1）提高专业技能应对事实核查

在技术的加持下虚假信息越来越难鉴别，无论是导演的虚假型事件，还是使用了"换脸"技术和 CGI 技术生成的虚假事件，普通人都非常难以鉴别。尤其是在那些电视媒体采编人员没能在第一时间内赶到现场的

---

① 曹开研：《当下新闻事实核查的发展与面临的挑战》，《青年记者》2017 年第 16 期。

突发性事件报道中，采用网友自发拍摄的视频内容就成为媒体内容编辑的一个策略，但网络资料的真假很难判断，这就需要采编人员具有辨别真假的能力。据 BuzzFeed 媒体编辑、事实核查专家克雷格·西尔弗曼（Craig Silverman）调查发现，2016 年美国大选期间，在马其顿的一个小镇运作着 100 多个支持特朗普的网站，而这些网站成为政治假新闻的制造工厂，影响了大批美国选民。2020 年，西尔弗曼又转而关注新冠疫情大流行期间通过虚假信息牟利的商业骗子。他还指出，无论记者是否了解开源情报调查，在求助于先进的技术工具之前，可以先运用好网站内置的搜索功能，如 Facebook 页面中关于创建者的信息，其他公共主页的信息公示、相关推荐页面、侧栏、嵌入的网址以及上传到相关页面的最早照片等。[①]

面对诸多深度造假的视听类文件和信息，只有那些经验丰富的专业人士，才能从中发现错漏所在。例如，作为一位研究虚假新闻和信息的专家，西尔弗曼就编辑、撰写了大量有关信息操控识别的书籍，包括 YouTube 上的免费内容《如何验证突发事件中的网上内容?》。对于电视媒体而言，需要有意识地培育一批具有信息操控及信息真伪鉴别能力的专业型人才，这样才能确保生产出的纪实类内容的真实性和准确性。

（2）借助技术力量加强事实核查

虽然技术的力量可以被用于深度造假，但反过来，技术力量也可以用来鉴定与识别深度造假。

①智能算法和人工智能的运用

在诸多技术力量当中，智能算法和人工智能可以被用于事实核查。陈昌凤和师文就提出，可以将智能算法引入对新闻的核查当中，通过对数据的分析、比对与估算，从而核实相关信息的真伪。[②] 也有研究者指出，可以通过对信息的分类，如信息、广告、标题党、恶作剧等，然后

① Rowan Philp：《识别虚假信息，事实核查专家用哪些工具?》，2020 年 7 月 30 日，澎湃新闻澎湃号（https://www.thepaper.cn/newsDetail_forward_8493026）。

② 陈昌凤、师文：《智能化新闻核查技术：算法、逻辑与局限》，《新闻大学》2018 年第 6 期。

有针对性地实施精细化鉴定，并区别对待。①

②"换脸"识别技术

"换脸"技术虽然给人们带来了新的娱乐，但是其所引发的深度造假问题也备受关注。互联网是"换脸"问题的高发地，目前，市场上最常用的 AI"换脸"算法主要有 DeepFake、FaceSwap 和 Face2Face 三种。其中，DeepFake 基于 GAN 技术，人类对由它所生成的脸的识别率为 75% 左右。FaceSwap 基于深度学习算法，可以实现学习并重建脸部特征，该程序可以根据所选取的图片来实现对原始模型的替换，人类对由它所生产的脸的识别率也在 75% 左右。Face2Face 不涉及人脸的生成，而是用真实的人类脸庞去替换原始文件中的人脸，人类对由它所制造的人脸的识别率只有 41% 左右。在中国市场，除了名噪一时又很快被下架的"ZAO"之外，2020—2021 年间，一款名为 Avatarify 的换脸 App 走红，目前在苹果应用商店的免费 App 的下载量中排名第一，也标志着大众娱乐领域"换脸"技术的卷土重来。这款 App 的发明者是一位俄罗斯的程序员，名叫 Ali Aliev，该应用基于开源项目 First – Order – Model，目前主要运用于大众娱乐。该应用的中国版本为"蚂蚁呀嘿"，是一款特效视频，目前在抖音、快手、微视、微博等社交媒体平台走红。该应用的操作简单，只需导入手机中的人脸图片——选择视频 demo——自动生成短视频——保存，如果需要照片中的多个人物都动起来，则需要通过"剪映""腾讯加速器"来辅助。由于该应用的画面比较魔性、所配音乐旋律洗脑、娱乐效果强、操作易上手，很受短视频用户喜爱。

由于目前大约有 30% 经过 AI 换脸合成的照片、视频文件等是人类无法仅凭肉眼所识别出来的，倘若不加以识别，这些内容很容易被当作是真实信息而进行传播。虽然目前的"换脸"技术基于的算法不同，所生成的图片效果也差异明显，很难用一个鉴别模型来解决所有的问题，而且随着技术的发展，未来很有可能出现新的更具判断力的"换脸"技术，但是研发出一个能识别出大多数"换脸"的技术仍然是十分必要的。在

① Volkova S., Shaffer K., Jin Jang, Nodas, N. O., *Separating Facts from Fiction: Linguistic Models to Classify Suspicious and Trusted News Posts on Twitter*, Meeting of the Association for Computational Linguistics, July 2017.

这方面，国际和国内学界都在进行探索。其中，由慕尼黑技术大学创建的 FaceForensics 数据库，是目前世界上最大的合成视频数据库之一，基本涵盖了前三种"换脸"算法编辑的公开视频，可以供研究人员和事实核查人员作辨识参考。一般来说，"换脸"鉴定或识别方案需要针对每一种算法专门鉴定，如果想要鉴定一个图像或视频的真伪，则需要逐个尝试所有的模型，这就增加了鉴定的成本。而微软亚洲研究院视觉计算组于 2018 年发表了论文《面向开集识别人脸合成》，并宣布自己研发了换脸鉴别算法。这种算法的最大优势在于可以采用一个通用模型来鉴别由不同算法制作出的不同类型的"脸"，同时，该系统还能对眼睛、牙齿、头发边缘、脸部轮廓等人脸合成时难以处理的细节做鉴别，并能应对那些动态幅度大、有遮挡或有表情变化的脸。从基于 FaceForensics 数据库的测试结果来看，该鉴别算法不仅超越了人类肉眼的识别率，而且效果也是目前最好的。该算法对目前市场上的前三种"换脸"技术的识别率都超过了 99%，其中对于 DeepFake 的识别率达到了 99.87%，对于 FaceSwap 的识别率为 99.66%，对于 Face2Face 的识别率为 99.67%（参见表 7—1）。而对于那些尚未出现的新算法，研究者通过模拟实验发现，与基线算法相比，这种新的鉴别算法的识别率也有明显提升，总体表现良好（参见表 7—2）。

表7—1　　　　　针对已知"换脸"算法的识别测试结果[①]　　　　　（%）

识别主体	Real Image	DeepFake	Face2Face	FaceSwap
人类肉眼*	79.24	75.21	40.81	75.21
Rössler et al. *	/	98.76	98.59	98.53
微软亚洲研究院视觉计算组	99.92	99.87	99.67	99.66

（数据来源：IT 之家）

[①]　IT 之家：《AI 换脸鉴别率超 99.6% 微软技术破除 DeepFake 虚假信息》，2019 年 11 月 4 日，IT 之家网（https://www.itxinwen.com/AI/20191104/30938.html）。

表7—2		针对未知"换脸"算法的识别测试结果①			（%）
识别主体	Real Image	DeepFake	Face2Face	FaceSwap	Neuraltexture
Baseline Binary Classifier	99.59	82.11	74.46	7.16	77.46
微软亚洲研究院视觉计算组	98.17	98.07	89.63	92.23	86.35

（数据来源：IT之家）

随着鉴定识别技术的进一步优化，未来的识别也将更加精确。当然，在运用 AI 的时候必须遵循公平、可靠和安全、隐私和保障、包容、透明、责任的原则，这样才能更好应对由 AI 使用而带来的各种伦理与社会问题。

③其他专业工具

除了上述专业的鉴定工具外，还有一些工具及软件可以用于内容鉴定，例如西尔弗曼就比较推荐 CrowdTangle，Hoaxy 和 DNSlytics 工具。其中，CrowdTangle 具有强大的免费搜索功能，支持按时间、国家及其他自设标准进行信息过滤，可以搜索用户在 Instagram、Facebook、Twitter 和 Reddit 等社交媒体平台上分享的内容，同时也能用于对相关内容的鉴定。不过该工具仅针对合作媒体机构开放使用权限。西尔弗曼利用 CrowdTangle 工具检索新冠疫情期间关于虚假信息的投诉，结果发现 Arizona. In 网站上一名自称 Eric Sartori 的重症护士所写的文章属实。文章指出该护士和其他治疗新冠病毒患者的护士同事成为网络霸凌的对象，甚至面临死亡威胁，因为有人认为病毒并不存在，并骂他们是"危机演员"，而这篇文章也在 Facebook 广为流传。于是，他做了一些基本调查后确认了此人的护士身份，并通过 Messenger 简单联系并进行了电话采访。经过调查，他认为，这个案例显示了虚假信息对个人及社会的重大影响，也对专业人士的社会地位产生了负面影响。而 Hoaxy 是印第安纳大学开发的一个项目，可以将 Twitter 上的对话进行可视化操作。同时，它还可以用于对一个标签或特定对话进行溯源，或者从中发现该话题中最有影响力的人。

① IT之家：《AI 换脸鉴别率超 99.6% 微软技术破除 DeepFake 虚假信息》，2019 年 11 月 4 日，IT之家网（https://www.itxinwen.com/AI/20191104/30938.html）。

该工具的数据库主要是英文的，但是也支持包括阿拉伯语、孟加拉语、波斯语、汉语、法语等在内的 10 种语言，可以用于相关信息内容的核查。DNSlytics 可以用于网站信息的识别和关联网站的查询服务。该工具通过对网站的 Google 广告进行追踪，以此来对比该 ID 是否也存在于其他网站上，并最终判断出该网站架设的目的、网站的性质、网站的运营者等信息。它既提供付费服务，也有相应的免费服务。其中，付费版价格为 27 美元/月，当用户输入域名后，该工具就会提供相关的服务器 IP 信息以及相关是否也 host 了其他网站。[①]

此外，TweetDeck 是一个信息监测工具，它通过使用特定的过滤器，来筛查特定的标签或位置。而在视频分析方面还有 YouTube Data Viewer 和 InVID Verification 等工具；在网站分析方面还有 Domain Big Data，Whoisology 和 ViewDNS 等工具；在社交媒体分析方面有 Foller. me、Followerwonk、Twitonomy、Who posted what? 以及 Gramspy 等工具；Name2Email、Spokeo（限美国）以及 Pipl 等工具可以用于线上个人信息搜索；在广告追踪与分析方面，Moat、Adbeat. com 和 WhatRunsWhere 等工具都可以使用；而 TinEye 和 Yandex 用于图片分析；在历史存档分析方面可以使用的工具有 Wayback Machine。[②]

总之，国外的可以用于信息监测的工具相当多，虽然这些工具并非专门为新闻人所设计，很多工具都是为营销人员或信息安全人员设计的，但是新闻人显然也可以积极使用这些工具。国内也有一些机构开发了内容鉴定的平台，如人民日报的"求证"栏目，果壳网的"谣言粉碎机"，腾讯的"较真"平台等。其中，创办于 2015 年的腾讯"较真"平台是国内比较有影响力的内容核实平台。该平台采用 ConTech 人机协同机制，通过内容筛选漏斗、关键内容数据发现及协同生产等方式，来提高谣言治理效率，为用户供给好的内容。该平台尤其重视对健康知识类信息的鉴定与传播，识别了大量的健康类谣言。因此，专业工具的使用对于虚假

---

① Rowan Philp：《识别虚假信息，事实核查专家用哪些工具？》，2020 年 7 月 30 日，澎湃新闻澎湃号（https：//www. thepaper. cn/newsDetail_forward_8493026）。

② Rowan Philp：《识别虚假信息，事实核查专家用哪些工具？》，2020 年 7 月 30 日，澎湃新闻澎湃号（https：//www. thepaper. cn/newsDetail_forward_8493026）。

信息的识别来说也是不可多得的助力。

（3）借鉴区块链技术构建核查链条

区块链是基于分布式数据存储、点对点传输、共识技术、加密算法等计算机技术的一种新型应用模式。区块链技术的最大特点在于数据的多点存储和不可篡改、不可伪造性，加上区块链面向所有用户公开数据，这些都能有效避免信息造假。倘若能将区块链技术引入事实核查环节，这将极大地提高信息的可信度。当然，区块链技术本身也对虚假信息过滤具有借鉴意义。区块链技术的分布式存储让链条中的每个节点都对数据传输具有监督意义，而信息的不可篡改和不可造伪又能保证信息传输中的真实性。这启示媒体可以通过联合来构建起事实核查的媒体链条，在这个媒体链条中，要确保每一个节点中的媒体所传输的信息是真实可靠的，只有经过核查的信息才能在媒体链条中进行流动，而媒体链条中逐渐聚集起来的这些信息，也可以用来构建起一个经过核查的证据链条。在人机协作和智能算法匹配等技术的赋能下，事实核查能够更加高效地运行。[①] 总之，对区块链技术的借鉴有助于媒体和事实核查人员进行信息的过滤和偏差纠正，也能降低深度假造对社会造成的不利影响，打击虚假新闻。

（4）借助第三方力量开展事实核查

除了借助于技术以及通过媒介组织的自身力量来开展事实核查之外，还能引入第三方力量加入事实核查工作。2016 年 12 月，Facebook 为了强化自身的责任意识与作为公共对话空间的建设，开始与 Politifact、Snopes 等第三方机构展开合作，进行事实核查。尽管 Facebook 并不直接生产新闻，但是作为一家著名的社交媒体，Facebook 也联合第三方机构对平台所发布的相关信息进行核查。倘若一条新闻被一定数量的用户举报，或者被 Facebook 的自动检测系统判定为有问题，那么它就会被提交到第三方机构进行事实核查，倘若该条新闻被两家或者更多家事实核查机构判定为虚假新闻，那么该新闻就会贴上"有争议"的标签，[②] 以警示用户小

---

① 白龙：《从区块链到媒体链：后真相时代假新闻事实核查启示》，《视听》2018 年第 11 期。

② 申金霞：《后真相时代社交媒体平台的事实核查分析》，《新闻与写作》2019 年第 3 期。

心看待这条新闻。Facebook 的这种事实核查方式也为国内媒体提供了一个参考，引入第三方机构参与核查能在一定程度上节省开支。

二 用户数据获取的伦理风险

进入智能传播时代，数据日益成为新的生产要素。对于媒体来说，用户数据的获取，不仅有助于媒体更精准地掌握用户的兴趣爱好、使用习惯及偏好、意见反馈等信息，从而反向赋能内容生产，推动信息的高效传递；而且也有助于媒体精准把握市场发展的趋势，从而制定出更明确的发展战略。

Netflix 就十分重视对用户数据的搜集，该公司通过线上租赁和在线视频服务来搜集、整理并累计了大量的用户数据，经过对用户数据的分析，以精准把握视频市场的走向。通过对用户大数据的分析，Netflix 的内容团队发现，相比于电影来说，用户更喜欢观看电视剧，而且喜欢一次性观看多集作品，即刷剧。据此，Netflix 调整了企业的发展方向，从原先的线上 DVD 租赁转型为流媒体平台。除了通过大数据分析来掌握市场走向之外，Netflix 还在推荐系统的设计以及原创内容的全球化创作与制作等方面，突出了用户大数据的作用。在推荐系统设计方面，Netflix 将每个用户的观看喜好类型进行梳理，形成"品位集群"（Taste Cluster），并根据这些口味集群向用户推荐视听内容及进行内容立项。而原创剧《纸牌屋》的成功就是 Netflix 根据用户品位集群做出的决策。Netflix 十分重视用户数字体验，在首页设计及推荐系统的设计上都体现了对用户观看喜好的重视。Netflix 根据用户数据采用多种算法来推荐内容，如 Top - N 视频排序算法、趋势排序算法、相似视频排序算法、继续观看排序算法等为用户推荐内容。新冠疫情期间，Netflix 就在显著位置向用户推荐纪录片《流感大流行》《冠状病毒解密》等内容。在内容制作方面，在大数据的支持下，Netflix 根据各地区的传统、流行文化以及用户喜好的不同，将好莱坞的经典类型及叙事方法融入本土文化之中，生产出适合不同区域的视听内容。如 Netflix 面向韩国市场推出的电影《胜利号》，就是在分析韩国用户喜好的基础上，结合好莱坞经典叙事方法生产出的作品。

迪士尼旗下的 Disney + 也十分重视机器学习和大数据分析在内容生产中的应用。该公司的数据团队不仅借助大数据搜集用户观看的内容与观看时的行为，而且还通过机器学习来分析这些内容。此外，Disney＋还十分注重分析用户对台词的情感弧度，并从中分析出台词在激发用户情感时的不同模式，以此助力内容生产。①

虽然，用户数据对于视听媒体机构来说十分重要，但是在获取用户数据的时候也必须考虑可能带来的伦理风险。

（一）用户数据获取对用户安全的潜在威胁

智能传播时代电视媒体在获取用户数据时，必须考虑这种技术及行为可能会为用户的安全带来的威胁。

1. 用户隐私泄露的问题

对用户数据的获取很可能会侵犯用户隐私，虽然大多数时候这种"侵犯"并非有意。综合来看，用户隐私被泄露主要表现为以下形式：

（1）终端的 cookie 危机

用户的使用数据很多涉及个人隐私，包括个人的身份信息、喜好、浏览情况等。而当前大部分网页、平台、应用等对用户数据的搜集是通过插入各类 cookie 来完成的，这些小型的 cookie 文件除了不断地搜集与记录用户的使用信息之外，也很容易将用户终端上储存的一些私人信息"窃取"，如个人照片、身份证件、银行账户等。此外，这些 cookie 也很容易成为木马等恶意程序的攻击对象，尤其是当用户在不安全的局域网中使用时，用户的网络通信信息就会被监听。某些跨站请求伪造（Cross－Site Request Forgery，简称 CSRF）还可能利用恶意代码强迫用户浏览器向被攻击站点发送伪造信息，从而篡改用户的认证 cookie 等身份信息，并伪装成受害者执行某些指定操作。而一些恶意的 cookie 还会通过标记特殊语言的形式，引入可执行代码，从而给用户带来严重的安全隐患。目前，根据国际法管理，国外大部分网站、应用、小程序、邮箱等在用户注册及第一次使用时会发送提示信息，只有当用户勾选了允许 cookie 选项后才会执行后续操作，当然，如果用户不同意，使用功能会大受限制，所以大部分用户是直接勾选允许的，因此，从某种程度上来说，这种提示也显得比较"鸡肋"。但是，国内大部分网站、应用、小程序等

---

① 司若、黄莺、孙怡等：《从 Netflix 看大数据如何影响影视创作》，2021 年 2 月 19 日，搜狐网（https：//www.sohu.com/a/451532984_120044757）。

都不会提示用户，而是直接默认用户接受了cookie，这显然忽视了用户的知情权，也为隐私权的被侵犯埋下了隐患。

（2）泛滥的生物信息采集

所谓的生物识别技术，是指通过高科技手段让人类的生物统计学原理与计算机、光学、声学、生物传感器等多种手段相结合，从而对人类的某些固有生物学特征，包括指纹、人脸、虹膜、静脉、耳朵等，以及人类固有的行为特征，包括声音、笔迹、步态等，进行个人身份的识别与鉴定的技术。随着科技的进步，生物识别技术早已步入寻常生活场景之中，如刑侦鉴定、考生个人身份鉴定、银行账户的人脸识别、签名授权、门锁的指纹解锁、企业的指纹打卡、移动终端屏幕的指纹解锁、智慧家庭的声音解锁与语音操控等。在视听传播领域，生物信息识别技术也在逐步应用，主要在于启动或命令智慧电视、移动终端完成用户的指定操作。经历新冠疫情之后，生物识别技术在中国快速发展，已经变得俯拾皆是。

生物识别技术的应用虽然为人类的身份识别和智能控制提供了极大的方便，但是也埋下了许多安全隐患。2021年"两会"前夕，谈剑锋委员就提出人们的生物特征是不可再生性数据，不能让市场随意采集、无底线采集，国家应该成立数据银行或专门的机构统一管控，因为我们的脸都已经被采没了。他的观点也警示了生物识别技术存在的安全风险。

生物识别技术除了对贫困人群、老年人群体等不太友好之外，还存在许多潜在安全风险。由于相关法律保护不健全，存在着个人数据被滥用的情况；目前生物识别的安全漏洞还比较多，而且这些漏洞还可能随着物联网的兴起而升级；随着物联网的发展，生物识别正在从用户终端扩展到与任何物品之间的信息交换与通信上，而人们大量的唯一性隐私特征被迫公开化，风险系数极高；基于物联网安防系统的无线传输信号大量外露，更容易遭黑客窃取或攻击。此外，基于人脸识别、声纹识别等的生物识别技术，依然有被破解的可能性。而随着仿真面具、全息式投影技术以及生物信息追踪技术的升级与发展，针对生物识别的攻击也会愈加频繁、愈加容易。

总之，泛滥的生物信息采集埋下了大量的风险隐患，必须提高警惕、加以防范。技术本身没有错，但归根结底技术还是为人服务的，一项技术的诞生会让人类的生活更加方便、快捷、舒适，但也会带来无法预料的风险，至少要给每个人以选择的机会，不能强制性、无底线剥夺了人们的选择机会。

（3）被动的信息披露

互联网已经深度融入人们的生活之中，无处不在的登录、扫描、二维码、人脸识别、指纹识别等都提示人们数字主导时代已然来临，而人们似乎并未做好保护自身隐私的准备。随着人们对网络虚拟环境的接触增多，各种信息，如搜索记录、浏览记录、登录信息、购买信息、社交关系、定位信息、活动轨迹、私人照片与视频，甚至是个人身份资料等都可能被永久地留存于网络，而网站、平台、媒体以及其他机构为了某种任务，也有可能在用户不知情的情况下披露用户的某些信息，从而构成对用户隐私的侵害。而新冠病毒的大流行显然加剧了这种风险，2020年12月，中国大陆部分地区暴发第二轮疫情，重庆、沈阳、河北等地成为疫情防控重点区域。为了疫情防控需要，感染者行动轨迹被公布，但是对于感染者流调信息的披露也存在着过多暴露个人生活，侵犯患者个人隐私的问题。例如，重庆感染女孩流连夜店、河北第一个感染老太以捡垃圾为生、沈阳感染大妈个人以及家人的信息等尽数被暴露于网络。因为个人信息的过度披露，这些当事人及家人都遭受了接连几天甚至长达数月的网络暴力，更有一些行为过激的网友，人肉当事人，给这些患者带来了极大的心理压力。甚至在沈阳第一例感染者死亡之后，仍有不少网友直斥其活该。因信息被披露给普通人带来的伤害可见一斑。虽然，目前中国还没有制定"患者权力保护法"，但是《传染病防治法》和《突发公共卫生管理条例中》都提到了对患者隐私的保护问题。如何在防控疫情、满足公民知情权与患者的隐私权保护之间达到平衡，这个问题仍然值得深思。

2. 用户使用安全的问题

随着数据采集变得越来越容易以及所获数据越来越个性化，对用户数据的采集与获取也越容易引发关于用户使用安全的各类问题。首先，各类网页及平台为获取数据而植入的 cookie 对于用户安全使用数据来说存在许多隐患，除了泄露用户的隐私外，也让用户的终端更容易成为恶意木马及 CSRF 的攻击对象;其次,随着算法的不断发展和传输技术的更新,各类网页、短视频平台、电商平台、传感器以及随处可见的监控摄像机等产生的数据量急速增加,加上硬盘驱动器存储能力的提高,数据存储更为方便。然而,用户数据的大量聚集,也很容易造成数据的泄露或非法使用,身份信息被盗、账户被盗以及欺诈等事件也频繁发生;最后,大量的机构和营销人员利用大数据来定位社交媒体平台、搜索引擎、电子邮件、短视频平台、电商服务平台等,并以此来布局自己的产品生产和销售活动,但是这种布局也容易带来各种基于大数据模型的歧视。例如访谈对象 J52 就十分反感算法推送,认为大部分推送的内容存在明显的歧视且不是自己需要的。①

(二) 大数据与算法介入创作带来的伦理隐患

虽然大数据与算法是媒体了解用户、服务用户的重要依托,也是解放人类劳动力、提高信息服务质量、拓宽人类艺术创作思路、丰富艺术审美等的重要途径,但是需要注意的是,机器过于介入视听内容创作,也会带来一系列伦理隐患。

1. 影响人类创造力发挥

科技与机器在创作领域的使用,固然能方便人类的创作活动,丰富艺术的表现形式,尤其是大数据的引入,能让视听内容创作者更加了解用户的喜好,从而生产出更符合用户审美需求的作品。但是过于依赖机器的力量,过分相信数据,也会削弱人类创作的原动力,影响艺术灵韵的诞生。技术使用的目的在于服务人类,而不是控制人类,视听内容生产者如果被数据及算法所局限,甚至所主导,必然将限制自身创造力的发挥。无论是对于电视媒体而言,还是对于视听内容生产者而言,需要注意的是大数据的挖掘与获取以及各类算法的介入,都只是保证视听内容创作的重要抓手,是增强人类创造力的工具,而不应当取代人类创作的主动性。视听内容生产与视听艺术创作的核心始终是人类的创意灵韵,这是无法被数字所量化的,也是无法被规则所束缚的,更是无法被技术所取代的。只有保护好人类创造力的相对独立性,才能真正避免人类与机器的冲突,真正推动人类文明的进步。

---

① 参见笔者 2019 年 3 月 28 日对网友"胖菩提——广润"的访谈。

2. 存在内容同质化的风险

数据挖掘与算法技术在视听内容生产领域的推广与扩容，能快速推动视听内容生产的工业化水平，但是工业化则意味着内容生产的流水线程度高、模式性强，这就增加了同质化的风险。加上数据与算法在用户喜好度判断及创作规律发现中的广泛运用，也会导致新的内容标准化生产模式的形成，原本属于创新性的运用反过来会成为阻碍创新生成的因素，人类视听内容生产的想象力和审美被过多的标准化产品所束缚。

（三）用户数据获取的伦理风险防范

面对用户数据获取可能存在的各种伦理风险，电视媒体应当做好充分的准备，而推动数据安全治理则是其中的重要环节。数据安全治理是防护数据安全的有效措施，它不单单指一套通过各种工具组合而成的数据安全产品，而是自上而下贯穿了整个流程的完整体系，即从决策层的管理制度建设到技术层的工具支持，都要保障数据的安全。对于电视媒体而言，可以从以下几个方面着手：

1. 用法治力量规范数据获取

进入互联网时代以后，数据安全越来越关系到用户的人身与财产安全，而推动数字治理的法治化、规范化是保障用户安全的重要措施。国家互联网信息办公室、工业和信息化部等相关部门纷纷加大了对威胁网络安全的各类问题的打击力度。与此同时，2020 年新修订的《中华人民共和国民法典》《中华人民共和国数据安全法（草案）》等相关法律法规，也为规范数据获取行为、保障网络安全提供了法律依据。电视媒体无论是在推进平台建设，还是在实施用户数据获取的过程中，都要注意按照有关数据安全的法律法规来行事。

2. 建设数据安全防护体系

对于所有涉及数据采集与使用的机构而言，强化基础设施建设，构建以"数据为中心"的安全防护体系，是保障数据安全的基础。第一，需要对数据进行分门别类地管理，在后台运营维护管理系统中内嵌多种数据管理功能，如元数据安全等，以保障各类数据的安全；第二，在数据采集、数据使用等具体场景中加强防火墙、抗 DDos（分布式拒绝服务）、漏洞检测等建设，提高系统的安全防护性能，保护敏感数据；第三，在数据传输和存储环节，可以通过密码技术，直接对数据进行加密处理，也可以建立不同安全域之间的加密传输链路，提高数据存储的安全性；第四，对于数据的使用，除了加强安全防护之外，还需要加强对账号的使用安全管理与维护，强化对使用中异常情况的监督与处理，针对相关数据做好脱敏处理，防止在终端环节出现数据泄露的情况等；第五，在数据共享环节，需要注意管理共享行为，通过建立数据安全域，统一分发数据等方式，避免数据泄露；第六，注意及时删除或销毁无用数据或过期数据；第七，还要建立申诉管理机制和申诉跟踪流程，针对用户有关个人信息获取和隐私权的相关申诉要在合理的时间内进行响应，并跟踪申诉流程。

当前，中国互联网安全产业发展迅速，与网络安全有关的各类产品和服务已经延伸至多个领域和应用场景。① 电视媒体可以有效利用已有的网络安全基础设施，来保护数据安全。

3. 数据获取中的透明性与知情原则

除了通过技术和法律手段保护用户的隐私权和数据安全之外，透明性与知情原则也是电视媒体在涉足用户数据获取时必须要把握的基本原则。所谓的透明性与知情原则对应的是数据获取的对象，即要向这些对象表明将要进行的数据获取行为、所获取的数据的用途以及可能带来的潜在威胁等，并确保在他们同意的前提下收集相关数据。虽然技术本身并无好坏之分，但是在技术的背后往往还存在着关于技术的使用、不同力量间的博弈以及问题规避等多种实践，因此，在采用技术之前，还必须思考技术变动背后深层次的社会关系异动问题。

数据获取的透明性与知情原则是现代法律与政治制度在算法领域的延伸，也是一种事前规制措施。这种事前规制不仅能让数据采集的操控者变得可问责，而且也能避免用户隐私权被侵犯，从而让数据获取的决策与执行过程更加透明化，更易被监督。一旦数据采集出现精确性误差，或者在采集中出现有失公平的问题，都可以依据已披露的透明信息来追诉操控者的责任，同时也能在一定程度上赋予用户以知情权，避免出现

---

① CNNIC：《第46次〈中国互联网络发展状况统计报告〉》，2020年9月29日，中华人民共和国国家互联网信息办公室（https：//www.cac.gov.cn/2020－09/29/c_1602939918747816.htm）。

隐私被侵犯，或者决策中的公平性与合理性缺失的问题。

4. 数据获取的事后规制

当然，在数据获取的过程中除了通过事前规制来避免出现侵犯用户隐私和危害用户数据安全的现象之外，也可以通过事后规制来约束数据获取技术的使用。事后规制一般是通过质询与救济、问责、解释、审计、验证、测试等策略来规范技术的使用。其中救济是通过对相关机制的落实，来确保那些受到数据获取决策负面影响的个人或组织，享有对数据获取进行质询与救济的权利。问责是保留对数据获取机构所产生的相应结果进行责任追诉的权利。解释是对数据获取的步骤、数据采集的过程、方法以及其中可能引入的偏见，具体决策结果等进行相关解释。审计是指做到明确记录模型、算法、数据、决策结果等，并在必要时接受监管部门或第三方的相关审计。检验和测试是指采取有效措施，定期测试、检验、审计数据获取方法或算法模型是否具有公平性，记录并公布相关检验方法和结果。在数据获取之后，通过上述策略也可以做到对数据获取的过程、方法及结果进行事后规制，从而保障用户的合法权益及数据安全。

总之，用户数据获取既关系到用户的个人权利，也关系到数据安全。只有从观念上重视，从制度上完善，从技术上保障，从事前和事后两方面的规制，才能尽量减少伦理问题的发生，保障数据安全。

三　智能技术运用的伦理之思

雷蒙德·库兹韦尔认为，人类正面临一个"奇点"时刻，届时人脑智能将与计算机智能达到完美的相互兼容。① 如今适逢智能技术高歌猛进的发展风口，尤其是在5G技术的支持下，智能技术更是深度嵌入传播的全过程。这也给人类传播活动带来了诸多可能：各种新兴视听媒体平台迭出，传统电视媒体积极布局移动传播，动作捕捉、虚拟跟踪、实时渲染、算法推荐、虚拟主播、深度合成技术等智能技术的创新应用不断刷新人们的认知和体验，人工智能在一定程度上充当了传播的义肢与地基

---

① ［美］Ray Kurzwell：《奇点临近》，李庆诚、曹振华、田源译，机械工业出版社2011年版，第13页。

支撑，人类传播的"奇点"时刻正在来临。然而，在人类与机器共同书写新的文明的当下，我们也应当反思伴随着智能技术而来的各种伦理与责任问题。我们有理由期待智能技术带来的传播新体验，但是也应审慎对待"视频＋智能技术"的创新应用潜在的伦理与责任风险，警惕智能技术应用偏离人类文明发展的既有轨道。

（一）算法推荐带来的新体验与伦理之思

算法推荐是指对用户网络行为进行追踪，并在特定数学算法的支持下，对用户的相关信息进行计算与分析，并由此预估出用户对内容的喜好的一种计算机技术。算法推荐在视听传播中的应用给用户带来了新的体验，但也存在一定的伦理风险。

1. 进击的算法推荐

算法推荐在传播领域的应用可以追溯到 1992 年 Group Lens 通过对美国兴趣论坛网站 Usenet 讨论区里的消息进行排序，将用户指向他们可能会感兴趣，但自己未发觉的话题。互联网平台每时每刻都在产生大量图文、视频、评论等海量数据，然而用户的注意力却十分有限，基于算法推送来定向传播一些内容就显得有必要了。当前，运用算法推送的平台越来越多，据不完全统计，在互联网上近七成的信息内容由算法推送所分发，而在短视频领域，几乎所有的平台都运用了算法推送技术。

在国外，2006 年 Facebook 开始利用算法推出 News Feed 等推送应用。而 Netflix、YouTube 等视频平台则基于用户主动产生的内容数据，以及用户浏览、观看行为所产生的历史数据，来挖掘用户的潜在需求，并在此基础上利用记忆的协同过滤机制进行视频推荐。

在中国，2013 年今日头条率先运用推荐算法进行信息分发。随后，抖音、快手、微视等短视频平台也相继运用算法推送来进行视频内容传播。而囊括了直播、短视频和长视频等多种视频内容的 Bilibili 也通过对用户的浏览历史、播放时长、点赞、收藏、评论等操作以及投币、打赏等消费行为的分析，并按照内容标签或行为类别对用户进行圈层划分，然后进行视频推送。

除了视频播放平台，一些传统电视媒体也引入了算法推送，他们在进行算法推荐的时候，加入了主流媒体价值权重的"党媒算法"，实现了海量内容与个性化需求的精准匹配，给用户带来了全新的观看体验。

2. 算法推荐的伦理之思

算法推荐的广泛运用也引发了一些诸如侵犯用户隐私、算法黑箱以及饱受诟病的信息茧房等问题。另外,算法推荐所引发的再中心化的问题也不容小觑。当媒体和代码在社会中无处不在时,算法也成为一种新的权力。特别是在新冠疫情期间,算法推荐存在的问题被进一步折射和放大,传播中的人文关怀与情感价值也逐渐缺失,这也引发了广泛的焦虑。

(1) 附近感的消失

在资本与技术的支持下,人类的即刻性满足得以实现,场景日趋转化为数据,附近感逐渐消失,而算法推荐的出现加剧了这个趋势。各种算法推荐将人们裹挟进自己感兴趣的信息洪流之中,传统的空间地域不再重要,人们变成世界的旁观者,数据匹配支配着人们的交往,信任与意义系统高度集中化,理性被情绪化、极端化的信息所消解,以往依靠地缘维系的距离被技术打破,个体的附近感消失,人们的情感更趋向冷漠。

此外,错误的推送还会引发用户的焦虑、烦躁等负面情绪。访谈对象 J52 是一位在华为市场营销岗工作的老员工,他对 AI 算法推送持反对态度,并多次因为平台的错误推送而烦恼。他在自己的微信朋友圈写道:"我可能对和我本身相反的思想和套路更感兴趣。这种更喜欢'颠覆自己'的人,往往视野与众不同。我特反感 AI 算法推送,如果一个网络媒体,专门推送你不感兴趣的东西,或者和你价值观完全相反的东西你能喜欢吗?当媒体人从'激浊扬清'变成'讨好用户',那新闻还能看么?"[1] 由错误的推送而引发的焦虑与烦躁感在 J52 身上表现得比较突出。

(2) 同质化推荐泛滥

在算法技术的裹挟下,视频文本被转化为无差别的代码、符号或公式,而平台或媒体所追求的价值量化,如收视率、点击率、浏览量、日活量等,又会导致运用算法时过分追求一种机械的平均和平等,从而导致同质化的推荐。[2] 这不仅造成视听作品个性与灵韵的丧失,也会引发伪

---

[1] 参见笔者 2019 年 3 月 28 日对网友"胖菩提——广润"的访谈。

[2] 方师师:《算法如何重塑新闻业:现状、问题与规制》,《新闻与写作》2018 年第 9 期。

个性化的盛行，不利于创新的生产与扩散。此外，不能忽视的是，在短视频播放平台上，用户通过上拉下滑等操作来获取同质化的信息，虽然在视觉暂留机制的作用下，他们的视觉享受意愿得到了满足，但是却不利于用户对知识的获取，并可能加深用户"观看＝汲取"的错误认知，从而阻断知识的传播。

（3）潜在的舆论被操控危机

一般情况下，大型科技公司不会主动公开算法，加上算法的不断迭代与复杂化，即便是程序员也无法了解机器到底会对数据做什么。一方面，由于算法运行的不透明性和监督难度系数大，一些带有歧视的偏见以及错误性信息，也会被数字广告平台、搜索引擎和社交媒体当作用户数据而被搜集，从而造成操纵用户的观念和行为的结果；另一方面，当媒体或平台的议程设置完全被算法所操控时，也有可能带来舆论被操控的潜在危机。尤其是在新冠疫情全球肆虐的背景下，大量夹杂着意识形态意图的内容被错误地推送给某些特定群体，而这些群体很容易被带节奏，从而引发舆论危机。

（4）制造社会偏见

算法不是单纯的计算机代码，而是现实世界的一面镜子，能够折射出人们的意愿，也会将人们有意识和无意识的各种偏见卷入内容推送当中，从而制造出一些"人为"的群体区隔和社会偏见。美丑、贫富、优劣这些在一般的社会交往中使人缄默的议题，被算法技术加以放大之后，被打上各种标签进行推送，用来体现那些掌握了技术和资本的群体的优越感，平和的社会图景被打破。例如，Bilibili 网站中一个标签为"拥有价值 XX 的豪宅是怎样的一种体验"的视频，呈现了所谓的"新中产"的日常生活，刻意将所谓的"新中产的他们"与"贫穷的我们"区隔开来，从而形成了新的社会偏见。除了这些显性的标签式价值区隔之外，声音、色彩、场景等隐性的因素的运用，也在短视频平台中形成了某些有关品位的鄙视链条，造成了一些新的社会偏见。

3. 算法伦理困境的破解之道

面对算法技术带给个人、群体、社会的一系列伦理影响，我们应该理性思考如何跨越算法的"非物质距离"、打破偏见和区隔。算法作为一种智能技术，位于生态链的顶端，无论是传统电视媒体，还是新型媒体平台，都要在利用好算法的同时，尽量减少算法导致的各种偏见。

首先，需要转换思维，将过去简单地以对用户的一次性吸引力作为推送指标的方式，转变为以用户的持续关注度为指标，尽量压缩诱导性视频的推荐比例，优先推荐优质内容和无偏见的内容，以获得用户的持续关注。其次，对于传统电视媒体而言，需要拓宽用户接触信息的广度和深度，一方面可以通过优化标题、标签等方式，让用户可以通过检索查看到更多、更全面的视频内容，另一方面也可以通过在播放频道上建立推荐列表的形式，引导用户的持续观看和全面阅听。再次，对于新兴媒体平台来说，可以适当引入"人行道"模式，通过对社会议题的广泛引入，在不同的议题之间形成互动对话机制，从而破除"信息茧房"和社会偏见。最后，引入审核机制，在使用算法推送的同时也需要引入人工审核机制，建立内容分类规范机制，减少对重复性内容、同质化内容的推送，尽量避免对质量低劣内容的推送，对那些涉嫌生产垃圾信息、重复机械分享的账号进行处罚，当好算法推送的"把关人"。

（二）人工智能的技术之光与伦理反思

人工智能技术在传播领域的运用极大地提高了传播的效率和质量，为用户带来了全新的体验，然而也潜藏着一些伦理风险，在运用过程中需要注意。

1. 人工智能的技术之光

除了算法推送之外，其他人工智能技术，如语音操控、人机交互、虚拟现实、虚拟主播、深度合成、虚拟跟踪、实时渲染等，也给传播带来了诸多惊喜。

虚拟主播是以虚拟形象出现在节目中或视频网站上的主播角色。2011 年 6 月 13 日，虚拟主播 Ami Yamato 开始在 YouTube 上传播以日常生活为主的视频，但是没有引起太多关注。2016 年年底，YouTube 上一个名为《初次见面，我是绊爱》的视频获得共计 200 多万次点击、3000 多条留言。视频中一位戴着蝴蝶结发箍，长发挑染成粉色的卡通少女通过屏幕和观众打招呼，并自称是来自二次元的虚拟主播，人设为人工智能。很快，绊爱便成为了"明星主播"，之后各种虚拟主播如雨后春笋般纷纷出现。由于虚拟主播具有很强的互动性，无论是从线上还是线下都可以实现实时交互，不仅可以应用在休闲娱乐上，也可以应用在新闻播报和短视频创作中，甚至还可以应用在教学上，虚拟主播的应用也越来越广。

在新冠疫情期间，虚拟主播被运用到传统电视媒体的内容生产中，一方面可以避免由于人员集中带来的安全风险，体现了电视节目制作对员工的人性化关怀，另一方面，"云录制""广宣发""快传播"也突破了时空的限制，体现了传统主流媒体的职责担当。例如，广西卫视、湖南经视、哈尔滨报业集团、广州日报等媒体机构，纷纷上线由科大讯飞公司研发的虚拟主播"小晴"，并用以进行新闻播报。不同于"绊爱""洛天依"等二次元虚拟歌姬形象，作为一个数字人类，"小晴"看起来更像是真人。这些技术的运用也给电视媒体增添了新的魅力。

深度合成是一种依靠深度学习算法模型来实现内容合成的 AI 合成技术。主要通过使用"自动编码器"和"生成对抗网络"技术实现，并通过数据提取、模型训练和内容生成三个步骤完成。深度合成这一概念是由腾讯研究院、腾讯优图实验室在共同发布的《AI 生成内容发展报告2020———"深度合成"商业化元年》中提出的，源自于 2017 年美国网站 Reddit 上一个名为"Deepfakes"的用户经过数字化篡改的色情视频。此后媒体开始使用"Deepfakes"一词来泛指深度合成内容。深度合成技术包含人脸替换、人脸再现、图像增强、动作传递、音频合成、图像生成六种应用方式。在实际应用中，深度合成技术可以应用于图像修复与还原，例如，腾讯 AI Lab 与敦煌、故宫合作，利用深度合成技术还原古画；也可以用来增强音视频效果呈现，例如在电影《刺杀小说家》中，运用 AI 音效增强视频呈现的体验感。

对传统电视媒体来说，深度合成技术重塑了视频产出的流程，在视频采集、生产制作、渠道分发和用户交互等方面带给了人们全新的体验。在视频采集中，AI 协助提升视频拍摄质量；在生产制作中，视频滤镜、AI 剪辑和字幕制作提升视频美感；在视频分发阶段，AI 主要用来提高视频资源管理效率，减少人力成本；在用户交互中，人脸识别、动作识别及场景识别技术可以支持用户的个性化选择，如选择只看某个演员或某对 CP，或者推进剧情走向，增强视频观看的参与感。

2. 人工智能的伦理之思：工具理性与价值理性的割裂

随着人工智能技术在传播领域的常态化应用，技术背后的一系列伦理问题也随之浮现。人工智能技术带来的并非是一个完美无瑕的技术乌托邦，由于工具理性与价值理性的割裂而产生的风险也需要引起警惕。

（1）僭越：真实与虚拟界限的模糊

随着虚拟仿真等智能技术在传媒领域的深度嵌入与常态化应用，真实与虚拟之间的界限不断被打破。3D投影、数字人类、虚拟实景等技术正在不断摹写现实世界，真实与虚拟的界限不断被模糊，人们越来越难以仅凭自己所见来判断人物或事物的真假。而深度合成技术不仅可以实现"换脸"，而且也可以重新生成新的视频内容，这种真实图像与带有目的性的虚假图像的置换，是对于真实世界的僭越。

智能技术模糊了真实与虚拟之间的界限，不断制造出的"超真实"景象也让用户失去对真实的判断能力。尤其是在新闻领域，深度合成技术的滥用会造成"深度假新闻"，加剧"后真相"的态势。而社交媒体的裂变式传播又增加了虚假内容识别与治理的难度，在这种恶性循环之下，大众很容易被伪造的内容所愚弄，被缺乏情感的虚拟图景所混淆。长此以往，不仅会导致他们对信息的脱敏，也有可能出现对新闻的回避与冷漠态度，进而影响到社会认同与社会合意的形成。近几年，在某些西方国家的政治选举活动中，深度造伪技术与政治合谋，混淆选民的视听，干预政党竞选，造成了政治动荡和分裂，必须从中吸取教训。

（2）裸露：隐私被悬置，公共安全遭威胁

隐私权是公民享有的私人生活安宁与私人信息不被他人非法侵扰、知悉、搜集、利用和公开等的一种人格权。而被遗忘权则是欧盟等政治主体在相关数据保护法律中提出的一项权利。它指的是数据主体有要求数据控制者删除关于其个人数据的权利，数据控制者有责任在特定情况下及时删除个人数据。虽然被遗忘权只在少数国家的法律中被认可，但是它所主张的权利对于个人数据信息保护还是有积极意义的。

在数据化生存的时代，一些机构在利用人工智能技术的时候，将用户的隐私加以悬置，甚至以隐蔽的手段利用用户隐私，让用户在不知不觉中沦为数字劳工。还有一些互联网公司则通过不同数据之间的互联与映射来打造采集、交易、再挖掘的链条，形成具有马太效应的数据霸权与殖民，这都会影响到公共安全。

此外，人脸识别、深度造假、语音克隆等智能技术的滥用也存在较大的安全隐患。一旦用户的生物特征信息被泄露，将给用户带来极大的安全隐患与财产风险，例如网络霸凌、资金盗窃、视频敲诈、身份被盗等。除了人脸数据的窃取，基于深度伪造技术的"语音克隆"也开始入局。2020 年 2 月，在旧金山结束的 RSA 大会上，从事反欺诈语音软件的网络安全公司 Pindrop 就表示网络诈骗分子已经开始借助 AI 软件克隆声音进行诈骗。

由此可见，当用户的数据完全沦为技术公司资本累积的原材料时，人工智能技术不仅会侵害用户的肖像权、隐私权等多项个人权利，而且也会对个人安全、公共安全以及社会和谐发展构成威胁。

（3）扩散：技术平民化加速风险社会的到来

随着智能技术门槛的降低和市场化，越来越多的人都能利用相关技术进行各种操作，加上社交媒体平台的点赞、转发、分享等圈层式传播，智能技术平民化的趋势加快。技术平民化一方面会促使普通用户进一步进行自我信息披露，个人隐私泄露与窃取变得更容易；另一方面，一些平台对于用户协议条款的漠视，也加速了用户信息的流通与消费，而公共性缺失的平台更容易利用大众的信息消费缺乏安全性认知，以及他们急于进行情感表达的心理，加速获取用户信息。这些行为都加速了风险社会的到来。

（4）蔓延：威胁国家安全

从国际范围来看，智能技术的无序应用与传播也会对国家安全带来一定的威胁。在欧美社会，一些用户通过 DeepFake 等技术制作恶搞视频表达个人政治立场，部分政客也利用此技术来美化自身形象以赢得选民。网络上疯传的"奥巴马批评特朗普愚蠢"的视频就被证实为深度造假的合成片段。美国 2020 年《国防授权法案》中也提到，因为深度造假已经威胁到美国的国家安全，因此要资助检测深度造假的技术创新。在印度，人民党利用 DeepFake 技术将候选人的演讲视频翻译成各地方言，以实现接近目标选民的目的。[①] 然而，由于人工智能及深度造假等技术在政治传

---

① 苗争鸣、尹西明、许展玮、陈劲：《颠覆性技术异化及其治理研究——以"深度伪造"技术的典型化事实为例》，《科学学与科学技术管理》2020 年第 12 期。

播中的无序使用，导致民众的观点极化，社会政治鸿沟扩大，社会矛盾进一步凸显。特别是在新冠疫情期间，深度造假等智能技术被"武器化"使用，加剧了社会的分裂，使得民粹主义大行其道，国家安全受到威胁，地缘政治危机也进一步加剧。

（三）重闪人文之光：构建多元互动的规制体系

早在 20 世纪 80 年代，英国技术哲学家大卫·科林格里奇（D. Collingbridge）就在《技术的社会控制》中指出，人们不可能在一项技术诞生的生命初期，就预料到它被使用之后的社会后果，但是当这项技术已然成为整个社会经济与结构的重要构成之后，那些因技术使用而出现的十分明显的负面后果，就已经很难被控制了，或者说控制起来所耗费的代价很大，得不偿失。面对人工智能等技术的快速发展及应用，我们应当保持清醒的头脑，谨防技术控制中的"科林格里奇困境"，通过建立起多元规制体系，尽量弥合智能技术的工具理性与价值理性之间的裂痕，重拾人文精神之光。

1. 健全法律规制

通过法律来规制技术的使用是十分有必要的。从 2019 年年底开始，《网络音视频信息服务管理规定》《网络信息内容生态治理规定》等相继出台的法律法规都明确规定，不得利用深度学习、虚拟现实等新技术和新应用从事法律、行政法规禁止的活动。新修订的《中华人民共和国民法典》也规定，禁止任何组织或者个人利用信息技术手段伪造的方式侵害他人肖像权。2020 年《中华人民共和国数据安全法（草案）》等相关法律法规的出台，也逐渐补足了中国在网络安全法律体系方面的空白。在法律规制方面，除了本土化的法律法规以外，寻求国与国间的积极合作，构建国际治理协同机制，[①] 也是应对智能传播时代技术危机的重要思路。

2. 加强对智能技术的监管

媒体行业是智能技术应用比较集中的领域，无论是传统媒体，还是新媒体平台，在运用各类机器学习和智能技术的同时，都应该加强对技

[①]　陈冬梅：《人工智能时代深度合成技术应用的风险及治理》，《辽宁行政学院学报》2020 年第 5 期。

术的监管，提升媒体对技术的治理能力。首先，要警惕平台或其他机构对用户数据的无序获取、运用或泄露；其次，也要注意鉴定、识别深度造假内容在非娱乐领域的使用，并在那些运用了深度造假技术的视频中打上相应标识，提示用户注意鉴别；最后，要设置科学有效的用户协议，保障用户的安全与权益。

3. 开展数字安全素养教育

戴维·莫利认为："科技可以产生各种各样的后果，这些后果既可以是正面的，也可能是负面的，反正绝不仅仅是提供前所未有的好的或不好的交流和沟通机会。"① 对于智能技术而言也是如此，技术只是手段，技术应用的核心仍然是服务于人。面对新兴的智能技术，有必要面向大众开展数字安全素养教育，让每一位用户清醒地意识到数据安全问题，拒绝以让渡个人权利的形式来换取短暂的感官刺激体验，拒绝成为智能传播时代的浮士德。

总之，智能传播背景下电视媒体的转型之路任重而道远，智能技术的使用虽然能够极大地提升传播效果，但是在运用技术的同时，也应该明确技术只是手段，技术最终服务的对象应该是人。在运用技术的时候，只有将技术适当地放进笼子里，强化对技术使用的规范性，加强对技术的监管，这样才有可能重现人文之光。正如访谈对象 J4 所说："新闻不是一锤子买卖，和地方组记者坚持守土有责原则一样，首发记者必须一追到底，善始善终，要在各个节点领先，而不是虎头蛇尾，被别的媒体赶超。新闻要用心经营，记者要带着兴趣和好奇心工作，而不是流水线工作，不是简单执行领导安排，也不是完成任务。高处不胜寒，头部媒体最大的对手，不是别人，而是自己。"② 人类在追求更好的沟通与交流的道路上从未停下脚步，而以人工智能为代表的智能技术正好与人们对更好的创新应用的期待不谋而合。或许我们不知人类的奇点到底什么时候来到，但是，秉持科技向善，坚持以人为本，才能打造更加美好的未来。

---

① ［英］戴维·莫利：《传媒、现代性和科技："新"的地理学》，郭大为等译，中国传媒大学出版社 2010 年版，第 245 页。

② 参见笔者 2019 年 1 月 7 日对刘某的访谈。

主要参考文献

一 中文著作类

曹磊等：《互联网 + 跨界与融合》，机械工业出版社 2015 年版。

崔保国等：《传媒蓝皮书：中国传媒产业发展报告（2019）》，社会科学文献出版社 2019 年版。

傅玉辉：《大媒体产业：从媒介融合到产业融合——中美电信业和传媒关系研究》，中国广播电视出版社 2008 年版。

黄楚新：《媒介融合背景下的新闻报道》，浙江大学出版社 2010 年版。

宫承波等：《媒介融合概论》，中国广播电视出版社 2011 年版。

郭全中：《传媒大转型》，中山大学出版社 2013 年版。

黎斌：《电视融合变革——新媒体时代传统电视的转型之路》，中国国际广播出版社 2011 年版。

马化腾等：《互联网 + 国家战略行动路线图》，中信出版社 2015 年版。

石长顺：《融合新闻学导论》，北京大学出版社 2013 年版。

腾讯研究院、中国信通院互联网法律研究中心、腾讯 AI Lab、腾讯开放平台：《人工智能：国家人工智能战略行动抓手》，中国人民大学出版社 2017 年版。

王菲：《媒介大融合：数字新媒体时代下的媒介融合论》，南方日报出版社 2007 年版。

许颖：《媒介融合的轨迹》，中国人民大学出版社 2011 年版。

［英］安东尼·吉登斯：《社会的构成》，李康、李猛译，生活·读书·新知三联书店 1998 年版。

［英］安东尼·吉登斯：《现代性的后果》，田禾译，译林出版社 2000

年版。

［美］保罗·亚当斯：《媒介与传播地理学》，袁艳译，中国传媒大学出版社 2020 年版。

［英］戴维·莫利：《传媒、现代性和科技》，郭大为译，中国传媒大学出版社 2010 年版。

［荷兰］何塞·范·迪克：《连接：社交媒体批评史》，晏青、陈光凤译，中国人民大学出版社 2021 年版。

［美］杰瑞·卡普兰：《人工智能时代：人机共生下财富、工作与思维的大未来》，李盼译，浙江人民出版社 2016 年版。

［美］凯文·曼尼：《大媒体潮》，苏采禾、李巧云译，时报文化出版企业股份有限公司 1996 年版。

［丹麦］克劳斯·布鲁恩·延森：《媒介融合：网络传播、大众传播和人际传播的三重维度》，刘君译，复旦大学出版社 2012 年版。

［美］兰斯·班尼特：《新闻：幻象的政治》，杨晓红、王家全译，中国人民大学出版社 2018 年版。

［美］罗德尼·海斯特伯格等：《互联网 + 技术融合风暴：构建平台协同战略与商业敏捷性》，钟灵毓秀、徐凤銮译，中国人民大学出版社 2015 年版。

［美］罗杰·菲德勒：《媒介形态变化：认识新媒介》，明安香译，华夏出版社 2000 年版。

［美］马克·波斯特：《信息方式：后结构主义与社会语境》，范静哗译，商务印书馆 2014 年版。

［美］迈克尔·A. 艾因霍恩：《媒体技术和版权：经济与法律的融合》，赵启杉译，北京大学出版社 2012 年版。

［美］南希·K. 拜厄姆：《交往在云端：数字时代的人机关系》（第 2 版），董晨宇、唐悦哲译，中国人民大学出版社 2020 年版。

［美］史蒂芬·卢奇、丹尼·科佩克：《人工智能》（第 2 版），林赐译，人民邮电出版社 2018 年版。

［美］托马斯·鲍德温等：《大汇流：整合媒介、信息与传播》，龙耘、官希明译，华夏出版社 2000 年版。

［英］维克托·迈克 - 舍恩伯格、肯尼斯·库克耶：《大数据时代》，盛杨

燕、周涛译，浙江人民出版社 2013 年版。

［德］乌尔里希·贝克：《风险社会》，张文杰、何博闻译，译林出版社 2018 年版。

［美］雪莉·贝尔吉：《媒介与冲击》（第四版），赵敬松译，东北财经大学出版社 2000 年版。

［美］伊莱·帕里泽：《过滤泡：互联网对我们的隐秘操纵》，方师师、杨媛译，中国人民大学出版社 2020 年版。

［美］约翰·杜海姆·彼得斯：《对空言说：传播的观念史》，邓建国译，上海译文出版社 2017 年版。

［美］约翰·杜海姆·彼得斯：《奇云：媒介即存有》，邓建国译，复旦大学出版社 2020 年版。

［美］约翰·马尔科夫：《人工智能简史》，郭雪译，浙江人民出版社 2017 年版。

［美］约翰·V. 帕夫利克：《新媒体技术——文化和商业前景》，周勇等译，清华大学出版社 2005 年版。

二　中文期刊类

白龙：《从区块链到媒体链：后真相时代假新闻事实核查启示》，《视听》2018 年第 11 期。

蔡骐：《媒介融合时代的电视媒体转型之路——以湖南广电的新媒体转型为例》，《现代传播》（中国传媒大学学报）2015 年第 11 期。

蔡雯：《新闻传播的变化融合了什么？——从美国新闻传播的变化谈起》，《中国记者》2005 年第 9 期。

蔡雯：《媒介融合前景下的新闻传播变革——试论“融合新闻”及其挑战》，《国际新闻界》2006 年第 5 期。

蔡雯、王学文：《角度·视野·轨迹——试析有关“媒介融合”的研究》，《国际新闻界》2009 年第 11 期。

曹开研：《当下新闻事实核查的发展与面临的挑战》，《青年记者》2017 年第 16 期。

柴巧霞：《全媒体矩阵中电视赈灾新闻的创新突破与话语重构》，《南京邮电大学学报》（社会科学版）2018 年第 3 期。

柴巧霞、张炙尺：《Vlog 在综艺节目中的运用及其视觉修辞价值》，《西部学刊》2019 年第 23 期。

陈昌凤：《媒体融合的核心：传播关系转型》，《中国记者》2014 年第 3 期。

陈昌凤：《大行动 大成果 大声势——新华报业以再造思维探索媒体融合之路》，《传媒观察》2018 年第 2 期。

陈昌凤、师文：《智能化新闻核查技术：算法、逻辑与局限》，《新闻大学》2018 年第 6 期。

陈冬梅：《人工智能时代深度合成技术应用的风险及治理》，《辽宁行政学院学报》2020 年第 5 期。

陈刚：《数字逻辑与媒体融合》，《新闻大学》2016 年第 2 期。

陈瑞、曾国欢：《互联网＋时代传媒影响力的多元开发——以广东广播电视台 T2O 模式创新探索为例》，《新闻传播》2016 年第 4 期。

程前：《我国电视媒体灾害报道的话语转型——以中央电视台 20 世纪 80 年代以来的三次重大灾害事件报道为例》，《电视研究》2011 年第 1 期。

丁阳：《广播与视听新媒体融合发展模式探讨》，《中国广播》2019 年第 3 期。

窦锋昌：《"非报收入"与"读者收入"：媒体融合发展路径比较》，《新闻战线》2019 年第 19 期。

方师师：《算法如何重塑新闻业：现状、问题与规制》，《新闻与写作》2018 年第 9 期。

方雪琴：《广播电视公共服务绩效评估体系的构建》，《现代传播》（中国传媒大学学报）2011 年第 5 期。

封翔：《媒体融合进程中的电视力量——2015 年中国电视收视市场分析》，《现代传播》（中国传媒大学学报）2016 年第 4 期。

付晓光：《媒体融合视域下的网络自制节目反向输出》，《当代传播》2017 年第 1 期。

高钢：《媒体融合：传播变革与社会进步的交叠演进》，《对外传播》2016 年第 6 期。

高红波：《"大电视产业"创新的国际经验及其启示》，《中州学刊》2014

年第 1 期。

高红波：《嬗变的视频：大电视产业竞争格局新解》，《声屏世界》2013
年第 7 期。

高红波：《略论大电视产业的增量空间、市场结构与发展前景》，《现代视
听》2015 年第 12 期。

耿磊：《媒介融合时代我国电视媒体的困境与出路研究》，《湖北民族学院
学报》（哲学社会科学版）2015 年第 3 期。

宫承波、孙宇：《依托小程序的媒体融合路径探索》，《当代传播》2019
年第 2 期。

郭全中：《媒体融合：现状、问题及策略》，《新闻记者》2015 年第 3 期。

郝雨、李灿：《全媒重构格局中电视与新媒体融合路径深层探寻》，《现代
传播》（中国传媒大学学报）2016 年第 4 期。

胡言会、石长顺：《新兴媒体的电视化现象及其对媒体融合的启示》，《中
州学刊》2015 年第 7 期。

胡正荣、李荃：《走向智慧全媒体生态：媒体融合的历史沿革和未来展
望》，《新闻与写作》2019 年第 5 期。

黄楚新：《"互联网 + 媒体"——融合时代的传媒发展路径》，《新闻与传
播研究》2015 年第 9 期。

黄楚新、彭韵佳：《2017 年中国媒体融合发展报告》，《现代传播》（中国
传媒大学学报）2018 年第 4 期。

黄河、翁之颢：《建设新型主流媒体理念下融合的新路径》，《青年记者》
2019 年第 18 期。

蒋昀洁、王文姬、姜东旭：《媒介融合时代电视节目社会化媒体营销策略
初探》，《现代传播》2014 年第 6 期。

姬德强：《从"模式"到"实践"：国家、资本与社会关系中的中国有线
电视数字化转换》，《新闻大学》2015 年第 1 期。

嵇美云、支庭荣：《互联网环境下媒体融合的瓶颈及策略选择》，《现代传
播》（中国传媒大学学报）2016 年第 11 期。

［美］杰罗姆：《平台型新媒体（Platisher）是有效的商业模式吗?》，《中
国传媒科技》2014 年第 Z1 期。

鞠靖：《技术视角下的媒体融合》，《新闻记者》2019 年第 3 期。

来小鹏、高淼：《媒体融合中的版权冲突及解决对策》，《中国出版》2019
　　年第 15 期。

霍婕、陈昌凤：《人工智能与媒体融合：技术驱动新闻创新》，《中国记
　　者》2018 年第 7 期。

李彪：《未来媒体视域下媒体融合空间转向与产业重构》，《编辑之友》
　　2018 年第 3 期。

李彪：《传统媒体融合创新竞争力再造路径研究》，《新闻战线》2016 年
　　第 21 期。

李明海、董小玉：《相融相生与关系重构：论媒体融合的进路与近路》，
　　《现代传播》（中国传媒大学学报）2017 年第 1 期。

李岚：《电视节目创新的原动力：体制机制创新》，《电视研究》2013 年
　　第 9 期。

李岭涛、李冬梅：《电视节目的新媒体融合力分析》，《电视研究》2014
　　年第 1 期。

李洁：《传统广播电视应及时向新媒体转型》，《产业与科技论坛》2012
　　年第 5 期。

李宇、李扬：《浅析电视业融合策略的三个层面》，《中国广播电视学刊》
　　2015 年第 2 期。

刘海龙：《中国传播学 70 年：知识、技术与学术网络》，《广州大学学报》
　　（社会科学版）2019 年第 5 期。

刘俊、胡智锋：《内容、机构、人才与收益：论当前媒介融合时代的电视
　　活力——兼对"电视之死"的回应》，《编辑之友》2015 年第 3 期。

刘骏晟、杜亚乘：《从媒体融合谈传统广电媒体的发展路径》，《中国广播
　　电视学刊》2019 年第 8 期。

刘孟达：《"互联网＋"语境下广电媒体融合转型的应对策略——以绍兴
　　广播电视为例》，《中国广播电视学刊》2016 年第 5 期。

刘祥平、肖叶飞：《广播电视公共服务：理论内涵与评估体系》，《河南社
　　会科学》2011 年第 2 期。

刘颖悟、汪丽：《媒介融合的概念界定与内涵解析》，《传媒》2012 年
　　第 1 期。

刘泽溪、窦书棋：《智能电视主导下的场景变迁与功能拓展》，《视听》

2019 年第 11 期。

马晓彦：《"事实核查"在新传播生态环境下的演变及应用》，《编辑之
友》2017 年第 10 期。

马正华：《媒体融合及其伦理挑战》，《视听界》2015 年第 1 期。

苗争鸣、尹西明、许展玮、陈劲：《颠覆性技术异化及其治理研究——以
"深度伪造"技术的典型化事实为例》，《科学学与科学技术管理》
2020 年第 12 期。

彭兰：《媒介融合时代的合与分》，《中国记者》2007 年第 2 期。

彭兰：《媒介融合方向下的四个关键变革》，《青年记者》2009 年第 4 期。

彭兰：《"连接"的演进——互联网进化的基本逻辑》，《国际新闻界》
2013 年第 12 期。

彭兰：《场景：移动时代媒体的新要素》，《新闻记者》2015 年第 3 期。

彭兰：《"内容"转型为"产品"的三条线索》，《编辑之友》2015 年第 4
期。

彭兰：《移动化、社交化、智能化：传统媒体转型的三大路径》，《新闻
界》2018 年第 1 期。

强月新、刘亚：《从"学习强国"看媒体融合时代政治传播的新路径》，
《现代传播》（中国传媒大学学报）2019 年第 6 期。

乔保平、邹细林、冼致远：《媒介融合：广播电视舆论引导的转型与突
破》，《郑州大学学报》（哲学社会科学版）2014 年第 3 期。

任学安：《媒体融合背景下电视广告经营创新策略——以中央电视台广告
经营转型为例》，《电视研究》2017 年第 10 期。

沈浩、袁璐：《人工智能：重塑媒体融合新生态》，《现代传播》（中国传
媒大学学报）2018 年第 7 期。

申金霞：《事实核查新闻：内涵、实践与挑战》，《新闻与写作》2017 年
第 11 期。

申金霞：《后真相时代社交媒体平台的事实核查分析》，《新闻与写作》
2019 年第 3 期。

石磊：《马克思主义新闻观与媒体融合发展》，《新闻与传播研究》2018
年第 S1 期。

宋建武、黄淼：《移动化：主流媒体深度融合的数据引擎》，《传媒》2018

年第 3 期。

宋建武、黄淼：《媒体智能化应用：现状、趋势及路径构建》，《新闻与写作》2018 年第 4 期。

宋建武：《媒体深度融合：平台化、移动化、智能化》，《视听界》（广播电视技术）2018 年第 8 期。

宋建武：《全面视频化：5G 时代封面新闻媒体融合转型的新路径》，《传媒》2019 年第 8 期。

宋建武、陈璐颖：《浙报集团媒体融合的探索之路》，《传媒》2017 年第 10 期。

宋黎、葛岩：《从"报网互动"到 Instant Articles——"新媒体与新媒体合作"取代"传统媒体与新媒体融合"》，《西南民族大学学报》（人文社科版）2018 年第 6 期。

孙宝国：《两台合并 台网联动 制播分离——2014 年中国广电的体制机制创新》，《新闻战线》2015 年第 3 期。

谭天等：《"一体两翼"：电视媒体与新兴媒体融合策略选择》，《中国广播电视学刊》2015 年第 2 期。

谭天：《从渠道争夺到终端制胜，从受众场景到用户场景——传统媒体融合转型的关键》，《新闻记者》2015 年第 4 期。

谭天：《对"加快广播电视媒体与新兴媒体融合发展意见"的解读》，《中国广播》2016 年第 9 期。

谭天、夏厦、张子俊：《网台融合形成电视新生态——2015 年电视转型与融合创新综述》，《新闻与写作》2016 年第 2 期。

谭小荷：《从 Platisher 到"平台型媒体"——一个概念的溯源与省思》，《新闻记者》2019 年第 4 期。

唐铮：《广电媒体融合转型的路径选择》，《新闻与写作》2018 年第 5 期。

童清艳：《智媒时代我国媒体融合创新发展研究》，《人民论坛·学术前沿》2019 年第 3 期。

王长潇、曾辉、刘瑞一：《媒介融合背景下电视内容资源的整合与重构》，《现代视听》2013 年第 8 期。

王慧敏：《后电视时代的中国影视剧发展图景》，《北方传媒研究》2019 年第 3 期。

王建军：《过去未去，未来已来——关于广播电视媒体融合转型发展的思考》，《电视研究》2017 年第 1 期。

王君超、叶雨阳：《西方媒体的"事实核查"制度及其借鉴意义》，《新闻记者》2015 年第 8 期。

王岚岚、钟新：《媒体融合背景下的澳大利亚广播业新格局》，《中国记者》2018 年第 2 期。

王丽、杨冰：《以 40 年为镜，分析广电媒体管理体制和用人机制的演变与创新》，《中国广播》2018 年第 10 期。

王润珏：《OTT TV 发展模式与运营方式探析》，《电视研究》2018 年第 11 期。

王晓：《"互联网＋"时代传统电视媒体的融合转型》，《中国广播电视学刊》2015 年第 6 期。

王昕：《媒体深度融合中的"中央厨房"模式探析》，《现代传播》（中国传媒大学学报）2017 年第 9 期。

王月、王莹：《澎湃新闻媒体融合发展实践探索》，《中国报业》2018 年第 23 期。

王志强、张朝阳：《变革中的"互联网思维"——媒介融合和文化体改双重背景下的电视媒体转型思考》，《当代电视》2014 年第 12 期。

吴克宇、张凌微：《媒体融合背景下中央电视台节目创新特点与趋势》，《现代传播》（中国传媒大学学报）2017 年第 12 期。

武仲元：《浅析电视新闻媒体融合转型的路径特征》，《新闻传播》2017 年第 3 期。

夏德元、程栋林、邓香莲：《"四全媒体"：媒体融合发展新指向》，《传媒评论》2019 年第 3 期。

肖珺、张春雨：《全面移动化：构建面向 5G 的全媒体传播生态》，《新闻与写作》2019 年第 8 期。

向安玲、沈阳、罗茜：《媒体两微一端融合策略研究——基于国内 110 家主流媒体的调查分析》，《现代传播》（中国传媒大学学报）2016 年第 4 期。

许颖：《媒体融合时代的新闻核实与核查——以 2016 年部分假新闻为例》，《新闻与写作》2017 年第 2 期。

谢新洲、黄杨：《当理想照进现实——媒介融合的问题、原因及路径研究》，《出版发行研究》2018 年第 4 期。

谢新洲、黄杨：《我国县级融媒体建设的现状与问题》，《中国记者》2018 年第 10 期。

谢新洲、朱垚颖、宋琢：《县级媒体融合的现状、路径与问题研究——基于全国问卷调查和四县融媒体中心实地调研》，《新闻记者》2019 年第 3 期。

谢家谊、杨楠：《当电视遇到新媒体——浅析广播电视的转型发展之路》，《电视技术》2013 年第 20 期。

姚洪磊、石长顺：《新媒体语境下广播电视的战略转型》，《国际新闻界》2013 年第 2 期。

严三九：《中国传统媒体与新兴媒体内容融合发展研究》，《新闻与传播研究》2017 年第 3 期。

杨奇光：《媒体融合时代的新闻室矛盾：基于新闻可视化生产实践的考察》，《新闻大学》2018 年第 1 期。

杨勇、董紫薇、周长城：《大数据引领媒体融合未来——2017 年第六届中国传媒经济年会综述》，《现代传播》（中国传媒大学学报）2017 年第 12 期。

杨继红：《移动时代电视媒体的转型突围——央视新闻移动网的创新思考》，《传媒》2017 年第 5 期。

尹明华、张林贺：《传统报业的全媒体融合：创新传播形式，更要创建影响力——对话复旦大学新闻学院教授尹明华》，《中国记者》2018 年第 10 期。

虞国芳：《谈西方电视的互联网思维——基于 CNN 和 BBC 全媒体转型的观察思考》，《电视研究》2014 年第 12 期。

喻国明：《构筑"新木桶"：媒体融合转型之路的关键》，《电视研究》2015 年第 2 期。

喻国明、刘旸：《"互联网＋"模式下媒介的融合迭代与效能转换》，《新闻大学》2015 年第 4 期。

喻国明、赵睿：《"从下半场"到"集成经济模式"：中国传媒产业的新趋势——2017 我国媒体融合最新发展之年终盘点》，《新闻与写作》

2017 年第 12 期。

余婷：《美国报纸网站付费墙的发展历程及模式探析》，《新闻记者》2012 年第 7 期。

于正凯：《技术、资本、市场、政策——理解中国媒体融合发展的进路》，《新闻大学》2015 年第 5 期。

曾祥敏、刘思琦、唐雯：《2019 全国两会媒体融合产品创新研究》，《新闻与写作》2019 年第 5 期。

张春华、温卢：《重构关系：媒介融合背景下传播力提升的核心路径》，《新闻战线》2018 年第 13 期。

张惠建：《"全媒体时代"的态势与路向》，《南方电视学刊》2009 年第 2 期。

张明新、常明芝：《5G 应用背景下媒体融合发展的前景》，《新闻爱好者》2019 年第 8 期。

章于炎、乔治·肯尼迪、弗里兹·克罗普：《媒介融合：从优质新闻业务、规模经济到竞争优势的发展轨迹》，《中国传媒报告》2006 年第 3 期。

张志安：《媒体融合创新的标杆、路径和符码》，《新闻战线》2018 年第 11 期。

张志安：《新新闻生态系统中的应用新闻传播创新》，《新闻战线》2019 年第 17 期。

赵曙光：《传统电视的社会化媒体转型：内容、社交与过程》，《清华大学学报》（哲学社会科学版）2016 年第 1 期。

赵瑜：《媒介市场化、市场化媒体与国家规制——从净化荧屏、反三俗和限娱令谈起》，《新闻大学》2015 年第 1 期。

赵树清：《深度融合与生态重构——广电媒体转型升级之道与未来趋势》，《新闻与写作》2016 年第 10 期。

郑自立：《中国媒体深度融合的动力逻辑与推进路径》，《现代传播》（中国传媒大学学报）2017 年第 6 期。

支庭荣：《我国媒体融合发展的内在逻辑与焦点问题》，《人民论坛·学术前沿》2019 年第 3 期。

钟新、崔灿：《公信力视野下媒体融合的守正创新——第二十九届中国新闻奖融合创新奖项初评入围作品分析》，《新闻战线》2019 年第 13 期。

周逵：《反向融合：中国大陆媒体融合逻辑的另一种诠释》，《新闻记者》2019 年第 3 期。

周庆安：《多元与选择：从 2010—2011 年央视特约评论员机制看新媒体环境下电视评论的发展转型》，《国际新闻界》2012 年第 12 期。

周庆山、刘济群：《媒体规制理论的演进：从传统离散规制到数字媒体融合规制》，《现代情报》2016 年第 1 期。

周湘艳：《跨媒体整合：传统媒体转型之路——重庆广播电视集团实践跨媒体深度整合》，《广告大观》（综合版）2009 年第 4 期。

周行：《全媒体时代背景下地方电视媒体转型策略研究》，《当代电视》2014 年第 12 期。

三 英文著作类

Amanda D. Lotz, *The Television Will Be Revolutionized* (*Second Edition*), New York and London: New York University Press, 2014.

Aufderheide P., *Communication Policy and the Public Interest*, New York: Guilford Publications, 1999.

Botsman R., Rogers R., *What's Mine Is Yours: The Rise of Collaborative Consumption*, New York, London: Harper – Collins, 2010.

Doyle G., *Media Ownership: The Economics and Politics of Convergence and Concentration in the UK and European Media*, London: SAGE Publications, 2002.

Flew J., "Creative Economy", Hartley J. (Ed.), *Creative Industries*, Oxford: Blackwell, 2005, pp. 334 – 361.

Gibson J. J., *The Ecological Approach to Visual Perception*, Houchton Mifflin Company Boston, 1979.

Graham Meikle, Sherman Young, *Media Convergence: Networked Digital Media in Everyday Life*, UK: Palgrave Macmillan, 2012.

Henry Jenkins, Convergence Culture: Where Old and New Media Collide, New York: University Press, 2006.

Hesmondhalgh D., *The Culture Industries* (2nd edition), London: Sage, 2007.

Jaime J. W., *Could Be the Dawn of A TV Boom, or A Bubble, or Both*, Rogers

Publishing, 2014.

James Watson, Anne Hill, *Dictionary of Media and Communication Studies* (9th *edition*), New York, London, Oxford, New Delhi, Sydney: Bloomsbury Academic An Imprint of Bloomsbury Publishing Inc. , 2015.

Jason Bainbridge, Nicola Goc & Liz Tynan, *Media and Journalism: New Approaches to Theory and Practice* (3rd edition), Australia: Oxford University Press, 2015.

Jenkins H. , *Convergence Culture: Where Old and New Media Collide*, USA: New York University Press, 2006.

Jensen K. , *Media Convergence – The Three Degrees of Network, Mass and Interpersonal Communication*, UK: Routledge, 2010.

K. Kawomoto (Eds.), *Digital Journalism: Emerging Media and the Changing Horizons of Journalism*, New York: Rowman & Littlefield, 2003.

Killebrew K. C. , *Managing Media Convergence: Pathways to Journalistic Cooperation*, Ames (IA), Oxford, Carlton Victoria: Blackwell, 2005.

Knee J. A. , Greenwald B. & Seave A. , *The Curse of the Mogul: What's Wrong with the World's Leading Media Companies*, New York: Portfolio, 2009.

Manuel Castells (Eds.), *The Network Society: A Cross – Cultural Perspective*, Cheltenham and Northampton, MA: Edward Elgarpub, 2004.

Martin Moore & Damian Tambini (Eds.), *Digital Dominance: The Power of Google, Amazon, Facebook and Apple*, New York: Oxford University Press, 2018, pp. 21 –49.

Pavlik J. V. &Mclntosh S. , *Converging Media: An Introduction to Mass Communication*, Boston: Allyn and Bacon, 2004.

Pool, Ithiel de Sola, *Technologies of Freedom*, Cambridge, MA: Belknap Press of Harvard University Press, 1983.

Quinn S. , *Convergent Journalism: The Fundamentals of Multimedia Reporting*, New York: Peter Lang Publishing, 2005.

Rena Bivens, Digital Currents: How Technology and Public Are Shaping TV News, Toronto, Buffalo, London: University of Toronto Press, 2014.

Rob Turnock, *Television and Consumer Culture: Britain and the Transformation of Modernity*, London: I. B. Tauris, 2007.

Spigel L. & Olsson J. (Eds), *Television after TV: Essays on A Medium in Transition*, *Durham*, NC and London: Duke University Press, 2004.

Smith K., Moriarty S., Barbatsis G. & Kenney K. (Eds.), *Handbook of Visual Communication: Theory, Methods and Media*, New York, London: Routledge Taylor &Francis Group, 2011.

Toby Miller (Eds.), *Television Studies*, London: British Film Institute, 2002.

Thomas F., Baldwin D. Stevens McVoy, Charles Steinfield, *Convergence Integrating Media, Information & Communication*, Thousand Oaks, London, New Delhi: SAGE Publications, Inc., 1996.

四 英文期刊类

Amanda D. Lotz, "Evolution or Revolution? Television in Transformation", *Critical Studies in Television: The International Journal of Television Studies*, Vol. 13, No. 4, 2018.

Andy Fox, Biance Mitu, "BBC News – Creating Audience in the Digital Era", *International Journal of Digital Television*, Vol. 7, No. 1, 2016.

Anthony C. Adornato, "A Digital Juggling Act: New Media's Impact on the Responsibilities of Local Television Reporters", *Electronic News*, Vol. 8, No. 1, 2014.

Belk R., "Sharing", *Journal of Consumer Research*, Vol. 36, 2010.

Ben Goldsmith, "Sport and the Transformation of Australian Television", *Media International Australia Incorporating Culture and Poliey*, Vol. 155, No. 1, 2015.

Bernd W. Wirtz, Pistoia A., Sebastian, Ullrich, Göttel, "Business Model: Origin, Development and Future Research Perspectives", *Long Range Planning*, Vol. 49, No. 1, 2016.

Carey L. Higgins – Dobney, Gerald Sussman, "The Growth of TV News, The Demise of the Journalism Profession", *Media, Culture & Society*, Vol. 35, No. 7, 2013.

Christopher M. Cox, "Programming – Flow in the Convergence of Digital Media

Platforms and Television", *Critical Studies in Television: The International Journal of Television Studies*, Vol. 13, No. 4, 2018.

Creech B. & Mendelson L. A. , "Imagining the Journalist of the Future: Technological Visions of Journalism Education and Newswork", *The Communication Review*, Vol. 18, No. 2, 2015.

Dairazalia Sanchez – Cortes, Shiro Kumano, Kazuhiro Otsuka, Daniel Gatica – Perez, "In the Mood for Vlog: Multimodal Inference in Conversational Social Video", *Journal ACM Transactions on Interactive Intelligent Systems*, Vol. 5, No. 2, 2015.

Dennis E. E. , "Prospects for A Big Idea – Is There A Future for Convergence?", *International Journal on Media Management*, Vol. 5, No. 1, 2003.

Deuze M. , "Media life", *Media, Culture & Society*, Vol. 33, No. 1, 2011.

Dick M. , "Interactive Infographics and News Values", *Digital Journalism*, Vol. 2, No. 4, 2014.

Edgar Huang, Karen Davison, Stephanie Shreve, Twila Davis, Elizabeth Bettendorf & Anita Nair, "Facing the Challenges of Convergence: Media Professionals' Concerns of Working Across Media Platforms", *Convergence: The International Journal of Research into New Media Technologies*, Vol. 12, No. 1, 2006.

Electronic Journal of Knowledge Management, Vol. 1, No. 2, 2003.

Frenken K. , Schor J. , "Putting the Sharing Economy into Perspective", *Environmental Innovation and Societal Transitions*, Vol. 23, 2017.

Gillian Doyle. , "From Television to Multi – Platform: Less from More or More for Less?", *Convergence: The International Journal of Research into New Media Technologies*, Vol. 16, No. 4, 2010.

Iain Macdonald, "Cultural Change in the Creative Industries: A Case Study of BBC Graphic Design from 1990 – 2011", *Visual Communication*, Vol. 13, No. 1, 2014.

James Bennett, " 'Your Window – on – the – World': The Emergence of Red – Button Interactive Television in the UK", *Convergence: The International Journal of Research into New Media Technologies*, Vol. 14, No. 2 , 2008.

Laura K. Smith, Andrea H. Tanner & Sonya Forte Duhé, "Convergence Concerns in Local Television: Conflicting Views from the Newsroom", *Journal of Broadcasting & Electronic Media*, Vol. 51, No. 4 , 2007.

MarcRaboy, Claudia Padovani, "Mapping Global Media Policy: Concepts, Frameworks, Methods", *Communication, Culture and Critique*, Vol. 3, No. 2, 2010.

Michael Milne, *Moving the Goalposts: The Transformation of Television Sport in the UK* (1992 – 2014), A thesis Submitted in Partial Fulfilment of the Requirements of the University of Westminster for the Degree of Doctor of Philosophy, 2014.

Pavlik J. V. , Morgan G. , & Henderson B. , "Information Technology: Implications for the Future of Journalism and Mass Communication Education", *Journalism and Mass Communication Education: 2001 and Beyond*, Columbia, SC: AMJMC, 2001.

Peter Verweij, "Making Convergence Work in the Newsroom: A Case Study of Convergence of Print, Radio, Television and Online Newsrooms at the African Media Matrix in South Africa During the National Arts Festival", *Convergence: The International Journal of Research into New Media Technologies*, Vol. 15, No. 1, 2009.

Leonie Rutherford& Adam Brown, "The Australian Broadcasting Corporation's Multiplatform Projects: Industrial Logics of Children's Content Provision in the Digital Television Era", *Convergence: The International Journal of Research into New Media Technologies*, Vol. 19, No. 2, 2013.

Nachison A. , *Good Business or Good Journalism? Lessons from the Bleeding Edge*, A Presentation to the World Editors' Forum, Hong Kong, June 2001.

Sinan Aral, Chrysanthos Dellarocas, David Godes, "Social Media and Business Transformation: A Framework for Research", *Information Systems Research*, Vol. 24, No. 1, 2013.

Smit G. , Haan Y. D. & Buijs L. , "Visualizing News", *Digital Journalism*, Vol. 2, No. 3, 2014.

Stack C. B. , All our Kin: Strategies for Survival in a Black Community, New

York: Harper and Row, 1974.

Tameling K. & Broersma M. , "De – converging the Newsroom: Strategies for Newsroom Change and Their Influence on Journalism Practice", *International Communication Gazette*, Vol. 75, No. 1, 2013.

调查问卷

关于公众的电视使用行为与态度调查

尊敬的先生、女士：

您好！本次调查旨在了解当前公众对于电视媒介的使用行为与态度，为电视媒体的发展与转型提供参考。调查结果仅用于科研目的，我们承诺将会对您的个人信息进行严格保密。填写此问卷大约需要 3 分钟左右，感谢您的支持与配合！

1. 您的性别：

① 男　　　　　　　　　　② 女

2. 您的年龄段：

① 18 岁以下

② 18—28 岁

③ 29—40 岁

④ 41—55 岁

⑤ 56—64 岁

⑥ 65 以上

3. 您的学历：

① 高中、职高、中专及以下

② 大专

③ 本科

④ 本科以上

4. 您目前从事的职业，请选择（　　　）。

① 农林牧渔业生产人员

② 企业职工

③ 各类学校教职工

④ 专业技术人员（医疗、工程、科技等）

⑤ 政府机关工作人员

⑥ 学生

⑦ 商业、服务业人员

⑧ 生产、运输、设备操作人员

⑨ 军人

⑩ 其他

5. 您所在的省份是（　　　）。

安徽	北京
重庆	福建
甘肃	广东
广西	贵州
海南	河北
黑龙江	河南
香港	湖北
湖南	江苏
江西	吉林
辽宁	澳门
内蒙古	宁夏
青海	山东
上海	山西
陕西	四川
台湾	天津
新疆	西藏
云南	浙江
海外	

6. 您家目前使用哪种方式看电视？（可多选）

① 普通电视　　　　　　　　② 普通有线电视

③ 数字电视　　　　　　④ 高清数字电视

⑤ 智能电视/smart TV　　⑥ 互联网电视 /各类盒子

⑦ 电脑视频观看　　　　⑧ 手机视频观看

⑨ iPad 等移动终端观看

7. 您每天收看电视节目的平均时长是（　　）。

① 3 小时以上　　　　　② 1—3 小时

③ 1 小时左右　　　　　④ 30 分钟左右

⑤ 从不观看

8. 当重大新闻事件发生时，您会选择哪种方式来观看相关内容？（请排序）

① 传统电视　　　　　　② 互联网

③ 手机　　　　　　　　④ 其他终端

9. 当重大体育赛事举行时，您会选择哪种方式来观看相关内容？（请排序）

① 传统电视　　　　　　② 互联网

③ 手机　　　　　　　　④ 其他终端

10. 当重大活动举办时，您会选择哪种方式来观看相关内容？（请排序）

① 传统电视　　　　　　② 互联网

③ 手机　　　　　　　　④ 其他终端

11. 您平常通过有线电视或数字电视收看最多的节目内容是（　　）。

① 新闻资讯　　　　　　② 综艺娱乐节目

③ 社教类节目　　　　　④ 体育节目

⑤ 电视剧　　　　　　　⑥ 纪录片

⑦ 其他（请注明）　　　⑧ 从不观看

12. 您平常通过高清数字电视收看最多的节目内容是（　　）。

① 新闻资讯　　　　　　② 综艺娱乐节目

③ 社教类节目　　　　　④ 体育节目

⑤ 电视剧　　　　　　　⑥ 纪录片

⑦ 其他（请注明）　　　⑧ 从不观看

13. 您平常通过有线电视或数字电视观看最多的电视频道是（　　）。

① 中央电视台各大频道　　② 各省级卫视

③ 当地的城市地面频道

14. 您平常通过互联网收看最多的视频节目内容是（　　）。

① 新闻资讯　　　　　　② 综艺娱乐节目

③ 社教类节目　　　　　④ 体育节目

⑤ 电视剧　　　　　　　⑥ 纪录片

⑦ 其他（请注明）　　　⑧ 从不观看

15. 您平常通过手机或 iPad 等移动设备收看最多的视频节目内容是
（　　）。

① 新闻资讯　　　　　　② 综艺娱乐节目

③ 社教类节目　　　　　④ 体育节目

⑤ 电视剧　　　　　　　⑥ 纪录片

⑦ 其他（请注明）　　　⑧ 从不观看

16. 影响您使用有线电视或数字电视的原因有哪些？（可多选）

① 便携性差，不能随时随地观看

② 可选择的内容太少，不能满足收视需要

③ 使用遥控器选择内容太费事，不如网络搜索方便

④ 需要去营业厅办理缴费，且缴费方式太不方便

⑤ 互联网等新媒体提供的内容更丰富、更便捷、互动性更强，性价
比更高

⑥ 其他（请注明）

17. 对于目前使用电视机遥控器来选择有线电视或数字电视的观看内
容，您的满意程度是（　　）。

① 非常满意　　　　　　② 满意

③ 一般　　　　　　　　④ 不满意

⑤ 非常不满意

18. 对于有线电视或数字电视的收费标准和缴费方式，您的满意程度
是（　　）。

① 非常满意　　　　　　② 满意

③ 一般　　　　　　　　④ 不满意

⑤ 非常不满意

19. 您对于中国电视新闻资讯类节目时效性的满意程度是（　　）。

① 非常满意 ② 满意

③ 一般 ④ 不满意

⑤ 非常不满意

20. 您对于中国电视新闻资讯类节目内容丰富性的满意程度是（　　）。

① 非常满意 ② 满意

③ 一般 ④ 不满意

⑤ 非常不满意

21. 您对于中国电视新闻资讯类节目报道角度的满意程度是（　　）。

① 非常满意 ② 满意

③ 一般 ④ 不满意

⑤ 非常不满意

22. 您对于中国电视综艺娱乐类节目创意的满意程度是（　　）。

① 非常满意 ② 满意

③ 一般 ④ 不满意

⑤ 非常不满意

23. 您对于中国电视综艺娱乐类节目主题与风格的满意程度是（　　）。

① 非常满意 ② 满意

③ 一般 ④ 不满意

⑤ 非常不满意

24. 您对于中国电视综艺娱乐类节目主持人与嘉宾表现的满意程度是（　　）。

① 非常满意 ② 满意

③ 一般 ④ 不满意

⑤ 非常不满意

25. 您对于中国电视综艺娱乐类节目舞美特效与后期制作的满意程度是（　　）。

① 非常满意 ② 满意

③ 一般 ④ 不满意

⑤ 非常不满意

26. 您对于中国电视社教类节目的满意程度是（   ）。

① 非常满意　　　　　　　② 满意

③ 一般　　　　　　　　　④ 不满意

⑤ 非常不满意

27. 您对于中国电视体育类节目的满意程度是（   ）。

① 非常满意　　　　　　　② 满意

③ 一般　　　　　　　　　④ 不满意

⑤ 非常不满意

28. 您对于中国电视剧的节目质量的满意程度是（   ）。

① 非常满意　　　　　　　② 满意

③ 一般　　　　　　　　　④ 不满意

⑤ 非常不满意

29. 您对于中国电视剧的节目类型的满意程度是（   ）。

① 非常满意　　　　　　　② 满意

③ 一般　　　　　　　　　④ 不满意

⑤ 非常不满意

30. 您对于中国电视剧演员表现的满意程度是（   ）。

① 非常满意　　　　　　　② 满意

③ 一般　　　　　　　　　④ 不满意

⑤ 非常不满意

31. 对于"随着新媒体技术的发展，传统电视媒体将死"，您的观点是（   ）。

① 非常同意　　　　　　　② 同意

③ 一般　　　　　　　　　④ 不同意

⑤ 非常不同意

32. 对于"电视媒体应当提供更丰富节目内容，并降低节目内容的查找难度"，您的态度是（   ）。

① 非常同意　　　　　　　② 同意

③ 一般　　　　　　　　　④ 不同意

⑤ 非常不同意

33. 对于"电视媒体应增强节目的互动性，让用户更多地参与到节目内容生产中"，您的态度是（　　　）。

①非常同意　　　　　　　②同意

③一般　　　　　　　　　④不同意

⑤非常不同意

34. 您平时参与了电视节目开发的哪些互动？（可多选）

①微信公众号　　　　　　②微博

③客户端　　　　　　　　④网络留言

⑤发送电子邮件　　　　　⑥拨打热线电话

⑦编辑短信

35. 对于电视媒体应当增加VR/AR类内容，增加人机互动，您的态度是（　　　）。

①非常同意　　　　　　　②同意

③一般　　　　　　　　　④不同意

⑤非常不同意

36. 您是否使用过"电视＋"的应用，如商品买卖、求职招聘、游戏应用、社交应用等？（　　　）

①经常使用　　　　　　　②偶尔使用

③只听过没用过　　　　　④既没听过也没用过

37. 对于电视台举办的一些现场活动，如产品展销会、相亲交友会、公益活动、培训活动等，您会不会参加？（　　　）

①会　　　　　　②不会　　　　　　③视情况而定

38. 您对电视媒体的发展有何建议？

问卷到此结束，谢谢！

附 录 二

非结构性访谈提纲

一 针对电视媒体机构的非结构性访谈提纲

近年来，互联网等新媒体对传统电视媒体产生了冲击，互联网的规模在不断扩大，而电视媒体的影响力却在日渐衰减。在体制机制限制、人才流失、广告收入减少等诸多因素的共同作用下，不少电视台陷入发展困境，一些电视频道还面临关停的命运。但是，在这种形势下，XX 广播电视台仍然保持了非常强劲的发展势头，取得了一个又一个突破，XX 广播电视台的经验值得总结与分享。为此，本书期望就 XX 广播电视台的转型发展问题向贵单位相关管理者和负责人进行访问。感谢您的配合！

具体访谈大纲如下：

1. 新媒体有没有对 XX 广播电视台的发展产生影响？如果有，主要表现在哪些方面？

2. XX 广播电视台是如何理解"互联网 + "的？目前已经进行了哪些相关建设，之后还将进行哪些建设？

3. 数字技术、人工智能、5G 等技术对媒体的影响越来越大，XX 广播电视台在应用新媒体技术方面有哪些新的举措？又有哪些新的计划？

4. 新媒体时代，很多的年轻人开始转向视听新媒体，XX 广播电视台是如何吸引年轻人的持续关注的？

5. XX 广播电视台在移动终端布局方面有哪些举措？当前，有的电视台实现了"中央厨房"的布局，有的电视台正在建设新媒体矩阵，能介绍下 XX 广播电视台的终端建设策略吗？

6. 很多广播电视台两微一端的粉丝数量不太多，在这方面，XX 广播电视台表现如何？有哪些应对策略？

7. （针对湖南广播电视台）芒果 TV 作为湖南广播电视台重要的新媒体平台，它的地位和作用如何？它目前的运作情况如何？它在内容传播方面是如何与湖南卫视实现差异化发展的？

（针对其他省级广播电视台）XX 广播电视台在新媒体运营方面有哪些举措？目前效果如何？

（针对其他城市地面频道）XX 广播电视台如何与省级卫视，以及其他城市地面频道实现差异化发展？

8. 互动是新媒体最大的特色，XX 广播电视台在各种终端上分别建立了哪些互动方式？效果如何？

9. 目前不少频道、栏目，甚至记者和主持人都创建了自己的微信公众号、微博账号和短视频账号，这么多的平台与账号如何管理？如何实现差异化发展？

10. 在新媒体时代，吸引观众的注意仍然是电视媒体发展的重心，XX 广播电视台的内容分发体系是如何布局与建设的？

11. 一些媒体，如财新网，针对优质内容设置了付费墙业务，并通过建设数据库、提供信息智能服务等附加业务形式来丰富媒体主业内容，一些互联网视频播放平台也形成了会员制，XX 广播电视台是否有类似的业务？如果有的话，具体是怎样的？

12. 目前不少电视台正在进行产业链的拓展和延伸，如开办各类线上线下的活动，开展 T2O 业务、入局 MCN 业务等，能介绍当前 XX 广播电视台的产业链建设情况吗？

13. 在调查中有部分观众反映电视的"人机交互性"不强，这是影响他们使用电视的一个原因。具体来说体现在节目内容选择性不强、互动性不强、操作不方便等。对此，XX 广播电视台有哪些好的提高电视媒体交互性的做法？

14. 体制机制也是影响媒体发展的重要因素，XX 广播电视台在体制机制改革方面有哪些重要的经验？尤其是在人才管理和激励机制方面有哪些经验？

15. 在融合内容生产体系之下，XX 广播电视台如何设计薪酬制度？如何激发记者对移动端内容的采制兴趣？

16. 很多记者平常的工作本就非常繁忙，实现媒体融合运作之后，他们的压力更大了，作为媒体组织如何帮助记者应对这些压力？如何动员记者实现从"要我做"到"我要做"的转变？如何激发记者的创新能力？

17. 在人才建设方面，XX 广播电视台有哪些好的做法？如何看待当前部分广电人的离职现象？作为组织如何挽留优秀人才？

18. XX 广播电视台在团队建设方面有哪些策略？目前形成了哪些优质团队？这些团队内部的协作过程是怎样的？如何保障团队内部的沟通与协作的顺利进行？针对这些团队有哪些制度或发展策略？

二 针对实现融合发展并布局视频业务的媒体机构的非结构性访谈提纲

近年来，新兴媒体的迅速发展对传统媒体带来了巨大的威胁，不少传统媒体，尤其是纸媒，通过布局视频业务等转型策略，寻求到了新的发展机遇，贵单位就是一个成功的典型。为此，本书期望通过访谈的形式，详细了解贵单位在转型发展过程中的具体思路和策略，感谢您接受我们的访谈。

具体访谈提纲如下：

1. 面对新媒体带来的压力，XX 媒体采取了哪些应对措施？从目前的结果来看，您认为哪方面的措施更为有效？

2. XX 媒体是如何理解"互联网 +"的？目前已经进行了哪些相关建设，之后还将进行哪些建设？

3. 数字技术、人工智能、5G 等技术对媒体的影响越来越大，XX 广播电视台在应用新媒体技术方面有哪些新的举措？又有哪些新的计划？

4. 能否介绍一下 XX 媒体的视频化战略？你们的视频内容与电视媒体的视频内容有哪些区别？与商业类短视频平台的视频内容又有哪些区别？如何保障视频内容的差异化？如何吸引更多的受众？

5. 布局视频化发展后，媒体工作人员有没有出现一些不适应的情况或者困难之处？XX 媒体是如何应对的？

6. XX 媒体在视频类人才培养或招聘方面有哪些措施？

7. XX 媒体目前有哪些团队？在媒体内部团队协作的过程是怎样的？如何保障团队之间的沟通与协作的顺利进行？

8. 一些媒体，如财新网针对优质内容设置了付费墙业务，并通过建设数据库等附加业务形式来丰富媒体主业内容，XX 媒体是否有类似的业务？如果有的话，具体是怎样的？

9. 一些媒体通过产业链的拓展和延伸策略，如开办各类线上线下的活动，建立媒体平台等实现新的发展，能介绍下当前 XX 媒体产业链建设的情况吗？

10. 体制机制也是影响媒体发展的重要因素，XX 媒体在体制机制改革方面有哪些重要的经验？尤其是在人才管理和激励机制方面有哪些经验？

11. 在融合内容生产体系之下，XX 媒体如何设计薪酬制度？如何激发记者对时评内容的采制兴趣？

12. 很多记者平常的工作本就非常繁忙，实现媒体融合运作之后，他们的工作压力更大了，作为媒体组织如何帮助记者应对这些压力？如何动员记者实现从"要我做"到"我要做"的转变？如何激发记者的创新能力？

13. 在人才建设方面，XX 媒体有哪些好的做法？如何看待当前部分媒体人的离职现象？作为组织如何挽留优秀人才？

14. XX 媒体在团队培养方面有哪些策略或激励措施？

15.（针对财新网）能否介绍一下财新网的数据新闻生产流程？在数据新闻生产中，来自新闻采编部门的人员如何与来自计算机技术部门的人员进行沟通与交流？

三 针对今日头条的非结构性访谈提纲

本次调研是为搜集电视媒体转型的相关资料。近年来，新媒体技术对传统电视媒体产生了冲击，尤其是以今日头条为代表的新媒体的崛起更是搅动了整个市场。今日头条在短短 5 年多的时间里，打造了一款日活用户超过 1.2 亿的平台级产品，并在问答、短视频、社交等领域快速推进业务，此外今日头条的智能算法、机器算法更具有创新意义。为了了解今日头条的相关情况，本书安排了此次调研，感谢您接受我们的访谈。

具体访谈大纲如下：

1. 贵公司将自己定位为一个科技型公司，而用户则将贵公司定位为媒体平台，请问您是如何看待这种差异的？

2. 今日头条除了新闻之外，还孵化出了悟空问答、抖音、快手、西瓜视频、微头条等产品，正在成为一个广泛的信息分发平台，能否介绍一下今日头条的定位和布局？

3. 能否介绍一下今日头条的智能算法、机器算法的运作模式和基本理念？之后是否有加大人工审核力度的想法和打算？

4. 当前今日头条在人工智能识别内容方面的难点在哪儿？是如何解决的？

5. 有人认为"今日头条算法的后面，是网络商家的精心设计，什么低俗离奇就推什么，只要有黏度有流量，就代表着广告商的青睐"，能否对这种观点进行评价？

6. 有人认为，"今日头条太过崇尚技术而不够敬畏新闻"。请问今日头条如何在技术和新闻之间寻求平衡？

7. 在机器算法之下，今日头条的优质内容相对较少，请问如何平衡优质内容和点击流量之间的关系？

8. 能否介绍下今日头条在视频、问答等领域的业务计划与布局？

9. 自头条号放低准入门槛以来，不少"互联网搬运工"入驻，他们在微博、贴吧、各类门户上寻找一些线索，通过简单的修改，加上几张图片，取一个耸人听闻的标题，然后就可以发布了。请问今日头条是如何应对"通过抄袭拼凑几分钟炮制一篇爆文"这一现象的？目前有没有什么管理措施和方法？

10. 能否介绍一下今日头条地方分部的特点及主要业务情况？

11. 能否介绍一下今日头条与其他媒体之间的合作情况？

12. 据悉今日头条加强了对账号的管理，不仅关闭了社会频道，而且一批违规的自媒体账号也被清理，这些管理措施对今日头条产生了哪些影响？未来的计划怎样？

13. 未来今日头条还将推出哪些与人工智能有关的媒体应用？

四 针对科大讯飞公司等智能技术公司的非结构性访谈提纲

本次调研是为搜集电视媒体转型的相关资料。科大讯飞公司开发的语音识别技术极大地推动了人工智能业务的发展，而智慧家庭业务更是为人们打开了一扇新的窗户。为了详细了解科大讯飞公司的人工智能技术开发及智慧家庭业务的情况，本书安排了此次调研活动，感谢您接受我们的访谈。

具体访谈提纲：

1. 能详细介绍一下科大讯飞的语音识别技术及其在新闻传播领域的运用情况吗？

2. 智慧电视的人机交互功能如何实现？如何在智慧家庭产品中体现？

3. 能否展望一下人工智能将会给电视的终端形态带来哪些影响？

4. 目前市场上的智能音箱与科大讯飞语音识别技术之间是何关系？能否详细介绍一下？

5. 在语音识别过程中，用户通过语音发送指令，那么此时人工智能是直接识别用户的音频，还是说用户的语音会通过一个文字的中介形式去转换？目前科大讯飞的语音识别系统是否支持模糊识别或非标准普通话的识别？

6. 科大讯飞是如何理解交互的？

7. 机器学习与人类的学习有何区别？

8. 在智慧家庭设计方面，科大讯飞是如何考虑用户需求并判断用户意图的？

9. 如何理解物联网及相关技术？这会给媒体行业带来哪些影响？

10. 据报道，科大讯飞已经进入 VR 教育领域，请问具体是怎样运用这个技术的？如何看待 VR 技术？

11. 科大讯飞的一些人工智能产品已经进入到综艺节目之中，例如咪咕灵犀，能否介绍一下这类应用的本质以及虚拟主持人在电视内容生产中的应用范围？

12. 您认为当前我们应当如何看待人工智能技术？

五 针对媒体从业人员的非结构性访谈

本次调研是为搜集电视媒体轻型的相关资料。当前，电视媒体遭遇了许多发展困难，不少媒体选择转型以应对。为了详细了解电视媒体的转型以及对普通媒体从业者的影响，本书安排了此次访谈活动，感谢您接受我们的访谈。

具体访谈提纲：

1. 您从事电视媒体工作多长时间了？当初是怀着怎样的理想从事这份工作的？工作这么长时间有什么心得和感悟？

2. 您在工作中有没有感受到来自新媒体对电视的压力？有的话，主要表现在哪些方面？

3. 您所在的电视台有没有进行媒体融合方面的改革？有的话，您印象最深的改革是哪方面的？这些改革对您的工作带来了哪些影响？

4. 当前不少电视台在进行中央厨房、新媒体矩阵方面的建设，对此，您的态度如何？这对您的工作来说带来了哪些影响？

5. 您什么时候遇到媒体转型问题，您所在的媒体对您的岗位提出了哪些新要求或者挑战？

6. 在接触新业务的过程中，您觉得最难的是什么？您是如何克服的？

7. 您在工作中是否经常会遇到与他人协作的情形？实行转型发展后，工作中的协作与沟通是否受到影响？

8. 您所在的媒体是否有团队发展战略？如果有的话，您是否加入了某个团队？为什么？

9. 您所在的媒体实行转型发展之后您的薪酬收入有何变化？您怎么看待新的薪酬分配制度？

10. 在日常的工作中您是否感受到压力？这些压力主要来自什么地方？您是如何应对的？

11. 当前有很多人不看好电视媒体的发展，对此，您的态度是什么？您认为电视媒体的未来发展方向如何？应当怎样改革？

12. 对于媒体转型问题，您有什么样的观点或看法？